LA VIE ET L'ŒUVRE

DE

HUISI 慧思

(515-577)

(Les origines de la secte bouddhique chinoise du Tiantai)

par Paul Magnin

PUBLICATIONS
DE L'ECOLE FRANÇAISE D'EXTREME-ORIENT

———

VOLUME CXVI

LA VIE ET L'ŒUVRE

DE

HUISI 慧思

(515-577)

(Les origines de la secte bouddhique chinoise du Tiantai)

PAR

Paul Magnin

Ouvrage publié avec le concours du C. N. R. S

ÉCOLE FRANÇAISE D'EXTRÊME-ORIENT
PARIS
1979

Dépositaire: Adrien-Maisonneuve, 11, rue Saint-Sulpice, PARIS (6ᵉ)

A M. MICHEL SOYMIÉ

En témoignage de reconnaissance et de
respectueux attachement

Portrait de Huisi, œuvre japonaise du XIᵉ siècle,
conservé au Harima-Ichijōji.

(Cliché Akiyama Terukazu)

INTRODUCTION

Selon une tradition, le *Dacheng zhiguan famen* 大乘止觀法門 (cf. T. 1924, vol. 46), attribué à Huisi 慧思 (décembre 515–juillet 577), aurait influencé la pensée de Cheng Hao 程顥 (1032–1085) et de Wang Yangming 王陽明 (1473–1529). Ces deux néo-confucianistes, fondateurs de l'Ecole de l'Esprit (*Xinxue* 心學), auraient ainsi des liens avec l'école bouddhique chinoise du *Tiantai* 天台 dont Huisi est le second patriarche. Pour vérifier l'exactitude d'une telle affirmation, je rassemblai les documents permettant de fixer la date à laquelle cet ouvrage fut diffusé en Chine. Je fus aussitôt confronté à un grand nombre de difficultés. Etait-il exact, par exemple, comme l'affirme Zunshi 遵式 (964–1032), qu'il fut méconnu en Chine jusqu'en l'an 1000? Cette année là, un moine japonais, nommé Jakushō 寂照 le remit au *śramaṇa* du Tianzhu si 天竺寺, un monastère construit au nord du lac Xihu 西湖 près de Hangzhou 杭州. En admettant que cela fut vrai, il fallait aussitôt mettre en cause l'exactitude de cette date, puisque Jakushō arriva pour la première fois en Chine en l'an 1003.

En m'aidant d'études nombreuses déjà réalisées sur Zhiyi, et des quelques articles, en grande partie japonais, consacrés à Huisi, je pus délimiter le champ de mes investigations dans les sources historiques. Je découvris ainsi que le *Dacheng zhiguan famen* était mentionné en 751, au Japon, parmi les ouvrages copiés, c'est à dire plus de deux siècles avant sa diffusion en Chine. Mais en réduisant l'écart entre la mort de Huisi et l'existence attestée de ce livre, je me heurtai à d'autres difficultés, puisque la même source japonaise laissait supposer que sa paternité revenait à trois auteurs différents: Huisi, Zhiyi 智顗 (538–597) et Tanqian 曇遷 (542–607), ce dernier ne faisant pas partie de l'école *Tiantai*. Un autre sujet d'interrogation était la présence, dans le *Dacheng zhiguan famen*, de nombreuses citations de l'*Eveil de la Foi* (*Dacheng qixin lun* 大乘起信論). Un certain nombre d'auteurs contemporains ont tiré de ce fait une preuve que le traité ne pouvait être de Huisi, car il lui était impossible de connaître l'existence de ce texte. Nous jugerons, au chapitre trois, la valeur d'un tel argument.

Devant la complexité des questions ainsi soulevées d'une part, sur les conseils de M. Soymié d'autre part, je décidai de suspendre cette recherche, pour étudier plus à fond la vie et les œuvres de Huisi, ce travail devant me permettre de définir avec exactitude son système philosophique et religieux, pour ensuite le comparer à celui qui transparaît dans le *Dacheng zhiguan famen*.

Aucune recherche d'ensemble n'avait été entreprise sur ce sujet, que ce soit en Occident ou en Extrême-Orient. Quelques articles, en général très courts, ont certes été publiés, mais chacun ne traite que d'un aspect particulier : la notion de Loi finale ou Loi en déclin (*mofa* 末 法) chez Huisi, ou encore le concept du *ding* 定 (*dhyāna*, méditation, *samādhi*). Evoquant sa vie, les uns et les autres utilisent indifféremment l'une ou l'autre des onze sources biographiques dont nous disposons. Or, chacune donne sa propre version des faits. En les comparant, j'ai vite constaté que plus on s'éloignait du sixième siècle, plus l'existence de Huisi s'enrichissait de faits merveilleux. L'apparente vérité historique cédait le pas aux passions religieuses. Ainsi les divergences doctrinales qui opposèrent Huisi à certains de ses coreligionnaires, devinrent avec le temps de violents conflits provoqués par des taoïstes.

Certains auteurs n'ont pas hésité à leur donner des prolongements historiques : tirant profit des doctrines de la transmigration, ils attestèrent que les adversaires de Huisi furent réincarnés au douzième siècle, sous les Song, dans la personne de moines bouddhistes qui mirent tout en œuvre pour attenter à ses restes. Devant de si pieuses distorsions de la vérité, il était nécessaire d'appliquer à l'ensemble des biographies les critères habituels de relative objectivité historique.

Les deux notices biographiques les plus complètes et les plus anciennes, rédigées en 645 et 664 par Daoxuan 道 宣, un auteur reconnu généralement comme impartial et bien documenté, ne sont pas non plus exemptes d'un certain parti pris. Il s'avère, en effet, à l'analyse, qu'il les a calquées sur un vaste schéma de *samādhi*. En d'autres termes, il a regroupé les faits de manière à démontrer implicitement qu'au long de sa vie Huisi avait franchi parfaitement toutes les étapes du *samādhi du Lotus* et qu'ainsi il était parvenu à l'illumination. Par ailleurs, les points de repère d'ordre chronologique qu'il nous donne, égarent le lecteur plus qu'ils ne l'aident. Il fait tantôt référence à la dynastie des Wei du Nord, tantôt à celle des Liang, ou encore à celle des Qi et des Chen. Un tel foisonnement de dynasties mérite quelques éclaircissements.

Voilà pourquoi j'ai consacré le premier chapitre à l'histoire politique et culturelle de la Chine au sixième siècle. Le tableau que j'en donne laissera peut-être insatisfaits les spécialistes de l'histoire de Chine, en raison de sa brièveté ; ceux du bouddhisme le tiendront pour superflu. Il a toutefois son importance car il révèle, une carte en fait foi, que les pérégrinations de Huisi entre le Fleuve Jaune, la Huai et le Yangzi, eurent un lien étroit avec les bouleversements d'alors, en particulier avec la révolte de Hou Jing 侯 景. Or, à lire ses diverses biographies, on garde la fausse impression que Huisi fut un être atemporel, essentiellement préoccupé de la Loi du Buddha, échappant aux contraintes et aux peurs partagées par ses contemporains. En outre, Huisi subit l'influence de certains courants métaphysiques de son époque. On relève aussi chez lui des traces de taoïsme. J'ai essayé d'en cerner l'essentiel.

La seconde partie de ce travail a un aspect purement technique. Elle est entièrement consacrée aux problèmes liés à l'attribution des œuvres dites de Huisi. De nombreux inventaires chinois et japonais nous donnent de celles-ci une liste très variable. Les uns la réduisent à trois titres, les autres à neuf. Certains n'apparaissent qu'au neuvième siècle, ou même plus tard, dans les sources chinoises. Il a donc fallu établir leur fréquence dans les catalogues étudiés, déterminer la date de leur disparition ou de leur apparition. Plusieurs auteurs se sont contentés de recopier des listes antérieures, sans se donner la peine de vérifier si à leur époque les œuvres mentionnées étaient encore en circulation. Ce premier dénombrement m'a permis de retenir trois des œuvres subsistantes aujourd'hui comme authentiquement de Huisi, non seulement en raison de leur mention constante dans les sources les plus anciennes, mais encore parce que l'analyse philologique vient confirmer leur unité. Ayant ainsi dégagé ce que j'appelle le corpus de la pensée de Huisi, je l'ai utilisé comme élément sûr de comparaison pour déterminer l'attribution des autres œuvres.

La troisième partie met en évidence les grands courants du bouddhisme aux cinquième et sixième siècles. Elle occupe les chapitres IV et V. J'ai voulu, à travers elle, rechercher en quoi et comment l'école *Tiantai* peut être considérée comme l'image d'un bouddhisme proprement chinois et non pas simplement la transposition en terre étrangère d'une éthique religieuse et d'une métaphysique nées en Inde. D'autre part, je désirais voir comment cette école s'était formée peu à peu, m'expliquer pourquoi elle se réclamait de Kumārajīva (350–409?). Quel fut le rôle véritable de Huisi dans sa fondation et l'originalité de sa pensée par rapport à celle des autres moines? J'ai, en outre, cherché à déterminer quelle fut l'influence réelle de Huisi sur son disciple Zhiyi. Ce dernier est en effet considéré comme le grand maître de l'école *Tiantai*. Tandis qu'on ne compte plus les ouvrages qui lui furent consacrés, on ne trouve aucune étude d'ensemble sur son maître. Il est vrai que l'importance des documents relatifs à Zhiyi fait paraître secondaire l'intérêt porté à son prédécesseur qui semble échapper à l'histoire. Pourtant, c'est Huisi qui fournit à Zhiyi les clefs principales de son système.

J'ai inclus dans cette partie les réactions des milieux traditionnels chinois devant l'essor du bouddhisme. Celui-ci ne fut pas accepté de tous. Certains lettrés écrivirent au Sud de virulents pamphlets dénonçant les abus commis par les adeptes du Buddha. Au Nord, l'empereur Wu des Zhou décréta même la suppression du bouddhisme et du taoïsme. La persécution dura de 574 à 577. D'après certaines sources, Huisi l'aurait directement prédite. Faut-il admettre cette information? Faut-il la rattacher à la tradition du déclin de la Loi qui aurait commencé à cette époque? J'ai tenté de répondre à ces questions.

A la suite de ces différentes analyses, je présente la traduction d'un texte original, dont l'essentiel est de Huisi: le *Vœu prononcé par Huisi le grand maître de dhyāna du Nanyue* (*Nanyue Si da chanshi li shiyuan wen* 南岳思大禪師立誓願文). On pourra regretter que la discussion sur son authenticité ait été placée au chapitre III, et se trouve donc séparée de la présentation générale offerte au chapitre VI. Cette division tient à la méthode choisie: j'ai jugé nécessaire de grouper toutes les questions techniques d'attribution. La longueur de ce vœu est unique dans la littérature bouddhique. D'autres moines ont rédigé des textes analogues, mais ils sont beaucoup plus courts. Cette particularité du Vœu de Huisi peut rendre suspecte sa version actuelle. Je reprends d'ailleurs cette question dans un article consacré au manuscrit Pelliot 3183 qui apporte la preuve concrète qu'un texte de ce genre (rédigé par Zhiyi) a pu être transmis sous des versions diverses. Nous n'en possédons qu'une du Vœu de Huisi, mais elle semble s'être enrichie de quelques ajouts.

A travers cette étude générale de la biographie et de l'œuvre de Huisi, j'ai essayé de fournir les bases les plus sérieuses pour la connaissance des origines de l'école *Tiantai*. Ce travail sera dans un proche avenir complété par la traduction de toutes les oeuvres de Huisi.

Qu'il me soit permis d'exprimer ici ma profonde et respectueuse gratitude à M. Soymié, professeur à l'Ecole Pratique des Hautes Etudes, qui, par son enseignement et les très nombreux conseils qu'il m'a prodigués avec une inlassable et exigeante bienveillance, m'a permis de poursuivre cette étude, et m'a formé à la recherche scientifique. Je tiens aussi à remercier MM. Frank et Gernet pour leurs nombreuses et très utiles suggestions. Je n'oublie pas enfin mes amis Gagnon pour leur aide précieuse dans la lecture de textes en japonais, ainsi que Chen Shuqiong et mon épouse.

J'exprime enfin ma vive reconnaissance à M. Gros, directeur de l'Ecole française d'Extrême-Orient, qui a accepté de faire paraître ce travail dans les Publications de l'Ecole française d'Extrême-Orient.

Chapitre I

La Chine du sixième siècle.

(Influences politiques et culturelles sur la vie et l'œuvre de Huisi.)

Huisi vécut entre 515 et 577, c'est à dire à la fin de la période connue sous le nom de "Dynasties du Nord et du Sud" (Nanbei chao 南北朝). La Chine était alors divisée en deux, suivant une ligne qui épousait à peu près le cours du Yangzi. Cette partition du pays était bien antérieure au sixième siècle; elle avait commencé à la fin des seconds Han, en 220. Cette longue époque de divisions prit fin en 589, quand fut éliminée par les Sui (581–617) la dernière des dynasties du Sud. Cette réunification de la Chine mettait un terme à quatre siècles de violences, le paroxysme ayant été atteint au sixième siècle.

Les diverses biographies de Huisi font de très rares allusions à ces faits. Elles semblent n'établir aucun lien direct entre sa vie et les événements politiques. Pourtant ses nombreux déplacements à travers une région située entre le Fleuve Jaune et le Yangzi ne s'expliquent pas en dehors d'eux. Un bref rappel de l'histoire politique nous permettra de le vérifier. Nous procéderons ensuite à un examen de la société et de la culture à cette époque, pour déterminer leurs incidences sur la pensée de Huisi et sur le développement du bouddhisme.

I. Aperçu général sur l'histoire politique et sociale de la Chine aux cinquième et sixième siècles.[1]

En 515, date de la naissance de Huisi, la dynastie étrangère des Tuoba-Wei 拓跋魏, régnant sur la Chine du Nord depuis 439, approchait de sa fin, tandis

---

(1) Outre les sources historiques habituelles, pour rédiger ce chapitre, nous avons consulté les ouvrages suivants:
    a) Ouvrages chinois: *Zhongguo tongshi jianbian* 中國通史簡編, par Fan Wenlan 范文瀾, Pékin, 1958; *Liang Jin nanbei chao shi* 兩晉南北朝史, 2 vol. par Lü Simian 呂思勉, Changhai, 1948; *Wei-jin nanbei chao shi luncong* 魏晉南北朝史論叢, par Tang Zhangsun 唐長孺, Pékin, 1955; même auteur, même titre, *Wei-jin nanbei chao shi luncong xubian* (續編), Pékin, 1959; du même auteur, *San zhi liu shiji Jiangnan da tudi soyou zhide fazhan* 三至六世紀江南大土地所有制的發展, Changhai, 1957; *Wei-jin nanbei chao shi lunji* 魏晉南北朝史論集, par Zhou

qu'au Sud, celle des Liang 梁, à ses débuts, jouissait d'un très grand prestige. Pour les comprendre l'une et l'autre, les historiens sont contraints d'étudier la société chinoise aux quatrième et cinquième siècles. En Chine du Nord, elle était formée de plusieurs types de population répartis, par commodité, en deux groupes: les Barbares et les Chinois. Les premiers profitèrent des dissensions entre les grandes familles qui avaient appuyé les Jin Occidentaux (Xi Jin 西 晉, 265-315), pour se révolter et créer des royaumes éphémères. Une partie des grandes familles chinoises fut alors contrainte de fuir au Sud, où s'établit la nouvelle dynastie des Jin Orientaux (Dong Jin 東晉, 316-402). Ces derniers facilitèrent l'ascension des Tuoba-Wei au Nord et façonnèrent la société dont héritèrent les Liang.

A. *La Chine du Nord, des Tuoba-Wei* 拓跋魏 *(386-535) à l'avènement des Sui* 隋 *en 581.*

1. *Le règne des Wei du Nord (Bei Wei* 北魏, *386-534).*

Eleveurs nomades, originaires de la Mandchourie méridionale, les Tuoba[2] étaient venus, au troisième siècle, se fixer dans le Sud-est de la Mongolie. Les Jin Occidentaux recherchèrent leur appui pour protéger leurs propres frontières. Pour honorer cette alliance, en 315, ils accordèrent à leur chef le titre de prince de Dai 代 et lui cédèrent un territoire dans le nord du Shanxi. La chute de la

Yiliang 周一良, Pékin, 1963; *Wei-jin nanbei chao Sui chu-Tang shi* 魏晋南北朝隋初唐史, par Wang Zhongluo 王仲犖, Changhai, 1961; *Chen Yinke xiansheng wenshi lunji* 陳寅恪先生文史論集, 2 vol., Hong Kong, 1972-1973.

b) Ouvrages en japonais: *Rikuchōshi kenkyū (seiji shakai hen)* 六朝史研究—政治社會篇, par Miyakawa Hisayuki 宮川尚志, Tōkyō, 1956; du même auteur, *Rikuchōshi kenkyū (shūkyōhen)* 六朝史研究—宗教篇, Kyōto, 1964, et *Rikuchō shūkyō-shi* 六朝宗教史, Tōkyō, 1949 rééd. 1974; *Chūgoku chūko no bunka* 中國中古の文化, par Naitō Torajirō 內藤虎次郎, Tōkyō, 1947, rééd. 1969; *Shin Kan Zui Tō shi no kenkyū* 秦漢隋唐史の研究, en 2 vol., par Hamaguchi Shigekuni 濱口重國, Tōkyō, 1966; *Kōkei no ran to nanchō no kahei keizai* 候景の亂と南朝の貨幣經濟, par Kawakatsu Yoshio 川勝義雄, *Tōhō gakuhō* 東方學報, 32, 1962; du même auteur, *La décadence de l'aristocratie chinoise sous les Dynasties du Sud*, Acta Asiatica 21, 1971; et *Nanchō kizokusei no botsuraku ni kansuru ikkōsatsu* 南朝貴族制の沒落に關する一考察, *Tōyōshi kenkyū* 東洋史研究, 20-4, 1962, et aussi *Chūgoku no rekishi (Gishin Nambokuchō)* 中國の歷史—魏晋南北朝, vol. 3, Tōkyō, 1974; *Kōkei no ran shimatsuki* 候景の亂始末記, par Yoshikawa Tadao 吉川忠夫, Tōkyō, 1974; *Rikuchō shisōshi kenkyū* 六朝思想史研究 par Murakami Yoshimi 村上嘉實, Kyōto, 1974; *Kōmeishū kenkyū* 弘明集研究, 2 vol., par Makita Tairyō 牧田諦亮, Tōkyō, 1973-1974; *Chūgoku chūseishi kenkyū* 中國中世史研究, ouvrage collectif publié par l'université Tōkai 東海, Tōkyō, 1970.

c) Ouvrages occidentaux: E. Balazs, *Le Traité économique du Souei-chou*, T'oung Pao 42, 3-4, p. 113-329, Leiden, 1953; et *Le Traité juridique du Souei-chou*, Leiden, 1954, 228 p.; A.E. Dien, *Biography of Yuwen Hu*, Berkeley 1962, 162 p.; W. Eberhard, *Das Toba-Reich Nordchinas eine soziologische Untersuchung*, Leiden, 1949, 396 p.; et *Conquerors and rulers, social forces in medieval China*, 2e éd., Leiden, 1965, 192 p.; J. Gernet, *Les Aspects économiques du bouddhisme dans la société chinoise du Ve au Xe siècle*, Publications de l'Ecole Française d'Extrême Orient, Paris, 1956; et *Le Monde chinois*, Paris, 1972.

(2) Bien que certaines de ses thèses soient sujettes à caution, W. Eberhard a donné un aperçu général des Tuoba-Wei dans *Das Toba-Reich Nordchinas, eine soziologische Untersuchung. op. cit.* Dans *Le Monde chinois* p. 168-173 par J. Gernet, on trouvera une excellente synthèse sur cette dynastie.

dynastie, remplacée par une multitude de petits Etats, servit les intérêts des Tuoba. Dès 386, ils s'étaient constitué un royaume; en 439 leur règne s'étendait à toute la Chine du Nord. Pour maintenir l'unité du pays, cette nouvelle dynastie des Wei du Nord (Bei Wei 北魏) exerça un contrôle étroit sur tous les rouages de l'économie: surveillance des artisans, encadrement quasi militaire de la paysannerie, répartition autoritaire de la main d'œuvre, transfert de population etc... Les Wei du Nord suivaient en cela l'exemple des Cao-Wei 曹魏 (220–265) qui avait adopté une même politique de type légiste.

En 494, les Wei abandonnèrent Pingcheng 平成 (actuel Datong 大同) pour se fixer à Luoyang 洛陽. Ce déplacement de la capitale eut de nombreuses conséquences. Il consacrait la sinisation des classes dirigeantes qui adoptaient la langue, les mœurs et les coutumes des Chinois. Désormais elles n'affirmaient plus leur puissance dans les combats, mais dans l'étalage d'un luxe effréné, dont témoignaient les constructions somptueuses et les donations en faveur du bouddhisme. Il marquait aussi le déclin des anciens chefs de clans et de leurs tribus. Les premiers, chargés de la défense des frontières, acceptaient mal la présence dans leurs rangs de criminels et de condamnés à la déportation, car ils se sentaient indirectement assimilés à eux. Les secondes avaient été privées d'un marché considérable. L'importance accordée à l'infanterie avait encore diminué leurs revenus, puisque leurs élevages de chevaux ne trouvaient pas de débouchés. Les Chinois, quant à eux, maîtres du jeu économique et de l'administration, supportaient difficilement les rôles de simples exécutants. Toutes ces tensions allèrent en augmentant. La révolte de 523 annonça la fin du règne des Tuoba-Wei.

2. La partition du royaume en deux états rivaux.

Au printemps de l'année 523, éclata la Révolte des Six Garnisons.[3] Les armées chargées de défendre l'Empire contre les incursions de la steppe en Mongolie intérieure et dans les territoires des Ordos, étaient réparties en une dizaine de garnisons (zhen 鎮). Les six principales se révoltèrent successivement, d'où le nom de révolte des Six Garnisons. La cause directe de ce soulèvement était l'incapacité du pouvoir central à les ravitailler et à les renforcer, alors qu'elles subissaient de nouvelles pressions de la part des Ruanruan 蠕蠕. Ces incursions et ces révoltes survinrent à un moment où la Cour de Luoyang était affaiblie et divisée en plusieurs factions rivales.

A l'avènement en 515 de l'empereur Xiaoming (Wei Xiaoming di 魏孝明帝),[4] un enfant de moins de cinq ans, sa mère, la concubine Hu 胡,[5] connue aussi sous son nom de douairière Ling 靈, aurait dû être immolée, suivant les règles en vigueur chez les Tuoba, afin d'éviter toute emprise de la mère sur son

---

(3) Sur la révolte des Six Garnisons, ses causes directes et indirectes, voir l'Appendice I du *Traité Economique du Souei-chou*, par Etienne Balazs, dans *T'oung Pao*, vol. 42, 3-4, p.241-262.

(4) L'empereur Xiaoming des Wei était le second fils de Xuanwu di 宣武帝; cf. *Weishu*, 魏書 ch. 9; *Beishi* 北史, ch. 4.

(5) Sur la douairière Ling, 靈, de son vrai nom Hu Chonghua 胡充華, cf. *Weishu*, ch. 13.

fils. Non seulement elle fut épargnée, mais elle fut même nommée régente. Cette femme d'une farouche énergie ne recula devant aucun crime pour s'assurer le pouvoir et le conserver. Elle fit tuer l'ancienne impératrice et ses propres amants, dès qu'ils cessaient de lui plaire. Cette cruauté ne l'empêcha pas de combler l'Eglise bouddhique de faveurs. Elle patronna ses grandes fêtes religieuses, la dota de temples magnifiques, au risque d'épuiser les trésors de l'Etat.[6] En 520, une partie de la Cour réagit contre ses excès et la fit enfermer. Cinq ans plus tard, à la faveur de la révolte des Six Garnisons, elle reprit le pouvoir et extermina ses adversaires.

Ce fut le début d'une nouvelle guerre civile, avec son lot habituel d'assassinats, de trahisons et de renversements d'alliances. Pour se maintenir au pouvoir, la douairière Ling, en mars 528, fit assassiner l'empereur, puis elle mit sur le trône un enfant de trois ans. La réaction fut immédiate : les troupes conduites par Erzhu Rong 爾朱榮 (493-530)[7] investirent Luoyang. Pour obtenir l'immunité et sauver sa tête, la douairière s'était réfugiée au monastère Yaoguang 瑤光. Elle s'y était fait raser la tête et y avait prononcé les vœux de religion. Elle fut très vite démasquée. En mai 528, avec son empereur-enfant, elle fut jetée dans les eaux du Fleuve Jaune. Avec elle périrent plus de treize cents personnes, des Chinois pour la plupart, dont les demeures furent abandonnées aux moines et aux nonnes bouddhistes.[8]

Le comportement de la douairière Ling est assez représentatif des mœurs de l'époque : d'un côté on n'hésitait pas à perpétrer des crimes politiques, d'un autre on faisait montre d'une grande ferveur bouddhique. On espérait sans doute que celle-ci atténuerait le poids des rétributions à venir ! Cette attitude nous indique par ailleurs l'ambiguïté des rapports entre l'Eglise bouddhique et l'Etat. Celle-là avait besoin de la protection du pouvoir pour assurer sa sécurité et le développement de ses communautés. Celui-ci profitait de la force économique et politique de la religion, comme l'a très bien montré J. Gernet dans *Les Aspects économiques du bouddhisme*. Mais, comme nous le verrons au chapitre IV, ces liens compromirent le bouddhisme du Nord et freinèrent son développement au plan doctrinal. Sa physionomie fut donc différente de celle du bouddhisme du Sud. Huisi eut certainement conscience des équivoques d'une telle situation. Il se montra très réservé dans ses rapports avec les pouvoirs locaux et refusa plus tard de vivre des bienfaits promis par l'empereur des Qi.[9] Il préféra toujours la vie austère dans la montagne, et, à l'époque où nous sommes, il fit ses premières expériences religieuses dans les ruines d'une cité sans doute ravagée par la guerre.

Par suite de nouveaux retournements politiques, sur lesquels nous ne nous étendrons pas, Gao Huan 高歡 (496-547)[10], un Xianbei sinisé, ayant servi sous les ordres de Erzhu Rong tué en 530, bénéficia de l'appui des Chinois et devint le maître d'une partie de l'ancien empire des Wei.

---

(6) cf. *Luoyang qielan ji* 洛陽伽藍記 ch. 3 et 4, T. 2092, vol. 51, p. 1010 à 1018.
(7) Sur les origines et l'activité de Erzhu Rong, cf. *Weishu*, ch. 74.
(8) Sur ces événements, cf. *Beishi*, ch. 13 et 42 ; *Weishu*, ch. 9, 10 et 74.
(9) cf. la biographie partielle ajoutée au *Nanyue Si da chanshi li shiyuan wen* 南嶽思大禪師立誓願文, T. 1933, vol. 46. p.787 *b*/3-5.
(10) Biographie dans *Bei Qi shu* 北齊書, ch. 1 et 2 ; *Beishi*. ch. 6.

L'unité de la Chine du Nord aurait pu se refaire autour de Gao Huan, si Yuwen Tai 宇文泰 (505-556),[11] un Xiongnu d'origine, n'avait réussi à prendre en main le commandement des troupes qui lui restaient opposées. Profitant de circonstances favorables et agissant rapidement, Yuwen Tai s'était retrouvé chef d'armée et protecteur de la dynastie. En avril 534, il sut, à la barbe de son adversaire, entraîner à Chang'an 長安 l'empereur Xiaowu des Wei 魏孝武帝 et mettre ainsi la légitimité de son côté. Gao Huan riposta en plaçant sur le nouveau trône de Ye 鄴 un autre prince Tuoba. La Chine du Nord fut alors divisée en deux royaumes rivaux séparés approximativement par la frontière naturelle du cours moyen du Fleuve Jaune: à l'est les Wei Orientaux (Dong Wei 東魏) sous la coupe de Gao Huan, à l'ouest les Wei Occidentaux (Xi Wei 西魏) maintenus par Yuwen Tai.

De 535 à 547, année de la mort de Gao Huan, les deux royaumes se livrèrent une guerre sans merci. La plupart des combats se situaient dans une région s'étendant de l'amont du confluent du Fleuve Jaune et de la Wei, jusqu'au nord de Luoyang. En 550, la fondation de la nouvelle dynastie des Qi du Nord (Bei Qi 北齊, 550-577), supplantant celle des Wei Orientaux, ne fit qu'exacerber les rivalités entre les deux Etats.

3. *La Chine du Nord sous les dynasties des Qi et des Zhou du Nord.*

La division de la Chine du Nord en deux Etats correspondait géographiquement à deux régions différentes. Les Wei Orientaux, remplacés par les Qi du

---

(11) Biographie dans *Zhoushu*, 周書, ch. 1 et 2. Sur l'origine du clan Yuwen, cf. étude de Zhou Yiliang 周一良, *On the racial origin of the Yuwen of Chou*, dans *Zhongyang yanjiuyuan lishi yuyan yanjiuso jikan* 中央研究院歷史語言研究所集刊, 1939, p. 512 sq. D'après les sources chinoises, les Yuwen auraient été des vassaux de la confédération Xiongnu; ils auraient été l'un des clans influents parmi les tribus à l'est de la Mandchourie. A la fin du 3e siècle, ils auraient émigré vers le Sud qu'ils dominèrent jusqu'au quatrième siècle et où ils s'opposèrent aux Murong 慕容. Ces derniers, en train d'établir leur royaume de Yan 燕 (341-370) envahirent leur territoire en 344 et les forcèrent à descendre plus au Sud, non loin de l'actuelle région de Pékin. L'un des chefs des Yuwen, Yidou Ling 逸豆陵 reçut le titre de duc de Xuantu 玄菟 (dans la région de Shenyang 瀋陽) dans le royaume de Yan; à la chute de celui-ci, il se mit au service des Tuoba-Wei. Yuwen Tai était l'un des derniers fils de Yuwen Hong 宇文肱. Ce dernier, par le jeu des circonstances, se trouva mêlé avec son clan à la révolte des Six Garnisons (cf. *Weishu*, ch. 9) et fut tué en 526. Yuwen Tai se retrouva alors officier dans l'armée de Ge Rong 葛榮, qui succédait à Xianyu Xiuli 鮮于修禮, l'un des opposants à la Cour impériale. Ge Rong put profiter des troubles survenus à la Cour, pour étendre son autorité jusqu'au sud de l'actuel Shanxi. Cependant, son armée fut vaincue par les troupes d'Erzhu Rong. Celui-ci accorda la vie sauve à Yuwen Tai (cf. *Zhoushu*, ch. 1). En 530 il lui confia une partie du commandement des troupes chargées de la défense des frontières. Yuwen Tai fut ainsi associé à Heba Yue 賀拔岳. Après la mort de Erzhu Rong, les chefs du clan se disputèrent le pouvoir. C'est alors que Gao Huan intervint et extermina toute la famille Erzhu, devenant ainsi de facto le maître de l'empire. Alors que Gao Huan renversait le clan Erzhu, Heba Yue et un autre général, Houmochen Yue 侯莫陳悅, s'emparaient de Chang'an. Gao Huan, une fois maître de la situation, espérait que les armées placées à l'Ouest se rangeraient toutes sous son commandement. Yuwen Tai dissuada Heba Yue d'agir ainsi. Heba Yue tenta alors de conquérir tous les territoires situés à l'ouest de la Passe Tong (Tongguan 潼關) mais en 534, il fut tué par son allié Houmochen Yue, qui s'était secrètement lié à Gao Huan (cf. *Zhoushu*, ch. 14). Yuwen Tai prit alors la tête des troupes de Heba Yue. Il battit l'armée de Houmochen Yue (cf. *Zhoushu*, ch. 1; *Weishu*, ch. 80) et se trouva, de ce fait, directement affronté à Gao Huan. Son ascension fut donc, en grande partie, favorisée par le hasard des conflits.

Nord, occupaient la riche plaine chinoise et comptaient une population d'environ vingt millions d'habitants. Ils étaient, comme leurs successeurs, assez traditionnalistes et surtout dirigés par des militaires. Un antagonisme latent subsista entre Chinois et gens originaires des anciennes tribus. Dans l'Etat des Wei Occidentaux, puis des Zhou du Nord qui leur succédèrent à partir de 556, le sol était pauvre et montagneux. La population constituée des restes des tribus et des armées échappées aux massacres de la guerre civile, ainsi que des Chinois qui fuyaient la dictature de l'Est, parvint à vivre en réelle harmonie, grâce à l'intelligence de Yuwen Tai. Bien qu'il se montrât fier de ses origines, et que les Chinois dussent un temps changer leurs noms pour d'autres aux assonances *xianbei*, il sut utiliser les uns et les autres, selon leurs caractères propres, en dehors de toute discrimination de race ou de classe. Contrairement aux autres royaumes où les prisonniers étaient réduits en esclavage, il eut l'audace de les intégrer dans la société, de les faire participer activement à l'économie du pays.

Sans doute est-ce pour ces différentes raisons que les historiens montrèrent leur préférence pour cet Etat des Zhou du Nord. Ils n'eurent en revanche que peu d'estime pour la dynastie des Qi du Nord, dont ils se plurent à souligner l'impopularité, la cruauté, les débauches et les dissensions. Si Gao Yang, empereur Wenxuan des Qi (Qi Wenxuan di 齊文宣帝), conserva l'héritage de son père, et profita de la révolte de Hou Jing entre 548 et 552 pour étendre ses territoires jusqu'à la vallée du Yangzi, ses trois successeurs furent des marionnettes agitées entre le clan des fonctionnaires chinois et celui de la Xianbei Lou 婁, veuve de Gao Huan. Quant au dernier souverain des Qi, il était très superstitieux et s'entourait de gens de rien qu'il comblait de faveurs. Il fut balayé par les Zhou du Nord en 577.

Les premiers souverains de la dynastie des Zhou du Nord furent de véritables jouets entre les mains de Yuwen Hu 宇文護 (515-572),[12] neveu de Yuwen Tai. Ce régent arrogant sut se maintenir au pouvoir à travers maintes péripéties sanglantes, sur lesquelles nous ne nous étendrons pas. Après onze ans de règne fictif, l'empereur Wu des Zhou (周武帝, règne de 561 à 578) parvint à grouper autour de lui les gens lassés des prétentions du régent. En 572, il était assez puissant pour le faire exécuter avec toute sa famille. Il régna dès lors en maître incontesté jusqu'à sa mort en 578. Ce souverain éclairé mit fin à la partition de la Chine du Nord, en triomphant de la dynastie décadente des Qi, en 577. Sur son initiative fut aussi rédigé un nouveau code, dont s'inspirèrent largement les Sui puis les Tang. Son règne intéresse particulièrement l'histoire du bouddhisme et la vie de Huisi. En effet, pour des raisons encore mal définies, il décréta la suppression du bouddhisme de 574 à 577.[13] Pour certains biographes, celle-ci aurait été explicitement prophétisée par Huisi,[14] et lui aurait inspiré ses réflexions pessimistes quant à l'avenir de la religion. Nous

---

(12) cf. *Zhoushu*, ch. 11; la biographie de Yuwen Hu a été traduite et annotée par Albert E. Dien, (*op. cit.*)

(13) Nous donnons un bref aperçu de cette persécution et de ses causes au ch. IV, p. 158-164.

(14) cf. *Fozu tongji* 佛祖統記 T. 2035, vol. 49, p. 179 *c*/11-12.

verrons, au chapitre IV[15], s'il y a lieu d'établir un lien direct entre cette per-sécution et la doctrine du déclin de la Loi (*mofa* 末 法) proposée par Huisi.

La domination de la Chine du Nord par les Zhou en 577, mit fin à trois siècles de divisions et de violences. Cette dynastie ne put néanmoins profiter longtemps de sa victoire. Celui qui succéda à l'empereur Wu des Zhou était un bon à rien et un mégalomane. En 579, il abdiqua en faveur de son fils, un enfant de six ans, et assuma pour sa part le titre d'empereur céleste (Tianyuan huangdi 天 元 皇 帝). Son beau-père, Yang Jian 楊 堅 (541-604),[16] grâce à une conspiration des ministres, se fit nommer régent en 580 et put disposer de tous les pouvoirs. Il fit en sorte que le jeune monarque de sept ans promulguât un édit déclarant que les forces cosmiques indiquaient un changement imminent, et qu'en conséquence il cédait le mandat du Ciel à Yang Jian, duc de Sui (Suiguo gong 隋 國 公). Le 1er mars 581, Yang Jian montait sur le trône en toute légalité et instaurait la dynastie des Sui (581-617). En 589 il annexait le Sud de la Chine, mettant fin à la dynastie des Chen ainsi qu'à la division de la Chine.

B. *La Chine du Sud, sous les dynasties des Liang* 梁 *et des Chen* 陳.

Contrairement au Nord, où les tribus firent figure d'envahisseurs, au Sud, ce furent les Chinois qui occupèrent peu à peu les terres des aborigènes établis là depuis longtemps mais repoussés vers les zones montagneuses du sud et de l'ouest. A la fin des Han, les territoires correspondant aux provinces actuelles du Zhejiang, du Fujian, à la moitié sud-est du Jiangxi et à la moitié est du Guangdong échappaient encore à l'administration du pouvoir central. Seuls le bassin du Yangzi et la région des lacs avaient vu l'implantation de colonies chinoises. Les familles émigrées du Nord avaient dû s'adapter aux terrains marécageux du Sud et adopter les types de culture des aborigènes, essentielle-ment celle du riz, et l'élevage des porcs et des buffles. La seule force écono-mique du pays était avant tout l'exploitation du bois, de quelques produits du midi et des métaux. Le commerce maritime ne commença vraiment qu'à la fin du cinquième siècle.

La pauvreté relative du pays, les grandes distances et le relief accidenté ont sans doute permis au Sud de vivre dans une certaine stabilité. Au début de la colonisation du Sud, fonctionnaires, militaires et marchands résidaient dans les villes et les centres gouvernementaux. La création d'un empire du Sud provoqua l'essor économique de la région. L'arrivée de grandes familles du Nord fit naître une aristocratie qui devint très influente et dont l'indépendance fut facilitée par la géographie du pays.

1. *Tensions entre l'aristocratie et l'Etat; fondation de la dynastie des Liang* 梁.

La Chine du Sud, de 316 à 502, fut le théâtre d'une opposition permanente

(15) cf. ch. IV, p. 163-164.
(16) Biographie dans *Suishu* 隋 書, ch. 1 et 2.

entre l'Etat et l'aristocratie, qui se sentait menacée dans ses privilèges. A leur arrivée au pouvoir, les Song du Sud (Nan Song 南宋, 420-479), d'humble origine, tentèrent la réforme des registres de population qui favorisaient les grandes familles aux dépens des autres classes sociales. Ces maisons aristocratiques ne nouaient d'alliances qu'entre elles, échappaient à l'impôt et aux corvées, jouissaient d'une main d'oeuvre abondante, exerçaient leur domination sur de larges portions du territoire. En se dressant contre le pouvoir central, elles l'affaiblirent et le rendirent impuissant. Les Wei du Nord en profitèrent pour étendre leur territoire jusqu'au Yangzi.

Un général, Xiao Daocheng 蕭道成 rétablit l'ordre dans le Sud et y fonda la brève dynastie des Qi (Nan Qi 南齊, 479-502). Les Qi du Sud mériteraient qu'on leur consacre une longue étude! Ils repoussèrent les Wei du Nord au-delà de la Huai et de la Han. Ils adoptèrent une politique hardie, qui facilita l'accès de roturiers aux postes de commande. Au plan économique, ils intensifièrent la construction des routes et développèrent le trafic fluvial et maritime. Ces initiatives permirent un développement rapide du commerce intérieur et extérieur, ce qui eut pour effet l'affaiblissement et le déclin des grandes familles restées repliées sur elles-mêmes. Ces dernières réagirent toutefois en appuyant Xiao Yan 蕭衍[17], cousin de l'empereur et gouverneur de la région stratégique de Xiangyang 襄陽 dans le nord du Hebei. En 502, Xiao Yan se fit céder le pouvoir, fonda la dynastie des Liang et accorda de nouveaux privilèges à l'aristocratie du Sud.

2. *Prestige et déclin des Liang (502-557).*

Sous cette dynastie, durant près de cinquante ans, la Chine du Sud connut une période de prospérité et de paix. Ce fut ce que l'on a appelé l'âge d'or de la civilisation aristocratique des dynasties du Sud. Sous l'empereur Wu des Liang (de 502 à 549) l'aristocratie retrouva ses privilèges et accrut ses richesses. Une vie de cour somptueuse attira les marchands étrangers venus de l'Asie Centrale et du Sud-est. Cependant, les historiens se sont montrés sévères envers ce règne. L'empereur multiplia le nombre des régions et des grades administratifs, de manière à distribuer les récompenses et à s'attacher les grandes familles. La plupart du temps, les postes de province étaient convoités non tant pour la compétence qu'ils sanctionnaient, que pour l'enrichissement qu'ils permettaient. Une classe très riche vécut ainsi aux dépens des autres. Habituée au luxe et à tous les raffinements, elle en vint à ignorer les dures contingences de la vie et perdit le sens de tout effort physique.[18] Tel ministre s'effraie à la vue d'un cheval trop fougueux;[19] tel aristocrate ne peut marcher sans être

---

(17) cf. *Nanshi* 南史, ch.6 et 7; *Liangshu* 梁書, ch. 1 à 3.

(18) Sur la société des Liang, cf. Fan Wenlan, *op. cit.*, vol. II p. 373-387; Kawakatsu Yoshio, *Chūgoku no rekishi* 中國の歴史, vol. 3 *Gishin namboku-chō* 魏晋南北朝, Tōkyō, 1974, p.231-254.

(19) Cette anecdote très souvent citée pour illustrer les mœurs de l'époque nous paraît trop excessive pour être comprise en un sens littéral. Il n'est pas certain qu'elle soit vraie. Cependant, on peut admettre qu'elle souligne l'écart existant entre une société de cour très raffinée et le reste de la population habituée à une vie beaucoup plus rude.

soutenu par ses serviteurs! Une telle vie maniérée et efféminée préparait mal les nobles au choc de la révolte de Hou Jing, comme nous allons le voir. Cette même aristocratie bénéficiait aussi de la clémence de l'empereur. Les grandes familles et leur entourage pouvaient rançonner et tuer les autres; une simple manifestation de repentir leur assurait le pardon de l'empereur, alors que le petit peuple, nous dit-on, était puni de mort pour des délits moins graves. L'empereur toutefois pleurait chaque fois qu'il avait à prononcer une sentence de mort[20]!

Il était en effet devenu un fervent bouddhiste et cette religiosité, même sincère, semble lui avoir ôté l'énergie nécessaire pour la conduite d'un Etat. Rien d'étonnant alors à ce qu'un aventurier de peu de poids ait pu réussir à s'emparer de Jiankang et provoquer la chute des Liang.

3. La révolte de Hou Jing 侯景 (de 548 à 552)[21] et la chute des Liang.

La révolte de Hou Jing mériterait un long développement, car elle modifia complètement l'échiquier politique de la Chine au sixième siècle. Elle eut en outre des incidences directes sur la vie de Huisi. Nous nous contenterons simplement d'en rappeler les grandes lignes. Hou Jing était, comme Gao Huan, originaire de Huaishuo 懷朔 l'une des Six Garnisons qui, par leur rébellion, avaient entraîné la chute des Wei du Nord. Méfiant et ambitieux, Hou Jing avait servi dans les troupes de Erzhu Rong, puis il s'était mis au service de Gao Huan. En 537 il fut l'auteur de l'incendie de Luoyang, pour ne citer qu'un de ses faits d'armes dans la lutte menée contre Yuwen Tai. En récompense, Gao Huan lui octroya le gouvernement des territoires situés au sud du Fleuve Jaune. En fait, Gao Huan voulait l'éloigner de la capitale et mettre un frein à ses ambitions.

Menacé par le successeur de Gao Huan, Hou Jing chercha l'appui des Wei Occidentaux et des Liang. Ces deux Etats acceptèrent de le soutenir car ils avaient des visées sur ses territoires. Yuwen Tai lui en ravit une partie, quand il feignit de l'arracher à l'invasion des Wei Orientaux. Les Liang qui s'étaient portés au secours de Hou Jing, perdirent la presque totalité du bassin de la Huai.

Hou Jing, réfugié à Shouyang 壽陽 s'allia secrètement à Xiao Zhengde 蕭正德[22] dauphin déchu de l'empereur Wu des Liang. Sous prétexte d'arracher ce dernier à son entourage et à ses mauvais ministres, Hou Jing lança ses troupes sur Jiankang. Il savait la victoire facile. En effet, il avait vu la faiblesse des armées du Sud dans la lutte contre les Wei Orientaux. Aidé par les manœuvres sournoises et répétées de son allié, autant que par les soulèvements sporadiques des classes inférieures, réduites à la misère dans une société en

(20) Liu Zhiji 劉知幾 considère que cette expression, un peu mélodramatique, employée par les historiens, a un caractère plus rhétorique que réel.

(21) cf. *Liangshu*, ch. 56; *Nanshi*, ch. 80; *Zizhi tongjian* 資治通鑑 ch. 161–164. La révolte de Hou Jing a fait l'objet de plusieurs études; nous ne citons que les plus importantes: par Kawakatsu Yoshio, *Kōkei no ran to nanchō no kakei keizai;* par Yoshikawa Tadao, *Kōkei no ran shimatsuki*, *op. cit.*, cf. p.6.

(22) Courte biographie dans *Liangshu*, ch. 55, p.828.

pleine inflation économique, Hou Jing se retrouva très vite aux portes du palais.

Il sut tirer parti des faiblesses de la société du Sud. Sachant l'aristocratie incapable de toute privation, il fit saisir tous les vivres et tous les vêtements. Il força les gens du peuple à s'enrôler dans son armée et surtout il rendit leur liberté aux nombreux esclaves de la capitale. Ceux-ci étaient dès lors tout prêts à mourir pour lui. En outre il fut assez perspicace pour comprendre qu'aucun des princes susceptibles de secourir l'empereur n'oserait se porter contre lui, par peur de favoriser l'ascension de l'un d'entre eux. La prise du palais, au début de 549, fut davantage l'effet de la couardise et de la jalousie des princes, envieux l'un de l'autre, que de la valeur guerrière de Hou Jing.

Après avoir fait mourir l'empereur Wu des Liang et son successeur, après s'être aussi débarrassé de son allié, Hou Jing fonda une nouvelle dynastie Han 漢. A cette occasion il libéra plus de dix-mille esclaves. Ceux-ci auraient pu lui être d'un grand secours, si les Wei Occidentaux n'étaient intervenus dans les affaires du Sud. Ces derniers se servirent des membres de la famille impériale, pour renverser Hou Jing et s'emparer du bassin de la Han, puis de la province actuelle du Sichuan. Xiao Yi 蕭繹[23] fut leur principale marionnette. Celui-ci mourut moins de deux ans après sa victoire sur Hou Jing en 552. Les Wei Occidentaux avaient en effet décidé d'appuyer Xiao Cha 蕭詧[24] son rival. Xiao Cha, entièrement dévoué à l'Etat du Nord, fonda à Jiangling 江陵 la dynastie vassale des Liang Postérieurs (Hou Liang 後梁), qui sera supprimée par les Sui en 587.

4. La dynastie des Chen 陳 (557-589)

La mort de Xiao Yi avait laissé vide l'ancien trône des Liang. Deux de ses généraux, Chen Baxian 陳霸先[25] et Wang Sengbian 王僧辯[26], qui s'étaient illustrés dans la lutte finale contre Hou Jing, voulurent s'emparer du pouvoir. Finalement, Chen Baxian, qui avait son fief dans la région prospère de Wuchang, eut l'avantage sur son rival.

En 557, il fonda la dernière des dynasties du Sud, celle des Chen (557-589). Il mourut deux ans après, laissant le trône à son neveu Chen Qian 陳蒨[27], qui régna jusqu'en 566 et parvint à rétablir l'ordre dans ses frontières. Il fut détrôné par Chen Xu 陳頊[28] (empereur Xuan 宣 des Chen), l'un de ses oncles, qui fut obligé de lutter pendant trois ans, avant de pouvoir régner. Ayant vécu chez les Zhou du Nord de 555 à 562, il renoua avec eux des liens d'amitié. Ce

---

(23) Xiao Yi 蕭繹 (508-555) était le septième fils de Wudi des Liang.

(24) Xiao Cha 蕭詧 était le petit-fils de Xiao Tong 蕭統, plus souvent connu sous son titre Zhaoming taizi 昭明太子 et compilateur du *Wenxuan* 文選, une anthologie des meilleurs textes classiques chinois écrits avant le sixième siècle.

(25) Chen Baxian 陳霸先, premier empereur des Chen, biographie dans *Chenshu*, ch. 1 et 2; *Nanshi*, ch. 9.

(26) Wang Sengbian 王僧辯, biographie dans *Liangshu*, ch. 45.

(27) Chen Qian 陳蒨, biographie dans *Chenshu* 陳書, ch. 4, p.45-62.

(28) Chen Xu 陳頊, biographie dans *Chenshu*, ch. 5, p.75-100.

fut cette alliance qui lui permit de reconquérir le bassin de la Huai et d'atteindre le Shandong, tandis que les Zhou mettaient fin à la dynastie des Qi du
Nord. En faisant alliance avec les Zhou, l'empereur Xuan des Chen préparait
la fin de sa propre dynastie, puisque les Sui, héritiers des Zhou, annexaient le
Sud en 589.

II. Influence des événements sur la vie de Huisi.

Si nous avons retracé sommairement l'histoire politique et sociale de la
Chine durant les cinquième et sixième siècles, c'est avant tout parce qu'elle
eut une influence directe sur la vie de Huisi et sur le développement du bouddhisme.

Huisi naquit le 31 décembre 515[29] non loin de l'actuelle ville de Runing
如寧 dans la province du Henan (sa biographie proprement dite sera étudiée
au chapitre II.) L'empire des Wei du Nord exerçait sa domination sur cette
région au nord du cours supérieur de la Huai. Vers 531, il quitta sa famille
pour vivre, nous dit-on, dans les ruines d'une ancienne cité. On imagine aisément qu'il ait pu se réfugier en de tels endroits, puisqu'à cette époque le Nord
était livré à la soldatesque qui, après la mort de Erzhu Rong en 530, pillait
le pays et cherchait à se partager le territoire des Wei. Les divisions du Nord
incitèrent les Liang à gagner quelques avantages territoriaux. Huisi fut donc
contraint de remonter plus au nord, où par ailleurs demeurait son maître
Huiwen 慧文. Après être resté auprès de lui autour des années 536-537, il
s'éloigna vers l'est. En effet, le Henan était devenu le champ de bataille des
armées de Gao Huan et de Yuwen Tai. Les populations émigrèrent en masse,
loin des points d'affrontements.

Quand Hou Jing refusa, en 548, de servir sous les ordres du fils de Gao
Huan, et chercha l'appui des Liang et des Wei Occidentaux, il y eut de violents
affrontements dans les bassins de la Huai et du Yangzi. Or, Huisi avait justement quitté cette région. On peut supposer qu'il ne se trouvait pas au centre
du Shandong par un pur hasard ou pour de simples raisons de prosélytisme. Il
voulait éviter comme tant d'autres de se trouver entre les adversaires. Sa
décision apparaît d'autant plus liée aux événements politiques que nous le
voyons redescendre peu à peu vers le cours supérieur de la Huai entre les
années 548 et 553. Crut-il alors la paix revenue au Sud? Un bref séjour dans
la région proche du confluent de la Han et du Yangzi, en 553-554, le laisse
supposer. La chute de Jiangling et la guerre civile au Sud l'incitèrent certainement à se réfugier aussitôt dans les montagnes du Dasu. C'est là qu'il
devait demeurer jusqu'en 568.

Au fur et à mesure que les Chen asseyaient leur pouvoir, ils tentaient de
reconquérir les territoires perdus lors de la révolte de Hou Jing. De leur côté
les Zhou du Nord accentuaient leur pression à l'ouest. Or, le Dasushan était

---

(29) cf. *Nanyue Si da chanshi li shiyuan wen* 南嶽思大禪師立誓願文 T. 1933, vol. 46,
p. 785 *a*/5; cf. notre note 2 p.27.

un réel verrou stratégique.[30] Huisi fut alors obligé de quitter rapidement la région et dut fuir vers le Sud, dans l'espoir de trouver enfin un refuge à l'abri de toutes les guerres. Il serait parvenu au Nanyue, dans le Hunan, le 31 juillet 568 alors que Chen Xu, bientôt empereur Xuan des Chen, devait encore lutter contre ses adversaires, pour se faire reconnaître comme empereur légitime. En 569, on vint dénoncer auprès de lui les agissements de Huisi. Ce dernier était accusé d'agir pour le compte des Qi du Nord, et, selon certaines sources, de cacher des armes devant servir contre l'empire du Sud. On mesure facilement la gravité d'une telle accusation. Huisi comprit qu'il valait mieux suivre l'envoyé militaire venu le chercher pour le conduire à la Cour.[31] Il arriva à Jiankang la même année et prouva son innocence.[32] Après avoir passé quelques mois dans l'un des monastères de la capitale, il regagna la montagne. Il y mourut le 21 juillet 577, l'année même de la chute des Qi du Nord.

On pourrait objecter qu'aucune des biographies de Huisi n'établit un lien direct entre ses déplacements et les événements politiques. Les textes insistent même sur l'esprit très indépendant de Huisi, qui évitait tout contact prolongé avec les gouverneurs et les princes. D'après ses biographes, ses déplacements auraient eu pour seul motif le désir de s'instruire de la Loi du Buddha et de la propager. Or, une étude attentive de ses déplacements nous permet de constater qu'ils sont indubitablement liés aux remous politiques et aux affrontements entre royaumes adverses. Cette coïncidence ne peut être fortuite. Elle n'en diminue pas pour autant les mérites de Huisi, qui resta fidèle à son idéal malgré les obstacles qu'il rencontrait.

La carte ci-contre retrace les déplacements de Huisi ainsi que les frontières entre les divers Etats.

III. La civilisation chinoise au sixième siècle; son influence sur la pensée de Huisi.

1. *Huisi et les "causeries pures."*

Les désordres politiques et sociaux, évoqués plus haut, suscitèrent le besoin d'un système capable de rétablir l'ordre social. Des mesures autoritaires, d'inspiration légiste, furent prises par les Cao-Wei puis par les Wei du Nord, pour ne citer que ces deux dynasties. En fait, elles reposaient sur un concept de base, celui du "lot" (*fen* 分)[33], c'est-à-dire que chaque individu naît avec un lot déterminé de capacités, d'inclinations, de préférences, d'idées et de désirs qui le prédestinent à une position bien définie dans la vie, à un certain

---

(30) Dans l'actuelle province du Henan, au sud-est de l'actuel Shangcheng xian 商城縣 cf. note 39 du ch. II, p.38.

(31) cf. *Xu gaoseng zhuan* 續高僧傳 T. 2060, vol.50, p.563 *b*/26–*c*/3 et ch. II, p.44–46 sq. et note correspondant.

(32) *ibid.* p.563 *c*/1–3.

(33) cf. E. Zürcher, *op. cit.*, p. 90–92; P. Demiéville, in *Annuaire du collège de France*, 48ᵉ année, p.159; Hou Wailu 侯外廬, *Zhongguo sixiang tongshi* 中國思想通史 3 vol., Pékin, 1957.

CARTE DÉS DEPLACEMENTS DE HUISI

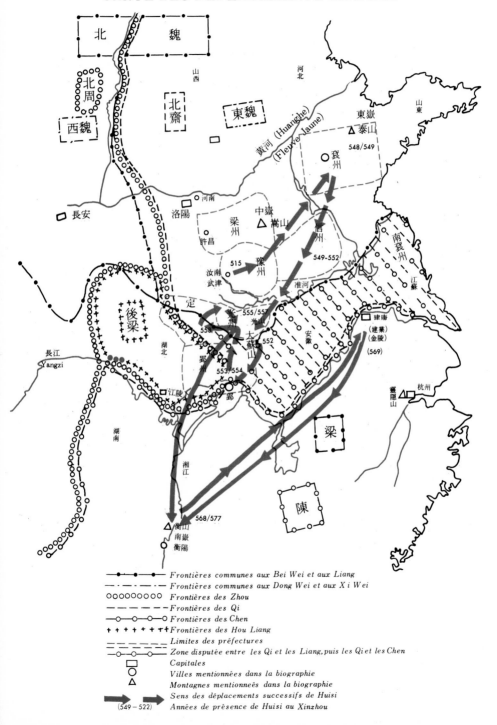

北魏

北周

西魏

北齋

東魏

山西   河北

黄河 (Huanghe)
(Fleuve Jaune)

山東

東嶽
泰山

548/549

長安

洛陽

河南

中嶽
嵩山

梁州

信州

南襄州

江蘇

許昌

515   豫州

549-552

汝南
武津

淮河

後梁

定

555/557

光山

安徽

建康
(建業)
(金陵)
(569)

長江
Yangzi

湖北

鄂州

558

大蘇山

552

553/554

江陵

鄂

靈隱山

杭州

湖南

湘江

梁

568/577

衡山
南嶽
衡陽

陳

●—●—●—● *Frontières communes aux Bei Wei et aux Liang*
—·—·—·— *Frontières communes aux Dong Wei et aux Xi Wei*
○○○○○○○○○ *Frontières des Zhou*
— — — — *Frontières des Qi*
○—○—○—○ *Frontières des Chen*
+ + + + + *Frontières des Hou Liang*
— — — — *Limites des préfectures*
○—○—○ *Zone disputée entre les Qi et les Liang, puis les Qi et les Chen*
▢ *Capitales*
○ *Villes mentionnées dans la biographie*
△ *Montagnes mentionneês dans la biographie*
➤ *Sens des déplacements successifs de Huisi*
(549 – 522) *Années de présence de Huisi au Xinzhou*

Tableau des changements dynastiques.

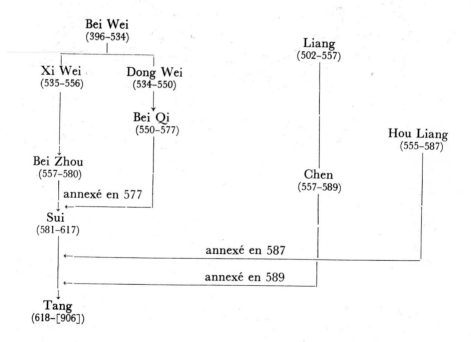

environnement et à un rôle particulier. Chaque individu est unique. L'ordre
de la société dépend de l'harmonie des êtres entre eux; en d'autres termes, de
la place et du rôle de chaque individu vivant en accord avec sa nature.

Une telle conception servit de base aux méthodes de "caractérisation" (*mu*
目)[34] qui, dès les Han, étaient utilisées pour le choix des candidats aux fonctions publiques. Des magistrats, appelés *zhongzheng* 中正 sortes de maîtres du
juste milieu, les désignaient en s'appuyant sur l'opinion de la population et sur
leur propre jugement. Ils "caractérisaient" les candidats à travers une formule
bien frappée. A partir du troisième siècle ce mode de désignation aux postes
importants devint beaucoup moins fréquent, mais les lettrés s'en étaient déjà
emparé, pour démontrer leur habileté à définir en peu de mots le caractère
d'une personne. Très vite cet exercice s'étendit à d'autres domaines, tels que la
littérature ou la métaphysique. Ce fut le point de départ des "causeries pures"
(*qingtan* 清談)[35], c'est à dire de discussions entre lettrés sur des sujets variés
avec, pour règle principale, la concision des termes et la recherche des expressions les mieux frappées. De nombreux exemples de ces "causeries pures" nous
sont parvenus, grâce au *Nouveau recueil de propos mondains* (*Shishuo xinyu* 世說新
語)[36].

Le bouddhisme emprunta cette méthode et ces conceptions. La théorie du
lot individuel vint renforcer la doctrine de la rétribution des actes au travers
des transmigrations. Ce qui arrive à l'individu, dans sa vie présente, a ses antécédents dans des existences antérieures, et s'explique en fonction du rôle qui
lui a été imparti. Quant à la méthode des "causeries pures", elle devint l'apanage des milieux bouddhiques qui en usèrent largement pour propager leur
doctrine. Ces conversations entre deux ou plusieurs personnes, les unes cherchant à convaincre les autres de la justesse de leur opinion et de leur interprétation de la Loi du Buddha, devinrent un genre littéraire: de nombreux traités
bouddhiques sont présentés sous forme de dialogue entre deux interlocuteurs.

Nous relevons aisément les traces de cette double influence dans la vie et
les oeuvres de Huisi. Celui-ci reconnaissait publiquement qu'il ne pouvait
échapper aux reproches et aux violences dont il était victime, parce qu'ils
étaient les conséquences inévitables de ses actes accomplis dans une vie antérieure.[37] En outre, il se savait appelé à vivre durant une période exactement
déterminée, dans sa dernière retraite au mont Nanyue.[38] Par ailleurs son destin
individuel impliquait qu'il renonçât temporairement à gravir de plus hauts
degrés dans l'illumination, afin d'aider les autres à mieux s'affermir dans la

---

(34) cf. E. Zürcher, *op. cit.*, p.44, 93 sq.

(35) cf. note 6 du ch. IV, p.132.

(36) Le *Shishuo xinyu* 世說新語 fut rédigé par Liu Yiqing 劉義慶 (403-444), et fut doublé
d'un commentaire par Liu Jun 劉峻 (plus connu sous le nom de Liu Xiaobiao 劉孝標, 462-
521). Cet ouvrage est une collection de plus de 950 anecdotes suivant 36 thèmes principaux.
La meilleure édition critique actuelle est celle du *Shinshaku Kambun taikei* 新釋漢文大系, éd.
Meiji shoin 明治書院 n° 76,77,78, 1975-1976.

(37) cf. *Xu gaoseng zhuan*, T. 2060, vol. 50, p.563 *a*/19-20.

(38) *ibid.* p.563 *b*/15-16.

Voie du Buddha.[39] Huisi nous offre ainsi l'exemple d'une pensée où la notion du "lot" renforce considérablement la doctrine bouddhique du *karma*.

Dans les trois œuvres qui sans aucun doute possible sont de lui,[40] il adopta aussi le mode des "causeries pures". Son enseignement nous est livré sous forme de dialogue fictif. Malheureusement ce genre littéraire complique plus qu'il ne le clarifie le sens de son discours.

A côté de cet emploi littéraire, il est évident que Huisi eut bon gré mal gré recours à cette méthode. Nous en voulons pour preuve la seconde partie du *Nanyue Si da chanshi li shiyuan wen*.[41] Dans cette œuvre, qui est en partie de lui, Huisi expose les motifs qui l'ont poussé à faire le vœu d'écrire en caractères d'or le sūtra de la *Perfection de Sapience* (*Prajñāpāramitā*) et celui du *Lotus* (*Saddharma-puṇḍarīka*). La seconde partie, présentée comme une autobiographie,[42] nous montre qu'il dut se débattre très souvent avec des interlocuteurs hostiles. Nous ignorons les thèses de l'adversaire, des bouddhistes de doctrine opposée, mais nous apprenons que ces débats s'envenimèrent et que Huisi frôla la mort à plusieurs reprises. Il serait donc intéressant de poursuivre une recherche sur le climat de ces causeries entre bouddhistes d'une part, entre eux et les taoïstes ou les confucianistes d'autre part. Il semble que les conflits d'idées s'accompagnaient de violences physiques.[43] Les histoires bouddhiques masquent le plus souvent cet aspect, ou lorsqu'elles le mettent en évidence, c'est pour accabler les taoïstes rendus responsables des persécutions. Tel est le cas dans certaines biographies de Huisi.[44] Nous envisageons donc une recherche approfondie sur ce point, en recourant principalement au recueil de controverses que Sengyou 僧佑 (mort en 518) nous a livré sous le titre *Hongming ji* 弘明集 [45], ainsi qu'à celui de Daoxuan 道宣 (596-667) intitulé *Guang hongming ji* 廣弘明集.[46] Quoi qu'il en soit, on sait que de grands débats eurent lieu tant à la Cour des Qi qu'à celle des Zhou du Nord. Ils opposaient les maîtres du bouddhisme, du taoïsme et du confucianisme. Chez les Qi du Nord, les bouddhistes eurent l'avantage et les taoïstes furent contraints à revêtir le froc bouddhique. Chez les Zhou, l'empereur trancha en faveur du confucianisme et persécuta le bouddhisme. Nous reviendrons sur cette persécution au chapitre IV.

2. *Spéculations ontologiques de l'Ecole des Mystères.*

On ne peut évoquer les "causeries pures" sans aussitôt mentionner l'Ecole des Mystères (*xuanxue* 玄學).[47] En effet, le *qingtan* fut en quelque sorte le véhicule des spéculations ontologiques de l'Ecole des Mystères. La plupart du temps les amateurs de "causeries pures" philosophaient aussi sur les notions d'être

(39) *ibid.* p. 563 *c*/19 sq.
(40) cf. ch. III, p. 75-79 et ch. V.
(41) cf. T. 1933, vol. 46, p. 787 *a*/4-*c*/25.
(42) cf. ch. III, p. 104-116 et ch. VI.
(43) Sur les violences physiques exercées sur la personne de Huisi, cf. ch. VI, p. 201-205.
(44) Sur ce point, cf. ch. II, p. 61-65.
(45) cf. T. 2102, vol. 52.
(46) cf. T. 2103, vol. 52.
(47) cf. note 5 du ch. IV, p. 132.

(*you* 有), de non-être (*wu* 無), de substance (*ti* 體) et de fonction (*yong* 用), autant de catégories propres à l'Ecole des Mystères.

L'Ecole recherchait un substrat permanent à travers les phénomènes changeants de ce monde. La situation politique et sociale de cette époque très troublée ne pouvait que renforcer le sentiment de l'impermanence de toutes choses. Cependant les tenants de cette école affirmaient que tout phénomène limité dans le temps ou l'espace, tout ce qui est nommable, tout mouvement, tout changement, tout être, est produit, manifesté et soutenu par un principe de base qui est illimité, immuable, sans mouvement ni changement, et qui peut être qualifié de "non-être fondamental" (*benwu* 本無). Le problème était donc de concevoir les relations liant l'être déterminé au non-être fondamental. Le premier était considéré comme la fonction (*yong*) du second qui en était la substance (*ti*). De ce fait ils étaient indissociables l'un de l'autre.

Ce mouvement intellectuel exerça son influence du troisième au sixième siècle. Pendant longtemps, l'analogie apparente, entre ces conceptions du non-être et la théorie mahāyāniste de l'irréalité fondamentale de tous les phénomènes, entraîna le bouddhisme à utiliser les termes et la logique de l'Ecole pour exposer sa doctrine. Kumārajīva fut l'un des premiers à réagir contre cette confusion. Il put faire admettre les différences séparant le non-être fondamental du Rien bouddhique. Toutefois les bouddhistes n'en renoncèrent pas pour autant à ce thème favori.

Huisi lui-même manifeste à plusieurs reprises son goût pour ces spéculations ontologiques. Certes ses théories ne peuvent se confondre avec celles de l'Ecole des Mystères, mais elles n'en sont pas moins analogues. L'esprit unique (*yixin* 一心) est devenu le substrat permanent qui englobe tout.[48] Or, cet esprit unique est défini comme une vacuité parfaite, c'est-à-dire le substrat permanent de toutes choses. Cet esprit unique a pour caractère essentiel d'être sans mouvement (*budong* 不動).[49] Huisi insiste par ailleurs sur l'impermanence des lois du monde aussi changeantes que des nuages.[50] Il en est de même pour nos désirs. Alors il faut savoir y renoncer "pour obtenir la grande joie du non agir du *nirvāṇa*".[51] Ces quelques exemples montrent bien que Huisi, sans être un adepte de l'Ecole des Mystères, s'intéressa néanmoins aux mêmes problèmes. Nous reviendrons plus largement sur ce sujet lors de la publication de notre étude d'une de ses œuvres principales, le *Fahua jing anle xing yi* 法華經安樂行義.

3. *Influences taoïstes dans la pensée de Huisi?*

Du troisième au sixième siècle, le taoïsme accrut son influence tant parmi les lettrés que parmi les couches populaires. Ce taoïsme savant dut beaucoup à Ge Hong 葛洪 (283-343?)[52] qui eut pour héritier principal Kou Qianzhi 寇

(48) En chinois, Huisi use de l'expression *yixin ju wanxing* 一心具萬行 (cf. *Xu gaoseng zhuan*, op. cit., p.563 *b*/4-5).
(49) cf. ch. V, p.175 sq.
(50) *Nanyue Si da chanshi li shiyuan wen*, T. 1933, vol. 46, p.787 *a*/10-11.
(51) *ibid.*, p.787 *a*/11-12, *zhi wuwei niepan dale* 至無爲涅槃大樂.
(52) Biographie de Ge Hong dans *Jinshu* 晋書 ch. 72, éd de Pékin, vol. 6, p.1911-1914.

謙之 (363-448)[53]. Ce dernier intéresse l'histoire du bouddhisme. Il fut associé à Cui Hao 崔浩[54], lors des mesures prises par l'empereur Taiwu des Wei du Nord 魏太武帝 à l'encontre du clergé bouddhique.

Sous l'influence de ces hommes, le taoïsme gagna toutes les couches de la société, et devint suffisamment agissant pour s'introduire dans les milieux politiques de l'époque. En Chine du Nord il fut même synonyme d'appartenance chinoise par opposition à ceux qui étaient d'ethnies différentes. C'est ainsi que l'empereur Taiwu des Wei fut poussé à la persécution du bouddhisme pour mieux s'identifier au milieu chinois et s'affranchir des barbares. Par contre, l'empereur Wenxuan des Qi, en 555, persécuta les taoïstes, pour affirmer ses origines barbares. On comprend dans ces conditions qu'il ait existé un antagonisme entre les deux religions et qu'elles aient sans cesse tenté d'obtenir la suprématie tant politique que doctrinale.

Nous n'entrerons pas dans les controverses doctrinales qui opposèrent taoïstes et bouddhistes, et les poussèrent à fabriquer des sūtras apocryphes.[55] Nous nous limiterons aux seuls aspects qui semblent avoir influencé la pensée de Huisi. Or, nous trouvons dans son *Vœu* un passage très révélateur :

"Moi j'entre aujourd'hui dans la montagne, pour me livrer aux pratiques ascétiques, pour me repentir de graves manquements aux règles et des obstacles dressés contre la Voie. Je me repens de toutes les fautes de mes existences, présente et passées. Pour protéger la Loi, je recherche une longue vie. Je ne désire pas renaître esprit céleste ou dans une autre destinée. Veuillent tous les saints m'assister et m'aider à obtenir une bonne plante agaric et du cinabre divin. Je pourrai alors guérir de toutes mes maladies et supprimer la faim et la soif, obtenir constamment de méditer en marchant et de pratiquer toutes les formes de méditation. Je souhaite obtenir au cœur de la montagne un endroit paisible et suffisamment d'élixir et de drogues pour pratiquer ce vœu. Recourant à la force du cinabre extérieur, je cultiverai le cinabre intérieur. Celui qui entend pacifier les êtres doit d'abord se pacifier lui-même! Quand on est soi-même entravé, peut-on ôter les entraves des autres? Non, c'est impossible!".[56]

A la fin du même vœu, Huisi fait appel à la protection de tout un panthéon bouddhique qui ressemble beaucoup à ceux des divinités taoïstes.[57] Par ailleurs, plusieurs biographies laissent entendre qu'il insistait sans cesse sur la nécessité de rechercher la Voie (*Dao* 道) du Buddha à l'intérieur de soi-même et non à l'extérieur.[58] On peut s'interroger sur l'authenticité de ces passages.

---

(53) Kou Qianzhi, cf. *Fozu tongji*, T. 2035, vol. 19, p.354 sq; p.533 *c*, 537-538.

(54) cf. *Weishu*, ch. 35, éd. Pékin, vol. 3, p.807-828; *Beishi*, ch. 21, éd. Pékin, vol. 3, p. 769-794.

(55) On lira avec intérêt le ch. VI d'E. Zürcher, *op. cit.*, p.288-320, consacré à ces controverses.

(56) cf. *Nanyue Si da chanshi li shiyuan wen*, T. 1933, vol. 46, p.791 *c*/11-18.

(57) *ibid.* p.792 *a*/18-23.

(58) cf. *Jingde zhuan denglu* 景德傳燈錄, T. 2076, vol.51, p.431 *b*/3-4.

S'ils sont effectivement de Huisi, on est obligé de reconnaître qu'il fut influencé par les techniques d'immortalité prônées par Ge Hong et ses successeurs, et qu'il eut recours à la concentration de la pensée, une variante des techniques taoïstes de la respiration embryonnaire, pour parvenir à la vision interne. Personnellement nous ne trouvons aucun indice permettant de trancher nettement cette question. Rien ne nous autorise à rejeter ces passages tout empreints de taoïsme. Dans quelle mesure Huisi a-t-il subi ces influences?

Si l'on en croit ses biographies tardives, Huisi fut affronté directement aux taoïstes qui le dénoncèrent auprès de l'empereur Xuan des Chen.[59] Ces fausses accusations auraient été dictées par la jalousie, les maîtres taoïstes craignant pour leur religion en constatant l'influence que Huisi exerçait sur les gens. Si ces biographies sont fidèles à la vérité historique, nous sommes mis dans cette alternative: ou bien Huisi prêcha une doctrine radicalement opposée à celle du taoïsme, ou bien son enseignement empreint de taoïsme attira les foules et put les soustraire à l'influence de ses détracteurs. Nous ne pouvons trancher.

(59) cf. ch. II, p.61 sq.

Chapitre II

Biographie et hagiographie de Huisi.

Nous avons pu constater que ni l'existence de Huisi ni sa doctrine ne pouvaient être séparées des remous politiques et sociaux, ou des recherches intellectuelles et religieuses de l'époque. Après avoir étudié la biographie de Huisi, puis déterminé l'étendue et l'authenticité de son œuvre, nous montrerons, au chapitre IV, comment celle-ci épousa certaines tendances propres au bouddhisme des cinquième et sixième siècles.

En présentant maintenant la biographie de Huisi, nous serons amené à évoquer certaines des différences existant entre le bouddhisme de la Chine du Nord et celui de la Chine du Sud. Nous aurions pu en donner préalablement tout l'éventail, mais cette méthode présentait le grave inconvénient de morceler ce qui est historique et ce qui est proprement doctrinal. Pour comprendre la vie de Huisi, il suffira pour l'instant de garder présent à l'esprit que le bouddhisme du Nord était surtout pragmatique, soucieux de bonnes oeuvres et adonné au *dhyāna*, tandis que celui du Sud, sans rejeter certes ces aspects, se caractérisa par son avidité dans les recherches purement intellectuelles et philosophiques. Huisi fut de ce fait considéré comme un trait d'union entre ces deux types de bouddhisme.

Les historiographes bouddhistes nous ont laissé onze biographies de Huisi. C'est dire l'intérêt qu'ils portaient à ce maître du *dhyāna*, considéré comme le second fondateur de l'école *Tiantai*. Le premier patriarche fut Huiwen 慧文 mais nous ignorons presque tout de sa vie et de sa doctrine, et les multiples catalogues bouddhiques ne lui attribuent aucune œuvre. Ce fut pourtant auprès de lui que Huisi s'instruisit des vérités fondamentales de l'école *Tiantai* et apprit à comprendre l'enseignement de Nāgārjuna et de Kumārajīva. Si en revanche nous disposons de nombreuses biographies de Huisi, nous sommes par contre obligés de mettre en doute l'authenticité de certains faits et de leur enchaînement.

En effet, la biographie de Huisi s'est enrichie, au fil des ans, de faits merveilleux, de telle sorte qu'elle est noyée dans une hagiographie édifiante certes, mais peu vraisemblable. En outre, pour souligner l'exemplarité de l'existence de Huisi, la plupart de ses biographes se sont efforcés de la calquer sur le schéma d'un *samādhi*, celui du *fangdeng* 方 等 en particulier. Celui-ci consiste à obtenir, par des prières efficaces, le rêve et la vision des buddhas, puis à se mettre à l'école d'un maître, ensuite à confesser ses fautes et à pratiquer le *samādhi* proprement dit, enfin à prêcher la doctrine. Or, la biographie de Huisi suit exactement ce plan, de manière à nous montrer une affinité fondamentale entre Huisi et la doctrine du *Lotus*. Par ailleurs, les biographes ont renforcé ce trait, en passant le plus souvent sous silence les liens entre les déplacements de Huisi et les événements politiques. Nous avons vu ce qu'il fallait en penser : Huisi ne fut pas un être atemporel, échappant aux vicissitudes d'une époque très troublée. Nous avons donc tenu compte de tout cela pour classer les sources biographiques et pour dégager de l'hagiographie pieuse l'histoire réelle de Huisi.

I. Classification des sources.

1. *Les trois sources principales.*

(1) *Nanyue Si da chanshi li shiyuan wen* 南 嶽 思 大 禪 師 立 誓 願 文.

L'œuvre la plus ancienne est le *Vœu prononcé par Huisi, grand maître de dhyāna du Nanyue, Nanyue Si da chanshi li shiyuan wen* (in T. 1933, vol. 46, p. 786 *b*/27 à 792/*b*). Cette œuvre de forme auto-biographique remonte pour l'essentiel à 559, date à laquelle Huisi a, dit-on, rapporté en quelles circonstances il fut conduit à faire le vœu d'écrire en caractères d'or le grand *sūtra de la Prajñā-pāramitā* et celui du *Lotus*. Ce texte sera étudié et traduit au chapitre VI. Œuvre de circonstance, en ce sens qu'il justifie la conduite de Huisi, sa doctrine et sa fidélité à la Loi du Buddha, ce vœu n'évoque ses faits et gestes que pour jalonner un cheminement spirituel qui fit scandale et suscita la colère de faux docteurs de la Loi. C'est pourquoi ce vœu ne s'embarrasse pas de détails. Par ailleurs, les faits qui y sont consignés ne couvrent que les quarante-quatre premières années de la vie de Huisi.

(2) *Biographie contenue dans le Xu gaoseng zhuan* 續 高 僧 傳.

La seconde source de renseignements nous vient de Daoxuan 道 宣. Au chapitre 17 du *Xu gaoseng zhuan* (in T. 2060, vol. 50, p. 562 *c*/6 à 564 *a*/17), Daoxuan nous fournit une biographie complète et certainement bien informée. Auteur du *Guang hongming ji* 廣 弘 明 集, du *Fodao lunheng* 佛 道 論 衡, du *Datangnei dianlu* 大 唐 內 典 錄, Daoxuan disposait d'une très ample documentation. En outre, n'étant pas lui-même membre de l'école *Tiantai*, il peut être considéré comme un observateur impartial. C'est pourquoi nous avons retenu le *Xu gaoseng zhuan*, achevé en 645, comme la source la plus autorisée. Nous la traduisons en son entier; les autres sources ne sont citées qu'en référence à celle-ci.

(3) *Le Datangnei dianlu* 大唐內典錄.

Il faut noter que dans le *Datangnei dianlu*, cité ci-dessus et achevé en 664, Daoxuan a rédigé une courte notice biographique de Huisi, surtout importante pour l'inventaire de ses œuvres, comme nous le verrons au chapitre suivant (cf. T. 2149, vol. 55, p. 283 *c*/18 à 284 *a*/8).

Il convient de signaler ici que Zhiyi écrivit une *Biographie du Maître de dhyāna Huisi du Nanyue, Nanyue Si chanshi zhuan* 南 嶽 思 禪 師 傳 malheureusement disparue. Elle est pourtant mentionnée dans le catalogue de Daoxuan (cf. *Datangnei dianlu juan 5, op. cit.*, p. 284 *a*/28). On peut supposer que Daoxuan utilisa une large part des informations fournies par Zhiyi, un témoin privilégié, pour rédiger la biographie du maître du Nanyue.

2. *Les huit sources secondaires.*[1]

Les huit sources qui sont présentées ici, nous ont servi à éclairer certains points demeurés obscurs dans l'œuvre de Daoxuan, mais elles doivent être maniées avec beaucoup de prudence. Les unes sont trop partiales, les autres se contentent de recopier, en les remaniant, les données fournies par le *Xu gaoseng zhuan*, d'autres encore sont nettement des hagiographies et non des biographies proprement dites. Nous les avons classées par ordre chronologique.

(1) *Sui Tiantai dashi biezhuan* 隋 天 台 大 師 別 傳,

(T. 2050, vol. 50, p. 191-197) datant de 601, et écrit par Guanding 灌 頂, un des disciples de Zhiyi. Cet ouvrage est trop partisan pour être utilisé sans une certaine réserve.

(2) *Hongzan fahua zhuan* 弘 贊 法 華 傳,

(T. 2067, vol. 51, p. 21 *c*/9 à 22 *b*/16) datant de 667 et rédigé par Huixiang 惠 詳. Le texte est très proche de celui de Daoxuan. On peut supposer qu'il utilisa la même source, ou qu'il se contenta d'en établir une version abrégée.

(3) *Fahua zhuanji* 法 華 傳 記,

(T. 2068, vol. 51, p. 59 *b*/1-13) datant des Tang et écrit par Sengxiang

---

(1) La référence aux différentes sources se fera par abréviation du titre pour la plupart des cas. En voici la liste:
Vœu pour *Nanyue Si da chanshi li shiyuan wen*
Hongzan pour *Hongzan fahua zhuan*
Fahua pour *Fahua zhuanji*
Jingde pour *Jingde zhuan denglu*
Tiantai pour *Tiantai jiuzu zhuan*
Foji pour *Fozu tongji*
Fozai pour *Fozu lidai tongzai*
Les titres qui n'apparaissent pas ici seront donc transcrits intégralement.

僧詳 (milieu du VIIIe siècle). Nous nous y référons pour éclairer certains points.

(4) *Jingde zhuan denglu* 景德傳燈錄,

(T. 2076, vol. 51, p. 431 *a*/14–*c*/8) datant de 1004 sous les Song 宋 et composé par Daoyuan 道原. Cet ouvrage, comme les suivants, nous permet de constater la formation d'une hagiographie de Huisi.

(5) *Tiantai jiuzu zhuan* 天台九祖傳,

(T. 2069, vol. 51, p. 98 *c*/4 à 100 *a*/6) datant de 1208 sous les Song et compilé par Shiheng 士衡. L'auteur expose largement l'hagiographie qui, à l'époque, attribua à Huisi un certain nombre de prophéties et de gestes merveilleux.

(6) *Fozu tongji* 佛祖統紀,

(T. 2035, vol. 49, p. 179 *a*/5 à 180 *c*/28) datant de 1269 sous les Song et rédigé par Zhipan 志盤. Même remarque que pour l'ouvrage précédent.

(7) *Fozu lidai tongzai* 佛祖歷代通載,

(T. 2036, vol. 49, p. 555 *c*/4 à 556 *a*/6) datant de 1341 sous les Yuan et compilé par Nianchang 念常.

(8) *Shensengzhuan* 神僧傳,

(T. 2064, vol. 50, p. 975 *c*/21 à 976 *b*/10) datant de 1417 sous les Ming 明 et rédigé sous le patronage impérial.

II. La biographie de Huisi par Daoxuan (T. 2060).

Enfance et adolescence de Huisi [515–530].

(562 *c*/6). Huisi avait Li 李 pour nom laïc. Il était originaire de Wujin 武津[2]. Dans sa jeunesse il était renommé pour (son esprit) large et compréhensif, pour son éducation maternelle empreinte de compassion. Dans son village on

---

(2) Le *Vœu*, p.785 *a*/5, précise qu'il est né en la 82e année de la période *mofa* 末法 du bouddhisme, c'est à dire en l'année *yiwei*, le onzième jour du onzième mois, au royaume des grands Wei, dans la sous-préfecture de Nanyu 南豫州, commanderie de Ruyang 汝陽郡, préfecture de Wujin 武津縣. Le *Fahua* parle de Xiangcheng 項城 qui se trouve au sud-ouest de Ruyang. Cela correspond à l'est de l'actuel Shangkui xian 上葵縣 près de Runing 汝寧, dans la province du Henan 河南.
Le *Foji*, p.179 *a*/6, s'appuyant sur le *Vœu*, précise que la date proposée correspond à la quatrième année de l'ère *yanchang* 延昌 du règne de Xuanwu di 宣武帝 des Wei, et à la quatorzième année de l'ère *tianjian* 天監 du règne de Wudi des Liang 梁武帝. La concordance est exacte. Huisi serait donc né le 31 décembre 515.

faisait l'éloge de ses mérites; on demandait fréquemment son avis.[3] Il rêva que les religieux bouddhistes l'exhortaient à quitter l'état laïc.[4] Frappé par ce présage, il quitta ses parents pour entrer en religion.[5] Le monastère où il se présenta n'était pas celui d'une communauté monastique. Il avait plusieurs fois senti que les divins maîtres l'incitaient à la pratique de la grande ascèse. Il observa strictement l'abstinence, et avec beaucoup de soins pratiqua la pureté. En y parvenant pleinement, sa volonté religieuse s'épanouit. Il se retira dans un endroit reculé, demeurant en méditation et scrutant le *karma*.[6] Il ne prenait qu'un repas quotidien et ne recevait aucune autre offrande. Il cessa entièrement toutes relations sociales. Il lut le *Lotus* et autres sūtras, soit plus de trente rouleaux. Pendant plusieurs années il en vint à les lire plus de mille fois.[7]

(3) Un certain nombre de biographies, copiant soit une source commune, soit le *Xu gaoseng zhuan*, ont voulu abréger le texte, le rendant ainsi difficilement lisible. On lit dans le *Hongzan*: 少以慈恕知名閭里; dans le *Jingde* 少以慈恕聞于閭里. Même chose pour le *Tiantai* 少以寬慈 et le *Fozai*; quant au *Shenseng zhuan* il écrit 少以弘慈慈育知名閭里. La version de Daoxuan est de loin la plus satisfaisante et la plus intelligible.

(4) A l'exception du *Fahua* qui emploie l'expression "entrer dans la Voie du Buddha", (*ru Fodao* 入佛道) et du *Foji* qui contracte en *ru dao* 入道, toutes les sources ont retenu le terme *chu su* 出俗 "quitter l'état laïc". Quoique ces expressions diffèrent puisqu'il s'agit "d'entrer dans la Voie du Buddha", "d'entrer dans la Voie" "de quitter l'état laïc", l'action est la même. C'est l'entrée en religion et donc la rupture avec l'état laïc. Il nous semble cependant que l'expression *chu su* soit plus forte que les deux autres, puisqu'elle implique une nette séparation et une consécration exclusive au Buddha. C'est par une extension de sens que les deux autres en sont venu à signifier l'entrée en religion et non pas simplement l'appartenance à la religion bouddhique.

(5) Le *Vœu*, p.787 *a*/6 précise que c'est à l'âge de quinze ans (quatorze à l'occidentale) que Huisi quitta sa famille pour cultiver la Voie. Le *Foji* qui, tout au long de la biographie, s'inspire du *Vœu*, établit la concordance avec l'ère dynastique: c'était la deuxième année de l'ère *yongan* 永安 de Xiaozhuang di des Wei 魏孝莊帝, c'est à dire en 529.

(6) Dans l'étude de l'hagiographie de Huisi, nous présentons les différentes versions de l'initiation religieuse de cet adolescent, dont on dit qu'à force de volonté, d'ascèse et d'étude attentive du *sūtra du Lotus*, il fut à même de comprendre seul, sans l'aide d'aucun maître, les vérités fondamentales qui allaient former la base de l'école *Tiantai*.

(7) D'après le *Fahua*, p.59 *b*/11, Huisi aurait durant dix ans récité sans cesse le *sūtra du Lotus*. En fait, il est impossible de déterminer avec précision durant combien de temps il mena cette vie de reclus. Les biographies que nous avons étudiées, ne présentent pas les mêmes faits dans le même ordre. De plus, elles font état de plusieurs expériences d'ordre mystique, à cette époque de la vie de Huisi. Celles-ci ne sauraient constituer une solide base pour établir une quelconque chronologie. Par contre nous savons, grâce au *Vœu* p.787 *a*/20, que Huisi à l'âge de "trente-quatre ans" (trente-trois à l'occidentale) se trouvait dans le Yanzhou 兗州 où il discutait du sens du *Lotus* avec d'autres. La même date est reprise par le *Foji*. Nous serions alors en 548. Or l'on sait, d'après la plupart des sources, que c'est avant cette date que Huisi alla recevoir l'enseignement de Huiwen (dont il est question plus loin, cf. note 18). A en croire le *Foji*, juan 23, p.297 *b*/9-11, c'est entre 535 et 537 que Huisi se serait rendu auprès de Huiwen. Ce sont en effet les seules années où l'ère *datong* 大同 du règne de Wudi des Liang coïncide avec l'ère *tianping* 天平 du règne de Xiaojing di des Wei Orientaux. Huisi avait alors de vingt à vingt-deux ans. Pour que le *Foji* ne puisse se contredire, il faut que Huisi ait eu plus de vingt ans lorsqu'il se mit à l'école de Huiwen. En effet, suivant un passage de la p.179 *a*/23-25, c'est après l'âge de vingt ans que Huisi reçut de lui l'enseignement de la Loi et les méthodes de contemplation. Les dates 536 et 537 seraient donc plus probables. Il faut donc interpréter dans un sens large l'affirmation du *Fahua* et celle du *Hongzan* p.21 *c*/13 et 18. Huisi se serait attaché à l'étude et à la méditation du *sūtra du Lotus* avec une intensité particulière durant dix ans, mais, contrairement à ce qu'affirment ces sources, cela n'eut pas lieu exclusivement

(562 *c*/13). Un rustre brûla la retraite où il s'était retiré, mais aussitôt (l'homme) tomba gravement malade. Comme il venait chercher le pardon avec sincérité, Huisi accepta son repentir et reçut un abri de chaume, où il put s'attacher (à l'étude) des sūtras comme auparavant. Très vite l'individu se remit de sa maladie.[8]

Premières expériences mystiques [530-536].

(562 *c*/15). Huisi rêva de religieux bouddhistes portant des vêtements très variés et merveilleux. Le Président[9] l'exhorta en ces termes :

"Tu as reçu les règles, mais pour ce qui est des pratiques de *vinaya*, tu n'excelles pas encore. Comment peux-tu parvenir à la Voie correcte ? Tu as déjà rencontré la communauté pure ; tu dois en plus te purifier, implorer trente-deux maîtres,[10] progresser dans la vie monastique et parvenir au plein accomplissement."

dans la solitude absolue, et encore moins jusqu'à l'âge de quarante ans comme le prétend le *Hongzan*. On peut donc dire que, selon toute vraisemblance, Huisi vécut à peu près seul de quinze à vingt-et-un ans.

(8) Le *Hongzan*, p.22 *a*/9-11, situe cette anecdote après la découverte au Nanyue des restes des existences antérieures de Huisi (cf. p.56 sq). Les autres sources, c'est à dire le *Tiantai*, le *Foji* et le *Shenseng zhuan*, la situent au même moment et dans les mêmes termes. Apparemment l'individu qui brûla la retraite de Huisi, fut aussitôt couvert de pustules (*liji* 癘 疾). Si l'on rapproche cette maladie de celles qui frappèrent Huisi soit en raison des conditions climatiques (voir p.53-54), soit par suite d'empoisonnement (voir notre traduction et étude du *Vœu* au ch. VI), on est frappé de l'identité des symptômes. Il est à chaque fois question d'œdèmes, de pestilence, de membres gonflés. Nous avons cherché si l'opposition à un moine ou à sa doctrine était frappée immanquablement d'une telle maladie. Il nous faut bien reconnaître que les châtiments promis ou reçus pour avoir persécuté un moine et sa doctrine varient beaucoup. Nous pouvons simplement constater que pour Huisi et pour ses biographes cette forme de maladie est le signe d'une opposition à la Loi, et par déduction logique, du refus de la doctrine du *Lotus*.

(9) L'expression *shangzuo* 上坐, employée à la fois par le *Xu gaoseng zhuan*, le *Hongzan* (p. 22 *a*/12) et le *Shenseng zhuan* (p.975 *b*/26), a été traduite par "le Président" cf. Hōbōgirin IV, p.308a. L'expression ne se trouve pas dans les autres sources consacrées à la biographie de Huisi. Le *Foji* (p.179 *a*/18) ne comporte pas la mention préliminaire de la vision en rêve de plusieurs religieux bouddhistes portant des vêtements très variés et merveilleux. L'exhortation qu'il cite et qui est identique à celle du *Xu gaoseng zhuan*, est seulement précédée de "il rêva qu'un moine dit" *you meng seng yue* 又夢僧日. Pour le *Foji* ce serait le discours d'un moine. Quel moine ? La première expression nous semble plus en accord avec les traditions oniriques du bouddhisme. Ici le rôle de Président ne reviendrait-il pas au Buddha ?

(10) Les sources les plus anciennes, le *Xu gaoseng zhuan* et le *Hongzan*, respectivement p.562 *c*/18 et p.22 *a*/13, parlent de trente-deux maîtres que Huisi doit implorer. Le texte dit dans les deux cas : "il sollicite l'enseignement de trente-deux maîtres" *qiqing shiseng sanshier ren* 祈 請 師 僧 三 十 二 人. Le *Shenseng zhuan* (p.975 *c*/28) ne comporte qu'une seule variante par rapport aux textes précédents, mais elle est de première importance, puisqu'elle suit en fait la version du *Foji* (p.179 *a*/19) qui en donne une explication. Ces deux sources adoptent le chiffre "quarante-deux". Bien que très tardives (13e et 15e siècles), et offrant un nombre différent, elles nous donnent indirectement la clé du problème. Voici l'explication donnée par le *Foji* :

"Les quarante-deux moines, ce sont les quarante-deux degrés. Dès le départ il fut fixé dans la merveilleuse illumination. Ceci manifeste que (le maître du) Nanyue ayant obtenu la purification de ses six sens (*liugen qingjing* 六 根 清 淨), était entré dans les dix parfaits (degrés de) foi (*yuan shixin* 圓 十 信). C'est pourquoi les grands patrons des quarante-deux degrés et

Il se réveilla soudain et, seulement alors, comprit que c'était un rêve. Dès lors il s'appliqua davantage à ses devoirs quotidiens; il redoubla d'assiduité, ne négligeant pas la connaissance des points obscurs. (Il s'adonnait) au *dhyāna* et à la récitation des sūtras, au point d'en faire une constante occupation. Grâce à

les moines honnêtes parvenus à l'illumination parfaite, firent qu'il progressât dans son activité religieuse de manière à en témoigner''.

Les sources ont ainsi modifié le nombre donné pour le faire correspondre au système des quarante-deux degrés (*sishier wei* 四十二位) qui marquent la progression vers la *bodhi*. En fait nous sommes ici en présence du système des cinquante-deux degrés (*wushier wei* 五十二位), commun aux écoles *Huayan* 華嚴 et *Tiantai*. En effet, le *Foji* considère que Huisi a déjà couvert la première étape des dix degrés de foi (*shixin wei* 十信位). Comme il importe de savoir quel chemin reste encore à parcourir pour atteindre à l'illumination parfaite, il est logique d'évoquer les quarante-deux degrés. Nous présentons ici, pour mémoire, le tableau communément reconnu comme la base du système.

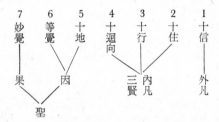

Cette progression complète de cinquante-deux degrés représente la distance qui existe entre l'étape commune (*waifan* 外凡) où l'individu s'ouvre à l'enseignement du Buddha, et l'étape de sainteté absolue (*sheng* 聖), où le *bodhisattva*, parvenu à l'illumination parfaite et universelle (*dengjue* 等覺), la fait partager à tous les autres (*miaojue* 妙覺). Entre ces deux étapes se situe une étape intermédiaire appelée (*neifan* 內凡 ou *sanxian* 三賢 dans laquelle l'individu naît à la vertu (*shizhu* 十住), dépasse le seul souci de sa perfection individuelle pour travailler à la perfection d'autrui (*shixing* 十行), et dans un esprit de profonde miséricorde associe tous les vivants à ses propres mérites (*shihuixiang* 十迴向). Le passage de la deuxième à la troisième étape se fait par le biais des dix terres ou caractères (*shidi* 十地) qui sont à la fois le fruit des *shizhu* propres à l'étape intermédiaire et la condition, ou mieux le terrain, qui rend possible le développement de l'illumination parfaite, laquelle sera complète lorsqu'elle se sera transmise à son tour à tous les êtres.

Ce processus démontre à lui seul qu'il n'est pas d'illumination totale sans altruisme, sans sa communication aux autres. Puisque ces différents degrés correspondent à la fois à une expérience individuelle et à une diffusion des mérites ainsi acquis, ils peuvent en définitive être considérés comme synonymes de "maîtres" (*shiseng* 師僧), en ce sens que ceux qui ont déjà progressé dans la voie de l'illumination parfaite peuvent et doivent la dispenser aux autres. Le rêve de Huisi n'est donc pas à prendre au sens littéral de moines existant réellement et devant être suivis, mais au sens d'une révélation de son propre degré de sainteté et du chemin qu'il reste encore à parcourir, en s'aidant des mérites acquis par d'autres, et des règles bouddhiques, afin de parvenir au but final: l'illumination parfaite dispensée aux autres. Peu importe dès lors que Huisi soit parvenu à la première (*shizhu*) ou à la seconde position (*shixing*) de l'étape intermédiaire *neifan*, ce qui donne respectivement un chiffre de quarante-deux degrés à occuper encore. L'essentiel est qu'il ait déjà commencé sa progression.

Ce rêve est en fait la prise de conscience logique de la nécessité pour Huisi de recourir à l'enseignement d'autres maîtres, en l'occurence Huiwen 慧文 pour être éclairé sur certains points de doctrine et être initié aux méthodes de contemplation. Cette prise de conscience intervient au terme de plusieurs années de recherche personnelle et de purification par l'ascèse. La rencontre avec Huiwen donnera une nouvelle dimension aux qualités spirituelles et religieuses déjà acquises par Huisi.

cette pratique pénible,[11] il obtint la connaissance du mode de réalisation de la
bodhi à travers trois existences.[12]

(562 *c*/21). Il rêva que Maitreya et Amitābha[13] lui prêchaient la Loi pour
qu'il s'ouvrît à l'illumination. Alors il fabriqua deux statues auxquelles il rendit
un culte commun. Il rêva qu'il suivait Maitreya et la cohorte de ses fidèles à
l'assemblée du Nāgapuṣpa.[14] Il considérait en lui-même:

> "Moi, dans la période finale (de dégénérescence) de la Loi de Śākya, j'ai
> reçu le *Lotus* de la Loi et m'y suis attaché.[15] Aujourd'hui je rencontre
> le Miséricordieux, le Vénéré!"

Emu jusqu'aux larmes, il trouva soudain l'illumination, fut retourné et de
nouveau progressa courageusement dans le bien. Il retrouva intelligence et
paix. Il prépara strictement les offrandes et l'eau sur les autels du Buddha, se
comportant ainsi en véritable acolyte céleste. Ayant lu le *Miao shengding jing*,[16]
il admira les vertus de la méditation et redoubla de zèle à sa recherche.[17]

(11) Le terme *kuxing* 苦行 est traduit ici par "pratique pénible" en ce sens que Huisi allia
tout à la fois l'ascèse, la méditation, la recherche et la pratique religieuse pour progresser dans
la voie de l'illumination

(12) Le *Xu gaoseng zhuan*, p.562 *c*/21, s'exprime ainsi: "Par une pratique pénible il obtint
de voir comment il avait pratiqué la Voie par les trois *sheng*" 由苦行得見三生所行道事.
Le terme *sansheng* 三生 est à interpréter suivant la terminologie propre à la réalisation de la
bodhi, c'est à dire *zhong* 種, *shu* 熟 et *to* 脫. Après avoir planté la semence de l'esprit de *bodhi*
(*puti xin* 菩提心) le fidèle pratique la Voie, afin de parvenir à la plénitude de cet esprit et
connaître alors la libération totale, c'est à dire le *nirvāṇa*. Ce point est davantage développé au
cours de ce chapitre, p.59 car il permet d'expliquer comment s'est formée la tradition qui
attribue trois existences successives à Huisi.

(13) Sur Maitreya et son culte, voir ch. IV, p.157 et note. Sur Amitābha, *ibid.* p.156 sq.
et note. En pratiquant leur culte, Huisi ne fait que se soumettre aux influences de son époque.
En leur dressant une statue, il imite un geste déjà accompli par Zhidun, par Huiyuan ou par
Daoan, dont il sera question à propos du culte d'Amitābha et de Maitreya. Nous reviendrons
par ailleurs sur ce point au ch. VI, puisque Maitreya apparaît dans le grand voeu de Huisi
comme le garant de la Loi.

(14) *Longhua hui* 龍華會. C'est sous cet arbre légendaire, sorte de dragonnier, que Maitreya
connaîtra l'éveil. Lors de sa prochaine venue sur terre, il y enseignera la doctrine du Buddha.

(15) L'ère *mofa* et la présentation du *sūtra du Lotus* sont étroitement liés. Pour un plus
large développement, voir les ch. IV à VI.

(16) Le *Miao shengding jing* 妙勝定經, est un sūtra apocryphe qui semble avoir été en
vogue sous les Six Dynasties. Son titre apparaît suivi d'une citation dans le *Zhufa wuzheng sanmei
famen* 諸法無諍三昧法門 de Huisi (T. 1923, vol. 46, p.629 *b*/3) dans le *Miao zhiguan* 妙止
觀 (T. 1911, vol. 46, p.39 *c*/15) et dans *le Tiantai xiao zhiguan* 天台小止觀 (T. 1915, vol. 46,
p.463 *a*/20) de Zhiyi. Il est en outre cité dans le *Fahua xuanyi* 法華玄義 (T. 1716, vol. 23, p.
702 *a*). A propos de la discussion des deux vérités et des vingt-trois écoles *erdi lun ershisan jia* 二
諦論二十三家, au *juan* 24, le *Guang hongmingji* y fait allusion. Un manuscrit conservé à Lüshun
(Port-Arthur) et écrit en 223 colonnes, porte le titre *Zuimiao dingsheng jing* 最妙定勝經. Cet
ouvrage en un *juan* traite du *zhengfa* 正法, du *dinghui* 定慧, du *zhiguan* 止觀 et du *chanhui* 懺
悔. Or, ce sont là autant de points de doctrine et de méditation constamment abordés dans
l'oeuvre de Huisi. Nous envisageons de faire une étude sur cet ouvrage, afin d'en déterminer
l'origine et d'en mesurer toute l'influence sur le bouddhisme des Six Dynasties. Une étude
partielle du manuscrit conservé à Lüshun a été faite par Sekiguchi Shindai 關口眞大 à la fin
de son ouvrage *Tendai shikan no kenkyū* 天台止觀の研究, Tōkyō, 1969, p.379–402.

(17) Pour le *Foji* p.179 *a*/23, ce serait en 534, à l'âge de dix-neuf ans, que Huisi aurait
étudié le *Miao shengding jing* et aurait pris conscience de l'importance de la méditation. Il se

La rencontre de Huiwen et la nuit mystique [536-537].

(562 *c*/28). A cette époque, le maître de méditation, Huiwen,[18] rassemblait

serait alors consacré à l'étude du Mahāyāna et à la pratique du *dhyāna*. On peut noter ici que
le *Vœu*, p. 787 *a*/7, affirme que Huisi, progressant avec zèle dans l'ascèse et la pratique religieuse, atteignit l'âge de vingt ans (dix-neuf à l'occidentale). Toutefois il ne fait pas allusion
au rôle que joua le *Miao shengding jing* dans sa vie religieuse.

(18) Huiwen 慧文. A la page 28 de ce chapitre, nous avons essayé de déterminer vers quelle
année Huisi se serait rendu auprès de Huiwen. En nous appuyant à la fois sur la chronologie du *Vœu* et sur celle du *Foji*, nous avons proposé 536 et 537 comme dates probables.
Elles sembleraient correspondre à une étape normale dans l'évolution religieuse de Huisi.
Après un temps de probation et d'épreuves diverses, celui-ci aurait été en mesure, à l'âge de
vingt-et-un ans, de profiter de l'enseignement de Huiwen. Et c'est après avoir été formé par
ce dernier qu'il aurait développé et proposé sa doctrine. De Huiwen et de sa doctrine, les
sources les plus anciennes ne parlent pas. Les premières biographies qui lui sont consacrées
datent du 13ᵉ siècle. L'une se trouve dans le *Tiantai*, p. 98 *b*/21, l'autre dans le *Foji*, p. 178 *b*/11
à 179 *a*/4. Dans cette dernière, Zhipan affirme qu'il a établi cette biographie en s'aidant de
différentes annotations puisées dans le *Zhiguan fuxing zhuan hongjue* 止觀輔行傳弘決 rédigé
par Zhanran 湛然 (T. 1912, vol. 46) vers 765. Celui-ci eut-il accès au *Nanyue ji* 南嶽記,
malheureusement perdu et rédigé par Guanding 灌頂 (561-632), dans lequel on retraçait peut-
être les origines de l'école? Nous ne le savons pas. De même nous ignorons tout du contenu du
Nanyue Si chanshi zhuan rédigé par Zhiyi, et perdu lui aussi. Nous sommes donc obligés de
recourir à des informations de seconde main, pour évoquer la personnalité et la doctrine
de Huiwen. Dans le *Tiantai*, Huiwen est appelé le Vénérable des Qi du Nord (*BeiQi zunzhe*
北齊尊者), Le *Foji* lui accorde le titre de "Vénérable des Qi du Nord" qui introduisit les
conceptions de la (Voie) moyenne, le maître de *dhyāna* et de l'intuition complète (ou éveil
soudain) (*jianli zhongguan BeiQi zunzhe, yuanwu dachanshi* 建立中觀北齊尊者圓悟大禪師).
Il vivait encore au temps des Qi du Nord, à tout le moins vers le milieu du 6ᵉ siècle. Son activité
s'exerça dans le Nord, c'est-à-dire vraisemblablement dans les régions de la Huai. A une
époque non précisée, il passa au sud de ce fleuve. Se plaçant dans la perspective que l'esprit
était illuminé (*juexin* 覺心), Huiwen favorisa le *samādhi* de contemplation (*guan sanmei* 觀三昧),
le *samādhi* de complète extinction des sensations et des pensées (*miejin sanmei* 滅盡三昧), le
samādhi ininterrompu (*wujian sanmei* 無間三昧). Pour lui, en outre, l'esprit n'était pas disso-
ciable de tous les *dharma* (於一切法心無分別). Il posait ainsi les bases de l'école *Tiantai* qui,
après lui, considéra l'esprit unique ou absolu (*yixin* 一心) comme l'essence de tout. Cette
non-différenciation (*wu fenbie* 無分別) qui équivaut à une non-dualité, exprime le fait que l'esprit est
unique ou absolu c'est-à-dire qu'il comprend synthétiquement son contraire, à savoir le relatif
et le multiple. Pour Huiwen tout s'articule autour de cette intuition fondamentale. C'est elle
qui le guide dans sa lecture du *Da zhidu lun*, du *Zhong lun* 中論 (*Mādhyamika śāstra*) et du *Da
panruo poluomiduo jing* 大般若波羅密多經 (*Maha prajñāpāramitā sūtra*). Au chapitre 24, verset
18, du *Zhong lun* T. 1564, vol. 30, p. 33 *b*/11-12, Huiwen découvrit le passage suivant:

Ce qui est produit par des causes,
Cela, dis-je, est identique à la Vacuité.
C'est aussi identique à de simples mots.
C'est en outre le sens de la Voie Moyenne.

衆因緣所生法, 我說即是無, 亦爲是假名, 亦是中道義.

Pour Nāgārjuna qui annotait ce passage, il convenait de comprendre quelle connaissance conduisait à une telle affirmation. Or, cette connaissance est à la fois multiple et une. Par la connaissance de la Voie sous tous ses aspects (*daozhong zhi* 道種智) on obtient la connaissance de
tous les *dharma* (*yiqie zhi* 一切智). Par la connaissance de tous les *dharma*, on obtient la connaissance de tous les *dharma* sous tous leurs aspects (*yiqiezhong zhi* 一切種智). Par la connaissance
de tous les *dharma* sous tous leurs aspects, on brise les passions humaines et leurs penchants (*duan
fannao ji xi* 斷煩惱及習). Quoique ces trois connaissances soient obtenues à l'intérieur de
l'esprit unique et en réalité en même temps (*yishi* 一時), il convient de les exposer séparément
l'une après l'autre, afin que l'on comprenne bien l'excellence de la sapience de la *Prajñāpāramitā*. A la lecture de cette annotation, Huiwen comprit aussitôt tout le sens du passage. La connaissance de la Voie sous tous ses aspects (*daozhongzhi*) est la connaissance de la Voie qui illumine

autour de lui plusieurs centaines de disciples, qui tous imitaient sa pureté et son respect de la Loi. Moines et laïcs, tous l'estimaient hautement. Huisi le prit pour maître et reçut de lui la Loi correcte.[19]

Par tempérament, il se plaisait aux privations; il était tout à sa vocation monastique. Hiver comme été, il remplissait toutes les fonctions cultuelles, sans crainte des fatigues et des souffrances. Jour et nuit, il se concentrait, réfléchissait et précisait. Après deux saisons, il n'était encore parvenu à aucune évidence. L'été suivant [probablement vers 539][20] se contrôlant lui-même, il demeura

le monde des différenciations et des simples mots. La connaissance de tous les *dharma* (*yiqie zhi*) est la connaissance de la vacuité (*śūnyatā*); elle révèle le monde de la non-différenciation (*wu fenbie*) et de l'identité. La connaissance de tous les *dharma* sous tous leurs aspects (*yiqiezhong zhi*) est une connaissance médiante qui éclaire la Voie Moyenne (*zhongdao* 中道), laquelle n'affirme ni l'existence ni la non-existence, ni la différenciation ni la non-différenciation. Ainsi, nous aboutissons objectivement à une triple vérité (*sandi* 三諦) et subjectivement à une triple connaissance (*sanzhi* 三智). Cette triple vérité peut s'articuler ainsi: la Vacuité (*kong* 空) est en même temps ce qui est temporaire ou apparent (*jia* 假); ce qui est temporaire ou apparent est en même temps ce qui est le milieu (*zhong* 中); ce qui est le milieu est en même temps la Vacuité et le temporaire. Cela signifie que toutes les choses n'ont pas de réalité et sont donc vides, puisqu'elles sont produites par des causes; toutefois elles ont une existence temporaire ou apparente; en conséquence, le véritable état (*shixiang* 實相) des choses est d'être tout à la fois dans la vacuité et dans le temporaire; c'est ce que l'on appelle la vérité médiante (*zhongdi* 中諦) ou encore la Voie Moyenne (*zhongdao* 中道) et la quiddité (*ruru* 如如 ou *tathatā*).

Dès lors que le saint s'est libéré de toute fausse notion provenant de la croyance et de l'attachement à un moi substantiel, toutes choses lui sont instantanément révélées en leur nature véritable. Par les moyens mystiques de recueillement (*samādhi*), il accède à la connaissance non mondaine, synthétique et unique. Nous saisissons dès lors l'articulation qui existe entre les trois *samādhi*, dont Huiwen conçut l'importance, les trois connaissances et les trois vérités.

Dans cet exposé de la doctrine de Huiwen, nous avons suivi le texte du *Foji*, tout en explicitant l'un ou l'autre point. Nous pouvons cependant nous interroger sur l'authenticité de l'intuition de Huiwen. A-t-il vraiment eu cette intuition capitale pour l'école *Tiantai* qui naquit de son enseignement? Zhipan n'a-t-il pas voulu attribuer à Huiwen tout le mérite de cette découverte fondamentale, alors qu'en fait la doctrine de l'esprit unique et des trois connaissances *yixin sanzhi* 一心三智 se serait développée peu à peu à partir de lui, pour se préciser grâce aux apports doctrinaux de Huisi et de Zhiyi? En l'absence de toute preuve qui permettrait de trancher dans un sens ou dans un autre, nous sommes contraint d'accepter la biographie de Huiwen, telle que le *Tiantai* et le *Foji* ont voulu nous la présenter. Nous remarquerons néanmoins qu'ils ne nous disent rien de sa vie, si ce n'est qu'il avait Gao 高 pour nom laïc, qu'à un moment donné de sa vie, il passa au sud de la Huai et qu'il eut de nombreux disciples demeurés méconnus à l'exception de Huisi. Par ailleurs, ils le situent par rapport à un groupe d'autres maîtres, sur lequel nous reviendrons plus loin, page 36, note 29.

(19) *Zhengfa* 正法. Dans l'œuvre de Huisi, l'expression désigne la plupart du temps la première période où la Loi du Buddha était respectée et vécue pleinement, par opposition à la période *xiangfa* de ressemblance de la Loi et à la période *mofa* de déclin de la Loi. Sur ces différentes périodes, voir plus loin p.113 sq., p.156 sq. ainsi que l'ensemble du chapitre VI qui traite particulièrement de cette question.

Néanmoins le terme *zhengfa* ne doit pas être limité à ce sens. Il semble ici désigner avant tout l'enseignement contenu dans le *sūtra du Lotus* (*Saddharma puṇḍarika sūtra*). La plus ancienne traduction conservée, faite par Dharmarakṣa, avait pour titre *Zhengfa hua jing* 正法華經 (une traduction partielle, mais perdue, aurait été faite une trentaine d'années auparavant). Le terme *zhengfa* est une traduction de *saddharma*, un terme très général nullement réservé au *sūtra du Lotus*. Par extension ce terme désigna la Loi correcte (*zhengfa*) c.à.d. la Loi telle qu'elle est comprise et vécue dans le cadre de l'école *Tiantai*. En se rendant auprès de Huiwen, Huisi recevait donc l'essentiel de la doctrine qui bientôt allait être présentée comme la doctrine parfaite et complète (*yuanjiao* 圓教).

(20) L'été n'indique pas seulement une saison de l'année. Le terme *xia* 夏 désigne l'année

assis (en méditation), anxieux de (ce qui s'était passé) auparavant. Après vingt-et-un jours,[21] il réalisa un peu de vision sereine; il perçut de son existence les bonnes et les mauvaises (influences) du *karma*.[22] Très impressionné de cela, il redoubla de courage. Alors faisant se mouvoir ses huit sensations,[23] il parvint au premier stade du *dhyāna*. De là les obstacles à la méditation se dressèrent soudain. Ses quatre membres affaiblis, il ne parvint plus à se mouvoir; son corps ne répondait plus (aux injonctions) de sa volonté. Alors il observa en lui-même:

"Ma maladie actuelle provient entièrement de mes actes, lesquels viennent de l'esprit. En elle-même, elle n'a aucune réalité objective. En regardant inversement la source de l'esprit, (je n'y) trouve pas d'actions. La personne est telle l'ombre d'un nuage: sa forme (apparente) existe, son corps est vide (de toute réalité). Dans une telle vue de soi, les pensées confuses sont détruites. L'esprit en soi est clair et pur. Ce qui est souffrance est dissipé."

Il s'ouvrit à la méditation de la vacuité[24]; son esprit fut libéré.

(563 *a*/10). L'été achevé, il compta une nouvelle année de vie monacale, et il était affligé de n'avoir rien récolté.[25] Dans son affliction, il sombrait dans la

---

bouddhique. Par exemple. pour compter le nombre d'années de vie religieuse d'un moine, on emploie le terme *xia*, car il fait référence à la saison par excellence, celle durant laquelle le moine fait retraite pour méditer.

(21) L'expression employée est *san qi ri* 三七日. On trouve dans le *sūtra du Lotus*, au ch. II (*fangbian pin* 方便品, T. 262, vol.9, p.9 *c*/4-8) le passage suivant: 「我始坐道場, 觀樹亦經行, 於三七日中思惟如是事, 我所得智慧微妙最第一, 衆生諸根鈍, 著樂痴所盲, 如斯之等類, 云何而可度」que l'on peut résumer ainsi: le Buddha ayant reçu l'illumination, passa trois fois sept jours à marcher autour de l'arbre de la *bodhi* et à réfléchir (*siwei* 思惟) sur la manière de prêcher la merveilleuse Loi et la façon de sauver les êtres. Il semble que Daoxuan ait voulu rappeler cette expérience du Buddha en l'appliquant à Huisi. On peut toutefois s'étonner de cette analogie, car Huisi réalise seulement un peu de vision sereine (*fa shao jingguan* 發少靜觀) alors que le Buddha étant parvenu à l'éveil s'interrogeait, lui, sur le mode de salut des autres. L'analogie porte sur le temps et le mode de réflexion, non pas sur le contenu de l'expérience.

(22) *Jian yisheng lai shan'e yexiang* 見一生來善惡業相. Nous avons traduit cette phrase par "il perçut de son existence les bonnes et les mauvaises (influences) du *karma*" Le terme *yexiang* 業相 correspond, dans l'optique de "L'Eveil de la foi" (*Dacheng qixin lun* 大乘起信論) à la première des trois perceptions (*sanxi* 三細). En raison de l'ignorance fondamentale, l'esprit véritable (*zhenxin* 眞心) se met en mouvement. Cette connaissance constitue la base de toutes les particularisations, appréhende les phénomènes toujours relatifs, individuels et temporels. C'est en substance la connaissance *ālaya* (*alayeshi* 阿賴耶識). Il faut donc comprendre le sens de ce passage à un double niveau: d'une part Huisi perçoit, à travers les catégories de ce qui est bon et de ce qui est mauvais, la valeur de son existence; d'autre part, cette perception étant trop particularisante, il ne peut qu'être finalement troublé. Il lui faudra passer à une connaissance supérieure où toutes différences seront non pas abolies mais transcendées dans l'esprit unique (*yixin*). C'est en fait la triple connaissance (*sanzhi*) déjà évoquée note 18.

(23) *Bachu* 八觸. L'entrée en méditation suppose que l'on ait au préalable maîtrisé ses sensations physiques. Celles-ci sont classées en quatre paires de contraires: la lourdeur (*zhong* 重) s'oppose à la légèreté (*qing* 輕), le froid (*leng* 冷) à la chaleur (*re* 熱), la rugosité (*se* 澀) au poli (*hua* 滑), la souplesse (*ruan* 輭) à la raideur (*cu* 粗). Tant que ces sensations subsistent, il est impossible de concentrer son esprit. Or, elles sont particulièrement ressenties au premier stade du *dhyāna*.

(24) *Kongding* 空定.

(25) Cette expérience de l'impuissance à pénétrer tout le sens de la Loi, semble détermi-

confusion; sa vie était un échec. Ruminant sa honte profonde, il se laissa aller à s'appuyer au mur. Avant même de renoncer irrémédiablement, soudain il fut illuminé. La clé du Grand Véhicule, le grand *samādhi du Lotus de la Loi*,[26] en une pensée,[27] il en pénétra vraiment le sens. (De la tentation) d'abandonner les seize pouvoirs extraordinaires[28] (du *bodhisattva*), il fut délivré. Alors, de lui-mê-

nante dans la vie de Huisi. C'est à l'issue de cette "nuit mystique", qu'il aura l'illumination complète. Elle joue un rôle si important qu'elle est rapportée par l'ensemble des biographies. Le *Hongzan*, p.21 *c*/20, apporte d'utiles précisions:

> "Au cours d'un été, il pratiquait le repentir selon (la méthode de) la fleur de la Loi (*xing fahua chan* 行法花懺). Son unique activité était d'être assis (en méditation). Il s'était astreint à ne pas se coucher. A la fin de l'été, il soupirait: "Moi durant un été j'ai peiné laborieuse-ment; et je n'ai absolument rien récolté !" (*kongwu suohuo* 空無所獲). Il décida alors de libérer son corps (*fang yu fangshen* 方欲放身), de s'étendre sur un lit de cordes (*yiping sheng-chuang* 倚憑繩床). Tout soudain il vit clair".

Le *Jingde*, p.431 *a*/24, emploie des termes analogues, mais avec une très grande concision:

> "L'été étant complet, c'était comme s'il n'avait rien obtenu. Ruminant sa honte profonde, il laissa son corps s'appuyer au mur (*fangshen yibi* 放身倚壁). Alors que son dos ne l'attei-gnait pas encore, soudain il eut l'illumination subite".

A son accoutumée, le *Foji*, p.179 *b*/3, est plus prolixe. Après avoir rappelé que Huisi, grâce au *dhyāna* fondamental, avait perçu les traces de sa pratique de la Loi dans ses trois existences, il évoque le fait que, comptant une nouvelle année monacale, il s'apprêtait à monter au temple (*shang tang* 上堂, expression qui est plus communément appliquée à la montée à la Cour. Ce dernier sens ne peut convenir. Il s'agit sans doute ici du culte rendu dans un temple à l'issue de la retraite d'été). Le *Foji* ajoute ensuite que Huisi soupirait ainsi:

> "Quand le Buddha était en ce monde, en quatre-vingt-dix jours (*jiu xun* 九旬), il parvint à l'évidence d'un grand nombre de vérités. Quant à moi maintenant, voici qu'en vain me fut donnée une année de la Loi! Quelle n'est pas ma honte!"

Après avoir noté que Huisi, au cours de ces vingt-et-un jours, avait obtenu la connaissance des formes de ses propres existences antérieures (*suming zhi* 宿命智, l'une des connaissances liées aux six pouvoirs surnaturels *liushentong* 六神通) et su que le processus des transmigrations n'était pas encore achevé, le *Fozai*, p.555 *c*/10, en une formule syncopée, rejoint les autres textes: "Puis au cours de la méditation, il laissa son corps s'appuyer au mur".

On peut donc comprendre tout ce passage comme une grave crise religieuse personnelle. Huisi fut découragé à un tel point qu'il s'apprêtait à renoncer à ce qui deviendra l'essentiel de son enseignement, le *dhyāna* (*ding* 定) et la sagesse (*hui* 慧). L'expression imagée de *fangshen yibi*, empruntée par la plupart des sources, traduit à travers une attitude corporelle la tentation du désespoir, de la renonciation. Elle s'oppose au *dizuo* 諦坐 qui implique une attitude de parfait contrôle physique, par laquelle l'*arhat* refuse toute prostration et tout appui, pour signifier, à travers son corps, sa pleine possession spirituelle et son entière libération.

(26) *Fahua sanmei* 法華三昧. Le *samādhi du Lotus* est à juste titre considéré comme la clé du Grand Véhicule par l'école *Tiantai*, puisqu'il donne une claire vision des trois concepts fondamentaux *kong, jia, zhong* (cf. p.33). Quoique le terme *fahua sanmei* s'applique à une méthode de *samādhi* où l'on alterne marche et position assise, et dont le but est de se purifier de ses fautes ou impuretés, pour parvenir à la contemplation de vacuité de tous les *dharma*, (cf. Léon Hurvitz, *Chih-I*, p.323–325), nous pensons qu'il recouvre un sens plus large encore. Il englobe à la fois la doctrine contenue dans le *sūtra du Lotus* et la manière d'en appréhender et d'en vivre toute la vérité. Voir p.47 note 71.

(27) *Yinian mingda* 一念明達. L'expression *yinian* se traduit aussi par "un instant". Elle recouvre à la fois les notions de pensée et d'instantané, et implique en elle-même un subitisme par opposition au gradualisme (*niannian* 念念, pensée après pensée). Le subitisme de l'éveil, de l'illumination, est une notion essentielle dans l'école *Tiantai*. Il n'est pas de texte des grands fondateurs de l'école, où l'expression ne revienne constamment. Nous reviendrons sur ce point, lors de la présentation des œuvres de Huisi, au chapitre V.

(28) *Shiliu tesheng* 十六特勝. Ces seize pouvoirs sont rattachés aux quatre stades de pensée

me, il comprit à fond; sans l'intermédiaire d'autrui, il fut éveillé. Puis s'étant rendu auprès de Jian, de Zui[29] et d'autres maîtres, il leur exposa ce qu'il avait déjà éprouvé. Tous l'écoutaient et se réjouissaient à la suite. En expérimentant plus longuement, il révisa et étendit ses connaissances antérieures.[30] Sa réputation s'étendit au loin, sa vertu partout fut respectée. Les disciples devenaient chaque jour plus nombreux; vraiment considérable était le nombre de ceux qui recevaient l'éveil. Il extrayait du *Mahāyāna* et du *Hīnayāna*, médita-

---

objective (*sinianchu* 四念處) par lesquels on examine le corps (*shen* 身), les sensations (*shou* 受), l'esprit (*xin* 心) et les choses (*fa* 法). Par ces seize pouvoirs supérieurs, le fidèle peut maîtriser les différents liens qui l'enchaînent soit au niveau de la perception, de la sensation, de l'affectivité, soit au niveau de l'activité consciente et intellectuelle. Cette maîtrise, ou mieux cette harmonisation de l'esprit (*tiao xin* 調心), s'opère par l'examen (*guan* 觀) régi par ces seize pouvoirs supérieurs. Pour mémoire, et sans les traduire, nous en énumérons la liste: 1) *zhixi ru* 知息入, 2) *zhixi chu* 知息出, 3) *zhixi changduan* 知息長短, 4) *zhixi pianshen* 知息偏身, 5) *chu zhushenxing* 除諸身行, 6) *shou xi* 受喜, 7) *shou le* 受樂, 8) *shou zhuxinxing* 受諸心行, 9) *xin zuoxi* 心作喜, 10) *xin zuoshe* 心作攝, 11) *xin zuo jietuo* 心作解脫, 12) *guan wuchang* 觀無常, 13) *guan chusan* 觀出散, 14) *guan liyu* 觀離欲, 15) *guan mie* 觀滅, 16) *guan qishe* 觀棄捨.

(29) Les maîtres Jian 鑒 et Zui 最. Ces deux maîtres sont déjà mentionnés dans la biographie de Huiwen établie par Zhipan (*Foji* p.178 *b*/13 et *b*/15). Ils auraient vécu au Nord, au temps des Wei et des Qi. Malgré nos recherches nous n'avons pu déterminer avec certitude leur véritable identité. D'après le *Foji*, ils font partie d'une lignée de moines qui, par leur doctrine, ont préparé indirectement la naissance de l'école *Tiantai*. Il est dit du maître Zui qu'il embrassa toute la manifestation de la nature de l'esprit, qui ne peut être altéré par les *dharma* 融心性相諸 法無礙. Quant à maître Jian, il perçut la non-dualité à travers l'esprit 多用了心能觀一如. A juger par la note qui suit la présentation de cette lignée spirituelle qui va d'un certain maître Ming 明 jusqu'à Zhiyi, soit neuf personnes en tout, Zhipan tient lui-même ses informations de Daoxuan. Dans cette note, il recopie le texte de Daoxuan, et y ajoute un autre passage du même auteur, tiré du *Xu gaoseng zhuan*, p.564 *b*/13, où il est dit que Huisi suivit la voie de maître Jiu 就, lequel fut enseigné par maître Zui. Huisi aurait donc suivi l'enseignement de deux maîtres, peut-être trois. Le *Foji* reste assez vague sur ce point, d'importance secondaire pour lui qui s'attache à établir la filiation spirituelle et non la diversité des maîtres. Ce que fut la doctrine de maître Jiu, tient en quatre caractères: *duoyong jixin* 多用寂心 c'est à dire son enseignement était fondé sur l'esprit pacifié (*jixin* 寂心). Sans toutefois nous livrer les noms des maîtres suivis par Huisi, le *Vœu*, p.787 *a*/19, nous indique qu'il voyagea à travers le pays des Qi pour se mettre à l'école de tous les grands maîtres de *dhyāna* et étudier auprès d'eux la doctrine du *Mahāyāna* (遍歷齊國諸大禪師學摩訶衍).

(30) C'est sans doute à cette expérimentation que se rapporte ce passage du *Hongzan*:

"Ayant compris pleinement le sens de l'esprit et expérimenté la Loi, il n'osait pas avoir pleine confiance en son intuition de la vérité. Il se mit à l'épreuve en lisant le premier chapitre du *Da zhidu lun*. Alors son esprit s'éveilla pleinement. Il n'en oublia pas un seul caractère, et en même temps il comprit le sens [caché] sous les mots. Il poursuivit ainsi la lecture tout au long des cent chapitres (que comporte cet ouvrage). Il pouvait le réciter de mémoire, et il en comprenait la profondeur. Les loisirs que lui laissait la récitation étaient consacrés à l'explication des *śāstra* et du *sūtra du Lotus*.

心意明徹, 證入法門, 未敢自信, 試讀大智度論初卷, 即便心悟, 一不遺忘, 彙識言下 之旨, 如是遂讀通一百卷, 並能誦記, 明解義味, 自後誦念之暇, 多講釋論及法花經

Bien que ce passage présente quelques similitudes avec ce que Daoxuan disait de l'adolescence et des premières expériences mystiques de Huisi, nous estimons qu'il s'applique mieux à cette période de sa vie. Ayant pris conscience de vérités fondamentales et nouvelles, il éprouva le besoin de recourir à un grand nombre de textes pour s'assurer que leur nouveauté s'accordait à tout l'enseignement du Buddha. C'est aussi dans le même but qu'il se rendit auprès d'autres maîtres de *dhyāna*.

tion, sagesse[31] et autres méthodes, qu'il développait à fond, en citant des apologues,[32] et en recueillant ce qui venait de lui et des autres.

Les attaques venues d'adversaires de sa doctrine.

(563 *a*/17). La foule était mêlée de gens raffinés et de rustres. Des rumeurs (malveillantes) s'en élevèrent. Des gens haineux et jaloux l'empoisonnèrent,[33] mais le poison ne lui fit aucun mal. Des gens de doctrines opposées complotèrent contre lui, mais leurs complots restèrent sans effet. Alors se tournant vers ses disciples, Huisi leur dit :

"Le Grand Saint en ce monde ne put éviter les rumeurs (malveillantes) ; à plus forte raison, moi qui n'ai aucun mérite, comment pourrais-je éviter ces reproches! Ce sont les conséquences de mes actes antérieurs. Le temps est venu où je dois les subir. Tout ceci ne vise que moi. Mais la Loi de Buddha doit assez vite disparaître.[34] Vers quelle direction convient-il d'aller pour éviter ce désastre?"

Alors, venue du profond espace, une voix se fit entendre :

"Si vous désirez pratiquer la méditation, dirigez-vous sur Wudang Nanyue.[35] C'est la montagne où vous entrerez dans la Voie."

(31) *Ding* 定 et *hui* 慧. Ces deux points sont fondamentaux dans la doctrine de Huisi. Pour Daoxuan ils constituent l'originalité de son apport doctrinal au bouddhisme. Dans le *Xu gaoseng zhuan* p.563 *c*/29 à 564 *a*/4, il développe ce thème qu'il résume en une formule lapidaire: "développer la sagesse (ou sapience) en s'appuyant sur la méditation" (*yin ding fa hui* 因定發 慧). N ous reviendrons sur ce point au chapitre V.

(32) Nous sommes ici en présence d'un exemple type de prédication populaire. Les prédicateurs utilisaient des récits anecdotiques, des contes et des apologues, afin de rendre accessibles à des âmes incultes et rudes les enseignements de la religion. Les meilleurs exemples de ces contes et apologues ont été traduits par Edouard Chavannes sous le titre *Cinq cents contes et apologues extraits du Tripitaka chinois* en trois volumes, Paris, 1910, rééd. 1962. Des recueils entiers, tels que le *Liudu jijing* 六度集經 (T. 152, vol. 3), le *Jiu za biyu jing* 舊雜譬喩經 (T. 206, vol. 4), traduits et collationnés par Senghui 僧會, mort en 280, ou tels que le *Zhongjing zhuan za biyu* 衆經撰雜譬喩 (T. 208, vol. 4) de Kumārajiva, pour n'en citer que quelques uns, servaient sans doute de manuels à l'usage des prédicateurs, qui y puisaient les exemples et les apologues propres à faire comprendre leur doctrine.

(33) Nous renvoyons au ch. VI consacré à l'étude et à la traduction du *Vœu*. Dans ce grand vœu, en effet, nombreuses sont les allusions faites aux persécutions diverses, dont Huisi fut victime. "Les gens de doctrines opposées" dont Daoxuan parle ici ne sont pas des taoïstes, comme les sources tardives ont pudiquement tenté de nous le faire accroire, mais d'autres moines bouddhistes qui combattaient violemment sa doctrine.

(34) La tradition a vu dans cette phrase la prophétie des persécutions de 574 à 577 sous le règne de Wudi des Zhou. Sur cette persécution, ses causes, et sur l'authenticité de cette prophétie, voir ch. IV. p.158 à 164 et notes correspondantes.

(35) Wudang Nanyue 武當南嶽. Cette association a de quoi surprendre. Elle juxtapose deux noms de montagnes bien distinctes. En effet, le Wudang est situé au sud de l'actuelle sous-préfecture de Jun 均 dans le Hubei. Il se trouve dans la partie nord de la chaîne montagneuse du Dabashan 大巴山, et comporte vingt-sept pics, dont le plus haut est le Tianzhu feng 天柱峯 dit aussi le Zixiao feng 紫霄峯. Le culte de Zhenwu 眞武 est rattaché à cette montagne. Le Nanyue est en fait le Hengshan 衡山 qui était aussi appelé le Huoshan 霍山. Il fait partie des cinq montagnes sacrées de la Chine (les Wuyue 五嶽), d'où le nom de Nanyue, puisqu'il

Séjour forcé auDasushan [à partir de 553].

(563 *a*/23). Au début de l'ère *wuping* des Qi,[36] il tourna le dos au Song-yang.[37] A la tête de ses disciples, il s'en alla vers le Sud; il courut en levant haut les pieds comme les sages d'autrefois, avec l'espoir de vivre caché. Il atteignit d'abord Guangzhou,[38] juste au moment où Xiaoyuan des Liang était renversé. Le pays était en désordre; la route plus avant était bloquée. Dans ces circonstances, il s'arrêta au Dasushan.[39] En quelques années, l'affluence de ses disciples se comparait à celle des gens sur un marché.[40] Cette région était à la

est situé plus au sud. Le Hengshan fait partie du système montagneux du Wuling shan 五嶺山 et se dresse au nord-ouest de la sous-préfecture de Hengshan. Il compte soixante-douze pics dont les plus célèbres et les plus hauts sont le Zhurong feng 祝融峯, le Zigai feng 紫蓋峯, le Yunmi feng 雲密峯 le Shilin feng 石廩峯 et le Tianzhu feng 天柱峯 Ces deux montagnes ne sont pas trop éloignées l'une de l'autre, mais la distance est suffisante pour qu'il soit impossible de les confondre. Nous avons cherché dans la nomenclature des noms géographiques s'il existait un pic nommé Wudang dans le Hengshan; notre recherche n'a pas abouti; il serait d'ailleurs bien impensable qu'on eut désigné le Hengshan par un pic de second ordre. Si l'on tient à ce que les deux noms désignent un même lieu, on peut supposer qu'il y eut confusion à cause d'un pic au nom identique, le Tianzhu feng, au pied duquel Huisi trouva refuge au Nanyue (cf. p.60). Toutefois, on peut s'étonner que les sources postérieures au *Xu gaoseng zhuan* n'aient pas corrigé cette erreur, et aient toutes repris la même désignation. Ne faudrait-il pas en conclure qu'à une certaine époque on désignait le Nanyue par rapport au Wudang. L'expression pourrait même être une contraction signifiant: le Yue au sud du Wudang, ce qui est géographiquement correct. Quoi qu'il en soit, la représentation géographique des déplacements de Huisi ne permet pas de dire qu'il se rendit au Wudang; celui-ci se trouvait en dehors de son champ d'action, et qui plus est en territoire ennemi.

(36) Cette date est certainement fausse. L'ère *wuping* 武平 de l'empereur Wengong 溫公 des Qi du Nord, commence en 570 et s'achève en 575. Or à cette époque, Huisi vit au Nanyue. Cette datation est d'autant plus surprenante que deux colonnes plus loin, Daoxuan précise que les désordres accompagnant la chute de Xiaoyuan des Liang 梁孝元 forcèrent Huisi à s'arrêter au Dasushan. Nous savons que l'avant-dernier empereur des Liang monta sur le trône en 552, après l'échec de la révolte de Hou Jing, et fut tué en janvier 555 lors du sac de Jiangling dirigé par les Wei Occidentaux. Le *Jingde* p.431 *a*/29, note qu'au cours de l'ère *tianbao* 天保 des Qi du Nord, Huisi partit pour le Sud. L'ère *tianbao* va de 550, année de la fondation des Qi du Nord, à 559, année de la mort de l'empereur Wenxuan 文宣. Le *Vœu* p.787 *b*/17-18, mentionne explicitement qu'à l'âge de quarante-et-un ans (à la chinoise) Huisi se trouvait dans le Dasushan. Le *Vœu*, p.787 *b*/5, affirme aussi qu'à l'âge de trente-huit ans, il entrait dans la montagne au sud de la Huai.

On peut donc assurer que Huisi se trouvait effectivement dans le Dasushan en 555. Cependant, il semble bien qu'il y parvint plus tôt, sans doute vers 553. Il y demeura juqu'en 568, date à laquelle il entra au Nanyue. Sur ces dates qui furent à peu près retenues par le *Foji*, p.179 *c*/13-14; s'appuyant sur le texte du *Vœu* et établissant la concordance avec la chronologie dynastique, le *Foji* donne en note: "La 5ᵉ année de l'ère *tianbao* il arriva à Guangzhou; la 2ᵉ année de l'ère *guangda* des Chen il entra au Nanyue. En tout, cela fait quatorze ans" (天保五年至光州, 陳光大二年入南岳, 始終十四年). Il opte donc pour 554, année où Huisi commençait sa prédication dans les régions avoisinant le Dasushan. Comme Huisi gagna le Nanyue en 568, il séjourna effectivement quatorze ans dans cette province.

(37) Le Songyang 嵩陽 se dresse dans la préfecture de Dengfeng 登封 au Henan. Son nom fut changé en Taishishan 太室山 en 995 sous les Song.

(38) Guangzhou 光州 ainsi nommé sous les Liang, est situé dans l'actuel Huangchuan xian 潢川縣 au Henan.

(39) Le Dasushan 大蘇山 se dresse au sud-est de l'actuel Shangcheng xian 商城縣 au Henan. N'excédant pas mille mètres d'altitude, cette montagne n'en constituait pas moins un excellent refuge et observatoire d'où l'on pouvait contrôler les bassins fertiles de la Huai et du Changjiang. Comme le fait justement remarquer Daoxuan, cette région était à la limite des deux royaumes ennemis des Qi du Nord et des Chen, ces derniers succédant aux Liang en 557.

(40) Le *Jingde*, p.431 *b*/2-4, le *Tiantai*, p.99 *a*/14-15, le *Fozai*, p.555 *c*/13-14, insèrent ici

frontière du royaume des Chen et des Qi; (elle était) livrée aux affrontements des soldats et des armes. La Loi de Buddha et le reste étaient ruinés; les cinq ordres[41] étaient dispersés. Au milieu (de ce désordre), il y eut des personnes braves qui tinrent bon; toutes dédaignaient leur vie, attachaient de l'importance à leur foi bouddhique. Elles méprisaient la mort (qui pouvait advenir) au soir; elles se réjouissaient au matin d'entendre (la Loi). Ceux qui arrivaient après être passés successivement à travers les dangers, se rassemblaient dans la montagne.

(563 *a*/29). Huisi[42] faisait offrande au Buddha des biens qui lui étaient offerts; il instruisait avec le goût de la vérité (fondamentale). Avec les offrandes, (racines) de bonheur, des clercs et des laïcs, il fit en caractères d'or le *sūtra de la Prajñāpāramitā* en vingt-sept chapitres, et le *sūtra du Lotus*. Le coffret précieux éblouissait de splendeur.[43] Par ses mérites et sa vertu éminente, il ouvrait grandement de nombreux esprits (à la loi de Buddha). Il fut aussi invité à exposer les deux sūtras; il les expliqua immédiatement. Tout s'éclairait à la suite de l'enseignement systématique et complet qu'il donnait sur ces textes.[44]

L'enseignement donné à Zhiyi [560-568].

(563 *b*/4). Huisi ordonna ensuite à son élève Zhiyi[45] du Jiangling d'exposer

l'exhortation suivante: 道源不遠, 性海非遙, 但向己求, 莫從他覓, 覓即不得, 得亦非眞. "La source de la Voie n'est pas loin. L'océan de la nature n'est pas loin. C'est en soi seul qu'il faut chercher. Il ne faut pas chercher à l'extérieur (de soi). Ce que l'on cherche ainsi ne s'obtient pas; ce que l'on obtient ce n'est pas (la Voie) véritable". La même exhortation se trouve à la fin de la biographie de Huisi établie par Zhipan dans le *Foji*, p.180 *c*/4-5.

La doctrine contenue en ces quelques mots s'inspire visiblement des théories taoïstes sur le cinabre intérieur (*neidan*) et sur la respiration embryonnaire. Par ces deux moyens l'individu doit parvenir à la vision interne de l'Un. Il faut chercher en soi la source de la Voie, le marais ou océan sur lequel repose l'univers. Il est certes vrai que le fidèle bouddhiste doit lui aussi appréhender la vérité grâce à une illumination soudaine et complète. Mais ici nous retrouvons surtout l'influence du taoïsme dans la manière d'y parvenir. Au demeurant, ces sources biographiques datent des Song, à une époque de renouveau du taoïsme. On peut donc s'interroger sur l'authenticité d'une telle exhortation. Est-elle vraiment de Huisi?

(41) *Wuzhong* 五眾. Il s'agit là des cinq catégories de personnes qui entendent se consacrer à la Loi du Buddha: les moines, les nonnes, les probationnaires, les novices hommes, les novices femmes. La probation était imposée aux candidates féminines à l'ordination.

(42) Nous trouvons ici le seul cas, dans cette biographie, où Daoxuan emploie le nom religieux de Huisi. Le caractère *si* 思 ne nous paraît pas pouvoir désigner autre chose.

(43) L'étude et la traduction du *Vœu* mettront en relief l'importance accordée par Huisi à ces deux sūtras ainsi qu'au coffret précieux devant les contenir. D'après nos calculs, et sur la foi des données chronologiques du *Vœu*, la copie de ces sūtras en caractères d'or eut lieu en 559; c'est aussi la date à laquelle Huisi écrivit le *Vœu*. Nous reviendrons sur ce point au chapitre VI.

(44) Il convient de souligner que Daoxuan demeure très concis et n'évoque qu'en termes très brefs l'activité débordante de Huisi dans la région du Dasushan. Le *Vœu* nous fournit de plus amples détails. Cette concision même laisse supposer que Daoxuan ne voulut pas répéter ce que l'on savait par ailleurs. Nous nous contenterons ici d'attirer l'attention sur l'importance de cette période pour la doctrine de Huisi, puisqu'il dut s'imposer à travers les persécutions et la contestation.

(45) Zhiyi 智顗 est considéré comme le grand maître de l'école *Tiantai*, car c'est lui en effet qui développa la doctrine élaborée par Huisi et permit qu'elle se répandit largement. Zhiyi naquit en 538 au Huarong xian 華容縣 dans le Jingzhou 荆州 (dans l'actuel Hunan).

à sa place les sūtras en caractères d'or. Parvenu au passage "l'esprit unique contient toutes choses,"[46] Zhiyi eut des doutes.[47] Huisi lui donna cette explication:

Ses ancêtres de la famille Chen 陳 avaient émigré vers le Sud lors de la chute des Jin Occidentaux. Son père avait reçu un poste de commandement des mains de Xiaoyuan des Liang. Lorsque les Wei Occidentaux mirent Jiangling à sac en décembre 554, Zhiyi perdit sa famille. A la suite de cette épreuve il comprit toute l'impermanence des choses de ce monde. Alors à l'âge de dix-sept ans, il se plaça sous la tutelle d'un moine nommé Faxu 法緒 au Guoyuan si 果願寺 dans le Xiangzhou 湘州 (sans doute au Xiangyang fu 襄陽府 dans l'actuel Hubei). Après s'être instruit de la discipline monastique, Zhiyi s'en alla vers le Nord, pour y étudier sous la conduite de Huikuang 慧曠. Zhiyi fit alors retraite au mont Daxian 大賢, où il étudia le *sūtra du Lotus*, le *Wuliang yi jing* 無量義經 et le *Puxian guan jing* 普賢觀經 (qui forment la trilogie du *Fahua sanbu jing* 法華三部經). Cependant, Zhiyi ne put auprès de Huikuang trouver tout ce qu'il désirait. Il eut vent de la réputation de Huisi, qui, d'après la *Biographie de Zhiyi le grand maître du Tiantai sous les Sui (Sui Tiantai Zhizhe dashi biezhuan* 隋天台智者大師別傳), était connu dans la région de Loyang (sic! cette localisation désigne certainement la région bien au sud de Loyang) pour sa science, sa piété, sa pratique de la méditation et sa mystique. En 560, Zhiyi se mit donc à l'école de Huisi. Il demeura sept ans auprès de lui. Lorsque Huisi quitta le Dasushan, il conseilla à Zhiyi et à ses suivants d'aller à Jinling 金陵, la capitale des Chen. Durant huit ans Zhiyi demeura au Waguansi 瓦官寺 où il prêchait et comptait une partie de la Cour parmi son assistance. C'est dans ce temple que se rendit Huisi lors de son séjour forcé à la capitale (cf. p.45 et note 63). Influencé par son maître, Zhiyi fut très vite mécontent du bouddhisme très intellectuel du Sud. Il décida de se retirer dans la montagne et dans ce but choisit le mont Tiantai 天台 dans le Zhejiang. D'après le *Foji*, p.182 *a*, l'empereur Xuan des Chen promulgua un édit lui interdisant de partir. Cela se passait en mai 575, mais cinq mois plus tard, Zhiyi s'établissait au mont Tiantai. Il sera bien vite connu sous le nom de Tiantai dashi 天台大師 et toute l'école de pensée qu'il systématisera portera le nom de *Tiantai zong* 天台宗. Zhiyi demeura d'abord dix ans sur le Tiantai. Un ordre impérial lui enjoignit de redescendre à la capitale, pour y prêcher et commenter le *sūtra du Lotus*. Zhiyi acquiesça mais en 589, lors de l'invasion de Jinling par les Sui, il partit se réfugier dans sa ville natale, mais en fait il s'arrêta à Lushan. Le nouveau gouvernement était désireux de s'assurer le soutien de l'Eglise bouddhique, à la fois pour affirmer son pouvoir et pour mieux contrôler la vie religieuse du Sud. A la suite du contrôle parfois sévère exercé par le gouvernement sur les monastères, Zhiyi fut chargé d'intervenir auprès du prince pour que cesse le démantèlement. En 592 il résida à Lushan; puis il se rendit au Nanyue pour y vénérer son maître disparu. En 593 à Jiangling, il dicta le *Sens profond du sūtra du Lotus (Fahua xuanyi* 法華玄義), et en 594 *La grande concentration-contemplation (Mohe zhiguan* 摩訶止觀). A la fin de 595 ou au début de 596 il regagna le Tiantai. Il y prêcha le *Traité de la contemplation de l'esprit (Guanxin lun* 觀心論). Il mourut à Shicheng 石城, début décembre 597, alors qu'il pensait se rendre à l'invitation de Yang Guang 楊廣 fils de Yang Jian, prince de Jin 晋(王), gouverneur-général de Bingzhou 幷州(總管) (dans le Shanxi), puis empereur Yang des Sui 隋煬帝. Zhiyi entretint avec lui une abondante correspondance.

La littérature consacrée à Zhiyi est trop abondante pour être citée entièrement. Nous retenons en langue occidentale, l'ouvrage de Léon Hurvitz *Chih-I, An Introduction to the Life and Ideas of a Chinese Buddhist Monk, op. cit.*, et en japonais celui de Satō Tetsuei 佐藤哲英, intitulé *Tendai daishi no kenkyū* 天台大師の研究, Tōkyō, 1961, 733 pp.

(46) *Yixin ju wanxing* 一心具萬行. Référence au passage du *Da zhidu lun* 大智度論 T. 1509, vol. 25, *juan* 87, p.670 *b*/24.

(47) Dans la biographie de Zhiyi (*Xu gaoseng zhuan* p.564 à 568), Daoxuan consacre plusieurs colonnes à la formation de Zhiyi par Huisi (p.564 *b*/17-28). A juger par ce qui est dit à la fois dans la biographie de Huisi et dans celle de Zhiyi, ce dernier eut des difficultés à comprendre certains passages du *sūtra du Lotus*, et surtout à maîtriser les méthodes de contemplation. D'après Daoxuan, Huisi aurait dit: "C'est mon fils dans la doctrine; je regrette seulement que son pouvoir de contemplation soit si faible!" 此吾之義兒，恨其定力少耳 (*ibid.* p.564 *b*/26). Ceci contraste avec l'image qui nous est donnée par le *Sui Tiantai Zhizhe dashi biezhuan* (T. 2050, vol. 50, p.191-197), rédigé par Guanding 灌頂, disciple privilégié de Zhiyi. D'après Guanding, Zhiyi se mit à l'école de Huisi avec une extrême assiduité et très vite reçut de lui la méthode

"Tu es pris de doutes, car (tu t'appuies) sur les idées graduelles (contenues) dans la grande édition (de la *Prajñāpāramitā*). Ce n'est pas encore l'illumination complète (et immédiate) du *sūtra du Lotus*.[48] Durant une dernière retraite, j'ai peiné à réfléchir sur cela; quelques nuits après, en une pensée, j'eus la manifestation immédiate de tous les *dharma*.[49] Puisque en ma personne je l'éprouvai, je ne m'embarrasse plus de doutes."

Zhiyi reçut alors la manière de mettre en pratique le *Lotus*. Les trois et sept domaines[50] sont finalement difficiles à embrasser rapidement. Zhiyi questionna encore :

"La position de mon maître n'est-elle pas celle des dix degrés de sagesse?"[51]
Huisi répondit :
"Non! je n'en suis encore qu'à la position de la roue de fer dans les dix degrés de foi!"[52]

contemplative permettant de réaliser pleinement l'esprit du *sūtra du Lotus*, c'est-à-dire le *si an le xing* 四安樂行. Quand Zhiyi parvint au chapitre 28 du *Lotus*, le *Yaowang pusa benshi pin* 藥王菩薩本事品, décrivant l'immolation volontaire du *bodhisattva* Sarvasattvapriyadarśana,

"son corps et son esprit furent vides et il entra, paisible, en contemplation... Sa compréhension du *Lotus* était comme une grande lumière brillant dans une vallée profonde; sa connaissance de la nature des *dharma* ressemblait à un long vent courant par les espaces infinis".

Ayant eu cette intuition de la vérité, il s'empressa d'en avertir son maître. Huisi considérant qu'il était dès lors digne d'être instruit des plus hautes vérités, lui dispensa toute sa doctrine. Lorsqu'il eut copié en caractères d'or le *sūtra de la Prajñāpāramitā* et celui du *Lotus*, Huisi lui en confia la prédication, se réservant pour lui-même l'explication de certains points. Il aurait été si satisfait de son disciple qu'il aurait déclaré :

"Force est de reconnaître que lorsque le *dharma* a été confié à la charge du ministre du *dharma*, le prince du *dharma* n'a plus rien à faire!" 可謂法付法臣, 法王無事者也 (*ibid.* p. 192 a/26-27).

Sans vouloir privilégier le maître aux dépens du disciple, nous estimons que Daoxuan présente une figure plus exacte des rapports les liant tous les deux. Zhiyi influencé par l'intellectualisme du Bouddhisme du Sud eut certainement quelque peine à adhérer aux méthodes contemplatives prônées par son maître.

(48) Le *Mahāprajñāpāramitā sūtra* en vingt-sept chapitres, traduit par Kumārajīva, s'appelle couramment le *Dapin* 大品. Pour Huisi, ce sūtra expose mode après mode (*cidi* 次第) les différents moyens de salut. Cette illumination graduelle (*jianyuan* 漸圓) s'oppose à l'illumination complète et immédiate (*dunyuan* 頓圓) proposée par le *sūtra du Lotus*.

(49) *Yinian dunfa* 一念頓發. Cette expression accentue encore le subitisme et la plénitude de l'éveil obtenu dans un instant privilégié de méditation. Cet instant intense est comparable à la vision mystique chrétienne par laquelle le saint découvre cette parcelle de vérité qui va tout irradier.

(50) *San qi jingjie* 三七境界. Cette expression très peu usitée désigne, à notre avis, les cinquante-deux degrés (*wushier wei* 五十二位) déjà présentés à la page 29 note 10 de ce chapitre. En effet, à en juger par le contexte, par la question de Zhiyi et par la réponse de Huisi, l'expression désigne les sept positions conduisant à l'illumination totale et classées en trois catégories (cf. le tableau établi p. 30). On pourrait donc traduire ainsi : "les sept positions réparties en trois étapes" (englobant tout le cheminement conduisant à la sainteté absolue).

(51) *Shidi* 十地. C'est à dire la cinquième position conduisant à la sainteté parfaite. Zhiyi considère que son maître est déjà parvenu à la première position de la troisième étape, c'est à dire aux dix caractères marquant la pleine possession de la vertu et rendant désormais possible sa sainteté. (cf. tableau p. 30).

(52) *Wu shi shixin tielun wei er* 吾是十信鐵輪位耳. Le *shixin wei* est comme nous l'avons

Fort de son expérience, il expliquait en pratique et avec clairvoyance comment les sens et la connaissance sont purs. S'appuyant d'abord sur des analogies, il s'était rendu capable de comprendre les doctrines cachées et obscures. Il était comme le Roi bienveillant (le Buddha). Etant dans les dix bonnes dispositions,[53] son esprit s'était ouvert et il s'était arraché définitivement à l'océan des souffrances. Malgré sa modestie, il parlait de vérités difficilement connaissables, et c'est pourquoi il suivait le Buddha original et ses manifestations pour sauver les êtres.

La fuite du Dasushan et l'arrivée au Nanyue [568].

(563 *b*/13). Plus tard au Dasu, accablés par les signaux d'alerte, les ermites furent anxieux et jugèrent l'endroit peu sûr. A nouveau conduisant quarante et quelque moines, Huisi se rendit directement au Nanyue. Cela se passait en la seconde année de l'ère *guangda* des Chen, le vingt-deuxième jour du sixième mois.[54] Quand il fut arrivé,[55] il annonça:

vu, page 29 note 10, la première des sept positions. C'est le point de départ, l'ouverture attentive à l'enseignement du Buddha. Huisi considère qu'il en est encore au stade primaire qui consiste à recevoir l'enseignement du Buddha et à se purifier (cf. *liugen qingjing* 六根清淨, c'est-à-dire la purification des six sens). Huisi emploie une double symbolique pour déterminer sa position. Il recourt, en effet, à l'image du *tielun* 鐵輪 qui appartient au cycle des "rois qui font tourner la roue (des réincarnations)" (*zhuanlun wang* 轉輪王, ou, *Śakravartirāja*). Ceux-ci peuvent, en effet, détenir quatre pouvoirs différents, dans l'ordre décroissant le *jinlun* 金輪, le *yinlun* 銀輪, le *tonglun* 銅輪 et le *tielun*. Chacun de ces pouvoirs leur assure le contrôle d'une ou plusieurs régions selon la cosmologie bouddhique. Cette symbolique des pouvoirs sert aussi à désigner le pouvoir spirituel du fidèle. Ainsi le *tielun* est synonyme de *shixin* 十信, le *tonglun* équivaut au *shizhu* 十住, le *yinlun* désigne aussi le *shidi* 十地 et le *jinlun* se rapporte à la sainteté et à l'éveil parfait, au *miaojue* 妙覺.

Le *Foji*, p.180 *b* /19–27, rapporte lui aussi ce dialogue entre Zhiyi et Huisi et l'assortit de notes explicatives, dont nous nous sommes inspiré dans cette note.

(53) *Shishan* 十善, c'est à dire les dix bonnes dispositions permettant d'échapper aux dix inclinations mauvaises (*shi'e* 十惡) qui leur correspondent. Ces dispositions sont réparties en deux groupes, le premier consacré à l'arrêt (*zhi* 止) du mal, le second à la pratique (*xing* 行) du bien. Ces dispositions sont à rapprocher des dix degrés de foi (*shixin wei*).

(54) Bien que la phrase ne permette pas en elle-même de déterminer s'il s'agit de la date de départ ou de celle d'arrivée, nous pouvons, en calculant à partir de la mort de Huisi, assurer qu'elle désigne son entrée au Nanyue. Huisi serait donc parvenu au Nanyue le 31 juillet 568. Arrivé le 22ᵉ jour du 6ᵉ mois, il serait mort dix ans après, à la même date, en 577. Pour obtenir les dix ans il faut bien sûr compter à la façon chinoise.

Le *Jingde*, p.431 *b*/20, propose une autre date : le 23ᵉ jour du 6ᵉ mois de la première année de l'ère *guangda* des Chen. Nous serions alors le 15 juillet 567, soit un an plus tôt. Le *Tiantai* s'accorde avec le *Xu gaoseng zhuan*. Le *Foji* donne simplement l'ère dynastique sans plus de détails. Si l'on tient compte du fait que Zhiyi demeura sept ans auprès de Huisi, et qu'il se trouvait auprès de lui en 560, on peut estimer que le *Jingde* propose une date vraisemblable. Toutefois, cette source est trop tardive pour qu'il soit possible d'infirmer sur sa seule base la date communément admise par les autres sources.

(55) Le *Tiantai*, p.99 *a*/28–*b*/1, le *Foji*, p.179 *c*/18–19 et le *Fozai*, p.555 *c*/17–18, ajoutent ici la rencontre de Huisi et de Huihai 慧海, un maître de *dhyāna* des Liang. Huihai se serait fort réjoui à la vue de Huisi et lui aurait cédé le temple Hengyue, du nom même de la montagne, pour qu'il puisse s'y adonner à la pratique de la Voie. Lui-même se serait retiré ailleurs, marquant ainsi sa déférence envers Huisi. Par ce geste, il reconnaissait implicitement, l'excellence de sa doctrine. Le temple Hengyue aurait été construit par Wudi des Liang durant la période *tianjian* 天監 de son règne, c'est à dire entre 502–519.

"Je demeurerai sur cette montagne, très exactement dix ans. Ce temps révolu, j'aurai à faire et je m'en irai au loin".

Preuves de son existence antérieure.

(563 *b*/17). Il ajouta en outre:

"Lors de mes existences antérieures,[56] j'ai déjà foulé ce lieu".

Marchant alentour, il atteignit Hengyang. Il rencontra un bel endroit. Impressionnante était la forêt, pures les sources. Qui voyait (ce site) en était enchanté. Huisi dit:

"En cet endroit se trouve l'emplacement d'un ancien temple. J'y vécus jadis."

Conformément à ses instructions, on creusa et on mit à jour les soubassements de bâtiments conventuels et cultuels, ainsi que des ustensiles et des vases à l'usage des moines. Descendant vers le bas de l'escarpement, (Huisi ajouta):

"C'est ici que je pratiquai la méditation. Des brigands m'ont décapité. Ma vie s'acheva ainsi. Mon corps entier s'y trouve."

Tous ensemble ils fouillèrent. Ils trouvèrent d'abord un squelette, puis, cherchant plus minutieusement, ils découvrirent effectivement un crâne. Huisi les reçut avec recueillement, et pour eux il éleva un *stūpa* glorieux en reconnaissance des bienfaits passés. Les cas de ce genre se répétèrent. Comme on rapproche (les deux parties séparées) d'un contrat (pour en vérifier l'authenticité), ainsi les faits venaient confirmer les affirmations de Huisi.

Nouvelle affluence de disciples.

(563 *b*/24). A partir du règne des Chen, aucun des gens de lettres qui ne l'eut pour maître. Dès lors il exposa sans discontinuer les *sūtra* et les *śāstra* du Grand Véhicule.[57] Tandis qu'il parlait de la Voie dans son monastère, son renom s'accroissait de jour en jour.[58]

Quant à Huihai il ne faut pas le confondre avec son homonyme, maître de l'école du *dhyāna* sous les Tang, dont la biographie est donnée dans le *Jingde*, p.246 *c*/8 à 248 *a*/11, ainsi que dans le *Fozai*, p.609 *a*/5–19. Nous n'avons pu trouver de documents relatifs à ce Huihai qui vécut au Nanyue et céda sa place à Huisi.

(56) Le thème des existences antérieures de Huisi ayant été abondamment développé par les biographies postérieures à celle établie par Daoxuan, nous y avons consacré plusieurs pages, dans la partie hagiographique de ce chapitre, cf. p.56 à 60.

(57) P.60 de ce chapitre, nous avons regroupé sous le titre "miracle de la source aux tigres"', l'histoire mythique et folklorique insérée ici par le *Foji* et le *Shenseng zhuan*. Par ce miracle, Huisi aurait subvenu aux besoins en eau de sa communauté.

(58) Le *Foji*, p.180 *c*/16–18 ajoute en note à la fin de la biographie de Huisi ce que le *Shenseng zhuan*, p.976 *a*/15, place à la suite du miracle de la source aux tigres: quelqu'un aurait demandé à Huisi quelles étaient les raisons qui le poussaient à demeurer dans la montagne. Le *Fozai*, p.555 c/18–20, situe lui aussi ce dialogue lors du séjour de Huisi au Nanyue.

Ces trois sources offrent un texte pratiquement identique, les quelques variantes ne portant que sur des détails. Voici l'essentiel de ce dialogue, suivi du commentaire donné par le *Foji*;

Les calomnies auprès de l'empereur.

(563 *b*/26). Cela entraîna des maîtres de doctrine opposée,[59] jaloux de sa renommée, à le dénoncer auprès du souverain des Chen.[60] On accusa faussement Huisi, moine du Nord, de recevoir des subsides du royaume des Qi, de creuser et de saccager le Nanyue. Un envoyé impérial, arrivé à la montagne, vit deux tigres rugissant de colère; alors il se retira tout effrayé. Quelque temps après, il pénétra plus avant. Cette fois-là, de petites abeilles vinrent piquer le front de Huisi, mais aussitôt de plus grandes se jetèrent sur elles, et, les ayant dévorées, elles disparurent dans l'azur. Le prince des Chen apprit tout cela, mais il ne le tint pas pour un présage. Peu de temps après, l'un des hommes qui avaient tramé la perte de Huisi mourut de mort violente. Un deuxième succomba aux morsures d'un chien enragé. Ainsi se réalisait la menace contenue dans le signe des abeilles.[61] Ayant donc été forcé de reconnaître la probité de Huisi, l'empereur l'accueillit au temple Xixuan[62] lors de sa venue à la capitale.

"Quelqu'un demanda:
"Pour quelle raison ne descendez-vous pas de la montagne, (afin de) convertir les vivants?"
Le maître répondit:
"Tous les Buddhas des trois mondes (*kalpa*) en une bouchée ont été avalés par moi. Y aurait-il encore des vivants à convertir?"

Le *Foji* citant à tort, à notre connaisssance, le *Zhuan deng*, c'est à dire le *Jingde zhuan denglu*, conteste l'attribution de ce dialogue à maître Zhi (Zhi gong 誌 公). Zhi gong, de son vrai nom religieux Baozhi 寶誌 était un moine des Six Dynasties, du temps des Song et des Qi du Sud. Le titre de Zhi gong lui fut conféré par Wudi des Liang. Il mourut vers le milieu de l'ère *tianjian* du règne de ce dernier. C'est donc à juste titre que le *Foji* affirme qu'un tel dialogue ne put avoir lieu entre Huisi et Baozhi, par personne interposée. Toutefois, ce dialogue ne figure pas dans la biographie de Huisi établie dans le *Jingde*. La réponse de Huisi est assez énigmatique. Nous pensons que son raisonnement est le suivant: dans la mesure où je participe de la nature des buddhas du passé, du présent et du futur, en d'autres termes de la nature des buddhas représentés par Kāśyapa, Śākyamuni et Maitreya, je suis investi de leur sagesse et de leur puissance, et ainsi je puis, là où je suis, agir sur tous les autres. Dans la mesure où les vivants participent eux aussi de cette même nature, ils tombent de ce fait sous mon influence. Nous sommes placés dans une perspective proprement mahāyānique: tous les vivants portent en eux-mêmes la nature du Buddha. Quiconque est suffisamment avancé dans la Voie du Buddha, peut conduire directement ou indirectement les autres vivants à suivre cette même Voie.

(59) Ces attaques venues de "maîtres de doctrine opposée" (*you yidao* 有異道) émanaient vraisemblement de moines bouddhistes, si l'on en juge par le Voeu, qui rapporte à ce sujet plusieurs faits précis. Nous discuterons au chapitre VI de la valeur de ce témoignage. Le *Foji* et le *Shenseng zhuan* repoussant toute interprétation allant dans ce sens, ont délibérément identifié ces maîtres comme étant des taoïstes. Nous renvoyons aux pages 61 à 67 pour un plus long développement sur cette question.

(60) S'il faut en croire le *Foji*, p.180 *a*/4, l'accusation aurait été portée en 569 la première année de l'ère *taijian* 太建 du règne de Xuandi des Chen. Cette date est tout à fait vraisemblable. Par contre le *Fozai*, p.555 *c*/23, commet une erreur historique lorsqu'il dit que l'empereur Gaozu des Chen (règne de 557 à 559) intima l'ordre à Huisi de descendre à la capitale. A cette époque Huisi se trouvait dans la région du Dasushan qui échappait au contrôle des Chen. Il faudra attendre 573 pour que les Chen puissent reconquérir le bassin de la Huai.

(61) cf. p.66.

(62) Xixuansi 栖玄寺 cf. 652 p.378 *a*/21, temple construit sous les Liu Song, afin d'y abriter Sengyuan 僧遠.

Le séjour à la capitale [569].

(563 c/3). Tandis qu'un jour Huisi se rendait au temple Waguan,[63] il fut pris (en chemin) par la pluie, mais ne fut pas mouillé; marchant dans la boue, il ne fut pas souillé. Le *sengzheng*,[64] Huihao,[65] accompagné d'un grand nombre de disciples, vint à croiser sa route. Il s'exclama:

"Voilà un homme extraordinaire! Comment est-il arrivé ici?"

Toute la Cour eut les yeux fixés sur lui; moines et laïcs se tournaient vers lui (le dévisageant) de bas en haut. Wu Mingche[66] gouverneur de la capitale, ayant pour lui une estime extrême, lui offrit un oreiller (orné de corne) de rhinocéros. Xiahou Xiaowei,[67] un aide de camp, alla au monastère lui payer ses respects. En route il se dit:

"Comment voir l'oreiller offert par le gouverneur Wu?"

Parvenu à la demeure de Huisi, Wei s'entendit interpellé avant même toute salutation:

"Si vous désirez voir l'oreiller, allez à l'intérieur et regardez!"

Une autre fois, une voix proclama:

"Arrosez et balayez le monastère, le Saint arrive dans un instant!"

(63) Le nom de Waguansi 瓦官寺 vient de ce que Aidi des Jin Orientaux 東晉哀帝 était en poste à Wayao 瓦窰 dans le Hunan, avant son accession au trône. Devenu empereur, il fit construire le Shengyuansi 昇元寺 pour le moine Huili 慧力 (cf. *Gaoseng zhuan* T.2059, vol. 50, p.354 c/15, 410 a/18). Ce temple fut cependant plus communément appelé Waguan si. Aidi des Jin orientaux régna de 362 à 365. Par la suite le Waguansi abrita Zhu Daosheng 竺道生 (cf. *Gaoseng zhuan*, T. 2059, vol. 50, p.366 b à 367a) qui y était le disciple de Zhu Fatai 笠法汰 (*ibid*. p.354 b 355 a) de 371 à 387. Enfin c'est dans ce temple que résidait Zhiyi lors de son séjour à la capitale et c'est là qu'il prêchait. On peut donc supposer que Huisi se rendit fréquemment auprès de son disciple lors de son séjour forcé à la capitale des Chen.

(64) Le terme *sengzheng* 僧正 est toujours employé dans le *Xu gaoseng zhuan* pour désigner un titre de fonction. Huihao aurait donc occupé le poste de "recteur monacal". Le terme est employé dans de nombreux manuscrits de Dunhuang, par exemple dans les manuscrits Pelliot n°s 3367, 3037, cités par J. Gernet, *op. cit.* p.201 et 265.

(65) Huihao 慧暠 est peut-être le personnage auquel Daoxuan consacra une notice biographique dans le *Xu gaoseng zhuan*, p.522 b/28 à 523 a/3.

(66) Wu Mingche 吳明徹 (511–578) était l'ami de Chen Baxian le fondateur de la dynastie des Chen. Il joua un rôle important dans son usurpation du trône des Liang et durant son règne (de 557 à 559). Il fut par la suite l'un des principaux artisans de la puissance militaire des Chen. Sous son commandement, les troupes du Sud purent reconquérir le bassin de la Huai tombé aux mains des Qi du Nord lors de la révolte de Hou Jing et de la chute des Liang. On trouve sa biographie à la fois dans le *Chenshu* 9, p.10 a–16 b, et dans le *Nanshi* 66, p.21 a–23 b. cf. ausssi *Zhoushu* 6 et *Chenshu* 5 pour ses campagnes militaires.

Il aurait été converti au bouddhisme par Huiheng 慧晅 (515–589) (biographie dans *Xu gaoseng zhuan, ibid*. p.494 a-c). D'aucuns disent que cette conversion était tout à fait factice. Toutefois, le *Foji*, p.180 a/22, nous dit que Wu Mingche alors gouverneur de la capitale (*da dudu* 大都督) (il avait aussi le titre de chef de la garde impériale *yitong* 儀同) participait à chaque discussion de Huisi sur la Voie du Buddha. Ayant une très grande estime pour le maître du Nanyue, il lui fit présent d'un oreiller orné de corne de rhinocéros, cadeau très précieux étant donné sa rareté en Chine.

(67) Xiahou Xiaowei 夏侯孝威. Nous n'avons pu trouver de traces historiques de ce personnage.

Comme cela avait été dit, aussitôt après, Huisi arriva. Wei, profondément touché, le raconta aux moines et aux laïcs. C'est ainsi que gens riches ou pauvres, portant vêtement noir ou vêtement blanc, n'osèrent pas le retenir. On lui offrit embarcation et équipage; on lui fit des adieux sur la rive du fleuve. Huisi déclara:

"Je dois ne demeurer que dix ans complets au Nanyue. Ce temps révolu, je dois partir."

On ignorait ce qu'il signifiait par là.

Séjour final au Nanyue [569-577].

(563 *c*/14). Huisi retourna dans son ermitage de montagne. Chaque année le souverain des Chen, dans les trois (degrés de) foi,[68] montrait sa considération en le visitant. Les offrandes s'entassaient et la foule s'amassait. A sa renommée,[69] il n'y avait plus rien à ajouter. Il prêchait la Loi plus qu'à l'ordinaire; son génie était difficile à sonder. Tantôt il apparaissait sous une forme petite ou grande, tantôt son corps disparaissait pour retrouver le calme.[70] Parfums étranges, couleurs merveilleuses, signes fastes se produisaient en nombre.

Approchant du terme, il descendit du sommet de la montagne au temple situé à mi-pente. Il réunit un grand nombre de disciples, et pendant des jours d'affilée il prêcha la Loi. Il souffrait du coeur froid des auditeurs et s'en plaignit, disant:

(68) *Sanxin* 三信. Ces trois degrés de foi, ou mieux ces trois "caractères" de la foi, désignent une foi empreinte de pureté (*chun* 淳), d'unité (*yi* 一) et de continuité (*xiangxu* 相續). Ces trois qualités de la foi impliquent en elles-mêmes une ferme détermination, une fixation dans la Voie du Buddha (*jueding* 決定).

(69) Cette renommée semble avoir été telle que des moines étrangers vinrent se mettre à son école. C'est ce que laisse supposer un court passage du *juan* 23 du *Foji*: "durant l'ère *taijian* de l'empereur Xuan des Chen, Huisi le maître de *dhyāna* du Nanyue enseigna l'activité sereine et plaisante du Lotus au maître de la Loi Hyŏn Kwang venu de l'est des mers. Celui-ci retourna dans son pays, la Corée, où il fut le premier à propager l'enseignement de Huisi". 宣帝大建中, 南岳思禪師爲海東玄光法師說法華安樂行, 歸國演教, 爲高麗東國傳教之始. Ainsi vers 575 Hyŏn Kwang 玄光 venu de Corée aurait reçu de Huisi l'enseignement du *Fahua anle xing* et serait retourné dans son pays propager cette doctrine. Nous ne sommes pas parvenu à identifier ce moine coréen.

(70) Ce sont là les deux premières des huit transformations (*ba bianhua* 八變化) appelées encore les huit transformations surnaturelles (*ba shenbian* 八神變 par le *Da Zhidu lun* 大智度論 ou aussi les huit (pouvoirs d') indépendance (*ba zizai* 八自在). La première de ces transformations est la capacité de devenir infiniment petit (*neng xiao* 能小) ou de rendre tel les autres et le monde. La seconde est la capacité de devenir infiniment grand (*neng da* 能大) ou de rendre tel les autres et le monde. La troisième est la capacité de devenir plus léger que duvet de cygne (*neng qing* 能輕); la quatrième est la capacité de se libérer de toutes les contingences liées à la notion d'espace (*neng zizai* 能自在). La cinquième consiste en la possibilité de s'incarner en diverses catégories humaines, de manière à les contrôler et à les rassembler dans la Voie (*neng youzhu* 能有主). La sixième permet de se déplacer aussi rapidement qu'en une pensée dans un lieu éloigné (*neng yuanzhi* 能遠至). La septième est liée aux six ou aux dix-huit tremblements de terre (*neng dong* 能動). La huitième enfin donne accès au pouvoir universel de thaumaturge (*suiyi* 隨意) grâce auquel le sage passe outre à toutes les lois de la nature et les transcende. Comme nous le verrons au chapitre VI, le *Vœu* fait largement appel à ces transformations surnaturelles, pour forcer les esprits et les coeurs à s'attacher au *sūtra du Lotus* et à celui de la *Prajñāpāramitā*.

"S'il est dix personnes qui, sans ménager leur vie, cultivent vraiment les trois *samādhi* prolongés du *Lotus*,[71] du *pratyutpanna*,[72] du *nom de Buddha*[73]; observent la pratique et la contrition; demeurent continuellement dans la mortification; si donc un tel désir est satisfait, je contribuerai de ma personne, nécessairement pour un profit réciproque. S'il n'est pas de telles personnes, je dois m'en aller au loin."

La pratique de l'ascèse constitue une (vraie) difficulté. Finalement, il n'y

---

(71) Le *samādhi du Lotus* (*Fahua sanmei* 法華三昧) a pour but la purification de ses fautes. Ce *samādhi* est préparé par une semaine durant laquelle le fidèle recourt d'abord aux vingt-cinq moyens appropriés (*ershiwu fangbian* 二十五方便) répartis en cinq groupes (1. remplir les cinq conditions, *ju wuyuan* 貝五緣; 2. corriger ses cinq désirs, *he wuyu* 訶五欲; 3. rejeter les cinq influences entraînant l'oubli de l'essentiel, *qi wugai* 棄五蓋; 4. satisfaire par un juste milieu aux besoins vitaux, *tiao wushi* 調五事; 5. réaliser les cinq *dharma*, *xing wufa* 行五法). Ensuite il confesse ses fautes (*chanhui* 懺悔); il prie les buddhas de lui apparaître et de faire tourner la roue du *dharma* (*quanqing* 勸請); il se réjouit des racines de biens découvertes en lui et chez les autres (*suixi* 隨喜); il prend la ferme décision de s'appuyer sur ces racines de bien, pour atteindre la boddhéité et la faire partager aux autres (*huixiang* 迴向); enfin il forme les quatre voeux (*fayuan* 發願). Ce sont là les cinq moyens appropriés de pénitence (*wu hui fangbian* 五悔方便). Par là s'achève la semaine préparatoire. Le fidèle accomplit alors le *samādhi* proprement dit, durant trois semaines. Ce *samādhi* comporte dix aspects. Ce sont respectivement:

1. La purification et la décoration du lieu de méditation (*yanjing daochang* 嚴淨道場)
2. La purification de soi-même (*jingshen* 淨身)
3. La glorification du Buddha à travers ses actes, ses paroles et ses pensées (*sanye gongyang* 三業供養)
4. La prière pour qu'apparaisse le Buddha (*qingfo* 請佛)
5. Le culte rendu au Buddha (*lifo* 禮佛)
6. Le repentir pour les fautes commises par les six sens (*liugen chanhui* 六根懺悔)
7. La déambulation autour de l'aire de méditation (*raoxuan* 繞旋)
8. La récitation du *sūtra du Lotus* (*songjing* 誦經)
9. La contemplation en position assise (*zuochan* 坐禪)
10. La vue spirituelle du Buddha et de ses signes distinctifs (*zhengxiang* 證相)

Ce *samādhi* se pratique pour une part en étant assis, pour une autre en marchant (*banxing banzuo sanmei* 半行半坐三昧); s'il marche, le fidèle récite le *sūtra du Lotus*; s'il est assis, il demeure en silence. En outre le fidèle dispose de deux méthodes: l'une plus concrète (*youxiang xing* 有相行) sans concentration mentale, s'attache à la récitation des sūtras et au regret des fautes passées; l'autre, plus abstraite (*wuxiang xing* 無相行), est faite de la contemplation de la vacuité des *dharma*.

(72) *Pratyutpanna-samādhi* (en chinois *banzhou sanmei* 般舟三昧). Ce *samādhi* se pratique dans la position constante de la marche (*changxing sanmei* 常行三昧). Dans ce *samādhi* le fidèle contemple la majesté du Buddha, la force du *samādhi*, et la puissance de ses propres mérites et vertus. S'il pratique correctement ce *samādhi*, il peut voir apparaître tous les buddhas présents dans les dix directions, et les regarder comme des étoiles scintillant au sein d'une nuit pure. Cependant l'essentiel de ce *samādhi* qui s'étend sur quatre-vingt-dix jours, est de chanter continuellement le nom d'Amitābha, de penser à lui constamment et intérieurement. Ce *samādhi* est largement décrit par Zhiyi, dans le *Mohe zhiguan* 摩訶止觀, T. 1911, vol. 46 p. 12 *a*/19 à 13 *a*/24.

(73) *Nianfo sanmei* 念佛三昧. Ce *samādhi* consiste d'un côté à contempler les trente-deux signes (*lakṣaṇa*) du Buddha, à contempler d'un seul coeur la réalité de *dharmakāya*, c'est-à-dire l'existence pure du corps de la Loi *fashen* 法身, à chanter le nom du Buddha, d'un autre à méditer et réaliser ces trois précédents aspects. Par ce *samādhi* nous dit le *Nianfo sanmei jing* 念佛三昧經 on rassemble tous les *dharma* (*zongshe yiqie zhufa* 總攝一切諸法), et cela est le propre du Grand Véhicule, c'est à dire celui du *bodhisattva*. Pour le *Traité de la grande vertu de Sagesse* (*Da Zhidu lun*) ce *samādhi* permet l'élimination de toutes les passions et de toutes les traces des fautes antérieures.

eut personne à répondre. Là-dessus, il se retrancha de la foule et se recueillit dans ses pensées. Apparemment il était mourant; sa vie arrivait à son terme. Le jeune moine Yunbian,[74] découvrant que son souffle s'était éteint, poussa un grand cri. Huisi ouvrant les yeux lui dit:

> "Vous êtes un vilain diable! Je suis sur le point de m'en aller. Extrêmement nombreuse est la foule des saints assemblés pour venir à ma rencontre, et parler du lieu de ma prochaine renaissance. Quelle idée (vous prend) de me gêner et de me troubler? Homme insensé, sortez!"

Huisi se recueillit ensuite et s'assit en méditation. Quand tout fut consommé, tous sentirent des parfums extraordinaires qui emplissaient toute la salle. Son chef était tiède, son corps souple et le teint de son visage demeurait comme à l'ordinaire. Cela se passait dans la neuvième année *taijian* des Chen, le vingt-deuxième jour du sixième mois [21 juillet 577].[75] Vérification faite, il demeura bien dix ans (dans le Nanyue), exactement comme il l'avait annoncé. Il avait soixante-quatre ans.

Appendice sur les écoles du Jiangdong.

(563 *c*/29). Depuis que le bouddhisme du Jiangdong[76] avait proliféré en

---

(74) Yunbian 雲辯. Ce disciple de Huisi est communément appelé Lingbian 靈辯 par les autres sources, à l'exception du *Jingde* qui se range au côté du *Xu gaoseng zhuan*. Nous ne possédons pas de biographie de ce moine.

(75) Huisi serait donc mort le 21 juillet 577, à l'âge de soixante-deux ans à l'occidentale. L'ensemble des sources que nous avons citées s'accordent sur la date de sa mort. Si l'on récapitule les différentes dates marquant sa biographie, nous obtenons le tableau suivant:

31 décembre 515: naissance de Huisi.
Entre 536 et 537: Huisi se met à l'école de Huiwen.
Entre 553 et 554: établissement de Huisi au Dasushan.
Durant 559: copie des sūtras en caractères d'or et *Grand Vœu*.
560: arrivée de Zhiyi au Dasushan.
31 juillet 568: arrivée de Huisi au Nanyue.
Durant 569: séjour forcé de Huisi à Jinling.
21 juillet 577: mort de Huisi.

Il est à noter que, d'après la chronologie chinoise, Huisi entra un vingt-deuxième jour du sixième mois au Nanyue et qu'il en "repartit" dix ans plus tard, le même jour du même mois. Cette coïncidence nous paraît être un arrangement des biographes, qui voulurent ainsi démontrer que Huisi était bien resté exactement dix ans au Nanyue, comme il l'avait prédit. Par ailleurs, ce choix même d'une durée de dix ans nous paraît trop symbolique pour être admis sans réserve. Le chiffre dix exprime en effet l'idée de plénitude et de perfection. On se souvient que Huisi s'était mis en route pour le Nanyue, à la suite d'un appel venu du ciel lui indiquant que le Nanyue était la montagne où il entrerait dans la Voie. On peut dès lors penser que cette durée symbolique de dix ans était en elle-même la preuve que Huisi avait atteint la perfection et qu'il était parvenu au terme de ses réincarnations.

(76) Allusion aux différences qui existaient entre le bouddhisme du Nord et celui du Sud. Nous en donnerons un bref aperçu au chapitre IV. Daoxuan considère que Huisi joua un rôle très important dans le bouddhisme chinois, puisqu'il fut le premier à unir la tendance mystique du Nord à la tendance intellectuelle du Sud. Il engageait ainsi son disciple Zhiyi à franchir un pas de plus, en reprenant toute la théorie du *panjiao* 判教, et en présentant un système dans lequel la période dite du *sūtra du Lotus* et du *sūtra du Nirvāṇa* (*Fahua niepan shi* 法華涅槃時) était celle du suprême enseignement du Buddha, dans lequel justement la gnose et la médita-

une multitude d'écoles, le *dhyāna* quant à lui ne valait presque plus rien. Huisi regrettait ces pratiques du Sud. Venu du Nord, il mit l'accent tout à la fois sur la méditation et sur la sagesse. De jour il discutait du sens de la doctrine; de nuit il réfléchissait. Il n'est aucune de ses paroles qui n'ait été très profonde. Il témoignait ainsi qu'il faut développer la sagesse, en s'appuyant sur la méditation; et cette phrase n'est pas vaine. Dans les écoles de *dhyāna* du Nord et du Sud, il est peu de (maîtres) qui n'aient reçu son héritage.

Eloge de Huisi.

(564 *a*/4). Par ailleurs, son apparence physique était remarquable. Il était capable de se contrôler parfaitement. Il restait bien droit, sans s'appuyer.[77] Il avait une démarche de boeuf[78] et un regard d'éléphant;[79] son crâne avait une protubérance.[80] Il se distinguait par sa gravité. Celui qui le voyait se convertissait, et, sans même s'en rendre compte, se soumettait. Il possédait en outre une telle connaissance de l'esprit humain, qu'il mettait à jour ce qui se cachait en lui. Il parlait lentement du passé de chacun. Il conduisait chacun à pénétrer dans la Voie de la manière la plus appropriée. Il pratiquait la grande miséricorde, et il observait les règles de *bodhisattva*.

(564 *a*/7). Quant aux choses telles que les tissus, les bourres de soie, les fourrures et les cuirs, la plupart sont obtenues par atteinte à la vie. C'est pourquoi ses disciples portaient pour vêtements de la toile grossière. L'hiver venu,

tion sont parfaitement unies. Cf. sur ce point, Itō Giken 伊藤義堅, *Tendai izen no kyōhan ni tsuite* 天臺以前, 教判に就いて (*Ryūkoku daigaku ronsō* 龍谷大學論叢), n° 284, February 1929, p.46-77, et n° 285, July 1929, p.71-97. Cf. aussi Léon Hurvitz, *Chih-I, op. cit.* p.214-244.

(77) Nous trouvons ici, appliqué à Huisi, le vingtième signe caractéristique du buddha ou du grand homme: son corps se tient parfaitement droit (*shen duanzhi xiang* 身端直相). Cela correspond aussi au vingt-sixième signe secondaire: sa démarche est droite (*xingbu zhengzhi* 行步正直); ou encore au dix-septième: son chemin n'est pas tortueux (*bu waixie* 不歪邪; *xingbu duanzheng* 行步端正). Ces caractères expriment la rectitude, la droiture et l'harmonie de la conduite de Huisi.

(78) La démarche de boeuf (ou de taureau) correspond au quatorzième signe secondaire (*xing ru shengqun* 行如勝群; ou *jinzhi ru niuwang* 進止如牛王).

(79) Il semble que Daoxuan ait contracté en un seul deux signes secondaires distincts: le douzième (une démarche tranquille d'éléphant, *xing'an ru xiang* 行安如象) et le soixante-et-unième (une vue large et profonde, *muguang* 目廣) ou peut-être le soixante troisième (ses yeux ont l'éclat du Lotus blanc et noir *mu heibai yanjing ru lianhua xingxiang* 目黑白分淸如蓮華形相). Pour cette note et les deux qui précèdent nous avons utilisé la version chinoise de la *Mahāvyutpatti* (*Fanyi mingyi ji* 翻譯名義隻, T. 2131, vol.54). Les trente-deux signes caractéristiques (*sanshier xiang* 三十二相) et les quatre-vingt signes secondaires ont été étudiés par Burnouf dans *Le Lotus de la Bonne Loi, op. cit.*, p.553 à 647; par Dayal Har *The bodhisattva doctrine in Buddhist Sanskrit literature*, London, 1932; par Alex Wayman, sous le titre *Contributions regarding the Thirty-two Characteristics of the Great Person*, dans *Liebenthal Festschrift*, p.243-260.

(80) La protubérance crânienne (*ding cheng rouji xiang* 頂成肉髻相) fait partie des trente-deux signes caractéristiques du buddha ou du grand homme. Suivant les catalogues, c'est la première ou la trente-deuxième marque du buddha. Cf. Burnouf, *op. cit.*, p.558-560. Cette protubérance est en général le signe de la sainteté.

P.54 de ce chapitre nous étudions, dans le cas de Huisi, l'origine de cette protubérance. D'après le *Foji*, le *Tiantai* et le *Fozai*, cette protubérance serait le fruit d'une intervention de Samantabhadra.

ils utilisaient de vieux vêtements,[81] pour se protéger du vent et du gel. Depuis que le bouddhisme s'est transmis en Chine, voici presque six cents ans, il n'y a que la conduite compatissante (du maître) du Nanyue en laquelle on puisse prendre refuge. J'ai moi-même participé à la transmission (du bouddhisme) par les traductions; j'ai souvent étudié les sūtras sanscrits. Je me suis informé au sujet des vêtements religieux qu'ils portaient. Or, jusqu'à maintenant, on ne trouve absolument pas de vêtements de soie. Même s'ils ont reçu l'ordination, ils ne font pas montre de leurs mérites acquis. C'est pourquoi je sais que, soit qu'ils mendient, soit qu'ils reçoivent des étoffes pour en faire des vêtements, ils se sont fait une règle de les rejeter totalement.[82] Si par hasard ils acceptaient, comment alors resteraient-ils fidèles à eux-mêmes. Huisi a lui-même arrêté ces saintes règles respectables.

L'œuvre de Huisi.

(564 a/14). A l'enseignement écrit, pratique ou oral (de Huisi) mis sous forme d'essais, il n'y a rien à reprendre.[83] Il est l'auteur de l'*Introduction aux quarante-deux caractères* (*Sishier zi men* 四十二字門) en deux rouleaux; de l'*Activité authentique* (*Wuzheng xing men* 無諍行門) en deux rouleaux; des *Mystères des Traités bouddhiques* (*Shilun xuan* 釋論玄); du (*Samādhi*) *de la conscience libre* (*Sui ziyi* 隨自意); de l'*Activité sereine et plaisante* (*Anle xing* 安樂行); de l'*Essentiel de la méditation (exposée) graduellement* (*Cidi chanyao* 次第禪要); ainsi que d'une *Introduction aux trois connaissances et contemplations* (*San zhiguan men* 三智觀門), chacun de ces cinq derniers ouvrages étant en un rouleau. Tous sont en circulation.[84]

(81) Cet usage est aussi rapporté par le *Hongzan*, p.22 *b*/12 (qui emploie les caractères *ai na* 艾衲), par le *Tiantai*, p.100 *a*/1 (car. *ai na* 艾衲), par le *Foji*, p.180 *b*/28 (car. *ai na* 艾納 assortis d'une note), par le *Fozai*, p.556 *a*/2 (car. *ai na* 艾衲). Citant le *Fahua jing*, le *Foji*, rappelle que l'on coud les vêtements au moment de loisirs, c'est à dire en dehors de la période de retraite qui a lieu l'été. Puis citant le *Lüwen* 律文, il dit qu'ayant reçu en aumônes de vieilles étoffes, on en faisait des vêtements.

La difficulté de ces deux caractères ne réside pas tant dans les variantes du caractère *na* 納 qui signifie "donné" ou "reçu", ou *na* 衲 qui désigne la robe bouddhique, mais l'association avec le caractère *ai* 艾. En effet, ce dernier désigne tantôt l'armoise, une herbe dite aux cent goûts, tantôt la cinquantaine de l'homme, quand ses cheveux sont gris. Nous pensons qu'il s'agit ici d'une image. Les disciples de Huisi, à l'exemple de leur maître, se seraient vêtus en hiver de vieilles étoffes mendiées auprès des fidèles; ils auraient cousu ces nippes pour les porter par dessous leur robe de moine afin de se protéger du froid. Le *Fozai*, qui date du quatorzième siècle, ajoute non sans une certaine ironie, qu'à son époque à lui les moines de l'école *Tiantai* s'habillaient de garance, de robes colorées, et prisaient tout ce qui était beau et frais, sans en éprouver nulle honte!

(82) Cette affirmation ne contredit pas l'interprétation que nous avançons à la note précédente. Le refus des disciples de Huisi porte sur les étoffes de soie. Si ce refus devait porter aussi sur les vieilles nippes, il faudrait alors admettre que ces moines mendiaient de l'armoise pour bourrer leur vêtement en hiver. Dant ce cas Huisi aurait établi des règles vestimentaires particulièrement draconiennes.

(83) Nous renvoyons au chapitre suivant pour la discussion de ce catalogue et pour la présentation de chacune des œuvres de Huisi.

(84) Le *Jingde*, p.431 *b*/5–13 et le *Foji*, p.180 *c*/5–13, comportent deux poèmes très certainement tardifs, faisant l'éloge de Huisi. Le premier de ces poèmes est composé de dix vers heptasyllabiques.

Avec l'illumination soudaine, source de l'esprit,
il ouvre le précieux Trésor.
Embrassant le caché comme l'apparent,
il en révèle les aspects véritables.
Que, solitaire, il marche ou reste assis,
il demeure majestueux.
Qu'elles soient cent ou cent mille,
ses transformations sont incalculables.
Relâché ou resserré,
il emplit tout l'espace.
A sa vue, on ne perçoit
le moindre atome de poussière.
Quel être visible
peut prétendre se comparer à lui!
De sa bouche jaillit la perle
au chatoiement éclatant.
Pour la vue et les mots ordinaires
il est inconcevable.
Aucune locution ne se prête
à la publication de son nom.

Le second poème se compose seulement de six vers heptasyllabiques.

Le ciel ne le couvre,
la terre ne le porte.
Il ne va ni ne vient
il est sans obstacle.
Ni long, ni court,
il échappe au présent, au passé.
Il n'est situé ni au milieu,
ni à l'intérieur, ni à l'extérieur.
Surpassant tout en sa spécificité,
il est la vacuité illimitée.
Il désigne les êtres et manifeste leur esprit,
mais les hommes ne le comprennent pas.

Le premier de ces deux poèmes fait de Huisi un être quasi surnaturel, presque un Immortel ou un *bodhisattva*. Après avoir consacré les deux premiers vers (quatre dans notre traduction) à l'essentiel de sa doctrine (l'intelligence des sūtras et des choses sous tous leurs aspects, grâce à l'illumination soudaine), l'auteur décrit Huisi en lui attribuant les pouvoirs surnaturels du *bodhisattva*. Il garde en tout la majesté, il peut s'incarner de multiples façons; il transcende les lois de la nature. Sa sainteté et son discernement de la vérité sont tels qu'ils sont comparés à la perle pure. Enfin, le langage humain n'est pas assez riche pour traduire tous ses mérites et la gloire de son nom. Ce poème rappelle par bien des aspects le ton même du *Vœu*, étudié et traduit au chapitre VI.

Le second poème s'applique davantage à la pensée de Huisi, qu'il définit suivant les règles du *mādhyamika* (ou Voie Moyenne). La pensée du maître est en quelque sorte hors de ce monde, en ce monde, et les deux à la fois. Elle est une pensée complète qui échappe à toute limitation et qui s'adresse à tous les hommes de tous les temps, sans que ceux-ci puissent vraiment en mesurer toute la profondeur.

Mêmes tardifs, ces deux poèmes méritent notre attention, car ils émanent de disciples émus par la grandeur de leur maître et de sa doctrine.

Le *Foji* conclut cette biographie par un éloge en prose:

"Ce que le "Nanyue" a hérité du "Qi du Nord", la voie de l'esprit unique et de la triple contemplation (*yixin sanguan* 一 心三 觀), il l'a transmis au "Tiantai". Très grand est son mérite, rien ne le surpasse. C'est pourquoi il est dit dans le *Zhangan*: "Huisi, le maître de méditation! Sa renommée égale la grandeur du Songling! Sa renommée égale la profondeur de la Luo! Durant dix ans, il récita constamment les sūtras. Durant sept ans, il pratiqua (le *samādhi* du) *fangdeng* 方 等. Durant quatre-vingt-dix jours, (il s'astreignit à) demeurer assis en méditation. En un instant, il eut l'illumination complète (*yishi yuanzheng* 一 時 圓 證). En toutes ses actions, le maître fut très diligent. Quand il fut parvenu à l'illumination du

III. L'hagiographie de Huisi dans les sources postérieures.

Au cours des siècles qui suivirent la disparition de Huisi, la tradition populaire transforma cette biographie en une hagiographie, où se retrouvent mêlés faits réels, gestes miraculeux, croyances bouddhiques et populaires. Cette hagiographie ne nous apporte rien sur le plan de la vérité historique, mais elle témoigne de la vitalité du souvenir et de l'autorité de Huisi, au cours des siècles suivants. Sa formation montre aussi le caractère d'exemplarité qui fut accordé à la vie de Huisi et la croyance en un pouvoir spirituel du maître, dépassant largement la sphère de son existence terrestre.

Tout ceci apparaît nettement dans les huit sources secondaires, énumérées au début de ce chapitre. Toutefois, nous relevons, entre elles et la biographie établie par Daoxuan, plusieurs points de convergence.

En effet, nous retrouvons non seulement les mêmes informations, mais aussi le même vocabulaire, voire même des phrases parfaitement identiques à celles du texte rédigé par Daoxuan. On pourrait supposer que celui-ci et les autres historiographes eurent recours à une même source, selon toute hypothèse la *Biographie du maître de dhyāna Huisi du Nanyue*, rédigée par son disciple Zhiyi, et malheureusement aujourd'hui disparue. On peut imaginer aussi que les sources secondaires se sont simplement contentées d'adopter la version de Daoxuan, en la remaniant à l'occasion, en modifiant l'ordre du texte parfois, et surtout en y introduisant des éléments hagiographiques.

Ignorant à quelle époque fut perdu le texte de Zhiyi, nous ne pouvons choisir entre ces deux hypothèses. Constatons seulement l'existence d'un tronc commun, sans être à même d'en déceler l'origine. En l'absence de toutes autres

---

samādhi du Lotus (*Fahua sanmei*), il en fit l'appui de la doctrine. C'est ce que ne connaissait pas le "Qi du Nord". Voilà pourquoi Jingqi affirme: le maître de méditation Huiwen ne fit que mettre en ordre la contemplation intérieure, la vue et l'ouïe". Et on ne le croirait pas!''

Cet éloge, bien que rédigé dans la seconde moitié du treizième siècle sous les Song, offre plus d'un intérêt, puiqu'il définit l'originalité de Huisi par rapport à son maître, et retrace les grandes étapes de son expérience religieuse. Par rapport à Huiwen (désigné sous le titre de "Qi du Nord"), Huisi se distingua par l'intuition qu'il eut de l'importance du *samādhi du Lotus* pour comprendre l'enseignement supérieur du Buddha. Il donna aussi sa pleine dimension à la doctrine de Huiwen sur le *yixin sanguan*. En outre, nous retrouvons là l'expérience religieuse de Huisi. Durant une dizaine d'années, nous l'avons vu, Huisi s'appliqua à réciter et à connaître les sūtras. Puis, nous dit l'éloge, il s'adonna sept ans à la pratique du *fangdeng*. Nous pensons qu'il s'agit là d'une expression générale signifiant que Huisi réalisa, durant ces sept années, les diverses étapes qui correspondent en fait à des points précis du *samādhi* du même nom, c'est à dire: rêver à l'un des douze princes du rêve (*shier meng wang* 十二 夢 王) (des prières efficaces permettent de l'obtenir), se mettre à l'école d'un maître, faire vœu de garder les commandements, confesser ses fautes puis pratiquer le *samādhi* proprement dit. On peut donc dire que la vie de Huisi, jusqu'à son arrivée au Dasushan, fut calquée sur ce schéma. Ceci renforce donc l'opinion, déjà émise, que les biographes se sont moins attachés à nous tracer la vie de Huisi qu'à nous en souligner l'exemplarité. Enfin l'éloge met en relief l'importance de ce que nous avons appelé la nuit mystique, qui inclut justement ce *samādhi* de quatre-vingt-dix jours au cours duquel Huisi faillit désespérer et renoncer (état d'âme symbolisé par le geste d'aller s'appuyer au mur). C'est alors qu'il eut l'intuition, qui allait éclairer toute sa vie et devenir le cœur de sa doctrine.

preuves, nous avons pris comme texte de base, celui de Daoxuan. Nous calquerons sur lui l'ordre chronologique des éléments hagiographiques.

1. *L'attachement précoce de Huisi au sūtra du Lotus.*

Parlant de l'enfance et de l'adolescence de Huisi, Daoxuan se contente de souligner sa grande ascèse, sa vie retirée et entièrement consacrée à la lecture du *sūtra du Lotus* et d'autres textes canoniques. Tout ceci est évoqué en termes très brefs. Le *Fahua* et, à sa suite, le *Foji*, insistent longuement sur la vie recluse de Huisi, sur son attachement bénéfique au *sūtra du Lotus*, avant l'âge de quinze ans, s'il faut croire l'ordre de ces deux textes. Le *Foji* précise qu'en la seconde année de l'ère *yongan* [529-530], sous Zhuangdi des Wei, à l'âge de quinze ans, Huisi quitta sa famille pour entrer en religion et recevoir les règles bouddhiques. Nous pensons que cette entrée en religion eut lieu plus tard car, autrement, il faudrait supposer que les événements rapportés précédemment s'étaient produits avant l'âge de quinze ans. Cela nous paraît peu probable. En effet, l'expérience religieuse, suggérée par le texte traduit ci-dessous, ne nous semble pas à la portée d'un enfant, fût-il nommé Huisi. Elle devient par contre vraisemblable si on la situe entre quinze et vingt ans. Voici en quels termes le *Fahua* et le *Foji* nous présentent cette enfance.[85]

"En voyant des compagnons de religion réciter le *sūtra du Lotus*, Huisi fut rempli de vénération et de joie. Il se prit d'une profonde affection pour ce sūtra, bien qu'il ne sut pas encore le réciter. Il l'emprunta donc et se retira dans une tombe où il demeura seul à le regarder. Comme personne ne l'enseignait, jour et nuit, il soupirait et se lamentait. Par ailleurs, une tombe pouvait difficilement servir d'habitation humaine. Les craintes et les terreurs de Huisi y étaient si nombreuses qu'il se déplaça vers d'anciennes murailles, dans lesquelles il pratiqua un trou pour s'y abriter. De jour il mendiait sa nourriture; de nuit il ne dormait ni ne se reposait: il versait des larmes face au sūtra et se prosternait devant lui. Comme si ces difficultés ne suffisaient pas, Huisi connut aussi un été très pluvieux, ce qui rendit sa retraite très humide et torride. Il en tomba malade. Tout son corps enfla au point que se déplacer ou demeurer arrêté lui étaient également insoutenables. Néanmoins, il demeura fixé sur le sūtra, y puisant toute sa force spirituelle. Soudain il sentit ses enflures disparaître et la paix première lui revenir."

Cette volonté de Huisi de rester attaché au *sūtra du Lotus*, quoiqu'il lui en coûtât physiquement, est aussi rapportée dans le *Hongzan*.[86] Mais dans cette source, la maladie intervient à l'âge de trente ans et de façon beaucoup plus mystérieuse. D'après le *Hongzan*, alors que Huisi était dans un marais asséché, et qu'il avait récité la moitié du début du sūtra, tout soudain l'eau se mit à monter, submergeant sa couche et l'atteignant jusqu'à la ceinture. Simultané-

---

(85) *Fahua*, p. 59 *b*/3-9 et *Foji*, p. 179 *a*/7-12.
(86) *Hongzan*, p. 21 *c*/16-21.

ment tout son corps enfla, le rendant incapable de tout mouvement. Alors, ayant fait un vœu, il déclara :

"Entre moi et ce sūtra, il y a une affinité certaine. Quand l'eau disparaîtra, ma maladie s'en ira. S'il n'existe aucun lien entre nous, l'eau augmentera."

Or, la nuit même, l'eau se retira et son corps fut guéri. Huisi demeura encore dix ans en cet endroit.

Comme on peut le constater, ces sources attachent peu d'importance à la chronologie et à l'exactitude historique. Il convient d'ailleurs de noter que Daoxuan fait lui-même allusion à ce genre de maladie, mais beaucoup plus tard. Elle survient après la rencontre de Huisi avec Huiwen, au cours de ce que nous avons appelé sa nuit mystique. Ceci nous permet d'affirmer que les historiographes bouddhistes n'entendent pas faire oeuvre historique proprement dite. Il est à leurs yeux beaucoup plus important de montrer à quel point Huisi était lié au *sūtra du Lotus*. Pour eux, il fut dès son plus jeune âge prédestiné à glorifier ce sūtra, sans attendre l'aide d'aucun maître religieux. Il fallait qu'il en manifestât l'excellence et cela malgré les forces occultes qui terrassaient son corps. Nous trouvons là une première interprétation à caractère hagiographique.

2. L'intervention de Samantabhadra.

Ayant démontré que Huisi était dès son plus jeune âge entièrement voué au *sūtra du Lotus,* le *Fahua* et le *Foji*[87] étaient logiquement conduits à faire intervenir le patron de ce sūtra, Samantabhadra. Maître de la Loi fondamentale, Samantabhadra[88] assiste le Buddha et se tient à sa droite. Celui qui réalise le parfait *samādhi du Lotus* entre de facto en communion avec lui. Lorsqu'il veut se manifester au fidèle qui s'est voué au culte du *sūtra du Lotus*, il monte l'éléphant blanc à six défenses,[89] symbole de la connaissance, libre de toutes passions, et des pouvoirs spirituels et surnaturels du Buddha.

Il n'est donc pas étonnant que ces deux textes prêtent à Huisi un rêve où Samantabhadra chevauchant l'éléphant blanc à six défenses vient lui toucher la tête, puis s'en va. A ce contact, Huisi comprend naturellement le texte du *Lotus,* alors que jusque là il ne l'entendait pas. A l'endroit touché par Samantabhadra, apparut une protubérance crânienne.[90] D'après le *Foji*, le *Tiantai* et le *Fozai*, Huisi portait cette protubérance, depuis son plus jeune âge. Une fois encore les textes, à l'exception du *Xu gaoseng zhuan*, insistent sur cette sorte de prédestination qui liait Huisi au *sūtra du Lotus*. Les historiographes se sont-ils emparés d'un trait physique réel pour l'auréoler d'une des trente-deux marques divines (*sanshier xiang* 三 十 二 相) et en faire le symbole de la parfaite acuité spirituelle de Huisi ? N'ont-ils pas là encore sacrifié à la tradition

---

(87) *Fahua*, p.59 *b*/9–11; *Foji*, p.179 *a*/12–14.
(88) En chinois Puxian 普賢
(89) *Liuya baixiang* 六牙白象
(90) cf. p.49 note 80.

populaire qui représente souvent les grands maîtres spirituels avec un regard pénétrant et une sorte de chignon qui rehausse leur crâne et laisse aisément croire à une protubérance ?

3. *Le séjour au Dasushan et la rencontre des trois Su.*

Pour Daoxuan, le séjour de Huisi au Dasushan s'expliquait par la situation militaire de la région. Alors que Huisi descendait vers le Nanyue, à l'instigation d'une voix venue d'en haut, il fut contraint de s'arrêter en chemin, car sa route était barrée par les armées ennemies. La région connaissait en effet une des périodes les plus sanglantes de son histoire, puisqu'à la révolte de Hou Jing en 549, succéda l'écrasement des meilleures forces des Liang par les armées de Yuwen Tai, puis la lutte pour le pouvoir engagée entre Chen Baxian, futur fondateur des Chen, et Wang Sengbian autre général défenseur des Liang. Huisi avait donc tout intérêt à s'arrêter au Dasushan, pour échapper aux armées adverses.

Le *Foji*,[91] qui pourtant suit le texte du *Vœu*, ne se satisfait pas de cette justification historique. Il glisse dans le texte une anecdote tendant à prouver que Huisi agissait conformément aux volontés de son maître. Voici comment nous est présenté ce séjour au Dasushan :

> "La sixième année de l'ère *tianbao* [en 555], c'est dans la province de Guangzhou, au Dasushan, qu'il enseigna le *Mahāyāna*. Le *Dongpoji* 東坡集 (Recueil des œuvres de Su Dongpo 1036-1101) précise que dans le district de Guangshan, à quarante *li* au Sud, du côté du Dasushan 大蘇山 et au nord du Xiaosushan 小蘇山, il y avait un temple nommé Jingju 淨居. Sous les Qi, au milieu de la période *tianbao* [555], le maître Huisi passa par là. Il vit un ancien et lui demanda son nom. Celui-ci répondit : "Su". Huisi s'enquit aussi du nom des deux montagnes, puis il s'exclama : "Mon maître m'avait signifié : quand tu auras rencontré les trois Su, tu t'établiras en cet endroit." Alors Huisi y installa un petit ermitage. L'ancien avait disparu, car c'était l'esprit de la montagne. Ce fut alors qu'arriva Zhiyi, venu s'instruire de la Loi auprès de Huisi."

Par cette allusion aux trois Su, Zhipan nous plonge en plein syncrétisme religieux. Il introduit dans la biographie de Huisi la vénération populaire pour les monts, conçus comme des divinités naturelles, possédant un pouvoir comparable au pouvoir seigneurial. Avec les fleuves, les monts sont comme les gardiens de l'ordre naturel et de l'ordre humain.[92] Par cette anecdote, Zhipan veut-il implicitement démontrer que Huisi, et à travers lui tout le bouddhisme chinois, se refuse à bouleverser les croyances populaires et donc l'ordre naturel ? L'esprit de la montagne qui apparaît à Huisi, pour lui confirmer l'identité du lieu où il doit résider, semble de connivence avec son maître bouddhiste. Bouddhisme et croyance populaire s'associaient pour assurer le développement

---

(91) *Foji*, p.179 *b*/7-9.
(92) cf. Granet, *La civilisation chinoise*, réédition, Paris, 1968, p.193-201.

de la Loi. Nous aurions là une réponse aux anciennes accusations lancées contre le bouddhisme, considéré comme l'adversaire des croyances chinoises, donc irrecevable. Huisi viendrait réconcilier le monde des divinités populaires et du Buddha. Une question reste cependant sans réponse : qui est ce "maître" à la volonté duquel Huisi obtempère en se rendant dans le Dasushan ? Serait-ce Huiwen auprès duquel Huisi est allé s'instruire de la Loi ?

4. *Les existences antérieures de Huisi.*

L'analyse du texte de Daoxuan n'autorise aucune conclusion qui puisse servir de preuve formelle d'une ou plusieurs existences antérieures de Huisi.

La découverte d'un squelette venant corroborer les affirmations de Huisi peut, certes, satisfaire la bonne foi bouddhique en une première existence, mais il n'en est pas de même pour la mise à jour de soubassements de monastère et d'ustensiles à l'usage des moines. Ces dernières preuves ne peuvent constituer en elles-mêmes des matériaux suffisants pour attester une autre tence ; elles peuvent tout aussi bien se rapporter à une seule et unique existence. Sans doute est-ce pour tourner cette difficulté que les autres sources ont délibérément placé en troisième position l'exhumation de ces vestiges. Elles pouvaient ainsi, avec beaucoup de vraisemblance, nous présenter le cycle complet des réincarnations de Huisi. Nous reviendrons plus loin sur ce point, après avoir étudié comment et avec quel syncrétisme les sources postérieures ont voulu implicitement démontrer que Huisi, parvenu à sa troisième existence, allait entrer dans le *nirvāṇa* et qu'en conséquence, il agissait et parlait en vérité.

Les différentes sources déjà citées se recoupant les unes les autres, celle-ci soulignant à l'occasion un détail, celle-là apportant un élément inédit, nous pouvons, sans trop en exagérer l'importance, offrir une version unique de cette partie hagiographique. Elle est d'ailleurs, à quelques compléments près, la traduction directe du texte compilé par Zhipan, qui répétons-le, se montre friand de syncrétisme.

"Etant parvenu au Nanyue, Huisi monta un jour au Pic du dieu du feu (Zhurong feng 祝 融 峯). L'esprit de la montagne Yue (*Yueshen* 嶽 神, contraction pour l'esprit de la montagne du Nanyue) était en train de jouer aux échecs.[93] L'esprit salua le maître et lui demanda :

—"Maître, pourquoi venez-vous ici ?"

—"Pour implorer de mon bienfaiteur une place pour la seconde des dix étapes du *bodhisattva*" répondit Huisi.

L'esprit de Yue accéda à son désir. Alors, Huisi lança aussitôt son *khakkhara*, fixant ainsi l'endroit. C'est là qu'aujourd'hui se dresse le temple du Glorieux bonheur (Fuyansi 福 嚴 寺), précise le *Foji*. L'esprit ajouta :

---

(93) Allusion à la configuration géographique des multiples pics du Nanyue qui, de loin, offrent comme une vision de deux joueurs adonnés à une partie d'échecs.

—"Maître, vous occupez désormais une terre bénie. Quant à moi, le disciple, où dois-je demeurer?"

Huisi prit une pierre oblongue qu'il fit rouler; elle s'arrêta sur un méplat du sol que l'on attribua à l'esprit. Le *Foji* précise qu'à son époque la statue de l'esprit est encore assise sur cette pierre. L'esprit de Yue mendia la discipline bouddhique. Huisi lui donna donc l'essentiel de la Loi. Un jour il lui dit, faisant allusion à de futures persécutions:

—"Le jour où moi je rencontrerai des difficultés, il en sera de même pour mon bienfaiteur."[94]

Ainsi établi au Nanyue, Huisi put en quelque sorte dévoiler qu'il était parvenu au terme de ses réincarnations. Cela semble s'être fait incidemment pour le *Hongzan*[95]:

"Huisi aurait rencontré un oiseleur en train de rassembler toutes ses forces à creuser un trou. Huisi serait intervenu pour qu'il creusât peu profond afin de ne pas endommager son squelette, témoin d'une vie antérieure. Et, en effet, presque à fleur de terre, on exhuma un squelette aux os blancs."

Pour les autres sources, la découverte fut beaucoup moins fortuite. Huisi aurait de lui-même, sans aucune sollicitation extérieure, indiqué l'endroit où retrouver ses restes. Certes la localisation varie-t-elle suivant les sources: ce serait au sommet du Nanyue, dans un endroit retiré et ombragé, avec un escarpement, d'après le *Tiantai*; ou tout simplement dans une sorte d'excavation dans la falaise, d'après le *Foji*; mais les circonstances demeurent identiques.

Huisi aurait déclaré en désignant le lieu:

"Dans une incarnation première, c'est ici que j'entrai en méditation. Des brigands m'ont décapité."

Sur la foi de cette affirmation, tous se mirent à creuser et trouvèrent, tout comme il l'avait dit, un squelette, sans crâne, précise le *Tiantai*. Dans le *Xu gaoseng zhuan*, Daoxuan précisait qu'ils avaient poursuivi leurs recherches et avaient retrouvé le crâne. D'après le *Foji*, cet endroit s'appelle "la grotte du glorieux bonheur" (Fuyan Yisheng yan 福嚴一生巖) de la première incarnation.

Parvenu à l'angle sud-ouest du pic "du dieu du feu", Huisi aurait désigné un grand rocher et déclaré:

"En-dessous se trouvent les restes d'une de mes précédentes incarnations."

Le *Foji* emploie une formule plus vague:

(94) *Foji*, p.179 *c*/20–26.
(95) *Hongzan* p.22 *a*/4–9.

"C'est ici que je demeurai dans une existence antérieure."

La foule souleva le rocher pour vérifier cette assertion, et découvrit vraiment des os blancs et rouges qui étaient demeurés joints les uns aux autres. (Les os rouges, toujours reliés les uns aux autres, sont le signe du corps glorieux de *bodhisattva*. Dans ce cas, Huisi serait déjà parvenu à la délivrance complète, et sa troisième existence reposerait entièrement sur son altruisme : demeurer en ce monde pour sauver un plus grand nombre d'êtres.—Le *Foji* est en désaccord avec le *Tiantai*, puisqu'il fait seulement état de la découverte d'un crâne.[96]—) A cet endroit on entassa des pierres pour ensevelir les os. Juste au sommet se dressa le *stūpa* de la seconde incarnation.

Allant et venant, Huisi monta vers l'est ; dans un lieu à la végétation enchevêtrée, il aperçut une excavation rocheuse. Il déclara aux siens :

"Tous ceux qui ont vécu en cet endroit n'ont pu qu'augmenter la puissance de la Voie. Autrefois, s'y dressait un temple. J'y ai vécu."

—Là encore le *Foji* utilise une autre formule :

"Autrefois se trouvait là un temple. Dans une troisième existence je me retirai là."[97]

Nous verrons plus loin les problèmes soulevés par une telle phrase—.

Après avoir coupé à la hache la végétation très dense qui en empêchait tout accès, on mit à jour des ustensiles utilisés par les moines ainsi que les soubassements d'habitations conventuelles. En ce lieu élevé et sec, au cœur même de Dayue, et sur le bord du chemin contournant à l'est cette excavation, on construisit une terrasse sur laquelle Huisi put enseigner la *Prajñā* à tous ses disciples. Ce fut le lieu-dit du "refuge de la troisième incarnation" (Sansheng zang 三生藏). Le *Shenseng zhuan*[98] y place pour sa part le temple de la *Prajñā*, Banruosi 般若寺.

Tout comme au Dasushan, l'arrivée de Huisi au Nanyue est marquée par la rencontre de l'esprit du lieu. Celle-ci est cependant plus développée. Au Dasushan, l'esprit de la montagne se manifestait pour dévoiler son nom (et ainsi révéler la présence du troisième Su 蘇) puis disparaissait aussitôt. Au Nanyue, la rencontre entre Huisi et l'esprit de Yue est beaucoup plus sophistiquée. Son enjeu est double : définir, par une sorte de géomancie, l'aire géographique, et donc cultuelle, de chacun des protagonistes ; établir, dans une reconnaissance mutuelle de pouvoirs réciproques, la place qui revient au bouddhisme. L'esprit de Yue, maître de la montagne, joue toutefois un rôle secondaire, puisque toute l'initiative revient à Huisi. C'est ce dernier qui, tel

(96) *Tiantai*, p.95 *b*/5–7; *Foji*, p.179 *c*/28.
(97) *Foji*, p.180 *a*/1.
(98) *Shenseng zhuan*, p.976 *a*/12.

un prêtre taoïste, délimite les deux aires. Pour la sienne il emploie son *khak-khara*, symbole ici de la prise de possession bouddhique; pour celle de l'esprit, il utilise une pierre oblongue, qui peut être assimilée à une tablette (*bei* 碑) symbole de la présence de l'esprit. Le *Foji* ne se contente pas de ce syncrétisme; il veut montrer que Huisi prend possession de toute l'aire spirituelle. En effet, il affirme une fois encore la prééminence du bouddhisme à travers la soumission de l'esprit qui humblement mendie l'essentiel de la Loi. Le bouddhisme ne vient pas usurper le pouvoir de l'esprit de Yue; il le transforme en l'intégrant. Le *Foji* recourt au syncrétisme dans un but apologétique, pour démontrer l'excellence de la religion du Buddha.

Au syncrétisme manifesté dans la description de l'établissement de Huisi au Nanyue, s'ajoute la mythologie bouddhique des trois existences. Pour parvenir au *nirvāṇa*, selon le processus élaboré par l'école *Tiantai*, l'individu doit gravir trois degrés, signifiés par les termes *zhong* 種, *shu* 熟, et *tuo* 脱. Le premier terme signifie que l'individu réalise qu'il est porteur de la semence (*zhong* 種) du Buddha, qu'il en a reçu les mérites. Le second exprime l'expérience et la pratique de la Voie bouddhique pour parvenir à la plénitude de l'esprit de *bodhi* (*putixin* 菩提心). Enfin le troisième manifeste l'achèvement parfait, l'épanouissement (la libération totale) du fruit de Vertu immanent dans l'individu. Ces trois degrés impliquent trois notions de temps: un passé éloigné, un passé proche et un présent. La plupart du temps, en effet, on considère les deux premières étapes comme virtuellement accomplies. Dans l'école *Tiantai*, ces trois degrés peuvent être gravis en une seule existence et en un seul instant de pensée. De toute évidence les biographes, à partir de l'époque Song, ont préféré, à l'histoire et à la vision doctrinale, le mythe des trois existences réelles de Huisi. Ils voulaient démontrer par cette fiction que Huisi était parvenu au grand rassemblement du Lotus, c'est à dire au *nirvāṇa*, à la réunion avec tous les buddhas. Malgré tous leurs efforts pour nous présenter une suite logique de ces incarnations successives, force est de constater qu'ils s'embrouillent quelque peu.

Les sources tardives multiplient les signes de ces existences, alors que Daoxuan, certainement mieux informé sur l'hagiographie naissante de Huisi, évoque en termes très brefs la découverte des vestiges d'un temple et celle d'un squelette dont on finit par découvrir le chef. Les autres sources se sont emparées de cela; pour certaines ce n'est pas un, mais deux squelettes qui sont découverts. Si la description du premier squelette est assez proche de celle qui en est faite par Daoxuan, il n'en va pas de même pour le second. Dans l'intention sans doute de démontrer que Huisi était déjà parvenu lors de sa seconde existence à la purification totale, les sources tardives ont recours à l'imagerie taoïste des os rouges et blancs dont les liens, au-delà de la mort, ont gardé toute leur élasticité. Ceci n'est pas sans évoquer toute l'alchimie et les pratiques visant à obtenir le cinabre intérieur (*neidan* 內丹).

Il apparaît manifeste qu'une tradition assez vivante s'est plu à introduire toute une mythologie bouddhique et populaire dans la vie de Huisi. Cette tradition est attestée par les récits de voyage tels que celui de Gao Henian 高鶴年 qui se rendit dans les monts renommés du bouddhisme, au début du onzième siècle. Dans son *Mingshan youfang ji*,[99] il décrit rapidement le site sauvage où, d'après la tradition, se trouvent les traces des trois existences de Huisi. Au pied du Tianzhufeng 天柱峯, un pic dénudé, aux roches étranges et dangereuses, contrastant avec la luxuriance des sommets voisins, se trouve le Luohandong 羅漢洞. L'endroit est tout à fait inaccessible, si l'on n'est pas guidé par quelqu'un qui soit très habitué à la configuration des lieux. A quelque trois cents mètres de là, au sud, se trouve la terrasse, sorte d'esplanade rocheuse, où, d'après la tradition, Huisi exposait la Loi. La "source du pas des tigres," dont il sera question plus loin, jouxte cette terrasse ainsi que la "grotte de la première existence." A cent pas de là, vers l'ouest, se dresse le Fuyansi 福嚴寺 appelé autrefois le Banruosi 般若寺, un temple construit à l'instigation de Huisi, peu après son arrivée au Nanyue. Quant au *stūpa* de la troisième incarnation, il est situé non loin de là, au sud-ouest, avant d'atteindre le Mingyuefeng 明月峯.

Si l'on compare ce récit de voyage aux biographies tardives de Huisi, nous relevons une certaine identité de lieu: un endroit assez inaccessible, vraisemblablement au pied d'une falaise située au coeur du Nanyue. Là s'arrêtent vraiment les concordances, puisque pour le reste ce ne sont que variations soit de lieux, soit de vestiges. Les éléments constituant la légende ne changent pas mais leur agencement varie au gré du narrateur. A vrai dire, ces différences importent peu. Elles prouvent même qu'au travers des siècles on s'est plu à rappeler le souvenir de Huisi, à orner sa vie du plus grand nombre de signes merveilleux, du plus grand nombre de caractéristiques bouddhiques prouvant sa pureté et sa délivrance finale dans le *nirvāṇa*.

5. *Le miracle de la source aux tigres.*

Les biographies tardives que sont le *Foji*, et, à sa suite, le *Shenseng zhuan*,[100] relatent l'une et l'autre le fait merveilleux qui fit sourdre une source. Voici comment nous est contée cette histoire:

"Les disciples venus du Nord et du Sud se rassemblaient autour du maître, comme les nuages autour d'un pic. Ils vinrent à souffrir du manque d'eau et Huisi s'en émut. Alors il planta son *khakkhara* au pied d'une falaise où il avait remarqué quelque humidité. Il y eut une source, cependant elle cessa vite de couler. Alors deux tigres, guidant le maître, gravirent la montagne, tout en bondissant et en rugissant. Une source coula à flots. C'est la source qui aujourd'hui s'appelle "la source du pas des tigres.""

Dans un article paru dans le *Bulletin de la Maison Franco-japonaise* et intitulé *Sources et Sourciers en Chine*[101] M. Soymié développe toute cette partie du folklore chinois rattaché à la mythologie des sources. Or, il s'avère qu'ici nous nous trouvons non pas en face d'un, mais de deux éléments du folklore des

(99) 名山遊訪記, ouvrage publié à Hongkong en 1949 et distribué sans but lucratif.
(100) *Foji*, p.180 *a*/3-4; *Shenseng zhuan*, p.976 *a*/12-15.
(101) *Bulletin de la Maison Franco-japonaise*, Nouvelle série, Tome VII, n° 1, 1961.

sources: l'obtention d'une source au moyen du *khakkhara* d'une part, à la suite du bondissement des tigres d'autre part. Nos biographes ont voulu faire bonne mesure. En effet, Huisi plante (*zhuo* 卓) sa canne d'étain au pied de la falaise. Il rejoint en cela le geste séculaire des sages qui, pour le bien d'autrui, forcent la nature à produire l'eau du Marais sur lequel elle repose. D'ordinaire il suffit de planter le *khakkhara* au pied d'une falaise, pour que l'eau jaillisse à gros bouillons. Or nos biographes font remarquer que la source fut très vite tarie (*youmo zhouxu* 猶末周續). Nous ne pensons pas que ce soit là le signe d'une quelconque impureté de Huisi le rendant incapable d'un geste efficace à travers le temps, ou le privant de l'entière bénédiction céleste. Nous estimons au contraire qu'ils voulurent en souligner l'importance, en faisant apparaître les deux tigres.

Ces deux tigres mythiques sont les pendants des dragons. Comme eux, ils sont les maîtres des montagnes, et en sont les dieux tutélaires. Ils se manifestent pour accorder leur protection à Huisi, et indirectement ratifier la mission de celui-ci. Nous verrons plus loin quelle importance nous devons attacher à leur protection. Aussi les tigres conduisent-ils Huisi plus haut dans la montagne et frappent-ils le sol de leurs pattes. Quoique le texte ne soit pas suffisamment explicite, on peut en conclure, en nous appuyant sur le coutumier folklorique, que sur leurs pas naquirent une source, ou plusieurs sources. Toutefois, nous ne pouvons rejeter définitivement une autre interprétation, à savoir que la source produite par l'effet du *khakkhara* ait été définitivement réactivée par le bondissement des tigres.

Une fois encore deux pouvoirs, l'un issu du folklore bouddhique, l'autre du folklore populaire, sont conjugués pour permettre le développement de la communauté bouddhique et justifier tant l'attitude de Huisi que celle de ses adversaires, comme nous allons le voir maintenant.

6. *La ligue séculaire des Taoïstes conjurés contre Huisi.*

Mis à part le *Hongzan*, le *Fahua*, le *Jingde* qui n'en parlent pas, et le *Fozai* qui porte cette simple notation:

"L'empereur Gaozu des Chen lui ordonna (*zheng* 徵) d'aller à la capitale. Il se fixa au temple Xixuan (Xixuansi 栖玄寺). Il reçut (de supérieurs) de nombreuses consultations et salutations",[102]

toutes les autres sources font état d'âpres démêlés avec des maîtres de doctrine opposée. Daoxuan lui-même, nous l'avons vu, consigna ces calomnies nées de la jalousie dont Huisi fut victime. Les autres sources quant à elles donnèrent une plus grande ampleur à la jalousie des Taoïstes —ils sont nommément désignés, alors que Daoxuan ne précisait ni leur religion ni leur nom—. Avant tout commentaire, nous présentons le déroulement global de cette anecdote longue et épique.

"En la première année de l'ère *taijian* [569], un taoïste du temple Jiuxian

(102) Cf. note 60, où nous soulignons l'erreur du *Fozai*, en ce qui concerne la chronologie.

(Jiuxian guan 九 仙 觀), Ouyang Zhengze 歐 陽 正 則[103] constatant que la montagne possédait un souffle supérieur, complota avec d'autres et déclara :

"Cette émanation a pour principe un prince de la Loi au vêtement grossier. Celle-ci florissant, notre Loi décline".

Il perça le cœur de Yue, lia des pierres pour jeter des sorts et enterra des armes dans la montagne.

Imitant Jiang Chong 江 充[104] qui, sous le règne de l'empereur Wu des Han, calomnia le fils de l'empereur afin de s'en débarrasser, Ouyang Zhengze enterra une statuette de bois sur laquelle il avait jeté un sort contre Huisi. On rapporta faussement à l'empereur que le moine du Nord recevait des subsides des Qi pour accomplir cela.

L'empereur Xuan des Chen dépêcha un envoyé pour enquêter et poursuivre le maître. Parvenu au pont de pierre, l'envoyé vit deux tigres qui bondissaient et rugissaient, un serpent qui barrait le chemin. Le *Foji* affirme que l'envoyé se retira tout effrayé, puis revint le lendemain.[105] Le *Shenseng zhuan*[106] lui prête ce serment :

"Pour moi, il est manifeste que Huisi, le maître de *dhyāna*, doit être considéré comme le Buddha. Si je manifeste un coeur mauvais, qu'il me soit tenu compte du mal que je ferai."

Les tigres et le serpent alors se retirèrent. A la vue du maître, l'envoyé se prosterna plusieurs fois et lui révéla toute l'affaire. Avant qu'il fut arrivé, le maître avait vu de petites abeilles se jeter sur son visage mais elles étaient tuées et dévorées par de plus grandes. Entré en méditation et ayant considéré cela, le maître sut que c'étaient des moines qui par des méthodes obséquieuses lui voulaient du mal. Il dit à l'envoyé :

"Que mon bienfaiteur me précède, je le suivrai!"

Sept jours environ s'étaient passés; l'envoyé était presque arrivé. Alors Huisi fit voler son *khakkhara* et partit pour Jinling 金 陵 la capitale. Les gardiens des quatre portes virent tous le maître entrer, et tous ensemble ils en firent rapport à l'empereur. L'envoyé arrivait aussi, et tous les deux ils pénétrèrent à l'audience. L'empereur siégeait à l'audience dans la salle latérale. Il vit le maître chevaucher les airs et descendre; son apparence bouddhique était peu commune. Le souverain descendit l'accueillir lui-même. Le *Foji*[107] note que l'empereur effrayé comprit que c'était un immortel et il ne lui posa pas même une question. Le *Shenseng zhuan*[108] est plus prolixe. L'empereur aurait interrogé son entourage :

---

(103) Dans l'état actuel de nos recherches, nous n'avons pu retrouver trace de ce personnage dans le *Daozang* ou dans les annales historiques de l'époque.
(104) *Foji*, p.61 *b*/16.
(105) *Foji*, p.180*a*/9–10. A noter que le *Foji* ne porte pas la mention du serpent.
(106) *Shenseng zhuan*, p.976 *a*/21–23.
(107) *Foji*, p.180 *a*/13.
(108) *Shenseng zhuan*, p.976 *a*/27–*b*/1.

—"Ministres qui voyez ce moine, en quoi est-ce un homme?"

On lui répondit:

—"Un moine du commun!"

L'empereur reprit:

—"Moi je l'ai vu monté sur la précieuse fleur et arriver chevauchant les airs!"

Il accueillit le maître, le fit entrer dans son palais pour lui servir de la nourriture.

Pour avoir été trompé par les fausses accusations des taoïstes, l'empereur ordonna qu'on instruisit l'affaire. La faute devait être punie d'exécution publique. Le maître supplia l'empereur:

"Porter atteinte à la vie d'autrui n'est pas dans mon intention!"

Il sollicita qu'on les laissât retourner avec lui dans la montagne pour y servir la communauté des moines et purger une moindre punition. L'empereur accepta qu'il en fut ainsi. Un décret ordonna qu'un fonctionnaire fondit quatorze anneaux de métal, car on savait qu'ils étaient quatorze taoïstes à avoir comploté. On leur passa les anneaux autour du front, on y frappa le sceau impérial, leur ordonnant ainsi de suivre le maître à son retour dans la montagne.

Après être demeuré quelque temps dans la capitale et s'y être manifesté par de nombreux prodiges rapportés par Daoxuan et les autres sources, Huisi voulut retourner au Nanyue. L'empereur qui lui rendait de fréquentes visites, avait avec lui des conversations amènes et le comblait de présents. Il le considérait comme un grand maître de *dhyāna* et il n'osa pas le retenir. Il donna une fête spéciale en son honneur, lui offrit une embarcation avec tout l'équipage et l'accompagna jusqu'à la rive du fleuve. Par la suite, chaque année le souverain des Chen, dans les trois degrés de foi, lui rendit visite dans la montagne et chaque fois il le comblait de présents."

Le *Foji* est le seul à relater la suite de l'histoire des taoïstes.[109] Il essaie de faire une lecture complète des événements survenus cinq cents ans après la mort de Huisi. Nous donnons ici l'essentiel de ce texte.

"Huisi était donc retourné dans la montagne pour y exposer la Loi comme auparavant. En raison de leur vieillesse et de la maladie, les taoïstes proposèrent à Huisi le don d'un terrain de plusieurs centaines de *mou*, dont le revenu permettrait l'achat d'encens pour le culte, de vivres pour le monastère, et servirait de rançon pour le rachat de leurs vieux corps.

Le maître dit:

(109) *Foji*, p. 180 *a*/24–*b*/10.

—"Je garderai le terrain conformément à votre désir."

Voilà pourquoi ce lieu s'appela "la ferme du terrain gardé". Le peuple parle de "ferme du rachat des taoïstes." Tous les anneaux furent rassemblés et Huisi les cacha. Il fit sur une pierre graver ces faits; on y signifiait que l'empereur de la dynastie des Chen avait conféré au grand maître de *dhyāna*, Huisi du Nanyue, les taoïstes subjugués et les anneaux qui en étaient le signe. Les taoïstes jurèrent alors secrètement:

"Aujourd'hui notre pouvoir surnaturel n'a aucune influence auprès de l'empereur. Dans cinq cents ans, nous naîtrons dans votre Loi afin de détruire votre religion."

Huisi l'avait aussi prédit:

"Tous ces taoïstes me nuisent sans raison. En des jours différents, ils prendront notre robe, entreront dans notre monastère et porteront atteinte à mes restes."

Sous l'empereur Taizong des Song (règne de 976 à 995), un grand ministre fit campagne pour réprimer le Hunan.[110] Parvenu à la montagne, il voyagea pour visiter les vestiges historiques. S'adressant au maître des moines, il lui dit:

"Un jour viendra où les taoïstes réaliseront leur ambition; ils se vengeront certainement. C'est pourquoi il faut enterrer la tablette de pierre et changer le nom de la ferme, ôtant ainsi toutes traces pouvant faciliter des recherches."

On donna donc le nom de Tianzhu zhuang 天竺莊 à la ferme, et l'on dissimula la tablette et les anneaux dans le hall de la troisième naissance.

Au cours de l'ère *daguan* des Song (durant les années 1107–1110) le taoïste Lin Lingsu 林靈素[111] berna l'empereur par des paroles doucereuses. Il obtint un décret impérial l'autorisant à faire des recherches sur cette affaire. Ne décelant aucune trace, il mit fin à ses investigations.

Au début de l'ère *qiande* [1165], un certain Jie 傑[112] s'arrêta à l'ermitage. Il venait en maître de la montagne. Il dit aux gens:

"Le *stūpa* de la seconde existence est couvert de broussailles. Lui rendre un culte est difficile. Il convient de rassembler ces restes dans le *stūpa* de la troisième existence."

En fait, Jie avait l'intention secrète de se l'approprier et d'en faire son *stūpa* personnel. Avec quatorze acolytes, il se munit de haches et de pioches,

---

(110) Allusion à la pacification du Sud au début du règne de Taizong.
(111) Célèbre moine taoïste du temps des Song, connu aussi sous le nom de Lin Linglu 林靈蘁. Biographie dans le *Daozang*, fasc. 148, *juan* 53, 1 *a*, ainsi que dans le *Songshi* 宋史, *juan* 462.
(112) Nous ne savons pas qui est ce personnage désigné par le simple caractère Jie 傑.

pour ouvrir le mausolée de pierre. Il découvrit les saints ossements qui avaient la couleur de l'or jaune. Il y avait la tablette de pierre sur laquelle avaient été gravés les noms de Ouyang Zhengze et des autres. Le texte annonçait qu'ils seraient réincarnés en la personne de l'actuel maître du Nanyue et de ses hommes liges. Les noms étaient pourtant très différents. Le groupe fut pris de terreur. Ce soir là les temples du Nanyue disparurent dans un incendie. Apprenant cela dans la province et le district, on les poursuivit en toute hâte. Les quatorze complices s'étaient enfuis en tous sens. Les religieux cachèrent à nouveaux les ossements.

Par la suite, Jie vécut dans une autre montagne. Chaque fois qu'il occupait la présidence d'une assemblée, il devait faire face à la foule, se blâmer et supplier d'être épargné de la rétribution finale. Sept cents ans séparaient cette affaire de l'existence de Huisi : Jie accomplissait le serment des taoïstes, tandis que le maître et l'esprit de Yue voyaient se réaliser leur prophétie. C'est vraiment extraordinaire ! Et le maître Jie, malgré sa conduite dictée par le Mal, put finalement revenir au bouddhisme en voulant détruire les restes de Huisi. Voilà qui éclaire bien la capacité du maître du Nanyue à contrôler les choses."

Avec cette anecdote et ses prolongements historiques, s'achève l'hagiographie de Huisi. A travers elle, la démonstration est faite de la sainteté du maître du Nanyue.

Nous pouvons déceler une sorte de progression dans les six éléments hagiographiques présentés ci-dessus. Les deux premiers établissent un lien très étroit entre Huisi et le *sūtra du Lotus*, un lien si fort qu'il y a presque identité entre les deux. Dans les autres éléments de cette hagiographie, nous trouvons la démonstration concrète de cette identité : la prééminence du bouddhisme sur toute religion, grâce à l'excellence du *sūtra du Lotus*. Elle se manifeste dans la supériorité de Huisi sur tous ses détracteurs, et cette suprématie a sa source elle aussi dans le *sūtra du Lotus*. C'est lui que Huisi expose à ses disciples ; c'est en lui qu'il puise son inspiration ; c'est pour lui qu'il fait le grand Vœu de sauver tous les êtres, quelles que soient leurs intentions premières. Et c'est manifestement en pensant à ce grand Vœu que les hagiographes ont construit la dernière anecdote rapportée ci-dessus.

Dans son grand *Vœu*, Huisi ne cesse en effet de répéter qu'il aspire à la rencontre de Maitreya, car dans cette vision il sera investi de tous les pouvoirs du *bodhisattva*, et en particulier de celui de thaumaturge afin d'authentifier la sagesse propre au *sūtra du Lotus*. Or, cette thaumaturgie s'exprime à travers la lévitation, la prescience, l'apparition de phénomènes symboliques. Tout cela se retrouve dans les démêlés de Huisi avec les taoïstes. Et ainsi qu'il est dit dans le grand *Vœu*, Huisi doit se manifester à travers toutes sortes d'expédients afin d'amener ses détracteurs à la conversion, dut-il retarder de plusieurs milliers d'années son entrée dans le *nirvāṇa*. C'est sans doute avec le souci d'illustrer l'efficacité de ce vœu que le *Foji* montre comment plusieurs siècles après sa mort, Huisi put faire qu'un acte très grave de ses anciens détracteurs, réincarnés, servit à leur conversion définitive et non pas à leur condamnation.

En un mot, Huisi est pour ses hagiographes le type même du sage, du *bodhisattva* qui parle et agit en vérité, qui possède toutes les vertus bouddhiques et témoigne de leur grandeur.

A côté de cette thaumaturgie bouddhique, nous trouvons au sein de cette anecdote d'autres points intéressants. A nouveau, nous retrouvons les deux tigres qui étaient déjà apparus lors du miracle de la source. Ces deux maîtres tutélaires interviennent comme défenseurs de Huisi. Ils sont accompagnés du serpent non moins mythique. Protecteurs du sage, ils se retirent dès lors que l'envoyé impérial jure de sa bonne foi et opère ainsi une sorte d'incantation, qui le met à l'abri de toutes représailles venues des dieux.

Un autre élément curieux est le combat des abeilles. Dans ce contexte les abeilles sont symboles de désordre et de calamité. Elles se détruisent entre elles sans que Huisi ait à intervenir. Déjà à l'époque de Daoxuan on racontait ce prodige, et c'est pourquoi on le retrouve dans sa biographie de Huisi. Contrairement aux autres sources, il y prend tout son sens. Pour Daoxuan ce prodige était l'annonce de faits tragiques susceptibles d'amener l'empereur à de meilleurs sentiments à l'égard de Huisi. Il faudra que le présage se réalise par la mort violente de deux des détracteurs de Huisi pour que l'empereur comprenne qu'il avait été abusé. Les autres sources escamotent ce point; pour elles, le revirement de l'empereur vient de ce qu'il vit descendre dans son palais Huisi monté sur la fleur du Lotus.

Il nous faut souligner aussi l'indépendance de Huisi à l'égard des pouvoirs publics. Elle est bien antérieure à son séjour dans la capitale. Le silence de toutes les sources, à l'exception du *Vœu*, tendrait à confirmer ce point. Aucune ne mentionne de contacts entre Huisi et les pouvoirs locaux ou impériaux. Or, nous l'avons vu, certaines d'entre elles n'hésitèrent pas à emprunter au folklore chinois, à la religion populaire et à la mythologie bouddhique pour dresser le portrait le plus flatteur du maître du Nanyue. Malgré cette tendance à enrichir la biographie de Huisi de faits et de gestes merveilleux, nos sources sont restées muettes sur tous les rapports qu'il aurait eu avec le pouvoir en place. Toutes s'accordent à nous présenter sa vie dans la montagne, loin de la tourmente qui pourtant s'abattit sur la Chine durant toute son existence. A la fin du chapitre I, nous avons montré comment les déplacements de Huisi dans la région qui va du Fleuve jaune au Changjiang, en passant par la Huai, étaient surtout fonction des troubles et des guerres survenant là où il s'était retiré. Ces événements avaient donc bien une incidence sur sa vie. De plus le *Vœu*, à six reprises, nous parle de rapports directs avec des gouverneurs locaux. Trois d'entre eux sont particulièrement significatifs. Ils démontrent la volonté de Huisi de se retirer dans la montagne pour y pratiquer la méditation. Mais une première fois, c'est le gouverneur du Xinzhou 信州 qui le retient de force, lui offre un banquet maigre et lui demande d'exposer la doctrine du *Mahāyāna*. Une autre fois c'est le préfet de la préfecture de Liang 梁州 qui sollicite son enseignement, mais Huisi quitte la foule et s'établit au sud de la Huai. Enfin, il ne se juge pas assez vertueux pour monter à la capitale des Qi du Nord et y être honoré par la Cour. Il enfreint de ce fait un décret impérial et s'expose à des représailles. Par prudence, il change de région afin d'y échapper. Ces trois exemples, tirés du *Vœu*, joints à l'absence de toute mention d'un quelconque rapport de Huisi avec les pouvoirs publics, nous autorisent à conclure qu'il désirait vivre loin de toute agitation et refusait de céder aux fastes de la renommée. Son unique souci était de se consacrer entièrement à l'étude des grands sūtras et à la méditation. On est dès lors moins surpris par l'attitude un peu cavalière avec laquelle il traita les grands de son temps.

Ce souci de vivre caché s'explique donc historiquement. La discipline religieuse que Huisi s'est imposée, l'exigeait aussi. Enfin, les biographes ont certainement accentué cette attitude de retrait, de manière à faire entrer Huisi dans la grande lignée des Sages chinois. Dès l'antiquité, s'est formée en Chine une tradition des sages, très bien mise en relief par Marcel Granet dans *La pensée chinoise* (p. 410-448). Une étude comparative des recettes de sainteté, chez les taoïstes et chez les bouddhistes, offrirait un très grand intérêt. Nous ne soulignerons ici que leur désir commun d'autonomie, symbolisé par le retrait dans la montagne. L'Homme véritable (*zhenren* 眞人), le Sage ne s'assemble pas avec les autres hommes pour s'égaler au Ciel, pour comprendre son "soi" profond, et opérer une action salutaire auprès des autres hommes par contamination implicite de sainteté. C'est dans ce contexte qu'il faut comprendre l'une des questions, déjà évoquées, posées à Huisi. On lui demanda en effet, pourquoi il ne descendait pas de sa montagne pour enseigner systématiquement aux hommes, et par une prédication intensive, les points essentiels de sa doctrine. La tradition veut que Huisi répondit en substance:

"M'étant égalé aux buddhas des dix directions et des trois mondes, ma présence exclusive dans la montagne opère d'elle-même son influence salvatrice sur tous les humains."

Nous avons là un parallèle étroit entre le comportement de Huisi et celui du Sage taoïste. Il est même d'une telle évidence que l'on peut affirmer, sans grand risque d'erreur, que les biographes ont accentué ce trait du retrait dans la montagne, pour affirmer la sainteté du maître du Nanyue. Aux yeux de la plus pure tradition chinoise, Huisi devient à son tour un modèle de Sage bouddhiste.

Nous devons donc observer une très grande réserve à l'égard des sources étudiées, y compris celles de Daoxuan. Certes, ces dernières coïncident-elles beaucoup mieux que les autres avec les critères habituels de relative objectivité historique, mais elles ne nous ont pas été transmises sans arrière-pensée. En calquant sa biographie sur un schéma de *samādhi*, comme nous l'avons fait remarquer, Daoxuan nous a, lui aussi, brossé un certain portrait de Huisi, très intéressant en lui-même. D'après lui, Huisi fut un moine avant tout soucieux de pureté. C'est pour cela qu'il pratiqua la grande ascèse, observa strictement les règles monastiques, et préféra toujours l'austérité des ermitages de montagne aux temples et monastères des cités, patronnés par le souverain de l'une ou l'autre dynastie. Toutefois, cette ascèse n'était pas une fin en soi. Elle était une libération. Grâce à elle il put se fixer sur l'essentiel: accomplir le grand *samādhi du Lotus de la Loi*. Il y parvint à force d'étude et de méditation. Ce fut

d'ailleurs là son originalité : il développa la sagesse en s'appuyant sur la méditation. Il put ainsi embrasser tout le sens du *Lotus* et comprendre que l'esprit
unique contient toutes choses. Cela lui valut les critiques et les persécutions de
la part d'autres maîtres aux doctrines opposées. Loin de partir en guerre contre
eux, il s'appliqua, suivant les règles de conduite des grands *bodhisattva*, à les
convaincre de l'excellence de sa doctrine et de la pureté de ses intentions.

Permettons-nous d'assombrir un peu ce portrait idéal ! Huisi eut, semble-t-il,
une personnalité très forte et un caractère très entier. Il devait accepter difficilement le bien-fondé de certaines critiques de ses adversaires. Enfin, trait réel
de caractère, ou simple correspondance mythique suggérée par ses biographes,
il avait un tempérament hautain, un ton de conversation proche de l'insolence ;
ce sont là, il est vrai, les qualités de nombreux sages de l'antiquité !

Chapitre III

Authenticité des œuvres de Huisi

L'étude de la biographie de Huisi nous a engagé à une grande réserve à l'égard des sources étudiées. L'analyse des œuvres qui lui sont attribuées exige de nous une beaucoup plus grande circonspection. En effet, leur nombre a varié selon les siècles. Aux sept ouvrages mentionnés par Daoxuan dans le *Xu gaoseng zhuan*, en 645, sont venus s'ajouter successivement cinq autres titres. Il nous faut donc déterminer l'authenticité de chacune de ces douze œuvres. Or, cette recherche présente quelques difficultés, puisque cinq d'entre elles sont aujourd'hui perdues, tandis que trois autres échappent apparemment à l'univers religieux et philosophique de Huisi.

Pour authentifier son œuvre, nous avons dû puiser à de très nombreuses sources historiques et dans plusieurs catalogues, tant japonais que chinois. Ce travail de documentation nous a permis d'établir certaines fréquences et surtout d'analyser la doctrine de Huisi. Nous avons alors dégagé un "corpus" de sa pensée qui nous servit alors de critère interne pour accepter ou rejeter telle ou telle autre œuvre. De manière à sauvegarder la plus grande clarté possible, nous avons maintenu au chapitre V, certains éléments qui, tout en servant d'instrument pour la critique interne de l'œuvre, trouvaient davantage leur place dans une analyse globale de la pensée du maître.

I. Inventaire général des œuvres de Huisi.

A. Recension des divers inventaires.

Nous présentons ces différents inventaires dans leur ordre chronologique, sans distinguer leur origine chinoise ou japonaise. Cette méthode permet de suivre l'apparition ou la disparition d'œuvres attribuées au maître du Nanyue, au fil des siècles. Leur nombre, comme nous le verrons, fut variable, et la perte de certaines d'entre elles ne facilite guère notre recherche.

1. *L'inventaire figurant dans le Xu gaoseng xhuan.*[1]

C'est à notre connaissance la recension la plus ancienne, cet ouvrage de Daoxuan datant de 645. Elle comporte les sept ouvrages suivants:[2]

(1) T.2060, vol.50, p.564 *a*/15–17.
(2) La traduction de ces titres figure au chapitre II, p.50 Nous maintenons ici les titres chinois pour des raisons de commodité.

Sishier zi men 四十二字門
Wuzheng xing men 無諍行門
Shilun xuan 釋論玄
Sui ziyi 隨自意
Anle xing 安樂行
Cidi chan yao 次第禪要
San zhiguan men 三智觀門

Ce premier inventaire est précédé de cette phrase: "à l'enseignement écrit, pratique ou oral (de Huisi) mis sous forme d'essais, il n'y a rien à reprendre." 凡所著作口授成章無所刪改

On ne doit donc pas considérer que Huisi rédigea lui-même l'ensemble de son œuvre. D'après Daoxuan, certains textes furent écrits personnellement par lui, mais d'autres le furent par ses disciples, soit de son vivant, soit après sa mort. Ces derniers voulaient ainsi conserver le plus fidèlement la doctrine définie par leur maître, à travers ses actes et sa prédication. Daoxuan estime qu'ils surent respecter intégralement sa pensée. Les titres figurant sur sa liste apparaissent donc comme authentiques. La remarque de Daoxuan est très importante: elle incline à considérer comme suspecte toute œuvre attribuée à Huisi mais exclue de son propre inventaire. Nous noterons en outre que Daoxuan affirme que tous les essais mentionnés ci-dessus étaient encore en circulation à son époque, c'est à dire soixante-huit ans après la mort de Huisi.

2. *L'inventaire établi dans le Datangnei dianlu.* [3]

Cet ouvrage est aussi de Daoxuan, comme nous l'avons noté au chapitre précédent. Il en acheva la rédaction en 664, dix-neuf ans après celle du *Xu gaoseng zhuan*. Ce second inventaire, inséré à la fin du chapitre V, est suivi d'une brève notice biographique. L'ordre de présentation des œuvres diffère légèrement du précédent. Trois des titres comportent une variante par ajout d'un caractère. En outre, un titre nouveau apparaît à la fin de la liste composée de la façon suivante:

Sishier zi men 四十二字門
Wuzheng men 無諍門
Sui ziyi sanmei 隨自意三昧
Cidi chan yao 次第禪要
Shilun xuanmen 釋論玄門
San zhiguan men 三智觀門
Anle xing fa 安樂行法
Hong shiyuan wen 弘誓願文

Daoxuan emploie l'expression *bing xing yu shi* 並行於世, précisant par là que toutes ces œuvres sont encore en circulation au moment où il rédige la biographie de Huisi.
(3) T.2149, vol.55, p.283 *c*/18–25.

Une petite contradiction s'est glissée dans le texte de Daoxuan, car il considère d'abord que ces huit ouvrages ont été composés (*zhuan* 撰) par Huisi; puis, usant d'une formule imprécise, il affirme que l'enseignement oral du maître fut mis par écrit et qu'aucune altération de sa pensée n'en résulta (*jie koushou chengzhang bujia runse* 皆口授成章不加潤色). On pourrait dès lors penser que Huisi a lui-même révisé (autre sens de *zhuan*) les notes de ses disciples.

3. L'inventaire figurant dans le Hongzan fahua zhuan.[4]

L'auteur, Huixiang 慧詳, suit exactement la liste donnée dans le *Xu gaoseng zhuan*. Il est intéressant de noter que cet ouvrage achevé en 667, trois ans après le précédent, ne mentionne pas le *Hong shiyuan wen*.

4. Les œuvres mentionnées dans le Dengyō daishi shōrai daishū roku 傳教大師 將來台州錄.[5]

Dans ce catalogue, Saichō 最澄 (767-822)[6] établit la liste des ouvrages qu'il avait rapporté de son voyage en Chine (804-805). Parmi les nombreux titres signalés, nous relevons:

> le *Fayuan wen* 發願文 en 1 rouleau de 14 feuilles.
> le *Anle xing* 安樂行 en 1 rouleau de 13 feuilles.
> et le *Shou pusa jie wen* 受菩薩戒文 en 1 rouleau de 7 feuilles.[7]

Après chacun de ces titres, Saichō ajoute qu'ils sont (le fruit de l'enseignement) oral du grand maître Huisi du Nanyue (*Nanyue Si dashi shuo* 南岳思大 師說). De ces trois titres, seul le *Anle xing* nous est déjà connu. Le premier, le *Fayuan wen*, offre cependant quelque similitude avec le *Hong shiyan wen* figurant dans le second catalogue de Daoxuan. Quant au *Shou pusa jie wen*, il apparaît pour la première fois, plus de deux siècles après la mort de Huisi. Ce serait là son neuvième ouvrage.

---

(4) T.2067, vol.51, p.22 *b*/14-16.

(5) T.2159, vol.55, p.1055 sq.

(6) Saichō 最澄 (767-822), plus souvent nommé sous son titre de Dengyō daishi 傳教大 師, fut le fondateur de la secte Tendai au Japon. Il participa à l'ambassade japonaise envoyée en Chine en 804-805, en tant que *gengaku sō* 還學僧. Il étudia au mont Tiantai sous la direction de Xingman 行滿 et d'autres bouddhistes. A son retour au Japon, il s'établit au Enryakuji 延曆寺 proche du sommet du Hieizan 比叡山, au nord-est de la nouvelle capitale Heian-kyō. C'est là, en 808. qu'il accueillit un jeune homme de quinze ans, Ennin 圓仁, auquel il enseigna le *Mohe zhiguan* de Zhiyi puis le *sūtra du Lotus*. Quand Ennin apprit en 835 qu'une ambassade allait être envoyée en Chine, il rêva que Saichō le mettait en garde contre les dangers d'un tel voyage et lui donnait des instructions concernant ce qu'il devait étudier.

Saichō fut capable, en moins d'une année de présence en Chine, de maîtriser les ouvrages et les doctrines de l'école *Tiantai*, malgré leur éclectisme et leur syncrétisme. Il sut rompre avec la tradition des sectes de Nara qui prédominait au Japon durant le huitième siècle. Il introduisit avec succès les doctrines du Tendai.

(7) Ces trois titres se trouvent respectivement dans T. 2159, vol.55, p.1056 *a*/12; *b*/27 et *c*/10.

5. *Les trois catalogues de Ennin* 圓仁 *(793-864).*[8]

En 838, Ennin commençait un voyage de neuf ans en Chine. Il allait, durant son séjour, découvrir le bouddhisme chinois et rassembler un grand nombre de textes qu'il devait emporter au Japon. Il en fit trois inventaires.

Dans le premier, le *Nihonkoku jōwa gonen nittō guhō mokuroku* 日本國承和五年入唐求法目錄[9], un seul texte, le *Sishier zi kaiyi* 四十字開義, en 1 rouleau, est explicitement désigné comme étant de Huisi (*Nanyue Si da* [*shi*] *zuo* 南岳思大〔師〕作).[10] Un peu plus loin, Ennin mentionne un *Shou pusa jie wen* en 1 rouleau, sans nom d'auteur.[11]

Le second catalogue, le *Nittō shingushōgyō mokuroku* 入唐新求聖教目錄[12] complète en quelque sorte le premier. Nous y trouvons la mention des titres suivants[13] :

Wujing sanmei famen 無淨三昧法門 en 2 rouleaux.
Taishan ji 臺山記 en 1 rouleau.
Sishier zi men 四十二字門 en 2 rouleaux.
Sui ziyi sanmei 隨自意三昧 en 1 rouleau.

Ces quatre ouvrages, nous dit Ennin, ont été composés (*zhuan*) par Huisi le grand maître du Nanyue (*Nanyue dashi zhuan* 南岳大師撰). A la page suivante est signalé un *Sishier zi men yi* 四十二字門義[14], exposé de Huisi grand maître du Nanyue (*Nanyue Si dashi shu* 南岳思大師述), ainsi qu'un *Shou pusa jie wen* sans précision d'auteur.

Un troisième catalogue de Ennin, le *Jikaku daishi zaitō sōshin roku* 慈覺大師在唐送進錄,[15] confirme les renseignements précédents sans y ajouter d'autres précisions. D'après ces trois inventaires, Huisi serait aussi l'auteur d'un *Taishan ji* venant s'ajouter aux dix autres ouvrages qui lui sont déjà attribués. Soulignons en outre que parmi les six textes recensés au total par Ennin, deux

---

(8) Ennin 圓仁 (793-864), appelé aussi Jikaku daishi 慈覺大師, voyagea en Chine de 838 à 847. Il rassembla toutes ses notes de voyage dans un livre intitulé *Nittō guhō junrei gyōki* 入唐求法巡禮行記, qui constitue une mine de renseignements sur la vie des bouddhistes sous les Tang. Cet ouvrage a été traduit et oommenté par Edwin O. Reischauer en deux volumes, sous les titres *Ennin's diary* (*The record of a pilgrimage to China in search of the Law*) et *Ennin's travels in T'ang China*, New-York, 1955. Parmi les principaux ouvrages consacrés à Ennin, il faut en outre citer: *Jikaku daishi no nittō kikō ni tsuite* 慈覺大師の入唐記行に就いて série d'articles publiés par Okada Masayuki 岡田正之, dans le *Tōyō gakuhō* 東洋學報 1940, 11, p.461-486; 12, p.147-186, 273-295; 13, p.1-28; une partie de l'ouvrage a été traduite dans le *Godaisan* 五臺山, Tōkyō, 1942, pp. 289-339 par Ono Katsutoshi 小野勝年 et Hibino Takeo 日比野丈夫. En anglais, on peut citer aussi *The real Tripitaka and other pieces,* London, 1952, pp.138-159, par Arthur Waley.
(9) T.2165, vol. 55, p.1074 sq.
(10) *ibid.* p.1075 *a*/27.
(11) *ibid.*, 1075 *b*/14.
(12) T.2167, vol.55, p.1078 sq.
(13) Respectivement dans T.2167, vol.55, p.1085 *a*/1, *a*/12, *a*/13, *a*/14.
(14) *ibid.* p.1086 *b*/19 et *c*/5.
(15) *T.* 2166, vol. 55.

ont un titre presque identique. On peut en effet s'interroger sur l'identité réelle du *Sishier zi kaiyi* par rapport au *Sishier zi men*. L'un et l'autre se présentent comme des introductions au sens des quarante-deux caractères (lesquels forment une sorte de syllabaire bouddhique à l'usage des fidèles). Il paraît probable que, sous ces deux titres, se cache une même œuvre. On peut s'étonner toutefois qu'Ennin n'ait pas remarqué cette analogie. En outre, dans le titre *Wujing sanmei famen*, le caractère *jing* 淨 (pris au sens de "pur" ou peut-être de "seulement", "uniquement") remplace le caractère *zheng* 諍, que nous avons traduit par l'adjectif "authentique", dans la version de Daoxuan.

6. *Les œuvres mentionnées dans le* Tendaishū shōsho 天台宗章疏.

Cet ouvrage datant de 914 fut rédigé par Gennichi 玄日 (mort en 922).[16] Il comporte sept titres, dans l'ordre suivant[17] :

> *Anle xing* en 1 rouleau.
> *Wujing sanmei famen* en 2 rouleaux.
> *Dacheng zhiguan* 大乘止觀 en 1 rouleau.
> *Sishier zi men* en 2 rouleaux.
> *Sui ziyi sanmei* en 1 rouleau.
> *Shou pusa jie wen* en 1 rouleau.
> *Fayuan wen* en 1 rouleau.

Tous ces ouvrages, sauf un, sont suivis d'une même annotation, déjà rencontrée chez d'autres : *Nanyue dashi shu* (exposé par Huisi). On remarquera que le *Sui ziyi sanmei* est attribué à Zhiyi. (Gennichi écrit en effet, "le *Sui ziyi sanmei*, en 1 rouleau, exposé par le [maître du] Taishan" (*Taishan shu* 臺山述), Taishan étant en fait un des nombreux titres par lesquels on désigne Zhiyi). C'est une erreur manifeste, car il est de Huisi. Pour la première fois, en outre, dans un catalogue d'ordre général, précisons-le, apparaît le titre d'une douzième œuvre, le *Dacheng zhiguan*. L'attribution et l'authenticité de cet ouvrage feront plus loin l'objet d'une longue discussion.

7. *Le catalogue du* Jingde zhuan denglu 景德傳燈錄.[18]

Nous avons eu recours à cet ouvrage pour étudier la biographie de Huisi. Daoyuan y propose une liste des œuvres de Huisi parfaitement identique à celle que dressa Daoxuan trois siècles et demi plus tôt. Ou bien Daoyuan recopia son inventaire, sans plus d'esprit critique; ou bien le fit-il après avoir vérifié l'authenticité de chacune des pièces.

---

(16) Gennichi 玄日, un moine japonais du temple Enryakuji où résida Ennin. Il mourut en 922, à l'âge de 77 ans. On ne lui connaît pas d'autre œuvre que le *Tendaishū shōsho* (T. 2178, vol. 55).

(17) Respectivement in T. 2178, vol. 55, p.1135 *b*/26; p.1136 *a*/12, *a*/17, *a*/18, *a*/21; p.1137 *a*/4, *a*/6.

(18) T. 2076, vol. 51, p.431 *c*/6-8.

8. *Ouvrages mentionnés par Eichō* 永超 (1014–1095)[19] dans son *Tōiki dentō mokuroku* 東域傳燈目錄,[20] datant de 1094.

Nous y relevons les titres suivants[21] :

> *Dacheng zhiguan* en 1 rouleau.
> *Wujing sanmei famen* en 2 rouleaux.
> *Sishier zi men* en 2 rouleaux.
> *Sui ziyi sanmei* en 1 rouleau.
> *Fayuan wen* en 1 rouleau.

A propos des deux premiers, Eichō précise qu'ils sont de Huisi. Quant aux trois autres ouvrages, il les cite en s'appuyant sur le *Datangnei dianlu*.[22] Il semblerait porter un jugement personnel dans le premier cas, mais se retrancherait derrière l'autorité de Daoxuan dans le second.

9. *Le catalogue du Tiantai jiuzu zhuan* 天台九祖傳.[23]

Dans cet ouvrage, achevé en 1208, comme nous l'avons dit, la liste fournie par Shiheng ne diffère en rien de celle du *Xu gaoseng zhuan* de Daoxuan. On peut donc reprendre à son sujet les remarques déjà formulées à propos du catalogue cité précédemment au paragraphe 7.

10. *La liste établie par Zhipan en 1269 dans le Fozu tongji* 佛祖統記.[24]

Cette liste comporte neuf ouvrages. En plus de ceux qui se trouvaient déjà sur la seconde liste de Daoxuan, figure ici le *Dacheng zhiguan* en 2 rouleaux (et non plus en 1 seul, comme il était dit par Gennichi). Par ailleurs, Zhipan est le second, après Daoxuan, à faire directement allusion au *Vœu* de Huisi. Le titre *Nanyue yuanwen* 南嶽願文 qu'il cite, diffère un peu de celui qui nous est donné par Daoxuan: *Hong shiyuan wen,* et par Saichō, *Fayuan wen.* Mais sous ces titres apparemment différents se cache une même œuvre.

Zhipan introduit le *Nanyue yuanwen* par l'expression *zachu* 雜出 que l'on pourrait traduire "dans un ordre secondaire." Cela indiquerait que cette œuvre est secondaire par rapport aux autres, en ce sens qu'elle a un caractère anecdotique, autobiographique, à la différence des autres qui sont essentiellement doctrinales. Zhipan range, derrière cette même remarque, un *Tiejuan ji* 鐵券記. Ce texte, tout à fait de circonstance, certainement très court, si jamais il exista réellement, rapportait les démêlés assez épiques qui opposèrent Huisi et certains taoïstes. Dans la mesure où ceux-ci échappent vraisemblablement à

---

(19) Eichō 永超 (1014–1095), originaire de Heian-kyō, appartenait à la secte Hossō 法相. Il résida au Saionji 齊恩寺 de Yamato 大和.

(20) T. 2138, vol. 55.

(21) Respectivement in T. 2183, vol. 55, p.1162 *b*/7, 12, 13, 14 et 15.

(22) Après avoir cité le titre du *Fayuan wen,* il ajoute: "ceci est [établi] d'après le [*Datang*] *nei dianlu*" (*yishang jie tong nei dianlu yun yun* 以上皆同內典錄云云 (*ibid.* p.1162 *b*/15).

(23) T. 2069, vol. 51, p.99 *c*/20–22.

(24) T. 2035, vol.49, p.180 *c*/13–16.

la vérité historique, comme nous l'avons suggéré dans la partie hagiographique du chapitre II, ce *Tiejuan ji* (sorte de procès-verbal constatant que Huisi aurait fait ôter leurs anneaux de fer, signes de servitude, aux taoïstes qui l'avaient calomnié) peut être considéré comme une pieuse invention des disciples de la secte Tiantai. [25]

B. *Analyse des données fournies par ces dix catalogues.* [26]

L'analyse des données fournies par ces dix sources, révèle que les six inventaires extraits d'ouvrages historiques chinois, comportent, tous, les sept titres relevés dans le premier catalogue de Daoxuan. En outre, les cinq premiers, le *Fozu tong ji* étant le seul à ne pas le préciser, affirment que ces ouvrages étaient

(25) Dans un article intitulé *Dacheng zhiguan famen zhi yanjiu* 大乘止觀法門之研究 (paru de juin 1971 à février 1972 dans la revue *Haichao yin* 海潮音), Shengyan 聖嚴 (l'un des meilleurs spécialistes actuels du bouddhisme, vivant à Taiwan) signale qu'un auteur japonais du début du siècle, Shimaji Daitō 島地大等, attribue à Huisi un treizième ouvrage, le *Dacheng rudao zhang* 大乘入道章. On trouvera cette attribubion au chapitre 9, p.252 *b*, du *Genzai bukkyō meicho zenshū* 現在佛教名著全集 dans lequel Shimaji Daitō étudie l'histoire de l'école *Tiantai*. A notre avis, Shimaji Daitō confond le *Dacheng rudao zhang* avec le *Rudao dazhi* 入道大旨 de Zhiyi, un traité aujourd'hui perdu. En aucun cas le *Dacheng rudao zhang* ne peut être attribué à Huisi. Ce texte fut rédigé sans aucun doute possible par Zhizhou 智周 (678–733), un moine de l'époque des Tang. Cet ouvrage porte aussi le titre *Dacheng rudao cidi* 大乘入道次第 (in T.1864, vol. 45). Zhizhou y expose comment suivre la doctrine du Grand Véhicule pour obtenir le fruit de *bodhi*. Zhizhou appartient à l'école *Faxiang* et non à l'école *Tiantai*.

(26) Nous avons établi le tableau ci-dessous, afin que visuellement on puisse suivre l'apparition chronologique des douze œuvres supposées de Huisi:

	645	664	667	805	850	914	1004	1095	1208
Sishier men	×	×	×		×		×	×	×
Wuzheng xing men	×	×	×		×		×	×	×
Shilun xuan	×	×	×						×
Sui ziyi	×	×	×		×	×	×		×
Anle xing	×	×	×	×		×	×		
Cidi chan yao	×	×	×					×	×
Sanzhi guan men	×	×	×					×	×
Hong shiyuan wen		×		×		×		×	
Shou pusa jie wen				×	(×)	×			
Sishier zi kai yi					×				
Taishan ji					×				
Dacheng zhiguan						×		×	

Si l'on ajoute à ce tableau les œuvres mentionnées en 1269, dans le *Fozu tong ji*, nous obtenons la fréquence suivante: Le *Sishier zi men* apparaît 9 fois, avec le *Wuzheng xing men* et le *Sui ziyi*; ensuite vient le *Anle xing* cité 8 fois; puis nous trouvons le *Shilun xuan,* le *Cidi chan yao* et le *Sanzhi guan men,* 6 fois. Le *Hong shiyuan wen* apparaît 5 fois; le *Dacheng zhiguan* est cité 3 fois à partir de 914 (dans les catalogues exclusivement bouddhiques cités ici; en fait l'ouvrage est signalé beaucoup plus tôt, dès 751, dans d'autres sources japonaises, cf. p.86 sq.). Le *Shou pusa jie wen* est attribué 2 fois à Huisi; 1 fois il ne porte pas de nom d'auteur. Enfin, le *Sishier zi kaiyi* et le *Taishan ji* ne se rencontrent qu'une seule fois dans les catalogues de Ennin; ce premier titre désignerait en fait le *Sishier zi men*; quant au *Taishan ji*, il ne peut être de Huisi, celui-ci n'étant jamais allé au mont Tiantai, et Zhiyi, son disciple, n'était pas encore, en 577, date de sa mort, considéré comme legrand maître du Tiantai. Quant au *Tiejuanji,* sorte de procès verbal des démêlés entre Huisi et des taoïstes, ce ne peut être qu'un apocryphe.

en circulation à l'époque où ils furent compilés. On peut cependant s'interroger sur la valeur d'une telle assertion. Lisons, à ce sujet, ce qu'écrit Zhipan dans le *Fozu tongji*.[27]

"[Voici les œuvres du maître du] Nanyue:

Le *Grand traité de la concentration et de la contemplation* (*Dacheng zhiguan*) en deux parties. (A la fin des Tang, l'enseignement de ce texte fut [exclusivement] donné à l'étranger. En la troisième année de l'ère *xianping* [an 1000] de notre dynastie [c'est-à-dire au début du règne de Zhenzong 眞宗, troisième empereur des Song], le [moine] japonais Jakushō 寂照 apporta ce livre et le remit à Siming 四明. [Le maître] Ciyun 慈雲 le prit pour en faire une préface, dans laquelle il est dit: la première partie explique la manière d'entrer dans la concentration et dans la contemplation; la seconde partie en développe [les différentes] pratiques).

L'*Introduction aux quarante-deux caractères* (*Sishier zi men*) en deux parties. ([Il s'agit là] des quarante-deux caractères [tirés de] la grande édition [de la *Prajñāpāramitā*], depuis le caractère *a* 阿 jusqu'au caractère *tu* 荼. [Le maître du] Nanyue les met en parallèle avec les quarante-deux degrés [qui conduisent à la *bodhi*]).

Le *Sens de l'activité sereine et plaisante* (*Anle xing yi*) en une partie. (Siming, aux pratiques remarquables, voyagea jusqu'au [temple] Fuyan dans le Nanyue. Il s'y procura le texte du *Anle xing yi*. Il le transmit [à son disciple] Yuanbian 圓辯. Puis [le maître du] Beifeng [et celui du] Shizhi [fin du 12ᵉ siècle] eurent les premiers la possibilité de l'imprimer).

Le *Vœu du Nanyue* (*Nanyue yuanwen*) en une partie, la *Pratique authentique* (*Wuzheng xingmen*) en deux parties, l'*Introduction aux trois connaissances* (*San zhiguan men*), l'*Essentiel du dhyāna présenté point par point* (*Cidi chanyao*), les *Mystères des Traités bouddhiques* (*Shilun xuan*) (chacun de ces ouvrages étant en une partie).

(Parmi tous ces ouvrages nous avons vu personnellement l'original [ou la copie] du *Zhiguan*, du *Anle xing yi* et du *Yuanwen*. Les autres ne sont plus visibles. Quel dommage !).

南岳，大乘止觀（二卷）〔唐末教典流散海外，本朝咸平三年，日本國寂照持此本至四明，慈雲得之爲作序云，初卷開止觀之解，次卷示止觀之行〕，四十二字門（二卷）〔大品四十二字，初阿後荼，南岳用對四十二位〕，安樂行義（一卷）〔四明行皎，遊方至南岳福嚴，於藏中得此本，歸以示圓辯，其後北峯石芝始獲開板〕，南岳願文（一卷），無靜行門（二卷），三智觀門，次第禪要，釋論玄（已上名一卷），〔右止觀，安樂行義，願文有見本，餘不復見，惜哉〕。

Les œuvres de Huisi connurent, semble-t-il, des sorts assez différents. Le

---

(27) *Fozu tongji*, ch. 25, T. 2035, vol. 49, p.258 *a*/19–*b*/7. Siming 四明, dont il est question dans ce passage, est en fait le titre du moine Zhili 知禮 (960–1028) qui donna un nouvel essor à l'école *Tiantai*. Voir p.80 note 33.

Dacheng zhiguan aurait été ignoré des Chinois de la fin du neuvième siècle jusqu'au début du onzième. Quant au *Anle xing yi*, il aurait été exhumé d'une des bibliothèques du mont Nanyue, vers le début du onzième siècle. Zhili (960–1028, désigné ici sous le titre Siming 四 明) aurait confié ce texte à son disciple Yuanbian. Par la suite, deux autres moines de la province du Zhejiang, l'un nommé Zongyin 宗 印 (mort en 1213 et désigné par son titre Beifeng), l'autre Zongxiao 宗 曉 (1151–1214, désigné par son titre Shizhi), tous les deux adeptes de l'école *Tiantai*, firent imprimer ce texte fondamental pour l'étude de Huisi. Cette information est particulièrement importante car elle nous indique à quelle époque le texte fut imprimé (ce qui permettait alors une très large diffusion.) Soulignons au passage que nous avons commencé des recherches sur la conservation des manuscrits des différentes œuvres de Huisi. Malheureusement, le temps nous a manqué pour les intégrer dans le plan plus vaste de cette étude sur Huisi.

A l'époque où il rédige son *Fozu tongji*, dans la seconde moitié du treizième siècle, Zhipan regrette déjà de n'avoir pas eu accès à cinq des huit œuvres qu'il recense. Cela signifie-t-il qu'elles étaient perdues? Dans les *Neuf patriarches de l'école Tiantai* (*Tiantai jiuzu*), rédigé soixante ans plus tôt, Shiheng affirme le contraire. D'après lui, les sept œuvres, mentionnées dans le *Xu gaoseng zhuan*, étaient en circulation au début de son siècle. A quelques années près, nous avons deux jugements contradictoires. Faut-il penser que Shiheng eut plus de chance que Zhipan? A-t-il pu voir l'ensemble de ces traités? Il faudrait, pour répondre à cette question, savoir si certaines sectes ou certains groupes bouddhistes assez fermés (à l'image de nombreuses sectes taoïstes dans toute l'histoire de la Chine) ont conservé jalousement l'exclusivité de certains textes, les tenant ignorés des autres. S'il en était ainsi, on pourrait expliquer que Shiheng ait vu les textes, alors qu'ils échappèrent aux investigations de Zhipan.

Les catalogues japonais nous sont donc d'un précieux secours. Ils nous permettent de vérifier l'existence ou la disparition des œuvres de Huisi, au cours des siècles. C'est ainsi que le *Shilun xuan*, le *Cidi chan yao* et le *San zhiguan men* ne figurent sur aucun des catalogues japonais cités plus haut. Aujourd'hui encore, nous n'avons pas trace du texte de ces œuvres. Apparemment, en 804–805, Saichō ne put se procurer que le *Anle xing*, parmi les œuvres incontestées de Huisi. Nous verrons plus loin que le *Fayuan wen*, dans son état actuel du moins, ne peut être entièrement de Huisi. Quant au *Shou pusa jie wen* rapporté par Saichō, qui l'attribuait à Huisi, Sekiguchi Shindai a démontré avec beaucoup d'autorité que c'était là une erreur. Son disciple Ennin fut plus heureux. Il emporta au Japon le *Sishier zi men*, le *Wuzheng xing men* et le *Sui ziyi*. Ces quatre œuvres rapportées par Saichō et Ennin sont aussi dans le catalogue de Gennichi. Par contre, à la fin du onzième siècle, Eichō ne cite que les trois dernières, le *Anle xing* étant absent de sa liste.

Or, s'il est un ouvrage de Huisi dont l'authenticité ne puisse être mise en doute, c'est bien celui-là. Il est explicitement mentionné dans la biographie de Zhiyi par Daoxuan. Huisi lui en expliqua tout le contenu durant son séjour au Dasushan (de 560 à 568). Ces instructions contenaient implicitement la théorie du *huafa sijiao* 化 法 四 教, c'est à dire une division quaternaire de l'enseignement du Buddha, développée plus tard par Zhiyi.[28] Dans ce même *Anle xing* se trouve en germe l'idée qu'il existe différents niveaux de vérité religieuse, le plus haut niveau étant atteint dans le *sūtra du Lotus*. Zhiyi élargira encore cette vue de son maître. A en juger par l'influence des idées de Huisi, exercée sur la pensée de Zhiyi, on est en droit d'admettre que le *Anle xing* est bien l'œuvre de son maître. Cette œuvre est en outre le fidèle reflet de l'attachement du maître du Nanyue au sūtra et au *samādhi du Lotus*.

Le *Anle xing* est une sorte de pivot sur lequel s'articulent les autres œuvres. Il nous permet, en effet, de les situer au plan chronologique comme au plan doctrinal. Grâce à une citation contenue dans le *Anle xing*, nous pouvons supposer que le *Sui ziyi* lui est antérieur (cf. ci-dessous, et chapitre V). D'un autre côté, nous constatons que le *Wuzheng xing men* appartient, comme le *Anle xing* et le *Sui ziyi*, au système de pensée appelé *shixiang lun* 實相論[29] issu de

---

(28) Zhiyi divise l'enseignement du Buddha en quatre catégories suivant son contenu (*huafa sijiao* 化法四教) : 1) La doctrine des Ecritures *Tripiṭaka* (*sanzang jiao* 三藏教). Elle comprend les traditions et discours, avec toutes les doctrines du Hīnayāna. Elle est avant tout l'apanage du double véhicule (*ercheng* 二乘), c'est à dire des *śrāvaka* et des *pratyekabuddha*. 2) La doctrine commune à tous (*tongjiao* 通教). Elle est commune aux trois véhicules; elle peut être considérée comme la doctrine fondamentale du Mahāyāna. Cependant le *bodhisattva* aux facultés supérieures ne se contentera pas de suivre les mêmes pratiques que les autres. Il passera aux deux étapes suivantes, dans lesquelles il peut seul s'avancer. 3) La doctrine distincte (*biejiao* 別教) est réservée aux seuls *bodhisattva*. Alors que les deux premières doctrines enseignent seulement une vacuité partielle, celle-ci présente la Voie Moyenne (*zhongdao* 中道); c'est pourquoi elle est qualifiée de distincte et séparée. 4) La doctrine parfaite (*yuanjiao* 圓教) s'étend à tout, pénètre tout, remplit tout. La doctrine distincte enseigne une Voie Moyenne indépendante et séparée, alors que celle-ci montre qu'il existe une identification mutuelle entre les trois aspects qui la composent. Le tout est la partie, la partie est le tout. Un élément contient tous les éléments. Il y a harmonie parfaite.

Ochō Enichi 横超慧日 a très bien montré l'influence du *Fahua sanmei* 法華三昧 sur la pensée de Zhiyi, dans un article intitulé *Nangaku Eshi no hokke zammai* 南岳慧思の法華三昧, paru dans *Indogaku bukkyōgaku ronshū, Miyamoto Shōson kyōju kanreki kinen rombunshū* 印度學佛教學論集宮本正尊教授還暦記念論文集, 1951, pp.377-389,.

(29) Le *shixiang* 實相 désigne tout à la fois une vérité transcendantale, le véritable état de toutes choses et une sorte de noumenon. Un courant de pensée issu de Nāgārjuna, s'est attaché à souligner cet aspect fondamental de toutes choses; d'où l'appellation *shixiang lun* 實相論. On peut considérer que la philosophie du *shixiang* est ce qui distingue en fait l'école *Tiantai* de l'école *Sanlun*. Cette dernière s'en tient à une Voie Moyenne intermédiaire (*zhongdao* 中道), en ce sens qu'elle emploie une méthode négative pour poser une vacuité partielle (*pian kong* 偏空), ainsi que le moyen terme entre celle-ci et la réalité. Or, pour concevoir la véritable forme de la réalité, il faut non seulement nier mais aussi affirmer. Les deux méthodes, négative et positive, sont en même temps nécessaires,

Cette théorie du *shixiang* atteignit son plein achèvement dans l'école *Tiantai*, grâce à Zhiyi, qui sut systématiser l'enseignement de Nāgārjuna, de Huiwen et de Huisi son maître. Elle repose sur l'affirmation fondamentale: *xiang ji xing* 相即性, c'est à dire que la forme et la nature fondamentale (ou esprit) sont identiques. Il en résulte que les trois aspects de la réalité fondamentale [c'est à dire la réalité perçue dans sa vacuité (*kongdi* 空諦), dans son état temporaire (*jiadi* 假諦) et intermédiaire (*zhongdi* 中諦) qui inclut les deux précédents], ne peuvent être appréhendés séparément et graduellement (*cidi* 次第). Ils le sont d'une manière simultanée et complète, puisqu'ils sont tous identiques (*jikong* 即空, *jijia* 即假, *jizhong* 即中). C'est ce que l'on appelle la triple vérité parfaitement harmonieuse *yuanrong sandi* 圓融三諦). Ainsi, le véritable état des choses (*shixiang* 實相, en sanscrit *svalakṣaṇa*) et leur ainséité (*ruru* 如如, *tathatā*) sont rigoureusement synonymes et identiques. Il convient de noter ici que le terme

Nāgārjuna. Cette doctrine était avant tout l'apanage du bouddhisme de la Chine du Nord. Il n'est donc pas étonnant que Huisi en ait été tributaire. Nous étudierons, au chapitre V,[30] les liens essentiels qui relient ces trois œuvres. Elles ont en commun une même sémantique, les mêmes concepts, une recherche identique, quoique progressive, sur le rôle de la contemplation dans la vie de tout candidat au *nirvāṇa*, une même base philosophique. Elles expriment un même désir de sauver tous les êtres des dix directions. Tout cela peut être symbolisé par leur vision commune du *changuan* 禪觀.

En nous fondant sur ces divers éléments de critique interne et externe, nous aboutissons à la conclusion suivante : si l'on met à part le *Nanyue Si da chanshi li shiyuan wen* (qui est vraisemblablement le texte le plus ancien, quoique sa structure actuelle soulève quelques problèmes), le *Sui ziyi* serait la première des œuvres proprement doctrinales de Huisi. La seconde serait le *Wuzheng xing men*. Cette place intermédiaire tient à la nature du raisonnement de Huisi pour tout ce qui touche aux problèmes de la contemplation et au subitisme de l'Eveil. Le *Anle xing* est dans le prolongement des deux textes précédents, mais Huisi démontre qu'il est parvenu à sa pleine maturité intellectuelle. Le *Anle xing* nous offre le fruit de toute une recherche qui a définitivement mis en place les intuitions éparses et les vérités atteintes auparavant. Ces trois textes ont pu être élaborés, sinon écrits, avant 568, c'est à dire avant le départ du Dasushan et avant la séparation entre Huisi et son disciple Zhiyi.

Chose étonnante, ces trois œuvres, qui forment le corpus de sa pensée, sont aussi celles qui nous sont parvenues. Cette survie tient certainement au fait qu'elles constituaient le cœur de la pensée de Huisi et la première base philosophique et spirituelle de l'école *Tiantai*. Deux de ces textes se trouvent dans le *Taishō*, le troisième dans le *supplément à l'édition de Kyōto* sous les titres complets suivants :

Sui ziyi sanmei 隨自意三昧, in *Supplément à l'édition de Kyōto*, III/4, p. 344-354.

Zhufa wuzheng sanmei famen 諸法無諍三昧法門, in T. 1923, vol. 46, p. 627-641.

Fahua jing anle xing yi 法華經安樂行義, in T. 1926, vol. 46, p. 697-702.

Nous avons achevé la traduction de ce dernier ouvrage, mais nous voulons y adjoindre celle des deux autres, de manière à publier en un seul volume l'œuvre maîtresse de Huisi. D'ores et déjà, c'est sur elle que nous nous appuyons pour aborder les problèmes relatifs à l'authenticité des autres essais encore subsistants, attribués à Huisi.

---

vacuité ne désigne pas un Rien absolu, mais l'état d'indépendance de tout attachement. Sur le terme *shixiang* cf. E. Lamotte, *Traité de la grande vertu de sagesse*, II, p.1059-1060. On se reportera au T. 1509, vol. 25, p.190, pour le passage sur lequel s'appuient Huiwen, Huisi et Zhiyi, pour fonder leur doctrine.

On trouvera un bon développement sur le *Shixiang* dans *Zhongguo fojiao zhexue gailun* 中國佛教哲學概論 par Li Shijie 李世傑, Taiwan, 1959, ainsi que dans *The Essentials of buddhist philosophy*, par Takakusu Junjirō, déjà cité.

(30) cf. pp.165 à 191.

II. Problème d'attribution du "Dacheng zhiguan famen" 大乘 止觀法門.

Si l'on se reporte aux catalogues généraux présentés dans la première partie du présent chapitre, on remarque que le *Dacheng zhiguan* apparaît pour la première fois en 914, dans l'inventaire de Gennichi. En fait, on en trouve trace au Japon dès la période Nara, en dehors de ces catalogues proprement dits. Comment expliquer que cet ouvrage, connu au Japon vers 754, ait été ignoré des Chinois jusqu'au début du onzième siècle, date à laquelle le moine japonais Jakushō 寂照 le remit à Zunshi 遵式? Fut-il écrit par Huisi ou par Tanqian, comme certains le prétendent? A première vue, il paraît difficile d'aboutir à des conclusions définitives. Essayons néanmoins d'éclaircir ce problème.

A. *La propagation en Chine du Dacheng zhiguan famen.*

D'après la tradition chinoise, en la troisième année de l'ère *xianping* 咸平 (1000) des Song du Sud, le moine japonais Jakushō 寂照[31] arriva au Zhejiang 淅江 où il remit à Zunshi[32] le *Dacheng zhiguan famen*, ouvrage inconnu en Chine à cette date. L'école *Tiantai* est à cette époque en pleine renaissance, grâce à l'impulsion de Zhili 知禮 (960-1028).[33]

---

(31) Jakushō 寂照 (mort en 1034)· Ce poète et lettré, qui fut membre de la chancellerie privée de l'empereur, ainsi que gouverneur de la province de Mikawa, se fit moine en 988, après le mort de sa femme. Il fut d'abord disciple de Jakushin 寂心 au temple Nyoirinji 如 意輪寺, puis de Genshin 源信 au Hieizan. Parti pour un voyage en Chine, il tomba malade à Nagato 長門 (dans l'actuelle préfecture de Yamaguchi 山口縣). Le 8e mois de l'an 1003, avec sept disciples, il arriva à Mingzhou 明州, et en 1004 il put rencontrer l'empereur de Chine. Il reçut plusieurs titres, dont celui de Yuantong dashi 圓通大師, et se vit conférer la robe violette. Il rencontra Zhili 知禮 auquel il posa 27 questions de la part de son maître Genshin. Ensuite il s'établit au temple Wumen si 吳門寺 dans la province de Suzhou 蘇州. Il mourut à Hangzhou 杭州 en 1034.

Dans le *Nihon bukkyō shi* 日本佛教史 (vol. 1, p. 560), Tsuji Zennosuke 辻善之助, s'appuyant sur le *Fusō ryakki* 扶桑略記 et sur le *Rekidai kōki* 歷代皇記 (le premier datant du 11e siècle, le second des 14e et 15e) fixe l'arrivée en Chine de Jakushō en l'an 1003. Sa documentation est suffisamment sérieuse pour que nous rejetions la date avancée à tort par les sources chinoises. Celles-ci fixent, en effet, à l'an 1000 l'arrivée en Chine de Jakushō.

(32) Zunshi 遵式 (964-1032) est aussi connu sous son titre Ciyun 慈雲 qui lui fut conféré par l'empereur Zhenzong des Song, en la première année *qianxing* (1022). Biographie dans *Fozu tongji*, k. 10, T. 2035, vol. 49, p. 207 a/15-209 a/23.; cf. aussi le *Shimen zhengtong* 釋門正統, le *Shijin wenji* 鐔津文集 ch. 15 et aussi le *Shishi yinian lu* 釋氏疑年錄 de Chen Yuan, 陳垣, p. 204.

(33) Zhili 知禮 (960-1028) est plus souvent désigné sous son titre Siming 四明, c'est à dire par son lieu d'origine, Siming étant une localité du Zhejiang. Il porte aussi le titre de Fazhi dashi 法智大師. Dès l'âge de quinze ans, il se consacre à l'étude des textes de *vinaya*. En 979, il devient le disciple de Yitong 義通 qui lui enseigne la doctrine de l'école *Tiantai*, dont il deviendra le grand réformateur à l'époque des Song. Il réside successivement au temple Qianfu si 乾符寺 puis au Bao'en'yuan 保恩院. En l'an 1000, en compagnie de Zunshi et d'un autre moine nommé Yiwen 異聞, il organise de grandes cérémonies pénitentielles appelées *Guangming chan* 光明懺, afin d'obtenir la pluie et d'arrêter la sécheresse qui frappe alors le pays.

Zhili est, dès 988, en contact avec Genshin, qui, par l'intermédiaire de marchands chinois, lui envoie du Japon, son *Ōjō yōshū* 往生要集, un ouvrage nettement influencé par le *Tiantai* du

1. *La préface de Zunshi.*

Zunshi écrivit une préface au *Dacheng zhiguan*. Il y relate le retour du texte en Chine :

"Depuis longtemps, hélas, ce texte était au loin et sa lumière demeurait cachée à l'étranger ! La Voie sera de nouveau suivie ! En la troisième année de l'ère *xianping*, Jakushō 寂照, le grand maître à l'intelligence parfaite (*Yuantong* 圓通), prit son *khakkhara*, quitta le Fusang 扶桑[34], et par bateau arriva au Zhuxia.[35] Il monta au Maoling 鄮嶺[36], où il ouvrit une boîte dont il sortit un rouleau. Le *śramaṇa* du Tianzhu (si) 天竺 (寺)[37], Zunshi, fut le premier à le recevoir. Le sous-secrétaire au ministère des finances, Zhu Xu 朱頔[38], en écrivit la première préface et contribua de son argent pour le faire imprimer et propager. Comme est grande cette loi ! Venue d'abord de l'Ouest, elle était comme la lune en sa naissance. Aujourd'hui revenue de l'Est, elle est comme le soleil en son essor.[39] Astre éclatant et

Zhejiang. En 992, Genshin lui fait parvenir à nouveau un commentaire des traités de Zhili. Enfin, en 1003, Jakushō vient lui apporter "27 questions" posées par son maître Genshin au sujet de divers problèmes de doctrine *Tiantai*.

Zhili est considéré avec Zunshi comme l'un des personnages centraux du *Shanjia pai* 山家派 (c'est à dire des tendances doctrinales et des règles monastiques apparentées à l'école *Tiantai*) par opposition au *Shanwaipai* 山外派 (représenté par l'école *Huayan*). Zhili mena durant quarante ans les discussions qui eurent lieu entre ces deux tendances. Ces discussions ont été recueillies dans le *Shiyi shu* 十義書 (T. 1936, vol. 46) et dans le *Guanxin erbai wen* 觀心二百問 (T. 1935, vol. 46). L'œuvre principale de Zhili est le *Shibuermen zhiyao chao* 十不二門指要鈔, dans lequel il fait preuve d'une très grande originalité, et qui servit de base au renouveau de l'école.

Notons, en outre, qu'en 1017, il fit le voeu de se sacrifier par le feu. Il y renonça sur les instances de Zunshi et de l'académicien Yang Yishi 楊意師. Sur Zhili, cf. T. 2035, vol. 49, p.466 *a*.sq. ; cf. aussi T. 1936 et 1937, vol. 46.

(34) Fusang 扶桑, l'une des désignations du Japon. Le Fusang est dans la mythologie chinoise le mûrier qui porte le soleil, l'arbre du Levant.

(35) Zhuxia 諸夏, autre nom donné pour la Chine.

(36) Maoling 鄮嶺, à 30 *li* à l'est de Jinxian 鄞縣 dans le Zhejiang. On l'appelle aussi le Maoshan 鄮山. Une tradition veut que cette région ait été très tôt un centre de commerce maritime, d'où son nom.

(37) Le nom de Tianzhu si 天竺寺 désigne en fait trois temples, construits au nord du lac Xihu 西湖 près de Hangzhou. Les deux temples dits du milieu, *zhong* 中 Tianzhusi, et du bas, *xia* 下 Tianzhu si, furent édifiés à la fin des Chen. Celui du haut, *shang* 上 Tianzhu si, fut élevé au dixième siècle.

(38) Zhu Xu 朱頔 (début du onzième siècle). Au début de la première préface au *Dacheng zhiguan famen*, nous trouvons son titre complet : "délégué au ministère de l'agriculture, juge provincial chargé des procès et des affaires publiques, grand officier des affaires impériales, sous-secrétaire au ministère des recettes, chef de la garde impériale, investi par l'empereur" (Cf. T. 1924, vol. 46, p.641 *a*/3-5). Malgré ces titres, Zhu Xu n'était qu'un haut fonctionnaire provincial. Nos recherches à travers tous les index consacrés à l'histoire des Song, n'ont pas permis d'identifier ce personnage.

(39) Allusion au fait que cette doctrine vient de Nāgārjuna, qui la transmit en Chine. Cette doctrine, reprise par Huisi et consignée dans ce livre, dit la tradition, s'était perdue en Chine, mais heureusement elle avait été recueillie au Japon, ce qui permit un jour son retour en Chine. En fait, ce n'est pas la doctrine qui avait disparu, mais le livre de Huisi. Zunshi emploie une métaphore un peu forte, puisque Zhiyi développa mieux encore que son maître la théorie et la pratique du *zhiguan*; ses ouvrages furent sans interruption propagés en Chine. Le *Dacheng zhiguan famen* ne constituait qu'un maillon manquant de cette grande tradition.

pur, elle revient en mon pays. Pour cette raison, j'ai écrit cette préface, consignant ainsi le retour du texte."

Cette même préface de Zunshi souligne que le *Dacheng zhiguan*, écrit par Huisi, est greffé sur le *mādhyamika* (Voie moyenne), une loi héritée de Mahā-kāsyapa par l'intermédiaire d'Ānanda, d'Aśvaghosa, de Nāgārjuna, puis de Huiwen. L'ouvrage, nous dit Zunshi, porte plusieurs titres: *Dacheng zhiguan*, *Yicheng* 一乘, ou encore *Qushi xinyao* 曲示心要. Zunshi ne doute pas que ce soit là le testament spirituel laissé par Huisi. Quant à Zhu Xu, auteur de la première préface au *Dacheng zhiguan*, il révèle, sans en définir les circonstances, que cet écrit resta cinq cents ans à l'étranger. Si ce calcul était exact, cela signifierait la disparition du texte, en Chine, fort peu de temps après la mort de Huisi. Cette éclipse expliquerait qu'il n'ait jamais été mentionné sous les Tang. Nous reviendrons sur ce point.

A la suite de Zunshi, la tradition chinoise accrédita l'idée que l'ouvrage était effectivement de Huisi. Trois grands commentaires lui furent consacrés.

2. *Le commentaire de Liaoran* 了然 (1077-1141).

En 1121 Liaoran achevait son étude systématique du *Dacheng zhiguan* et l'intitulait *Dacheng zhiguan zongyuan ji* 大乘止觀宗圓記[40]. Après avoir noté que le *Dacheng zhiguan* fut rédigé personnellement par Huisi, Liaoran en explique le texte, caractère par caractère, phrase après phrase, en se situant dans la perspective de l'enseignement parfait (*yuanjiao* 圓教). Il ne se contente pas d'une simple explication littérale; il établit des points de comparaison entre la doctrine de Huisi et celle de Zhiyi. Dans son optique, l'origine du *zhiguan*, tel que Zhiyi le comprend, se trouve dans le *Dacheng zhiguan*. Il n'existe pas non plus de différence entre les trois natures du *zhiguan* décrites par Huisi, et sa véritable pratique (*zhengxiu zhiguan* 正修止觀) selon Zhiyi.[41]

Liaoran ne nie point cependant qu'il y ait quelques divergences entre Huisi et Zhiyi.[42] Mais celles-ci se situent au niveau de la forme et non du fond. Il convient donc d'éviter toute conclusion hâtive visant à opposer les deux maîtres du *zhiguan*. Par exemple, Huisi emploie le terme de "nature unique" (*yixing* 一性), alors que Zhiyi parle le plus souvent de "nature des trois-mille chilio-cosmes"(*sanqian xing* 三千性): sous ces termes différents se cache en fait une même substance.[43] Etablissant de tels points de comparaison, Liaoran peut assurer que la notion du *zhiguan* conçue par Huisi, est identique à celle du *yuandun zhiguan* 圓頓止觀 propre à Zhiyi.[44]

---

(40) Ouvrage achevé en la 3ᵉ année *xuanhe* 宣和 (1121) des Song du Sud. cf. *Shishi yinian lu*, p.255. Le *Dacheng zhiguan zongyuan ji* est édité dans le *Dainihon zokuzōkyō* 大日本續藏經, 2.3., vol. 4 et 5. Par la suite, nous ferons référence à cette édition à l'aide du sigle Z.

(41) Liaoran établit ces points de comparaison dans le passage éd. in Z. 2.3., 4 p.416 *d*. Cf. le *Mohe zhiguan* 摩訶止觀 de Zhiyi, au chapitre intitulé *zheng xiu zhiguan* 正修止觀, T. 1911, vol. 46, p.48 sq.

(42) Liaoran dresse le tableau de ces points communs ou différents, cf. Z. 2. 3. 5, p.421 *d*.

(43) *ibid.* 5 p.422 *b*.

(44) *ibid.* 5 p.425 *a*.

Il serait intéressant d'analyser ici comment Liaoran résout le problème soulevé par la présence de nombreuses citations de *L'Eveil de la foi* (*Dacheng qixin lun* 大乘起信論) et de concepts apparentés au *Weishi lun* 唯識論, mais nous déborderions trop notre sujet.[45] Cette question sera d'ailleurs abordée plus loin, dans une perspective plus générale (cf. p.99 sq.).

3. *Le second commentaire, Dacheng zhiguan famen shiyao* 大乘止觀法門釋要, *par Zhixu* 智旭 (*1599–1655*).[46]

A la fin des Ming, Zhixu suivit la même tradition: l'ouvrage fut rapporté du Japon par Jakushō qui le remit à Zunshi, lequel en assura la propagation.[47] Apparemment, Zhixu se conforme à la version officielle des deux préfaces de Zunshi et de Zhu Xu. Il s'en écarte néanmoins sur un détail: les autres notaient que l'ouvrage s'était propagé cinq cents ans à l'étranger (*liuyu haiwai dai wubai nian* 流於海外, 逮五百年).[48] Zhixu limite la disparition du livre en Chine à la fin des Tang (*Tangmo liusan haiwai* 唐末流散海外).[49] Le *Dacheng zhiguan* aurait été perdu en Chine, lors des troubles qui marquèrent la période des Cinq Dynasties.

L'explication paraît plausible mais elle suscite une nouvelle question: comment expliquer que le livre n'ait pas circulé sous les Tang et n'ait jamais été cité? Zhixu ne s'est pas interrogé sur cette anomalie. Son propos n'est d'ailleurs pas d'authentifier le texte; il veut seulement en faire l'exégèse. Employant une méthode analogique, il montre que les trois natures du *zhiguan* définies par Huisi servent à comprendre clairement les dix objets ou degrés de méditation (*shijing* 十境)[50] établis par Zhiyi. En outre, il démontre que le concept de *shicheng* 十乘[51] ou dix modes de contemplation, explicité dans le *Mohe zhiguan*,

---

(45) Liaoran a bien senti que les citations et les concepts apparentés au *Dacheng qixin lun* soulevaient de nombreuses difficultés quant à l'orthodoxie d'une pensée reconnue par ailleurs dans la ligne des doctrines élaborées par l'école *Tiantai*. Nous développerons ce point dans notre étude et traduction du *Dacheng zhiguan famen*.

(46) cf. *Shishi yinian lu*, p.407. L'ouvrage de Zhixu est édité in Z. 2.3., 5.

(47) cf. la préface de Zhixu à son ouvrage; cf. Z. 1.2., 3 p.438 *a*.

(48) *ibid*. p.440 *b*.

(49) Les dix objets ou degrés de méditation (*shijing* 十境) définis par Zhiyi, comprennent les cinq *skandha* (*yinjing* 陰境), les illusions (*fannaojing* 煩惱境), les maladies, leur cause, leur remède (*tonghuanjing* 痛患境), les influences du *karma* accumulées au long de la vie (*yexiangjing* 業相境) comment renverser le rôle des *māra* (*moshijing* 魔事境), les conditions de la méditations et du *samādhi* (*chandingjing* 禪定境), les différents doutes et les vues (erronées) qui sont soulignés (*zhujianjing* 諸見境), l'orgueil né du progrès et l'illusion d'avoir atteint le *nirvāṇa* (*manjing* 慢境), la tentation de se contenter d'un *nirvāṇa* inférieur, au lieu de poursuivre la recherche d'une plus grande illumination (*erchengjing* 二乘境), l'état supérieur de *bodhisattva* (*pusajing* 菩薩境). Ces dix degrés de méditation sont exposés dans le *Mohe zhiguan*, ch. 5.

(50) cf. Z.2.3., 5 p.441 *c*–468 *a*.

(51) Les dix modes de contemplation (*shicheng* 十乘) sont utilisés en tout ou en partie, selon le degré de sainteté déjà atteint par le fidèle. Ces dix modes de contemplation sont:

1) *guan busiyi jing* 觀不思議境. Le fidèle contemple l'Inconcevable (c'est à cela que se rattache la notion de *yinian sanqian* 一念三千).

2) *zhenzheng fa putixin* 眞正發菩提心. Incapable de réaliser les exigences du premier mode, le fidèle en conclut que lui manquent l'amour universel du *bodhisattva* et sa compassion pour les vivants. Il refait alors les quatre Vœux, leur donnant une plus grande dimension.

était déjà la clé du *Dacheng zhiguan*.[52] A vouloir trop démontrer une concordance parfaite entre les conceptions du maître et du disciple, Zhixu élimine finalement leur originalité respective. Or, il est bien évident que Huisi n'a pu épuiser le sujet, à supposer qu'il l'ait jamais traité de façon aussi systématique. N'oublions pas que c'est Zhiyi qui fut considéré par toute la tradition comme le vrai fondateur de l'école Tiantai, comme le théoricien du *zhiguan*. Il donna sa pleine dimension à ce qui chez Huisi n'était qu'embryonnaire,

4. *Le commentaire moderne de Dixian* 諦 閑.

Le troisième commentaire est beaucoup plus récent. Il date de 1923. Cette somme de huit années de travail a pour titre *Dacheng zhiguan shuji* 大 乘 止 觀 述 記[53]. Son auteur, Dixian 諦 閑[54] ne remet pas non plus en cause l'attribution du *Dacheng zhiguan* au maître du Nanyue. Comme les commentateurs précédents, il interprète le texte à la lumière du *Mohe zhiguan*. Il s'inspire en particulier des trois notions de triple sagesse *sanzhi* 三 智, triple vue *sanguan* 三 觀, triple vérité *sandi* 三 諦[55], pour commenter le *zhiguan* de Huisi. Ou encore, il

3) *shanqiao anxin zhiguan* 善 巧 安 心 止 觀. Le fidèle "repose" son esprit dans la *dharmatā*.
4) *pofa pian* 破 法 偏. Il se libère de tout attachement, en contemplant avant tout le fait que les *dharma* ne sont ni causés par eux-mêmes, ni causés par un autre, ni causés par l'un et par l'autre, ni non plus causés par l'un ni par l'autre.
5) *shi tongsai* 識 通 塞. Il distingue clairement tout ce qui conduit à la perception ultime et ce qui l'empêche.
6) *daopin tiaoshi* 道 品 調 適. Si le fidèle ne parvient pas à son but au moyen des cinq modes précédents, il recourt alors aux 37 parties de la Voie (*sanshiqi daopin* 三 十 七 道 品) regroupées en sept catégories principales (les trois états de conscience, *sinian chu* 四 念 處; les quatre abandons, *si zhengjin* 四 正 勤; les quatre éléments du pouvoir surnaturel, *si ruyi zu* 四 如 意 足; les cinq facultés morales, *wugen* 五 根; les cinq pouvoirs moraux, *wuli* 五 力; les sept composants de la perception, *qi juezhi* 七 覺 支; la noble voie à huit branches, *ba zhengdao* 八 正 道). Il choisit parmi elles, celles qui le feront progresser le plus rapidement.
7) *duizhi zhukai* 對 治 助 開. S'il échoue encore, malgré ces moyens, le fidèle utilise un procédé plus élémentaire. Parmi tous les moyens utilisables, il retient les six perfections du *bodhisattva*, qui sont l'objet de contemplation le plus adapté à son état.
8) *zhi ciwei* 知 次 位. Le fidèle essaie d'avoir une juste appréciation de ses progrès spirituels.
9) *neng anren* 能 安 忍. Il prend soin de n'être pas mû par les circonstances extérieures.
10) *wu fa'ai* 無 法 愛. Il se garde de tout attachement à l'un ou l'autre des degrés de progrès spirituel, de manière à garder les yeux fixés sur le but final.
On retrouvera de bons développements sur ces dix modes de contemplation dans *Tendaigaku gairon* 天 臺 學 概 論 (Tōkyō, 1954, pp. 271–278) par Fukuda Gyōei 福 田 堯 頴, et dans *Tendai shikyōgi shinshaku* 天 臺 四 教 儀 新 釋 (Kyōto, 1925, pp. 320–339) par Inaba Enjō 稻 葉 圓 成.
(52) cf. Z.2.3., 5 p. 475a.
(53) Le *Dacheng zhiguan shuji* a été édité par l'association *Minguo zengxiu dazangjing hui* 民 國 增 修 大 藏 經 會 en 1968. C'est cette édition que nous utilisons.
(54) Dixian vécut au Guanzongsi 觀 宗 寺, à Ningpo 寧 波, dans la province du Zhejiang 浙 江. Son ouvrage est à notre connaissance le commentaire le plus récent du *Dacheng zhiguan famen*.
(55) Cette triple triade est surtout présentée dans le *Mohe zhiguan*. La triple vue (*sanguan* 三 觀) désigne l'acte qui consiste à percevoir que la Vérité est composée de trois aspects: l'un est égal au multiple, le multiple est égal à l'un; mais il faut nier à la fois ces deux affirmations. Ces trois aspects de la Vérité constituent la triple vérité (*sandi* 三 諦). La perfection de la vue de cette Vérité est désignée par le terme *sanzhi* 三 智, la triple sagesse.

met en parallèle le *sijiao pan* 四 敎 判[56] de Zhiyi et le *yuanrong* 圓 融[57] de Huisi. Il a recours aux concepts de *baijie qianru* 百 界 千 如 et de *yinian sanqian* 一 念 三 千[58] pour dévoiler la concomitance du *xingran* 性 染 et du *xingjing* 性 淨[59]. Ce sont là des exemples parmi d'autres.

En dehors de ces trois commentaires bouddhiques et des deux préfaces citées plus haut, le titre est seulement mentionné par le *Fozu tong ji*. Par la suite, il apparaît dans le *Daqing sanzang shengjiao mulu* 大 淸 三 藏 聖 敎 目 錄, datant de 1738; dans le *Daming sanzang shengjiao mulu* 大 明 三 藏 聖 敎 目 錄 de 1527 et dans le *Daming sanzang shengjiao beizang mulu* 大 明 三 藏 聖 敎 北

---

(56) Les quatre divisions de doctrine (*sijiaopan* 四 敎 判) sont une classification de l'enseignement du Buddha, d'après son contenu idéologique. Zhiyi le divise ainsi: enseignement du *tripiṭaka* (*sanzang jiao* 三 藏 敎) désignant la doctrine du *Hinayāna*; enseignement commun aux trois véhicules et enseignement permettant au *bodhisattva* de passer dans le troisième ou dans le quatrième *dharma* de conversion (*tongjiao* 通 敎); enseignement distinct (*biejiao* 別 敎) qui prescrit 52 degrés du progrès spirituel (c'est à dire 10 degrés de foi, *shixin* 十 信; 10 fixations, *shizhu* 十 住; 10 degrés d'action, *shixing* 十 行; 10 degrés de diversion, *shi huixiang* 十 廻 向; 10 terrains, *shidi* 十 地; le degré de perception indifférenciée, *dengjue* 等 覺 et celui de la perception supérieure, *miaojue* 妙 覺; enseignement entier, *yuanjiao* 圓 敎.
Comme on le voit, l'expression est identique au *huafa sijiao* déjà présenté, note 28. Il faut noter que Zhiyi ne fut pas le premier à classer l'enseignement du Buddha selon cette manière. Nous renvoyons à l'article de Itō Giken 伊 藤 義 堅, *Tendai izen no kyōhan ni tsuite* 天 臺 以 前 の 敎 判 に 就 い て, dans *Ryūkoku daigaku ronsō* 龍 谷 大 學 論 叢 n° 284, février 1929, pp.46-77, et n° 285, juillet 1929, pp.71-97.
(57) cf. note 29 p.78.
(58) Pour l'école *Tiantai*, le concept de 3000 (*sanqian* 三 千) n'indique pas une immensité numérique ou substantielle, ni le grand chiliocosme constitué de1000 petits, 1000 moyens et 1000 vastes mondes (comme c'est le cas par exemple dans l'école réaliste *Jushe* 俱 舍). L'expression désigne l'inter-pénétration de tous les *dharma* et l'unité ultime de tout l'univers conçu comme un ensemble dynamique. Le système des dix mondes (*shijie* 十 界) est à la base de cette vision de l'univers. Les quatre domaines supérieurs sont saints (*sisheng* 四 聖), les six autres inférieurs sont ordinaires (*liufan* 六 凡). Les quatre premiers degrés sont respectivement le domaine des buddhas, des *bodhisattva*, des *pratyekabuddha* et des *śrāvaka*. Les six autres regroupent les êtres célestes (*tian* 天), les génies belliqueux (*axiuluo* 阿 修 羅) les êtres humains, neutres par nature (*ren* 人), les morts, appelés aussi trépassés pénitents (*egui* 餓 鬼) le monde animal innocent par nature (*xusheng* 畜 生), et enfin les êtres dépravés, êtres des enfers (*diyu* 地 獄). Ces dix domaines sont mutuellement immanents et inclus l'un dans l'autre. Ainsi le domaine des buddhas inclut celui de l'enfer et les huit autres, parce que le buddha, quoique n'étant pas mauvais, désire sauver tous les êtres dépravés: de ce fait, il porte l'enfer en son esprit. En raison de cette immanence, on obtient 100 mondes. De plus chacun de ces dix domaines est lui-même divisible en dix, suivant que l'on considère sa forme, sa nature, sa substance, sa force, son action, sa cause, ses circonstances, ses effets, sa rétribution et son état ultime. En découvrant ces dix aspects de l'ainséité de chacun des cent mondes (*rushi shixiang* 如 是 十 相), l'école *Tiantai* parvient à la doctrine des mille mondes ou domaines, d'où l'expression *baijie qianru* 百 界 千 如. On doit encore diviser ces mondes suivant trois catégories: celle des êtres vivants, celle de l'espace, celle des cinq agrégats pris séparément des‚ vivants (forme, perception, idée, volition, conscience, *se shou xiang xing shi* 色 受 想 行 識). Or ces 3000 mondes ainsi obtenus sont immanents en un instant de pensée, d'où l'expression *yinian sanqian* 一 念 三 千. Nous sommes donc en présence d'une philosophie de l'immanence, les phénomènes étant identiques à l'action consciente.
(59) Les deux concepts de nature pure (*xingjing* 性 淨) et de nature contaminée (*xingran* 性 染) sont très fréquemment employés dans le *Dacheng zhiguan famen*. On ne peut poser l'un sans poser l'autre. De plus, on peut dire, en raison des théories fondamentales de l'école, que la nature pure est la nature souillée, et inversement.

藏目錄 de 1535. On constate donc l'apparition du titre en Chine, à partir du onzième siècle, et jamais, depuis cette époque, son attribution à Huisi ne fut mise en doute. Cet état de fait contraste singulièrement avec les données apportées par les sources japonaises. Non seulement nous y trouvons trace de ce livre en 751, mais nous constatons aussi de profondes divergences en ce qui concerne son attribution. Il nous faut donc analyser les sources japonaises.

B. Les sources japonaises.

1. Les sources de la seconde période Nara.[60]

Ces sources ne permettent pas de déterminer avec certitude à quelle date le *Dacheng zhiguan* pénétra au Japon, mais elles infirment l'opinion de Zhixu estimant son introduction à la fin des Tang. Celle-ci est bien antérieure, si l'on en juge par les indications fournies par le *Dainihon komonjo* 大日本古文書 et par le *Narachō genzai issaikyōsho* 奈良朝現在一切經疏. Le *Dacheng zhiguan* y est cité quatre fois, pour les années 751 à 757.

a. Première mention du titre, en 751.

Le 25e jour du 5e mois de la 3e année de la période *Tempyō-shōshō* [751], il est dit:[61]

"Pour le *Grand traité (mahāyāniste) de la concentration et de la contemplation*, formant un volume en deux parties, composé par le maître de *dhyāna* [Tan] qian, on a utilisé soixante-dix feuilles. Une partie fut écrite par le maître de *dhyāna* à l'enseignement ésotérique." 大乘止觀論一部二卷，遷禪師述，用紙七十張，一卷曲授禪師述

Dans le *Narachō genzai issaikyōsho*, on a ajouté "une partie par le maître de *dhyāna* (Zhi)-yi" 一卷顗禪師[62] Cette annotation très succincte révèle donc l'existence au Japon d'un traité appelé *Dacheng zhiguan lun*. Mais il semble qu'à cette époque, existaient trois textes plus ou moins longs, ayant un titre identique. L'un serait l'œuvre de Qian, abréviation courante de Tanqian 曇遷, l'autre de Zhiyi. Le troisième est désigné comme étant l'œuvre du *qushou* 曲授. Dans la mesure où le deux autres écrits sont attribués à des maîtres nommément désignés, on devrait en conclure qu'il en est de même pour celui-ci. Pourtant, nous ne connaissons pas de moine qui ait porté ce nom sibyllin. *Qu* signifie littéralement "courbe, tortueux, injuste", aussi "minutieux" ou encore "partie d'un chant", dans certains cas "hétérodoxe." L'expression peut donc se

---

(60) La période *Nara* 奈良 est généralement divisée en deux parties, la première appelée *Hakuhō* 白鳳 couvre les années 646 à 710, la seconde *Tempyō* 天平 s'étend de 710 à 794. Les sources les plus anciennes, pour ce qui concerne notre problème, remontent donc à la seconde période de l'ère *Nara*.

(61) cf. *Dainihon komonjo* 大日本古文書 k.11, p.566; *Narachō genzai issaikyōsho* 奈良朝現在一切經疏 n° 2636. Nous sommes en l'année 751.

(62) *ibid.* n° 2633.

traduire par "enseignement ésotérique." Or, nous la retrouvons dans le sous-titre de l'actuel *Dacheng zhiguan*, attribué à Huisi : *Nanyue Si da chanshi qushou xinyao* 南嶽思大禪師曲授心要[63], c'est à dire *Essentiel de l'enseignement ésotérique sur l'esprit par Huisi le maître de dhyāna du Nanyue*. Nous reviendrons plus loin sur ces différents problèmes.

b. *Seconde mention, en 753.*

A la date du 7e jour du 5e mois de la 5e année de la période *Tempyō-shōshō* [753], il est écrit[64] :

"[On a copié en outre] le *Dacheng zhiguan famen* enseigné par Huisi le maître de *dhyāna* du Nanyue, pour éclairer la doctrine relative à l'esprit. Il est en cinquante-quatre feuilles." 又大乘止觀法門，南岳思禪師授以明心道，五十四張。

Nous avons là un titre rigoureusement identique à celui que nous connaissons aujourd'hui. Il est en outre explicitement attribué à Huisi.

c. *Troisième mention, en 757.*

Sous la rubrique des 8e et 11e mois de la 19e année de la période *Tempyō* [757], on lit :[65]

"Le 17e jour on a rempli trente feuilles; le 20e jour du 11e mois on a rempli soixante feuilles. (Tel est le nombre de feuilles utilisées pour la copie) du *Zhiguan famen* en un rouleau."
十七日充紙卅張，十一月廿日充六十張。以上止觀法門一卷料

Nous retrouvons le même titre sans aucune indication d'auteur.

d. *Quatrième mention non datée (vraisemblablement 754).*

Le titre et l'attribution sont, ici, sans équivoque :[66] ["Le *Dacheng zhiguan famen* en un rouleau, (est le fruit de) l'enseignement ésotérique (*qushou*) de Huisi, le maître de *dhyāna* du Nanyue, qui éclaire les (aspects) essentiels de l'esprit. Il est écrit sur cinquante-quatre feuilles." 大乘止觀法門一卷。南岳思禪師曲授以明心要。五十四紙。]

Le titre est identique à (b.) et nous avons aussi le sous-titre, *qushou... xinyao*.

2. *Les sources intermédiaires.*

Entre les neuvième et quinzième siècles nous avons recensé six auteurs ja-

---

(63) T. 1924, vol. 46, p.641 *c*/16.
(64) cf. *Dainihon komonjo*, k.8, p.525.
(65) cf. *Dainihon komonjo* k. 9, p.14; *Narachō genzai issaikyōsho* n° 2619.
(66) *ibid.*, k. 8, p.526; *Narachō genzai issaikyōsho*, n° 2620. Bien qu'il n'y ait pas à proprement parler de date, on peut en déduire par ce qui précède et ce qui suit, que nous sommes en 754, à la fin de la 16e année *tempyō*.

ponais qui, soit firent des citations du *Dacheng zhiguan famen*, soit en discutèrent l'origine.

a. *Enchin* 圓珍 *(814-891).*[67]

Enchin fut sans doute le premier à citer certains passages du *Dacheng zhiguan*. Il recourt à ce texte tout particulièrement au chapitre quatre de son *Hokke ronki* 法華論記.[68] A l'exception du terme *ali yeshi* 阿黎耶識 transcrit par 阿梨耶識 (soit une différence dans l'écriture du caractère *li*), Enchin utilise un texte identique à celui que nous possédons actuellement.

b. *Genshin* 源信 *(942-1017).*[69]

Genshin fut le maître de Jakushō qui devait transmettre le texte du *Dacheng zhiguan* à Zunshi. Dans un court traité, intitulé *Hokke bentai* 法華辨體[70], il cite plus de cinq fois cet ouvrage. Sur les quelques cinq cents caractères ainsi reproduits, il ne se trouve aucune variante significative. On peut donc en conclure que Genshin emprunta une version identique à celle dont se servit Enchin.

c. *Chinkai* 珍海 *(1091-1152).*[71]

Dans son *Sanron gensho mongiyō* 三論玄疏文義要[72], sous le titre *Shōsen umu no koto* 性染有無事, Chinkai reprend l'un des thèmes fondementaux du *Dacheng zhiguan*. Il compare en effet la notion de nature contaminée (*xingran* 性染) (chez Huisi) à celle de nature mauvaise (*xinge* 性惡) chez Zhiyi. Il estime que cette expression est nouvelle, mais il ne sait pas à qui en attribuer la paternité. Voici ce qu'il écrit :

"Il existe un *Dacheng zhiguan* en deux rouleaux, fait par Huisi le maître de *dhyāna* du Nanyue. Une tradition veut aussi que ce même titre ait été fixé par Tanqian le maître de la Loi.

---

(67) Enchin 圓珍 appelé aussi Chisho daishi 智證大師, fut le cinquième supérieur général du *Tendai* et le fondateur du Onjoji 園城寺.

(68) cf. *Chishō daishi zenshū* 智證大師全集, 1, p.124, et *Nihon daizōkyō* 日本大藏經 1, p. 141.

(69) Genshin, établi au Hieizan, enseigna les doctrines du *Tendai* à Jakushō. Ce dernier, suivant les instruction de son maître, posa une série de questions à Zhili, après son arrivée en Chine en 1003.

(70) cf. *Eshin sōzu zenshū* 惠心僧都全集, k. 3, p.275 à 280.

(71) Chinkai 珍海 (mort en 1152 ou 1165?) de son vrai nom Fujiwara no yoshifuka 藤原良深, était un moine peintre, appartenant à l'école *Sanron* 三論, ce qui ne l'empêcha pas d'étudier aussi les théories des écoles *Huayan* et *Faxiang* (en japonais écoles *Kegon* et *Hossō*). Chinkai devint le *ikō* 己講 du Tōdaiji 東大寺. Le terme *ikō* désigne, à la fin de l'époque *Heian*, les moines des grands temples bouddhiques de la Capitale du Sud. qui devaient conduire au palais impérial les grandes cérémonies du *Gosaie* 御齋會, du *Yuimae* 維摩會 et du *Saishōe* 最勝會. Il étudia aussi les théories du Jingtu 淨土 et il devint le 13ᵉ patriarche du temple Zenrinji 禪林寺. Il est l'auteur du *Ketsujō ōjō shū* 決定往生集, du *Jōdoshiki* 淨土私記 et du *Bodaishin shū* 菩提心集.

(72) cf. T. 2299, vol. 70, p.199 à 378 ; la citation p.280 *b*/18-27.

Le texte dit que la Nature des *dharma*, originellement, n'est ni contaminée, ni pure. Toutefois, momentanément, il existe une nature contaminée, capable d'exercer une fonction contaminante. De même il existe une nature pure, capable de fonction purifiante. Que signifie cela? Nombreux en sont les sens profonds. Ils désignent avant tout la Nature fondamentale du *Tathāgata*. Bien qu'en elle-même elle ne soit ni contaminée, ni pure, à un niveau de causalité elle peut avoir une double fonction contaminante et purifiante. On parle de fonction purifiante en relation avec la nature pure [au niveau causal et temporel]. Ce n'est pas la Nature [du *Tathāgata*], qui est pure. Il en est de même pour la fonction contaminante: c'est en raison de la nature contaminée que l'on parle de fonction contaminante. Ce n'est pas la Nature [du *Tathāgata*] qui est contaminée. Celle-ci [échappe à] toute contamination, quand bien même elle [paraît] contaminée.

En ces temps de décadence, les gens s'appuient sur un savoir superficiel, et en font un principe directeur. Quelle conduite déplorable! Oui vraiment déplorable! On devrait le savoir: la notion de [caractère intrinsèquement] mauvais de la nature est une catégorie humaine qui ne tient pas compte de ce que disent les sūtras et les *śāstra*.

有大乘止觀兩軸，是南岳思禪師作，又有本題下云，曇遷法師制云，彼云法
性本非染淨，而須有染性，能生染用，亦有淨性，能起淨用云云，今謂此言，
有甚意趣，謂眞如本性，雖非染淨，而能線起染淨兩用．其淨用之性，說與
淨性，非性即是淨，其染亦爾，染之性故，說爲染性，非性是染，此是非染，
縱爲染．末代淺學，軌此爲極，甚可悲愍！甚可悲愍！當知性惡是人推，
非盡經論中之所說也．

La construction de la première phrase laisse planer une certaine ambiguïté. On peut comprendre qu'il existe deux textes portant un titre identique, l'un ayant été rédigé par Huisi, l'autre par Tanqian; ou alors, tout simplement, la tradition attribue le même texte à deux auteurs différents. Chinkai, quant à lui, ne tranche pas. Il se contente de faire une brève analyse de l'œuvre, et ce qu'il en dit correspond effectivement à ce que nous savons du contenu de l'actuel *Dacheng zhiguan*.

d. *Shōshin* 證眞 (mort au début du 13ᵉ siècle).[73]

On ignore une partie de sa vie. On sait par contre qu'il eut une profonde influence sur le développement de la pensée de l'école *Tendai* au Japon. Nombreux furent ceux qui le considérèrent comme leur maître à penser. C'est sans

---

(73) Shōshin 證眞 fut d'abord l'élève de Ryūkei 陸慧 puis de Eiben 永辨 Son nom religieux est le plus souvent précédé de son nom de cellule hōchibō 寳地房. C'est sur ordre impérial qu'il écrivit le *Tendai sandaibu shiki* 天臺三大部私記. Il commença son travail entre 1165–1166; il le remania de 1185 à 1190 et y apporta de dernières retouches en 1207. On ignore la date de sa mort. Son œuvre est non seulement intéressante parce qu'elle eut une profonde influence sur le développement de l'école *Tendai*, mais aussi parce qu'elle cite un grand nombre de commentaires dont nous n'aurions plus trace autrement.

doute pour cette raison que son *Tendai sandaibu shiki* 天臺三大部私記[74] connut une telle vogue. En dehors de cette notoriété, et en ce qui concerne notre sujet, il fut le premier à poser vraiment le problème de l'attribution du *Dacheng zhiguan*. Dans son *Gengi shiki* 玄義私記[75], nous trouvons un dialogue entre deux personnes discutant du sens à donner au *Dacheng zhiguan*. Nous en extrayons ce court passage.

—*Question* : Dans le *Dacheng zhiguan* il est dit : "Quand on commence à pratiquer le subitisme (litt. la pensée unique), les différents degrés de l'existence ignorante sont aussitôt détruits.[76] La sagesse qui en résulte, éclaire chaque chose une à une. C'est pourquoi lorsque son fruit est complet, il n'y a plus d'ignorance".[77] D'après le sens de ce texte, quand les [deux] facteurs d'illusions [la vue et la pensée] sont éliminés, les artifices de la différenciation le sont aussi. Cependant, leurs aspects subtils sont difficiles à connaître. Sont-ils vraiment ôtés ?

—*Réponse* : [Oui, dans le cas où] leur simple contrôle signifie déjà leur destruction. Mais il est à craindre que ce texte ne soit pas l'œuvre du maître du Nanyue, car sa facture ne ressemble pas au style [habituel] de Huisi, et ses concepts sont différents de ceux que l'on rencontre dans ses autres traités. En outre, au chapitre 27, dans le passage consacré à Huisi, le *Jingde zhuan denglu…*, ne parle pas du *Dacheng zhiguan*.

—*Question* : S'il en est ainsi, pourquoi les maîtres chinois s'accordent-ils à dire qu'il est de Huisi ?

—*Réponse* : J'en ignore les raisons !

問 : 大乘止觀云，一念創始發修之時，無明往地即分滅也，故所起智慧，分分增明，故得果時無明滅也. 彼文意云，通惑斷時，別惑亦斷，但相微難知，而實斷也.

答 : 或指伏名斷. 又彼文恐非南岳所出，文勢不似大師筆故義勢不似餘部故. 及景德傳燈錄二十七南岳傳中，…，不云大乘止觀也.

問 : 若爾，何故和漢諸師，皆云大師所出？

答 : 未知所由.

Ayant fait, semble-t-il, une analyse sémantique des textes de Huisi et du *Dacheng zhiguan*, Shōshin en conclut qu'il y a entre eux des différences au niveau du style et des concepts. Par ailleurs, il ne s'explique pas comment les auteurs chinois ont pu attribuer celui-ci à Huisi. Shōshin doute à ce point qu'il soit de Huisi, qu'à chacune de ses citations il précise au préalable : "Le *Dacheng zhiguan*, on ignore à quelle école il se rattache" (*Dacheng zhiguan, weizhi bi zongyi* 大乘止觀未知彼宗意[78]). Dans un autre passage, tiré du *Maha shikan shiki* 摩訶止觀私記[79], il énumère clairement les raisons qui le poussent à mettre en doute son authenticité.

(74) cf. *Dainihon bukkyō zensho* 大日本佛教全書.
(75) *ibid..* p.207.
(76) cf. *Dacheng zhiguan famen*, T. 1924, vol. 46, p.643 *b* 6-8.
(77) *ibid.* p.643 *b*. Le texte est rigoureusement identique.
(78) cf. *Gengi shiki* 玄義私記 5, 23, 30; *Shikan shiki* 止觀私記, 5, 3.
(79) cf. *Dainihon bukkyō zensho*, p.541.

"Il n'est pas certain que ce texte corresponde à la doctrine actuelle de l'école *Tiantai*.

1) La nature du *Dharma* engendre tous les *dharma*; or l'école actuelle estime que cette catégorie relève des théories du *biejiao*.

2) Grâce à l'esprit unique, il y a mutuelle compénétration du grand et du petit [véhicules?]; or, ceci correspond à une citation extérieure au *Renwang siji*.

3) On dit que le *bodhisattva* du grand véhicule conserve toutes les passions.

4) Aucune des biographies de Huisi ne mentionne ce texte.

5) Sa facture se distingue de celle des autres œuvres.

6) Sous ce titre, on note qu'il fut rédigé par Tanqian, ce que prétend sincèrement [Tan]-yao. C'est pourquoi il n'est pas certain que ce soit l'enseignement oral de Huisi. Néanmoins, au Shanwangyuan, les traités et annales de l'école du Lotus affirment tous que c'est l'œuvre de Huisi.

彼文未必同今宗義，一者法性生一切法，今家判屬別教自生句也．二云由一心故，大小相人，此同仁王私記所引他義．三云大菩薩留煩惱．四者南岳諸傳，不舉此文．五者文勢不似餘部故．六者本題下注云曇遷撰．或本云遙側撰，故未必定南岳說，然山王院法華論記等，並云南岳也．

Nous reviendrons sur cette analyse.

e. *Nichiren* 日蓮 *(1222-1282)*.[80]

Nichiren n'apporte pas d'éléments nouveaux à la solution du problème, mais il sert de jalon pour l'histoire du *Dacheng zhiguan*. Nous rapprochons ici deux passages extraits du *Nichiren shōnin ibun* 日蓮聖人遺文, où il apparaît que Nichiren eut sans doute conscience de l'objection principale soulevée contre l'attribution du texte à Huisi : il s'apparente plus aux théories de l'école *Huayan* qu'à celles de l'école *Tiantai*.[81] Néanmoins, il considère toujours Huisi comme son auteur, et il rappelle que l'ouvrage fut rapporté en Chine par Jakushō. Voici donc ces deux passages :

"Jusqu'à présent les lettrés chinois possédaient peu de textes du Petit Véhicule parmi leurs trésors bouddhiques et un grand nombre de ceux du Grand

---

(80) Nichiren 日蓮, fondateur au Japon de la secte du même nom. Originaire de Abō 安房, à 22 ans il monte au Kiyosumiji 清澄寺 (au-dessus d'Amatsu-chō 天津町, dans la préfecture de Chiba 千葉 à l'est de Tōkyō) pour s'y instruire des doctrines du *Tendai*. Il se rend ensuite à Kamakura où le bouddhisme est florissant. Il réside successivement au Hieizan, au Nanto et au Kōyasan 高野山. Il considère que l'essence de l'enseignement bouddhique se trouve dans le *sūtra du Lotus*. En 1253, il reçoit une révélation à cet égard. Il en tire la doctrine sur laquelle se fondera la secte à laquelle on a donné ultérieurement son nom. Il ne cesse d'ailleurs de s'en prendre à toutes les autres sectes. En 1260, il rédige son *Risshō ankoku ron* 立正安國論, qu'il présente au gouverneur militaire et dans lequel il prédit de nombreux malheurs pour le pays, si les gouvernements de son époque ne croient pas au *sūtra du Lotus*. Ses attaques contre le gouvernement lui valurent un premier exil à Izu 伊豆 puis un second en 1571 à Sado 佐渡 (sans doute dans les mines de cuivre). Il en revient en 1574 et se retire sur le mont Minobu 身延山, qui est aujourd'hui encore le centre de la secte Nichiren. Avant sa mort, il désigna six de ses disciples qu'il considérait comme ses vrais successeurs (ce sont les *rokurō (sō)* 六老(僧)). Il est l'auteur entre autres d'un *Kaimoku shō* 開目鈔 et d'un *Kanjin honzon shō* 觀心本尊鈔.

(81) Voir plus loin p. 102 sq.

Véhicule avaient été perdus. Venus du Japon, Jakushō et d'autres, peu à peu, les leur ont remis. Bien qu'aucune tradition ne les eut propagés (en Chine), ils rapportaient cet enseignement, comme gravé (fidèlement) sur le bois et la pierre. Voilà pourquoi Zunshi s'exclame: "Prenant naissance dans notre pays, ce texte était comme la lune qui s'élève. Revenu de l'Est aujourd'hui, il est comme le soleil montant (vers son zénith)."

漢土大藏經中，小乘經一向無之，大乘經多分失之，自日本寂照等少少渡之，雖然無傳持人，猶如木石，帶持衣鉢，故遵式云，始自兩傳，猶月之生，今復自東返，猶日之昇等云云.[82]

Nichiren laisse supposer que de nombreux textes perdus en Chine furent remis en honneur au début du onzième siècle, grâce aux efforts de moines japonais.

Le second passage montre que le *Dacheng zhiguan* s'apparente aux doctrines du *Huayan* sur la nature contaminée ou pure. Comme il maintient son attribution à Huisi, il serait tenté de dire que celui-ci fut autant un maître du *Huayan* que du *Lotus*. Il n'est pas loin de la vérité, car, en effet, l'œuvre de Huisi, la plus authentique, en garde plusieurs traces.

"Dans la doctrine profonde de l'Absolu, on rencontre des *dharma* contaminés et des *dharma* purs. Nombreux sont les textes qui traitent de ce point. Le *Huayanjing* affirme que l'esprit, le buddha et les êtres sont (à la fois) trois et identiques les uns aux autres. Ce texte ne peut dépasser le *sūtra du Lotus* et sa théorie sur les aspects véritables de tous les *dharma*. Le grand maître du Nanyue déclare [quant à lui]: la substance de l'esprit étant complète, on ne distingue plus entre les aspects de ce qui est contaminé ou de ce qui est pur. Ces deux catégories sont abolies. On l'explique aussi par l'image sur un miroir [une manière de poser le problème de] la réalité simple ou double. C'est [à peu près] l'explication donnée par le *Dacheng zhiguan*."

但眞如妙理，有染淨二法，云事證文雖多之，華嚴云，心佛及衆生，是三無差別文，與法華經諸法實相文，不可過也. 南岳大師云，心體具足，染淨二法，而無異相，一味平等云云. 又明鏡譬眞實一二也. 委如大乘止觀釋.[83]

f. *Jōshun* 貞舜 *(1334-1422)*.[84]

Jōshun rejoint la position de Shōshin, mais son argumentation a moins de poids car plusieurs erreurs s'y sont glissées. C'est ainsi qu'il se trompe en datant le voyage en Chine de Jakushō sous les Tang, alors qu'il eut lieu en 1003 sous les Song, et en faisant vivre Tanqian au temple Huayan. Le passage traduit ci-dessous est extrait de son *Shichijō kenmon* 七帖見聞, ch. I.[85]

(82) cf. *Nichiren shōnin ibun* 日蓮聖人遺文, ch. I, p.741.
(83) *ibid.* p.758.
(84) Jōshun 貞舜, né en 1334. Il fait partie des six grands moines du Kantō 關東. Il est l'auteur d'un *Kashiwara shū yōan ritsu* 柏原宗要案立 en six *juan* et d'un *Tōchū kōketsu* 塔中口決 en un *juan*.
(85) Cité dans *Daijō shikan hōmon no sakusha ni tsuite* 大乘止觀法門の作者に就いて par Murakami Senshō 村上尊精 in *Bukkyōgaku zasshi*, vol. 1, n°1, 1920.

"Se peut-il que le *Dacheng zhiguan* ait été rédigé par le maître du Nanyue? D'après les annales japonaises, c'est l'œuvre du maître Tan-(qian) du temple Huayan. Si l'on s'appuie en outre sur le fait que le *Traité de l'Eveil de la Foi* [*Qixinlun* 起信論 cité plusieurs fois dans le *Dacheng zhiguan*][86] date du début ou de la fin des Sui, le *Dacheng zhiguan* ne peut avoir été écrit par Huisi. En outre, il ne figure pas parmi les œuvres de Huisi mentionnées dans le *Jingde zhuan denglu*.[87] Quant au (*Dacheng zhiguan*) *zongyuan ji* de Liaoran [1077-1141][88] [il émet l'hypothèse] que le *Wuzheng sanmei* serait le *Dacheng zhiguan*. Or, ces deux ouvrages existent au Japon, ils ne peuvent être confondus... Et pourtant, dans la préface au *Dacheng zhiguan*, on dit qu'il est de Huisi! [Cela vient du fait] que Jakushō, arrivé en Chine sous les Tang pour retourner aux sources de son école, emporta avec lui un *Dacheng zhiguan* et fit savoir que c'était là l'ouvrage recherché, écrit par Huisi."

大乘止觀南岳御釋歟事？ 答：或日記云, 大華嚴寺曇法師述云云. 既依起信論, 而彼論時代隋前後, 非南岳所覽, 又傳燈錄舉南岳釋中, 不出大乘止觀. 又了然法師宗圓記, 南岳釋有無諍三昧, 恐是大乘止觀歟云云. 而大乘止觀, 無諍三昧共, 日本有之, 非同本云云. 但大乘止觀序, 南岳釋云云. 又三河入道寂照, 入唐歸朝時, 大乘止觀隨身, 南岳釋披露可尋之也.

3. *Les sources complémentaires.*

Nous ne pouvons prétendre rassembler toutes les sources japonaises ayant trait de près ou de loin avec le *Dacheng zhiguan*. Nous avons présenté les plus importantes. Néanmoins, il en est d'autres qui en elles-mêmes témoignent de l'intérêt porté à cet ouvrage au Japon. Ce sont par exemple:

a) Eichō et son *Tōiki dentō mokuroku*, déjà cité. Eichō ne se prononce pas sur l'attribution de l'ouvrage à Tanqian. Il reconnaît simplement qu'il ne peut préciser si cela est vrai ou faux (*dacheng zhiguan yijuan, Tanqian shu, weixiang zhenwei* 大乘止觀一卷曇遷述未詳眞偽).[89] Même remarque dans son *Shoshū shōshoroku* 諸宗章疏錄.[90]

b) Il existe un *Daijō shikan kenmon* 大乘止觀見聞 en un *juan*, écrit par Senson 泉脅 en 1349, et conservé au Myōhōin 妙法院 à Kyōto. On y évoque quelques uns des problèmes déjà soulevés.

c) A la bibliothèque de l'université Taishō 大正 de Tōkyō se trouve un *Daijō shikan shakuyō zattō* 大乘止觀釋要雜套, dans lequel on explique le texte.

d) Jisan 慈山 (1637-1690) a fait l'éloge de l'ouvrage dans son *Daijō shikan juchū* 大乘止觀頌註. Trois copies sont actuellement conservées dans les

---

(86) cf. notre discussion ci-dessus, p. 99 sq.
(87) cf. p. 73 de ce chapitre.
(88) *ibid.* p. 82.
(89) T. 2183, vol. 55.
(90) cf. *Dainihon bukkyō zensho*, dans la première partie du *Bukkyō shoseki mokuroku* 佛教書籍目錄.

bibliothèques des universités Ryūkoku 龍谷 et Ōtani 大谷 à Kyōto, et Risshō 立正 de Tōkyō.[91]

e) Gōjitsu 豪實 a tenté de résoudre ce problème d'attribution dans son *Daijō shikan shingi* 大乘止觀眞僞, conservé au temple Mudōji 無動寺, du Hieizan

f) Fujaku 普寂 (1707–1781) considère que le *Dacheng zhiguan* est un faux.[92]

4. *Principales études concernant l'authenticité du Dacheng zhiguan.*

Là encore, nous ne citons que les études les plus importantes:

(1) Amana Chūkai 天納中海, *Daijō shikan hōmon no shingi ni tsuite* 大乘止觀法門の眞僞について, dans la revue *Shimei yoka* 四明餘霞 n° 26, octobre 1907.

(2) Ōno Hōdō 大野法道, *Nangaku Eshi no gakufū* 南岳慧思の學風. In *Bukkyōgaku zasshi* 佛教雜誌, vol. 1, n° 3, 1920.

(3) Murakami Senshō 村上專精, *Daijō shikan hōmon no sakusha ni tsuite* 大乘止觀法門の作者に就て, *ibid.* vol., 1 n° 1, 1920

(4) Mochizuki Shinkō 望月信亨, *Daijō shikan hōmon* 大乘止觀法門. cf. *Bukkyō daijiten* 佛教大辭典, vol. 4, p. 3270.

(5) Fuse Kōgaku 布施浩岳, *Nangaku daishi to tendai gaku* 南岳大師と天臺學. *Shūkyō kenkyū* 宗教研究, vol. 3, n° 5, 1926.

(6) Taira Ryōshō 平了照, *Nangaku daishi no chosho no shingi* 南岳大師の著書の眞僞. *Yamaga gakuhō*, 山家學報, nouvelle série, vol. 1, n° 4, 1931.

(7) Takahashi Isao 高橋勇夫, *Daijō shikan hōmon no sensha ni tsuite* 大乘止觀法門の撰者に就て *Bukkyō kenkyū* 佛教研究, vol. 6, n° 4, octobre à décembre 1942.

(8) Du même auteur, *Daijō shikan hōmon no naiyō ni kansuru kenkyū* 大乘止觀法門の內容に關する研究, *Tōyō daigaku ronsan* 東洋大學論纂, n° 2, 1942.

(9) Andō Toshio 安藤俊雄, *Tendai gaku kompon shisō to sono tenkai* 天臺學一根本思想とその展開, 170 pp., 1950.

(10) Sakamoto Yukio 坂本幸男, *Shōki shisō to aku ni tsuite* 性起思想と惡に就て, *Indogaku bukkyōgaku kenkyū* 印度學佛教學研究, vol. 5, n° 2, 1957.

(11) Sekiguchi Shindai 關口眞大, *Tendai shikan no kenkyū* 天臺止觀の研究, p. 92 à 134, 1969.

(12) Shengyan 聖嚴, *Dacheng zhiguan famen zhi yanjiu* 大乘止觀法門之研究, longue étude parue de juin 1971 à février 1972 dans la revue *Haichao yin* 海潮音, vol. 52 et 53.

---

(91) Nous tirons ces références de l'article de Shengyan 聖嚴, paru dans la revue *Haichaoyin* 海潮音, vol. 52, juin 1971, à vol. 53, février 1972. Cet article très bien documenté est la publication en chinois de sa thèse passée au Japon sous le patronage de Sakamoto Yukio 坂本幸男. cf. ici, l'article de Shengyan, *op. cit.*, septembre 1972, p.13.

(92) Fujaku 普寂 est l'auteur du *Kegon gokyō shōempishō* 華嚴五教章衍秘鈔 et du *Kegon tangenki hokki shō* 華嚴探玄記發揮鈔.

C. *Etude critique des sources japonaises.*

A la lumière des sources japonaises, nous constatons que le *Dacheng zhiguan* était déjà connu au Japon vers 750. Mais dès cette époque, les uns l'attribuent à Tanqian, les autres à Huisi, d'autres enfin s'abstiennent d'en nommer l'auteur. Il faut attendre le 13ᵉ siècle pour que soit vraiment soulevé le problème de son attribution à Huisi. Depuis, les uns et les autres ont adopté des solutions très diverses. Essayons de regrouper les arguments sur lesquels s'appuyer pour mettre en doute l'authenticité du *Dacheng zhiguan.*

1. Dans la première partie du *Dacheng zhiguan,* le *Dacheng qixin lun* est cité huit fois. Or, si l'on admet, suivant la tradition, que ce dernier fut traduit par Zhendi 眞諦 au sixième siècle, force est de reconnaître que les deux ouvrages sont contemporains. On voit difficilement comment Huisi aurait pu connaître le *Dacheng qixin lun* et lui accorder une telle autorité. Il est donc peu vraisemblable que le *Dacheng zhiguan* ait été rédigé par lui.[93]

2. Ni le style ni les thèmes de l'ouvrage ne s'apparentent à ceux de l'œuvre globale de Huisi.[94]

3. Si l'on s'appuie sur les thèmes du *Vœu,* on doit admettre que Huisi s'est surtout attaché au *sūtra du Lotus* et à celui de la *Prajñāpāramitā.* Pour l'ensemble des œuvres que nous avons admises comme faisant partie du corpus de sa pensée, il faut se référer constamment à ces sūtras. Or ce n'est pas le cas pour le *Dacheng zhiguan.*[95] (Celui-ci d'une part ne cite jamais le *sūtra de la Prajñāpāramitā*; d'autre part il marque une préférence certaine pour le *Huayan jing* 華嚴 經, qu'il cite quatorze fois.[96] C'est sans doute à cela que faisait allusion Shō-shin lorsqu'il déclarait que le thème ne ressemblait pas à celui de l'œuvre entière de Huisi (*yishi busi yubu* 義勢不似餘部).

4. Huisi fut le disciple de Huiwen. Ce dernier eut une estime particulière pour Nāgārjuna. On peut supposer qu'il sut amener son disciple à reconnaître aussi son autorité. Or, pour expliquer la nature des *dharma,* le *Dacheng zhiguan* ne recourt pas aux concepts utilisés par Nāgārjuna. Il use, au contraire, de notions telles que la différenciation des natures (*fenbie xing* 分別性).[97] Pour asseoir sa théorie du *zhiguan,* il a recours aux principes du *Dacheng qixin lun.*

5. Dans le *Mohe zhiguan,* Zhiyi affirme qu'il hérita de son maître la théorie des trois catégories de *zhiguan* (*Tiantai zhuan Nanyue sanzhongzhiguan* 天臺傳南 岳三種止觀).[98] Or, l'expression *sanzhong zhiguan* ne se retrouve nulle part dans le *Dacheng zhiguan* ni même dans les autres œuvres de Huisi.

---

(93) Cette théorie est avant tout soutenue par Fuse Kōgaku dans l'article *Nangaku daishi to tendaigaku.*

(94) C'est l'opinion soutenue par Shōshin. cf. p.89 à 91.

(95) cf. l'article *Daijō shikan hōmon no sakusha ni tsuite* par Murakami Senshō, in *Bukkōgaku zasshi* vol.1, n° 1.

(96) cf. T. vol. 46, p.642 *c,* 643 *c,* 644 *b,* 644 *c,* 646 *b,* 648 *b,* 648 *c,* 652 *a,* où le *Huayan jing* est explicitement nommé; 650 *a* (par trois fois), 659 *b,* 659 *c,* où l'auteur le cite sans le mentionner.

(97) Allusion aux trois sortes de caractères qui définissent la nature d'une chose. Il s'agit de ses caractères bons , mauvais ou neutres.

(98) cf. *Mohe zhiguan,* vol. 46, p.1 *c*/1.

6. Les différents maîtres de l'école Tiantai: Zhiyi, Guanding, Zhang'an, Zhanran n'ont jamais parlé du contenu du *Dacheng zhiguan*. Ils n'ont même jamais cité son titre. En fait il en va de même pour les autres œuvres de Huisi, à cette nuance près que les maîtres de l'école font fréquemment allusion à son enseignement, sans toutefois faire une référence explicite à l'un ou l'autre ouvrage.

7. Les autres œuvres de Huisi ont trait au *samādhi* (*sanmei* 三昧) et au *dhyāna* (*chanding* 禪定).[99] Le concept de *zhiguan* en est absent.

8. La comparaison des doctrines concernant la connaissance (*shi* 識), développées dans le *Sui ziyi sanmei*, par exemple, et dans le *Dacheng zhiguan*, fait apparaître de nettes différences.[100] Dans le premier, elles s'apparentent au système du *Dilun zong* 地論宗[101] qui florissait sous les Wei du Nord. Dans le second, elles suivent la ligne tracée par le *Dacheng qixin lun*, et appartiennent au système du *Shelun zong* 攝論宗.[102] Si ces deux ouvrages sont de Huisi, pourquoi a-t-il adopté des points de vue différents?

(99) Voir plus loin, p. 165 sq.

(100) Ainsi, dans le *Sui ziyi sanmei* de Huisi, la huitième *vijñāna* (*diba shi* 第八識) est considérée comme la sagesse pure (*zhen shi* 眞識) inhérente à un esprit qui n'est pas atteint par la vie et la mort, qui est donc libre de toute illusion. La septième *vijñāna* est présentée comme la source de la libération par la connaissance (*jieshi* 解識). Les six autres *vijñāna* sont pour lui des vues erronées. Or, dans le *Dacheng zhiguan*, la huitième connaissance *ālaya* (*diba aliyeshi* 第八阿梨耶識) est le fruit de l'harmonie entre la connaissance pure et la connaissance erronée (*zhenwang hehe shi* 眞妄和合識). La septième *vijñāna* est une connaissance dans laquelle on reconnaît l'existence du moi (*wozhi shi* 我執識). Ces quelques exemples montrent à tout le moins que les points de vue sont différents.

(101) L'école *Dilun* 地論 tire son nom du commentaire de Vasubandhu, le *Daśa-bhūmi sūtra* (*shidi jing* 十地經) sur lequel elle fonda sa doctrine. Ce texte fut traduit en 508-512 par Bodhiruci, ainsi que par Ratnamati (Baohui寶慧) et Buddhaśānta (Fotuoshanduo 佛陀扇多 qui demeura en Chine de 520 à 539). Comme le lien entre les six connaissances *ālaya* et la *tathatā* (*zhenru* 眞如) n'avait pas été clairement défini par Vasubandhu, l'école *Dilun* fut plus ou moins scindée en deux branches, la branche dite de la Voie du Nord (*Beidao pai* 北道派) conduite par Daochong et celle de la Voie du Sud (*Nandao pai* 南道派) ainsi nommée parce que son maître Huiguang 慧光 (468-537) vivait dans la région sud de la capitale Luoyang. Pour Daochong 道寵, disciple de Bodhiruci, la conscience *ālaya* est irréelle (fausse) et séparée de la tathatā. Pour Huiguang, disciple de Ratnamati, la conscience *ālaya* est réelle (vraie) et identique à la *tathatā*. Alors que les disciples de Daochong ne surent propager l'enseignement de leur maître, ceux de Huiguang, mieux armés doctrinalement, assurèrent l'essor de leur branche, jusqu'au jour où sous l'influence de Dushun 杜順 elle donna naissance à l'école *Huayan* 華嚴.

(102) L'école *Shelun* 攝論 tire son nom du titre du *Mahāyāna-saṃparigraha* (*She dacheng lun* 攝大乘論, cf. T. 1595, vol. 31) écrit par Asaṅga au cinquième siècle, annoté par Vasubandhu (240-500) et traduit successivement en chinois par Buddhaśānta en 531, par Paramartha (Zhendi 眞諦, 499-569) en 563 et à nouveau par Xuanzang 玄奘 durant les années 648-649. Ce fut la traduction de Paramartha qui servit surtout de base à l'école *Shelun*. Le *She dacheng lun shi* 攝大乘論釋 est le *śāstra* qui expose le plus clairement la doctrine de l'idéalisme pur (*weishi* 唯識), et qui donne l'essentiel des dix caractéristiques du *Mahāyāna*. On pourrait résumer ainsi sa théorie de la connaissance: quand les choses sont réfléchies sur notre esprit, le pouvoir de notre imagination est déjà en action. C'est ce que l'on appelle la conscience, au sens intellectuel de connaissance (*shi* 識). Rassemblant et coordonnant tous les éléments reçus, elle les emmagasine (d'où son nom *ālaya-vijñāna*, *alayeshi* 阿賴耶識). En conséquence, elle combine ensemble les éléments purs et contaminés. Lorsqu'elle se tourne vers l'existence concrète, elle entre en contact avec un monde déformé par l'imagination. Dans ce cas, seule l'illumination parfaite du Buddha peut permettre que l'idéation pure parvienne à purifier les éléments con-

9. Alors que Huisi adopte avant tout le réalisme (*shixiang lun* 實相論)[103] de Nāgārjuna, l'auteur du *Dacheng zhiguan* adopte le déterminisme (*yuanqi lun* 緣起論)[104] inhérent au *Dacheng qixin lun*.

10. Bon nombre des obscurités du texte sont dûes à la maladresse de l'écrivain. Le préambule lui-même ne peut pas avoir été écrit par un Chinois. Certains en concluent que l'ouvrage aurait été composé par un Japonais dans la période *Heian* 平安 (794-1185). Il serait l'oeuvre d'un moine du Hieizan 比叡山. Ceci expliquerait que le *Dacheng zhiguan* attache une très grande importance à l'illumination fondamentale (*benjue* 本覺)[105], ce qui est en effet la marque du *Tendai* du Hieizan. En fait nous pouvons réfuter aussitôt cette proposition, puisque nous trouvons trace du *Dacheng zhiguan* bien avant la période *Heian*. Nous avons vu qu'il était apparu déjà en 751, c'est à dire avant même la naissance de Saichō et de Ennin, les fondateurs du *Tendai* japonais.

11. L'ouvrage enfin n'est pas de Huisi mais de Tanqian.[106] On en voudra

---

taminés qui se trouvent dans la conscience. Alors le monde de l'imagination et de l'interdépendance (*fenbie xing* 分別性) peut être élevé au niveau de la vérité authentique (*zhenshi xing* 眞實性). Ce but étant atteint, il n'y a plus distinction entre le sujet et l'objet. La connaissance acquise échappe à toute discrimination (*wu fenbie zhi* 無分別智). Cet état suprême est celui du *nirvāṇa* qui n'est lié à aucun point (*wuzhu niepan* 無住涅槃).

Cette théorie de la conscience est en fait très proche de celle du *Dacheng qixin lun* que la tradition s'est plu à attribuer à Aśvaghoṣa (Maming 馬鳴).

Par la suite, l'école *Shelun* fut remplacée par l'école *Faxiang* 法相 sous l'impulsion de Xuanzang et de son disciple Guiji 窺基 (632-682). Cependant, sa doctrine n'y fut pas totalement intégrée.

(103) cf. p. 96 note 102, et p. 102 sq.

(104) Le *yuanqi lun* 緣起論 fut surtout développé par l'auteur de *l'Eveil de la foi* (*Dacheng qixin lun*). Pour celui-ci la *tathatā* est en quelque sorte teintée d'ignorance et la conscience qui emmagasine les multiples éléments de perception, possède une nature dans laquelle vérité et erreur se mélangent. Par suite de cela, la *tathatā* se manifeste, en un sens, comme une conséquence causale (*sui yuanqi dong* 隨緣起動). Il ne s'agit pas là d'une causalité née sous l'influence d'une action (*yegan yuanqi* 業感緣起) mais d'une causalité, fruit d'une idéation pure (*laye yuanqi weishi yuanqi* 賴耶緣起唯識緣起).

(105) Cette illumination originelle (*benjue* 本覺) va de pair avec l'idée que l'esprit universel est pur et parfaitement éclairé. Elle se distingue de la connaissance première (*shijue* 始覺) qui est une connaissance *a posteriori*. Le *Dacheng qixin lun* développe l'ensemble de cette théorie.

(106) *Tanqian* 曇遷 (542-607) était originaire de Boling Raoyang 博陵饒陽 (dans l'actuelle sous-préfecture de Raoyang, préfecture de Shenzhou 深州 dans le Hebei). Initié dès l'âge de treize ans aux classiques confucéens, il manifesta des dons intellectuels très poussés. Dès cette époque il aurait voulu se faire moine au temple Qulisi 曲李寺 de Raoyang, mais il ne put entrer dans cette communauté sous prétexte qu'aucun de ses membres n'était en mesure de l'enseigner, étant donné ses très grandes connaissances. Tanqian dut attendre l'âge de vingt-et-un ans pour se mettre à l'école du moine Tanqing 曇靜 à Dingzhou 定州. Il étudia d'abord le *Shengman jing* 勝鬘經 (cf. T. 353, vol. 12), reçut les règles de *vinaya*, puis il accompagna son maître au Wutaishan 五臺山. Il partit ensuite pour Ye 鄴 la capitale des Qi, où il rendit visite à plusieurs maîtres du Grand Véhicule qui préconisaient une exégèse détachée du commentaire littéral. Il devint le disciple de Tanzun 曇遵 qu'il vénéra particulièrement. Cependant, Tanqian ne pouvait se satisfaire de la vie mondaine menée par les moines qui jouisssaient des nombreux avantages offerts par la Cour des Qi. Il se retira au Linlushan 林盧山 où il se consacra à l'étude du *Huayan jing* 華嚴經, du *Shidijing* 十地經, du *Weimo jing* 維摩經 et du *Langqie jing* 楞伽經. Il étudia aussi le *Traité de l'Eveil de la Foi* 大乘起信論. Il adhéra aux théories de l'école *Shelun* 攝論 dite aussi école *Weishi* 唯識. Il connut une période de troubles psychiques et, dit la tradition, fut guéri à la suite d'un rêve où il se vit dévorant la lune. Ce serait pour cette raison qu'il aurait alors prit le nouveau nom de Yuede 月德.

pour preuve le fait que celui-ci fut l'initiateur, au Nord, du *Shelun zong* 攝 論
宗, système dans lequel s'inscrit le *Dacheng zhiguan*. Il faut cependant remarquer que la plupart des sources japonaises citées plus haut se contentent seulement de noter cette attribution. Shōshin lui-même démontre que le *Dacheng
zhiguan* peut être difficilement attribué à Huisi, mais il évite soigneusement de
le ranger définitivement parmi les œuvres de Tanqian. Il n'y a guère que
Jōshun, au quinzième siècle, qui ose l'imputer catégoriquement à Tanqian.
Mais peut-on prendre ses affirmations pour argent comptant, dès lors qu'il
commet plusieurs erreurs? Jōshun fait, en effet, vivre Tanqian au temple Da-
huayan 大 華 嚴, alors que nulle part, dans sa biographie ou ailleurs, nous ne
trouvons mention de ce temple. L'activité de Tanqian se développa surtout
autour du Temple de la Méditation (Chanding si 禪 定 寺). En outre, dans le
Tōiki dentō mokuroku de Eichō, écrit en 1094, on peut retrouver une affirmation
contradictoire à quelques lignes d'intervalles: dans un premier cas il attribue

Pour échapper à la persécution des Zhou du Nord, dont nous déterminerons les raisons
majeures au chapitre IV, il se réfugia au sud du Yangzi, à Yangdu 楊 都, au temple Daochang
si 道 場 寺. Il y participa à de nombreuses discussions sur la doctrine de l'école *Weishi*. C'est
là qu'il se lia d'amitié avec les moines Huixiao 慧 曉, Zhiguang 智 光, et autres. Beaucoup de
moines et de laïcs venaient le consulter. Cependant, il avait toujours des doutes sur la doctrine
de l'école *Weishi*. Ceux-ci s'évanouirent quand il découvrit par hasard le traité de *l'Acceptation
du Grand Véhicule* (*Mahāyāna-sangraha, She dacheng lun* 攝 大 乘 論 cf. T. 1592-1597), un traité
écrit par Asaṅga au 5e siècle, annoté par Vasubandhu (420-500) et traduit successivement en
531 par Buddhaśānta, en 563 par Paramartha, puis plus tard par Xuanzang durant les années
648-649. Tanqian considéra ce *śāstra* comme le *nec plus ultra*. Il entreprit aussitôt de le faire
connaître partout. En 581, il quitta Jianye 建 業 la capitale des Chen et se rendit avec quelques compagnons à Pengcheng 彭 城, où il collationna les différentes versions du *She dacheng
lun*. Tanqian fut le premier à répandre dans le Nord de la Chine la doctrine élaborée dans ce
traité. Il donna en outre des conférences sur le *Lengqie jing* et le *Dacheng qixin lun*.
    En 587, il se rendit à Changan 長 安 sur ordre impérial. L'empereur le reçut en grande
pompe, en même temps que cinq autres moines, Huiyuan 慧 遠, Huizang 慧 藏, Sengxiu 僧 休,
Baozhen 寶 鎮 et Hongzun 洪 遵 appelés les Cinq grands Vertueux. Tanqian devint alors supérieur du temple Daxingshansi 大 興 善 寺. C'est là qu'il enseigna le *She dacheng lun*. Il eut
plus d'un millier de disciples. En 590, sur ordre impérial, il accompagna l'empereur à Puyang
普 陽 où il procéda à l'ordination officielle de plusieurs dizaines de milliers de moines qui
s'étaient déjà fait ordonner en privé. A cette occasion, on construisit à Jingcheng 京 城 le temple
Shengguangsi 勝 光 寺, dans lequel s'établirent une soixantaine de disciples de Tanqian,
ayant reçu la mission de prier pour l'héritier du trône.
    A cette époque, Tanqian fut accusé, par des disciples rebelles, de végéter spirituellement
et de se complaire dans la protection impériale. Il rédigea un *Wang shi fei lun* 亡 是 非 論 pour
se défendre. En 593, il fit un nouveau voyage en compagnie de l'empereur dans le Qizhou
岐 州 (entre le Shanxi et le Shenxi). La même année, on demanda à l'héritier impérial d'effec-
tuer une tournée et de faire restaurer les temples du voisinage, les statues endommagées. En
601, on voulut élever des *stūpa* dans trente provinces, et trente moines, choisis parmi les plus
vertueux devaient y honorer les reliques rapportées de l'Inde. A la mort de l'impératrice, on
fit construire au sud-ouest de la capitale le temple Chandingsi 禪 定 寺 dont Tanqian devint
supérieur.
    Tanqian était réputé pour son caractère généreux et droit, sa maîtrise des règles de *vinaya*
et de *dhyāna*. Sa pensée était, dit la tradition, dénuée de toute ambiguïté.
    On trouvera sa biographie dans *Xu gaoseng zhuan*, T. 2060, vol. 50, p.571 *b*/12 à 574 *b*/6.
Il serait l'auteur d'un *Shelun shu* 攝 論 疏 en 10 *juan*, et de plus de vingt commentaires dont les
principaux étaient consacrés au *Lengqie jing*, au *Dacheng qixin lun*, au *Weishi lun* ainsi qu'au
Huayan jing. Toutes ces œuvres seraient perdues; mais comme nous l'avons dit, certains pen-
sent que Tanqian serait le véritable auteur du *Dacheng zhiguan famen*.

le *Dacheng zhiguan* à Huisi, dans un second il reconnaît n'avoir pas vérifié si l'ouvrage était vraiment de Tanqian. Ne peut-on supposer qu'il exista au Japon une version dite de Tanqian et une autre dite de Huisi? Ou bien n'y eut-il qu'un seul texte réclamé par deux traditions différentes? Quoi qu'il en soit, les auteurs japonais anciens ont buté sur ce problème.

Les onze arguments, servant la thèse défavorable à Huisi, ne manquent pas de poids, malgré les quelques critiques que nous avons pu formuler. Mais peut-on réellement conclure que l'ouvrage n'est pas de Huisi? Apparement tout va dans ce sens. Pourtant comment expliquer que la tradition chinoise ait accepté, sans plus d'interrogations, de classer le *Dacheng zhiguan* parmi les écrits de Huisi? Comment les commentateurs chinois, cités plus haut, ont-ils pu souligner la parenté du *Zhiguan* de Huisi avec celui de Zhiyi, alors que l'œuvre prétendue de Huisi n'appartient pas au système de pensée de l'école *Tiantai*? On pourrait certes évoquer de nombreux exemples de syncrétisme religieux dans l'histoire du bouddhisme et de ses écoles chinoises, pour faire admettre que les penseurs du *Tiantai* ont intégré sans réticence une œuvre hybride et lui ont donné un auteur. Cela non plus n'est pas satisfaisant. Il faut donc analyser plus à fond les sources chinoises et japonaises.

D. *Le Dacheng zhiguan peut-il être de Huisi?*

1. *La présence de nombreuses citations extraites du Dacheng qixin lun contredit-elle son attribution à Huisi?*

a. *Critique de l'argument de Fuse Kōgaku.*

A supposer que le *Dacheng zhiguan* soit de Huisi, et contrairement à ce qu'affirme Fuse Kōgaku, on ne peut soutenir que les deux ouvrages soient rigoureusement de la même époque. En effet, le *Dacheng qixin lun* semble bien antérieur au *Dacheng zhiguan*.[107] D'après le *Lidai sanbao ji* 歷代三寳記, *juan* 11,[108] il aurait été rédigé en la quatrième année *taiqing* 太清 (550), lors de la révolte de Hou Jing et à la fin du règne de Wudi des Liang. D'après le *Kaiyuan shijiao lu* 開元釋教錄, *juan* 6,[109] ce serait en la seconde année *chengsheng* 承聖 (553). Enfin, d'après le *Qixin lun xu* 起信論序 de Zhikai 智愷[110], ce serait en la troisième année de la même ère (554).

Si l'on admet que Huisi se réfugia dans le Dasushan, au plus tôt en 552, au plus tard en 555,[111] on doit reconnaître que le *Dacheng qixin lun* fut écrit sinon avant son entrée dans cette montagne, du moins aussitôt après. Or l'activité de Huisi commença seulement à cette période. Auparavant il s'était formé auprès de maîtres, tels que Huiwen, Jian et Zui. Nous avons émis l'hypothèse

---

(107) Pour cette question, on consultera l'ouvrage de Mochizuki Shinkō, *Daijō kishinron no kenkyū* 大乘起信論之研究, p. 5 et 6, Kyōto, 1922.

(108) cf. T. 2034, vol. 49, p. 99 *a*/5.

(109) cf. T. 2154, vol. 55, p. 538 *b*/6-7.

(110) Ouvrage datant des Chen (2ᵉ moitié du VIᵉ siècle).

(111) cf. chapitre II, p. 38 note 36.

que le *Sui ziyi sanmei*, le *Zhufa wuzheng sanmei famen* et le *Fahua jing anle xing yi* avaient été sinon rédigés, du moins enseignés durant le séjour de Huisi dans le Dasushan et sa région. Ces trois essais, nous l'avons dit, répondent aux mêmes interrogations, développent des thèmes identiques et s'inspirent des mêmes sūtras. Le *Dacheng qixin lun* n'y est jamais mentionné et aucun des concepts propres à celui-ci n'y est utilisé.

b. *La pensée de Huisi a évolué.*

La disparition d'un certain nombre d'œuvres de Huisi limite le champ de nos investigations. La découverte éventuelle qui aurait pu y être faite d'extraits du *Dacheng qixin lun*, aurait permis d'établir avec certitude, et sur un large éventail, dans quelle mesure et à quelle époque Huisi en aurait eu connaissance. Or, aujourd'hui, une seule chose est certaine : les oeuvres subsistantes, composées entre les années 552 et 568, n'ont aucun lien de parenté avec le *Dacheng qixin lun*. On peut en outre estimer que Huisi ne pouvait à cette époque recourir à des traités contemporains pour asseoir sa propre pensée. Son enseignement était en effet contesté, comme nous l'avons vu au chapitre précédent. Il était donc obligé de convaincre ses adversaires de la justesse de sa doctrine, en s'appuyant exclusivement sur des textes canoniques faisant autorité depuis longtemps. Le sūtra de la *Perfection de Sapience* et le *sūtra du Lotus* étaient de ceux-là ; ce sont eux qui constituent l'assise des trois œuvres évoquées plus haut. Même si Huisi connaissait déjà le *Dacheng qixin lun*, à cette période là, il ne pouvait l'utiliser, car il pouvait paraître suspect en raison de sa nouveauté.

Maintenant, si l'on émet l'hypothèse que le *Dacheng zhiguan* est de Huisi, il n'a pu être composé qu'après 570, c'est à dire durant son séjour final au Nanyue. Dans ce cas, vingt ans se seraient écoulés depuis la parution du *Dacheng qixin lun*. Huisi aurait eu l'opportunité d'étudier ce texte. On ne peut pas non plus interdire à un auteur d'évoluer dans sa pensée. La progression doctrinale observée dans le corpus de son œuvre, prouve justement une telle évolution chez Huisi. C'est pourquoi la présence de citations et de concepts empruntés au *Dacheng qixin lun* dans l'œuvre prétendue de Huisi, ne peut servir de preuve contraignante.

2. *Le contenu du Dacheng zhiguan ne correspond pas aux doctrines élaborées par l'école Tiantai.*

Au préalable, il faut préciser que c'est Zhiyi, et non pas Huisi, qui est le véritable fondateur de l'école *Tiantai* proprement dite. Huisi fut un maître à penser, non pas un créateur de secte. Néanmoins, Zhiyi considéra Huisi comme la source de sa pensée. A travers son œuvre, nombreux sont les endroits où l'on retrouve les concepts déjà contenus dans le *Dacheng zhiguan*.[112] On peut

---

(112) Ainsi le concept de base sur la nature contaminée (*xingran* 性染) rejoint, malgré des points de départ différents, celui de Zhiyi sur la nature mauvaise (*xinge* 性惡). Nous ne pouvons développer ici plus amplement ce point, car il nécessiterait un très long exposé. Nous

toutefois s'étonner de ce que Zhiyi n'ait jamais cité explicitement l'ouvrage supposé de son maître.

Ne pourrait-on pas, à cela, trouver une explication: le *Dacheng zhiguan* étant une œuvre plus ordonnée et aussi plus ésotérique que les autres, Huisi aurait consacré à son élaboration le temps de sa retraite au Nanyue. A travers elle, il aurait transmis à ses disciples l'aboutissement de ses recherches. Il aurait ainsi livré peu à peu son message, le précisant à chaque instant, le confrontant aux idées d'autres maîtres et l'épurant au filtre des sūtras et des *śāstra*.[113] La retraite au Nanyue lui aurait permis de faire une sorte de synthèse de ses propres pensées et des idées acquises tout au long de sa vie. Dans ces conditions, Zhiyi aurait réellement été instruit de la doctrine principale du *zhiguan* avant même que Huisi ne l'eût systématisée.

Par ailleurs, tout indique que Huisi ne composa pas lui-même cet ouvrage. Son sous-titre actuel indique qu'il fut d'abord un enseignement oral. D'autre part, l'expression *qushou* 曲授 employée dans ce sous-titre, peut s'interpréter en ce sens: enseignement privilégié (sur la nature de l'esprit). Le caractère *qu* signifie aussi l'étude minutieuse à laquelle un être tient particulièrement; il évoque aussi le chant. Si notre interprétation est la bonne, le *Dacheng zhiguan* serait comme un chant du cygne, une oeuvre dans laquelle Huisi aurait mis le meilleur de sa pensée. Cela n'exclut d'ailleurs pas que le texte ait été rédigé par un disciple, à partir de notes prises au cours de conférences quotidiennes. Dans ce cas, Zhiyi ne pouvait pas citer une oeuvre non encore rédigée.

Il faut encore souligner que le *Dacheng zhiguan* n'a pas la dimension du *Mohe zhiguan* de Zhiyi. Pourtant, les exégètes chinois de l'école Tiantai, tels que Liaoran, Zhixu et Dixian, ont eu raison de mettre en relief l'identité de vues masquée par des concepts différents. Ils ont eu le mérite, pensons-nous, de n'être pas dupe du langage employé de part et d'autre. Leurs trois commentaires prouvent implicitement que le *Dacheng zhiguan* n'est pas une œuvre hétérodoxe s'écartant des doctrines de l'école *Tiantai*.

3. *Le Dacheng zhiguan ne figure pas dans les catalogues les plus anciens.*

De tous les arguments présentés, c'est celui-ci qui est objectivement le plus pertinent. Nul ne peut contester le fait que le *Dacheng zhiguan* n'apparaît sur aucun catalogue chinois antérieur à l'an 1000. Nous n'en trouvons pas trace en Chine dans les multiples ouvrages bouddhiques rédigés durant les quatre siècles qui séparent la mort de Huisi du "retour"[114] du livre en son pays d'origine. Si le *Dacheng zhiguan* est une œuvre de vieillesse, transmise d'abord

---

renvoyons à l'article de Shengyan, *Dacheng zhiguan famen zhi yanjiu, op. cit.*, février 1972, p. 12 à 16, ainsi qu'aux conclusions de Andō Toshio, *Tendai gaku kompon shisō to sono tenkai*, et de Sakamoto Yukio, *Shōki shisō to aku ni tsuite.*

(113) C'est ainsi que Daoxuan présente le travail de réflexion poursuivi par Huisi. Cf. T. 2060, vol. 50, p. 563 *a*/13–15 et *b*/24–25, 564 *a*/1–3.

(114) Ainsi s'exprime Zunshi dans sa préface au *Dacheng zhiguan famen*. T. 1924, vol. 46, p. 641 *c*/12.

oralement, puis mise par écrit par les disciples de Huisi, on peut s'expliquer que ni Zhiyi, ni Guanding, qui ne vécurent pas au Nanyue, ne l'aient cité.

Mais alors pourquoi les autres grands maîtres de l'école en ont-ils ignoré l'existence? Est-ce que les œuvres de Zhiyi, traitant magistralement du *zhiguan*, se suffisaient à elles-mêmes et supprimaient chez ces penseurs tout désir d'aller chercher ailleurs la source d'une notion fondamentale pour leur école? Ces interrogations restent sans réponses. Nous pouvons toutefois proposer une explication à la disparition du livre. Après son retour en Chine, en 645, Xuan-zang 玄奘, dressa la liste des ouvrages apocryphes qui ne pouvaient faire partie du véritable canon bouddhique.[115] Le *Dacheng qixin lun*, le *She dacheng lun* 攝大乘論, le *She lun shi* 攝論釋 comptaient parmi les ouvrages interdits. Il semblerait logique qu'on ait aussi écarté les traités chinois qui se rapportaient à ces *śāstra* fautifs.

Le *Dacheng zhiguan* serait tombé sous le coup de cette sentence et n'aurait donc pu être cité ou mentionné dans les catalogues de Daoxuan. Pour mesurer la valeur de cette hypothèse, il serait néanmoins nécessaire d'étudier plus à fond la portée et la durée de l'interdiction lancée à l'initiative de Xuanzang contre l'usage de textes apocryphes. Si elle fut suivie d'effets, on peut imaginer que de nombreux textes soient alors tombés dans l'oubli, ou aient été gardés secrètement dans des cercles restreints. Les troubles de la fin des Tang et de la période des Cinq Dynasties (907-960), s'ajoutant au discrédit officiel, auraient ensuite provoqué la perte et la dispersion d'un plus grand nombre d'entre eux.

4. *Le Dacheng zhiguan n'est pas de la même veine que celle du corpus de Huisi.*

Le *Sui ziyi sanmei*, le *Zhufa wuzheng sanmei famen* le *Fahua jing anle xing yi*, appartiennent en effet à un autre système. Ils s'inscrivent dans le Réalisme (*shixiang lun*) de Nāgārjuna. Le *Dacheng zhiguan* quant à lui a les traces d'un certain Déterminisme (*yuanqi lun*) propre au *Dacheng qixin lun*.

Depuis longtemps les ouvrages appartenant au système de Nāgārjuna étaient traduits en Chine. En homme du Nord, disciple de Huiwen, Huisi en fut imprégné. Il n'est pas étonnant que ses œuvres, dites de jeunesse, en aient porté la marque. Tel n'est pas le cas du *Dacheng zhiguan* qui se réfère surtout au *Huayan jing* et au *Dacheng qixin lun*. Si nous devons admettre que le *Dacheng zhiguan* est une œuvre de vieillesse de Huisi, alors il faut considérer qu'il passa d'une notion assez générale du *dhyāna* (surtout représenté par les deux aspects complémentaires du *chanding* et du *sanmei*, respectivement contemplation et *samādhi*) à l'exposé systématique d'une méthode de concentration (synthétisée dans la notion de *zhiguan*, concentration et contemplation). Après avoir situé le rôle du *dhyāna* dans la perspective du *bodhisattva*, il en aurait défini les termes et les modes pratiques; cette particularisation s'effectuant sur la base de nouvelles conceptions philosophiques.

Nāgārjuna lui-même fournit l'exemple d'une telle évolution de pensée. Il recourut d'abord au *Shiermen lun* 十二門論 pour introduire son Réalisme au

---

(115) *cf. Xu gaoseng zhuan* k.25, T. vol. 50, p.666 *c*, sq.

plan négatif. Puis, il eut recours au *Da zhidu lun* 大智度論 pour en développer tout l'aspect positif. Dans un premier temps, il réfuta les théories du *Hīnayāna* et ce qu'il jugeait être des doctrines hétérodoxes. Par la suite, il démontra la vacuité de la nature de toutes choses. Enfin, dans le *Shizhu piposha lun* 十住 毘婆沙論, sa pensée concernant le salut par l'aide d'un autre (*tali* 他力) est très proche des conceptions du *Jingtu* 淨土[116]. Nāgārjuna peut donc être considéré comme le partisan à la fois du *Mahāyāna* et du *Hīnayāna*. Voilà pourquoi ses disciples tirèrent de son enseignement des doctrines différentes. Ainsi, Anhui 安慧 (470–550)[117] propagea les doctrines de l'*Abhidharma*; Chenna 陳那 (400–480)[118] élabora l'idéalisme qui se retrouve dans l'école *Weishi* 唯識; Deguang 德光 (VIᵉ siècle)[119] mit l'accent sur le *Vinaya* (*lüxue* 律學) dans une perspective hīnayāniste; enfin l'école de sagesse (*panruo xue* 般若學) prit naissance avec Āryavimuktisena (Jietuojun 解脫軍).[120]

Même s'il est indéniable que le *Dacheng zhiguan* ne ressemble pas aux autres œuvres de Huisi, on ne peut pas se servir de ce fait comme d'un argument péremptoire. La pensée de Huisi, répétons-le, évolua aussi dans les œuvres qui sont véritablement de lui; nous le verrons plus particulièrement au chapitre V. Cette quatrième réfutation de l'authenticité du *Dacheng zhiguan* demeure donc aussi ambiguë que les précédentes.

5. *Le Dacheng zhiguan est l'œuvre de Tanqian.*

On pourra toujours refuser l'attribution du *Dacheng zhiguan* à Huisi et considérer avec nombre d'auteurs japonais que Tanqian en est l'auteur. Malheureusement, cette autre parenté est tout aussi douteuse que la précédente. En effet, aucun catalogue chinois ne mentionne le *Dacheng zhiguan* parmi les œuvres de Tanqian! Celui-ci fut contemporain de Huisi. Il faut attendre 751, un siècle et demi après sa mort, pour que, dans une source japonaise, citée plus haut,[121] son nom soit adjoint à ce titre. Or, la même source l'attribue en même temps à Huisi. (Nous avons, à l'occasion de cette référence, émis l'hypothèse qu'il existait peut-être deux livres différents portant le même titre).

Dans le *Kegonshū shōsho narabini immyō roku* 華嚴宗章疏并因明錄 de Enchō (moine japonais travaillant au Tōdaiji 東大寺 de Nara en 914), il est

---

(116) cf. T. 1521, vol. 21, p.9 sq.

(117) Anhui 安慧. Nous ne possédons pas sa biographie. On sait qu'il était originaire de l'Inde septentrionale.

(118) Chenna 陳那 (Dignāga) appartenait à l'école de Nālandā, qui constitua l'un des trois courants de l'idéalisme *yogācāra* transmis par Vasubandhu. Xuanzang appartient à la même ligne de pensée. Le nom de Chenna apparaît dans T. 2061, vol. 50, p.725 *c*; 2065, vol. 50, p.1015 *b*.

(119) Deguang 德光, en sanscrit Guṇaprabha, serait le fils d'une famille de brahman du pays de Bcombrlag. Ayant étudié les deux véhicules, il aurait été moine au temple Agra-puri. Sa très grande connaissance de toutes les règles de *vinaya* lui aurait valu d'être considéré comme l'un des plus grands maîtres. Aucune des œuvres de Deguang ne fut traduite en chinois, et le canon tibétain lui-même n'en a conservé que sept. cf. T. 2062, vol. 50, p.911 *b-c*.

(120) Jietuojun. Pas de biographie chinoise.

(121) cf. p.86.

dit que le *Dacheng zhiguan* fut composé par Tanqian.[122] Nous avons retrouvé
les mêmes indications dans les sources citées plus haut.[123] Dans son *Toikidentō
mokuroku*, Eichō est plus prudent puisqu'il avoue n'avoir pu vérifier l'exactitude
de cette attribution (*moxiang zhenwei* 未 詳 眞 僞).[124]

Le *Sanron gensho mongiyō* de Chinkai, ne tranche pas non plus en faveur de
Huisi ou de Tanqian.[125] Enfin, au quatorzième siècle, Jōshun 貞 舜 se contente
d'affirmer que d'après les annales japonaises, le *Dacheng zhiguan* est l'œuvre de
Tanqian.[126]

Dans le même temps, nous l'avons vu, l'ouvrage fut attribué à Huisi. Il
faut néanmoins reconnaître que les auteurs japonais avaient tout lieu de croire
plus plausible l'attribution à Tanqian. En effet, le *Huayan jing*, le *Dacheng qixin
lun*, le *Lengqie jing* 楞 伽 經 et surtout le *She dacheng lun*, très fréquemment cités
dans le *Dacheng zhiguan*, sont les sūtras et śāstra auxquels recourt Tanqian pour
présenter sa doctrine.

6. *Conclusion provisoire.*

Dans l'état actuel de nos recherches, et compte tenu des nombreuses questions soulevées, nous pouvons tirer la conclusion que le *Dacheng zhiguan* est une
œuvre en mal d'auteur. Si l'on s'en tient aux tendances du texte et aux citations qu'il contient, on penche en faveur de Tanqian. Si l'on va plus à fond, et
que, par delà les apparences, on décèle une unité de pensée entre ce traité et
les autres œuvres de Huisi d'une part, entre le *zhiguan* de Zhiyi et celui de
Huisi d'autre part, on l'attribue à ce dernier. Mais aucun des arguments pour
ou contre n'emporte la décision. Il nous faudra, dans l'avenir, conduire une
recherche simultanée sur les œuvres de Huisi, de Tanqian et de Zhiyi, pour
essayer d'arriver à des conclusions plus satisfaisantes. Pour l'instant, et contrairement à de nombreux auteurs qui érigent en preuve définitive ce qui est
encore douteux, nous nous refusons à toute conclusion sur ce sujet. Qui est
vraiment l'auteur du *Dacheng zhiguan famen?*

III. **Problème d'attribution du Nanyue Si da chanshi li shiyuan wen** 南 嶽 思 大 禪 師 立 誓 願 文.

Alors que le *Dacheng zhiguan* ne figurait sur aucun catalogue antérieur à
l'an 1000, le *Nanyue* apparut dès 664, dans le *Datangnei dianlu* de Daoxuan.
Si nous repérons sa présence sur les diverses listes déjà étudiées, nous obtenons
le tableau suivant:[127]

> 664 *Hong shiyuan wen* (dans le *Datangnei dianlu* de Daoxuan).
> 805 *Fayuan wen* (dans le *Dengyō daishi shorai daishū roku* de Saichō).

(122) cf. T. 2177, vol. 55, p.1134 *b*.
(123) cf. *supra* p.86 sq.
(124) cf. T. 2183, vol. 55, p.1162 *b*/7.
(125) cf. T. 2299, vol. 70, p.208 *b*/
(126) cf. T. 2060, vol. 50, p.572 *a* et *b*; 574 *b*.
(127) cf. note 26 de ce chapitre.

914 *Fayuan wen* (dans le *Tendaishū shōsho* de Gennichi).

1094 *Fayuan wen* (dans le *Tōiki dentō mokuroku* de Eichō).

1269 *Nanyue yuan wen* (dans le *Fozu tongji* de Zhipan).

Les sources japonaises adoptent le même titre. Daoxuan et Zhipan en proposent deux, légèrement différents, mais leurs variantes ne sont pas vraiment significatives. Daoxuan ajoute un qualificatif, *hong* (弘) (grand, généreux); Zhipan utilise le titre Nanyue par lequel on désigne le plus souvent Huisi. Pour le reste, le titre signifie littéralement "texte du vœu prononcé." Dans l'édition actuelle du *Taishō*,[128] il est plus élaboré: *Le Vœu prononcé par Huisi le grand maître de dhyāna du Nanyue (Nanyue Si da chanshi li shiyuan wen)*. Au chapitre précédent, nous eûmes l'occasion de le citer pour compléter certains passages de la biographie établie par Daoxuan. Nous l'avons fait avec prudence, puisque l'authenticité de cette œuvre est, elle aussi, contestée. Une fois encore, le doute fut introduit par des auteurs japonais, mais à l'époque contemporaine seulement, contrairement au *Dacheng zhiguan*. Le texte est suspect, nous dit-on, parce qu'il contient la notion de déclin de la Loi (*mofa* 末法), un concept peu répandu à l'époque de Huisi.

Etani Ryūkai 惠谷隆戒, professeur à l'université bouddhique Bukkyō de Kyōto, a émis de nombreuses réserves quant à l'authenticité de ce *Vœu*, dans un article intitulé *Nangaku Eshi no rissei ganmon wa gisaku ka* 南岳慧思の立誓願文は偽作か[129]. C'est, à notre connaissance, le seul essai consacré entièrement à ce problème. Nous en traduirons d'abord l'essentiel, puis nous en ferons la critique.

A. *La théorie de Etani Ryūkai.*

1. *Contradictions historiques.*

Dans le *Vœu*, rédigé en la 125ᵉ année de l'ère *mofa*, c'est à dire en 558, d'après les indications calendériques fournies par le texte lui-même,[130] Huisi adopte une théorie selon laquelle la période *mofa* doit s'étendre sur dix-mille ans. Or, un tel calcul provient en fait du *Daji jing* 大集經[131], un texte traduit du sanscrit en chinois en 566. Il est donc impossible que huit ans avant cette traduction, Huisi ait pu en adopter les théories! Par conséquent, le *Vœu* ne put être rédigé avant 566.

(128) cf. T. 1933, vol. 46, p.786 *c*-792 *b*.

(129) cf. *IBGK*, vol. 6, n° 2 (mars 1958), p.524–527.

(130) Le *Vœu* nous indique à la fois l'âge de Huisi et l'année *mofa* auquel il correspond, d'après un calcul propre à cette œuvre elle-même. cf. T. 1933, vol. 46, p.787 *a*/5 sq.

(131) Titre complet: *Da fangdeng daji jing* 大方等大集經, cf. T. 397, vol. 13, p.298–344, et surtout la section *Famiejin pin* 法滅盡品 p.374–381. Nous ignorons sur quelles sources Etani Ryūkai se fonde pour affirmer que le *Daji jing* ne fut traduit qu'en 566. En effet, les premières versions en furent faites par Dharmarakṣa sous les Liang du Nord entre 414 et 421. Par ailleurs, nous noterons que Huisi connaissait bien ce sūtra, puisqu'il le cite à plusieurs reprises dans les trois œuvres qui forment le corpus de sa pensée. On retrouve son titre dans la *Conscience libre*, Z. 2.3.4. p.351 *a*/5, dans *l'Authentique samādhi*, T. 1923, vol. 46, p.628 *c*/10, 639 *a*/15, pour ne citer ici que quelques exemples.

Une seconde contradiction historique provient des écrits de Saichō. Celui-ci fut l'un des premiers maîtres du *Tendai* japonais (nom de l'école *Tiantai* au Japon). Il avait une très grande vénération pour Huisi et son œuvre. Aussi ne s'étonne-t-on pas outre mesure qu'il ait fait sienne la théorie des dix-mille ans, proposée par le *Daji jing* et reprise dans le *Vœu*. Or, dans son *Shugo kokkaishō* 守護國界章, il est écrit "le *mofa* est imminent."[132] Cette affirmation tombe en contradiction avec les calculs établis par le *Vœu*. Si Saichō avait adopté la position de son maître, il aurait dû considérer que le bouddhisme était entré dans la période de déclin de la Loi depuis quatre cents ans. Or, pour lui, ce déclin va se produire, c'est à dire aux alentours du neuvième siècle. Il faut alors admettre que Saichō s'écarte des doctrines de son maître, à moins que le texte du *Vœu* en sa possession, comme nous l'avons suggéré, ait été différent de celui qui nous est parvenu. Dans ce cas, le *Vœu* de Huisi ne contenait aucune allusion au déclin de la Loi. Ajoutons par ailleurs, que cette conception du *mofa* n'a pas influencé les courants de pensée bouddhique des époques *Heian* et *Kamakura* (de 794 à 1333) au Japon.

Par ailleurs, il convient de souligner que les théories contenues dans le *Vœu* de Huisi ne s'accordent pas avec celles de la tradition *Tiantai*, qu'elles appartiennent au *Mohe zhiguan*[133] de Zhiyi, au *Fuxing zhuan hongjue*[134] de Zhanran ou encore au *Fayuan wen* cité par Saichō. Le *Vœu*, dans sa composition actuelle, est une œuvre hétérodoxe par rapport à ces écrits.

2. *Le concept de mofa ne se retrouve pas dans les autres œuvres de Huisi.*

Si l'intérêt de Huisi pour la théorie du *mofa* avait été tel que le laisse imaginer le *Vœu*, nous devrions en repérer les traces dans l'une ou l'autre de ses autres œuvres. L'examen du *Fahua jing anle xing yi*, du *Zhufa wuzheng sanmei famen* ne nous en donne aucun indice. Dans le *Fahua jing anle xing yi*, Huisi avait pourtant l'occasion d'aborder ce sujet, puisque le thème se rencontre dans le *sūtra du Lotus* (*Fahua jing*) dont il s'inspire et dont il commente les passages les plus significatifs. Or, nombreuses sont, dans ce sūtra, les allusions au déclin de la Loi. En voici quelques unes.

Dans le chapitre de *L'activité sereine et plaisante* (*anle xing pin* 安樂行品 qui donna justement son titre au *Fahua jing anle xing yi* (c'est à dire *La signification de l'activité sereine et plaisante selon le sūtra du Lotus*), on lit par exemple :

"Après la disparition du Buddha, dans la période de déclin de la Loi, il faut enseigner ce sūtra et il convient de se tenir dans une activité sereine et plaisante..." 如來滅後於末法中欲說是經應住安樂行[135]

Dans le chapitre du *Yaowang pusa benshi pin* 藥王菩薩本事品 on trouve cet autre passage :

---

(132) cf. p. 382 *a*/8.
(133) cf. T. 1911, vol. 46.
(134) cf. T. 1912, vol. 46.
(135) cf. T. 262, vol. 9, p. 37 *c*/29.

"Si durant la période de cinq cents ans qui suit la disparition du Buddha, il y a des femmes qui sont attentives à ce sūtra...." 若如來滅後, 後五百歲中, 若有女人聞是經典.[136]

Toujours dans le même chapitre:

"Après l'entrée du Buddha en *nirvāṇa*, durant les cinq cents ans qui suivirent, [la Loi] se répandit largement en Inde, mais ne fit pas que soient éliminés les mauvais démons, les gens diaboliques, les *deva*, les *nāga*, les *yakśa*, etc..." 滅度後, 後五百歲中, 廣宣流布於閻浮提, 無令斷絕惡魔, 魔民諸天龍夜叉...[137]

Dans le chapitre du *Puxian quanfa pin* 普賢勸法品 on trouve cette autre expression:

"Dans les cinq cents ans qui suivent, dans le monde de turpitude et de mal..." (後五百歲濁惡世中[138]).

Comment se fait-il que ce concept de *mofa*, pourtant présent dans des textes sans cesse étudiés et contemplés par Huisi, soit totalement absent de son œuvre?

3. *Les bases de cette périodisation de la Loi.*

Huisi pouvait-il ignorer cette phrase, déjà citée, du *sūtra du Lotus*: "Après la disparition du Tathāgata, cinq cents ans après" (*rulai miehou, hou wubai sui* 如來滅後後五百歲). Si la période *mofa* correspond à la cinquième tranche de cinq cents ans, comme le prétend le *Daji jing*, au chapitre *Yuezang fen*, le *Vœu* est alors en totale contradiction avec le *sūtra du Lotus* et avec le *Daji jing*. On pourra toujours invoquer le fait que le *Daji jing*, dans la section *fa miejin pin* (法滅盡品)[139] rejoint les données du *Vœu*, mais cette correspondance est insolite. En déclarant qu'il naquit en la 82ᵉ année de la période *mofa*, (ce qui coïncide avec l'an *yiwei*, 515), sur quelles bases de calcul Huisi s'appuie-t-il?

Ces dates sont d'ailleurs sujettes à caution, si on les compare à celles que nous donne Daoxuan. Pour ce dernier, Huisi mourut à l'âge de soixante-quatre ans, en la neuvième année de l'ère *taijian*; on en conclut donc qu'il naquit en 514, et non pas en 515 comme le prétend le *Vœu* (et tout le monde à sa suite). La datation établie par le *Vœu* apparaît donc douteuse à maints égards. Si on se penche aussi sur le contenu du texte, les motifs de suspicion s'accroissent encore. Comment se fait-il que, décrivant sa carrière, Huisi eut recours au schéma des quarante-huit vœux d'Amitābha?[140] D'où proviennent les traces de taoïsme qu'on y décèle?[141] Huisi pouvait-il, sans trahir sa religion, espérer

---

(136) *ibid.* p.54 *b*/29 – *c*/1.
(137) ibid. p.54 *c*/21-23.
(138) *ibid.* p.61 *b*/9.
(139) cf. T. 397, vol. 13, p.374-381.
(140) cf. T. 360, vol. 12, p.276 *c*/17-269 *b*/6. Nous renvoyons au chapitre VI pour une présentation générale de ces quarante-huit vœux d'Amitābha et leur correspondance dans le *Vœu*.
(141) cf. Chapitre I, p.21 sq.

obtenir la "longue vie des immortels" (*changshou xian* 長壽仙)[142], un espoir proprement taoïste?

4. *Autres motifs de suspicion.*

Le *Vœu* n'est jamais mentionné dans les inventaires de Daoxuan. Il faut attendre les catalogues les plus tardifs pour que son titre soit signalé. A côté de cela, le *Vœu* se trompe dans la datation qu'il propose et qu'il fait remonter à la naissance du Buddha. On lit, en effet, dans l'exorde:

"Ainsi l'ai-je entendu.
Dans la partie du Sūtra de la naissance, intitulé "Le Buddha Śākyamuni dans le *samādhi* de miséricorde examine les vivants", il est dit: le Buddha, au septième jour du septième mois de l'année *guichou* entra dans le sein maternel. Parvenu au huitième jour du quatrième mois de l'année *jiayin*, il naquit. En l'année *renshen*, à dix-neuf ans, le huitième jour du deuxième mois, il quitta sa famille. En l'année *guiwei*, à trente ans, le huitième jour du douzième mois, il obtint de réaliser la Voie. En l'année *guiyou*, à quatre-vingts ans, le quinzième jour du second mois, il entra dans le *nirvāṇa*. La Loi véritable, de l'année *jiaxu* à l'année *guisi* s'étend sur cinq cents ans, puis s'arrête. La Loi de ressemblance, de l'année *jiawu* à l'année *guiyou*, remplit mille ans, puis s'arrête. La Loi finale, de l'année *jiaxu* à l'année *guichou*, s'étend sur dix-mille ans, puis s'arrête. Neuf-mille-huit-cents ans après l'entrée dans l'ère de la Loi finale, le *bodhisattva* "Lumière de lune" apparaît en Chine, enseigne la Loi et sauve universellement les vivants. Cinquante-deux ans après son entrée dans le *nirvāṇa*, le *Surangama-sūtra* et le *Pratyutpannabuddha-sammukhāvasthita-samādhi-sūtra* disparaissent les premiers. Les autres sūtras se dissipent l'un après l'autre. Le *Sukhāvativyūha-sūtra*, le dernier, survit cent ans. Il sauve universellement les vivants, puis il passe. On atteint alors le monde du mal universel."[143]

Ce découpage historique n'est pas conforme aux données de la tradition. Enfin, Huisi mourut en 568, soit six ans avant qu'éclatât la persécution du bouddhisme par les Zhou. Or, la notion de *mofa* ne pouvait prendre forme que devant l'imminence d'une persécution menaçant l'avenir de la religion. On comprend mal la précocité d'un tel sentiment d'insécurité dès 558, seize ans avant la suppression du bouddhisme. On est donc forcé de conclure que tout le texte est suspect et que la première partie doit être considérée comme un faux.

B. *Critique de ces arguments.*

Il est regrettable qu'Etani Ryūkai ait traité à la légère d'un problème important et compliqué. Certes, a-t-il le mérite de contribuer à sa clarification,

(142) cf T. 1933, vol. 46, p.789 *b*/1.
(143) *ibid.* p.786 *b*/22–*c*/11.

en soulignant que le *Vœu* contient un schéma des "trois périodes" de la Loi, ignoré de la Chine avant 566. Mais, faute de références précises, il ne dépasse guère les conclusions de Andō Toshio. Celui-ci a déjà souligné dans son *Tendai shisōshi* 天台思想史[144], que la première partie du *Vœu* était suspecte, sans toutefois expliciter sa pensée. Etani Ryūkai semble avoir voulu s'emparer du sujet, sans se donner trop de peine. Dans son article on ne trouve aucune référence, même générale, aux ouvrages cités. Et, ce qui nous paraît plus grave, il joue avec les données historiques pour les plier à sa théorie.

On pourra toujours prétendre que ces erreurs et ces imprécisions n'ôtent rien à l'essentiel. Elles n'en retirent pas moins une part de crédibilité à une étude qui traite de cette question essentielle: faut-il, suivant la tradition, et dans sa composition actuelle, attribuer le *Vœu* à Huisi? Etani Ryūkai répond mal à cette interrogation. Qu'on en juge par les erreurs relevées ci-dessous.

1. *Le Vœu fut réalisé en 559.*

Par un recoupement des données chronologiques repérées dans les biographies de Huisi, on peut affirmer qu'en 559 Huisi put réaliser concrètement son vœu d'écrire en caractères d'or les sūtras du *Lotus* et de la *Perfection de Sapience*. A cette occasion, il rédigea certainement l'essentiel du *Vœu,* soit un texte où il explicitait les motifs et le but de sa promesse. (Cela ne signifie pas, précisons-le clairement, qu'il le rédigea dans sa forme actuelle). En outre, nous pouvons affirmer que ce vœu était déjà réalisé, quand, en 560, Zhiyi vint recevoir la doctrine du maître. Zhiyi fut, en effet, convié à prêcher sur le texte de ces sūtras écrits en caractère d'or.

Par ailleurs, nous devons remarquer qu'aucun fait de la vie de Huisi, postérieur à 559, n'y est retracé. Même si l'on suppose que la biographie partielle, incluse dans le corps du *Vœu,*[145] a été rédigée et introduite par un disciple, ce qui semble probable, on doit encore s'interroger sur les raisons qui poussèrent le rédacteur à ne pas dépasser l'âge de quarante-quatre ans, dans sa présentation de la vie de Huisi. Nous estimons qu'il s'y est limité intentionnellement, pour mettre en évidence à quelle époque fut accompli le vœu. C'est de surcroît à partir de cette date que Huisi put se consacrer à l'enseignement des sūtras et à la prédication de sa doctrine, sans être en butte aux malveillances des autres religieux.

Enfin, soulignons qu'Etani Ryūkai appuie indirectement nos conclusions. En effet, ayant fait naître Huisi en 514, il fixe à 558 la date du *Vœu*. Dans la mesure où il avance d'un an la date de la naissance, il est logiquement conduit à déplacer celle du vœu. Or, il se contente d'une analyse superficielle; il oublie de faire des recoupements et des restitutions chronologiques; c'est pourquoi il se trompe d'un an. Huisi étant bien né en 515, tout ou partie de son *Vœu* fut rédigé en 559.

---

(144) Andō Toshio 安藤俊雄, *Tendai shisōshi* 天臺思想史, Tōkyō 1959, p. 352-356.
(145) cf. T. 1933, *op. cit.*, p. 787 *a*/5-*c*/25.

2. *Huisi mourut en 577 et non en 568.*

Etani Ryūkai commet une seconde erreur. Il veut démontrer à tout prix que le *Vœu* n'est pas de Huisi. Alors qu'il s'était appuyé sur la date de 577, pour fixer en 514 la naissance de Huisi, il déclare quelques lignes plus loin que celui-ci mourut en 568! Cette confusion lui permet de soutenir que Huisi n'avait aucune raison de craindre pour sa religion, puisqu'il ne connut pas la persécution du bouddhisme par les Zhou de 574 à 577. Etani Ryūkai déborde ainsi son sujet. A vouloir prouver absolument que le *Vœu* n'est pas de Huisi, il en vient à nier qu'il ait pu pressentir le déclin de la Loi. Pourtant Daoxuan, dont l'impartialité ne peut être mise en doute, révèle que Huisi, au plus tôt vers 552, au plus tard vers 556, annonça que:

"La Loi de Buddha assez vite doit disparaître".[146]

Il fit cette révélation dans un contexte bien précis: à la suite de quelques malveillances et de rumeurs méchantes contre son enseignement, il compara ses malheurs à ceux du Buddha. Il en conclut qu'ils étaient la juste rétribution de ses fautes passées. Mais il ne craignait pas tant pour lui que pour la Loi! Huisi aurait donc eu trés tôt le sentiment que la Loi était en danger. Il n'est donc pas nécessaire de recourir à la persécution sous les Zhou pour le faire naître. Beaucoup de faits, survenus dans sa jeunesse, pouvaient aussi l'inquiéter dans sa foi, bien avant la secousse provoquée par les Zhou, comme nous le soulignerons.[147]

Cette phrase que Daoxuan met dans la bouche de Huisi échappe, en fait, à toute précision historique. Doit-on y voir plus qu'une simple inquiétude générale? Huisi a-t-il en termes sibyllins prophétisé la persécution du bouddhisme par les Zhou? Peut-on trouver en cette prédiction le signe qu'il était pleinement conscient du déclin de la Loi et qu'il en fit la théorie?

Quoi qu'il en soit, ce n'est pas en changeant la date de sa mort qu'on résout la question! Contrairement à ce qu'affirme Etani Ryūkai, Huisi mourut en 577 et non en 568. A cette date, il quittait le Dasushan pour se réfugier beaucoup plus au Sud, dans le Nanyue. Et c'est là, nous l'avons vu, qu'il vécut jusqu'à sa mort.

3. *Le Vœu est déjà mentionné dans un inventaire du 7ᵉ siècle.*

La troisième erreur d'Etani Ryūkai vient de ce qu'il ignore la présence du *Vœu* dans l'inventaire des œuvres de Huisi se trouvant dans le *Datangnei dianlu*.[148] Contrairement à ce qu'il affirme, on en trouve la trace dès le 7e siècle. Bien que Daoxuan n'en parlât point dans le *Xu gaoseng zhuan*, on peut supposer qu'il en connaissait l'existence. On y trouve en effet la mention des sūtras du *Lotus* et de la *Prajñāpāramitā* écrits en caractères d'or. Il est dit:

"Avec les offrandes, racines de bonheur, des clercs et des laïcs, il fit en

(146) cf. T. 2060, vol. 50, p.563 *a*/20, et note 34 du chapitre III.
(147) cf. *infra* p.163 sq.
(148) *Datangnei dianlu*, T. 2149, vol. 55, p.283 *c*/18-25.

caractères d'or le *Prajñāpāramitā sūtra* en vingt-sept chapitres, ainsi que le *Lotus*. Le coffret précieux éblouissait de splendeur".[149]

Et un peu plus loin:

"Huisi ordonna ensuite à son élève Zhiyi du Jiangling de prêcher à sa place les sūtras en caractères d'or".[150]

Or, répétons-le, Huisi fit cela à la suite d'un vœu, afin de prouver sa bonne foi et l'orthodoxie de son enseignement.

Dans sa forme primitive, le *Vœu* devait avoir une forme plus épurée, mais tout aussi passionnée. Nous en étudierons avec précision la structure au chapitre six.

Toutefois, nous avançons, dès à présent, l'hypothèse suivante.

C. *Notre hypothèse concernant le Vœu dans sa forme actuelle.*

Si l'on prend comme élément de comparaison le *Tiantai Zhizhe dashi fayuan wen* 天台智者大師發願文[151] de Zhiyi, on peut supposer que le corps initial du *Vœu* correspond à peu de choses près à la partie du texte actuel édité dans T. 1933, vol. 46, p. 788 *c*/28 à 789 *a*/15. Ce passage décrit le reposoir sur lequel doit être exposé le coffret précieux renfermant les deux sūtras, écrits en caractère d'or. Il révèle les vraies dispositions de Huisi. Il proteste de sa bonne foi, de la simplicité de son cœur. Il souhaite que tous les êtres connaissent la rétribution de leurs actes; s'ils ont dénigré la Loi, ils devront purger leur faute durant de multiples *kalpa*; toutefois, il fera lui-même en sorte qu'ils s'ouvrent à l'esprit de *bodhi*; s'ils ont protégé la Loi et le disciple qui l'observe, il souhaite qu'ils naissent dans la Terre Pure et possèdent le *nirvāṇa*. Tel est l'essentiel de ce passage, tel est l'essentiel du texte actuel du *Vœu*.

Autour de ce noyau, se sont greffés plusieurs éléments. Nous supposons que la biographie de Huisi y fut rattachée par la suite. Un disciple fidèle l'aurait ajoutée, afin de montrer par quelles humiliations le maître dut passer pour témoigner de la grandeur des sūtras du *Lotus* et de la *Prajñāpāramitā*. Il a pu d'ailleurs utiliser tout ou partie du *Nanyue Si chanshi zhuan* 南岳思禪師傳 écrit par Zhiyi, mais malheureusement disparu. Si, comme l'affirme Daoxuan, Huisi faisait peu de cas de sa propre vie, on conçoit mal qu'il ait tenu lui-même un journal digne d'une chronique historique.

Le *Vœu* aurait été ensuite transposé dans une grande fresque bouddhique, qui représenterait la synthèse du culte de Maitreya, d'Amitābha et de la croyance en un règne des buddhas, divisible en trois périodes. Ainsi s'expliquerait l'ajout de la première partie situant Huisi dans une vision quasi cosmique, et l'ensemble des stances où l'on distingue mal s'il s'agit de Maitreya ou de Huisi, tant est poussée l'identification. On trouve de plus une imitation des quarante-huit vœux du *bodhisattva* Dharmakara, devenu le buddha Amitābha.

(149) cf. T. 2060, vol. 50, p. 563 *a*/29-*b*/2.
(150) *ibid.* p. 563 *b*/4.
(151) cf. Z. 2.4., 1 p. 57.

Le culte de Huisi pour Maitreya et Amitābha est, il est vrai, attesté par Daoxuan,[152] mais si fanatique qu'il ait été, il semble peu vraisemblable qu'il se soit pleinement identifié à eux. Nous sommes convaincu qu'un disciple fidèle, sans vraiment trahir la pensée et l'œuvre de son maître, a jugé nécessaire de greffer ces divers éléments sur le texte initial du *Vœu*. Il aurait ainsi souligné que Huisi se posait en défenseur de la vraie Loi, dans un monde qui l'oubliait ou la niait. Il aurait, en outre, identifié Huisi à Maitreya et Amitābha pour accentuer la pureté des sentiments de son maître, et traduire son ardent désir de gagner le plus grand nombre à la Loi du Buddha. Ces différents ajouts ne trahissent pas la pensée de Huisi; ils l'amplifient.

L'analyse des trois œuvres, formant le corpus de la pensée de Huisi, révèle que Huisi eut constamment le souci de sauver tous les vivants, de répandre la doctrine des deux sūtras si souvent mentionnés. On peut dire que la contemplation va de pair avec le voeu du *bodhisattva* de sauver tous les êtres. On ne peut les dissocier. C'est pourquoi nous retrouvons dans ces trois œuvres une allusion permanente à la nécessité du vœu. Dans le *Sui ziyi sanmei, op. cit.*, p. 353 *b*/17 sq., les termes employés sont presque identiques à ceux du *Vœu*. Huisi montre que par son vœu, le *bodhisattva* se soucie peu de sa vie, car il veut faire apparaître la Loi véritable du Buddha (*fo zhengfa* 佛正法). Il désire sauver tous les êtres et réaliser pleinement la *Perfection de Sapience*. Dans le *Zhufa wuzheng sanmei famen, op. cit.*, p. 636 *c*/15 sq., p. 637 *b*/9 sq., il revient à nouveau sur la relation étroite qui unit la contemplation au vœu du *bodhisattva*. Enfin, toute la dernière partie du *Fahua jing anle xing yi, op. cit.*, p. 702 *a*/24 à *c*/9, reprend les grands thèmes et les grandes aspirations du *Vœu*. Une telle concordance entre la doctrine de ces trois œuvres et les thèmes du *Vœu* dans sa forme actuelle, prouve que pour l'essentiel ce dernier est réellement de Huisi.

En affirmant que tout le texte est suspect et que la première partie est un faux, Etani Ryūkai rejette en fait l'ensemble, sans l'avouer vraiment. Or, il confond deux problèmes distincts: le *Vœu* dans sa forme actuelle peut-il être de Huisi? Huisi pouvait-il concevoir la notion du *mofa* (ou déclin de la Loi)? Ces deux questions ne sont ni concomitantes ni exclusives l'une de l'autre. On peut, comme il le fait à raison, démontrer que le *Vœu* ne peut être entièrement de Huisi; mais la double critique interne et externe du texte ne permet pas de conclure qu'il resta en dehors d'un courant de pensée, relatif au *mofa*, qui, sous la pression des événements, prit son essor à cette époque. On doit, cependant, s'étonner que la notion même de *mofa* n'apparaisse pas explicitement dans les autres œuvres de Huisi.

Le cas n'est pas unique. Déjà nous avons eu l'occasion de souligner, à propos du *Dacheng zhiguan famen*, que Zhiyi affirmait avoir reçu de son maître l'enseignement des trois sortes de concentration et contemplation (*sanzhong zhiguan*). Or, non seulement nous ne trouvons pas trace d'une telle expression dans le corpus des œuvres de Huisi, mais encore celui-ci, dans son approche

---

(152) cf. T. 2060, vol. 50, p. 562 *c*/21-22.

du *chanding* 禪定, thème central de sa pensée, semble en apparence en ignorer la problématique.[153] Pourtant Zhiyi reconnaît lui-même que sa doctrine vient de Huisi. Serait-ce pur stratagème, pour faire accepter sa propre doctrine, en l'appuyant faussement sur l'autorité de son maître? Nous ne trouvons pas de déclarations analogues quant à la notion de *mofa*, mais l'exemple donné nous laisse supposer que Huisi eut un enseignement oral beaucoup plus vaste que ne laissent imaginer ses propres écrits ou les notes prises par ses disciples. La disparition de plusieurs de ses œuvres réduit d'ailleurs le champ de nos investigations.

En outre, Huisi ne semble pas avoir donné un enseignement systématique. La structure, souvent confuse, des ouvrages qui sont parvenus jusqu'à nous, pourrait indiquer qu'il fut un maître impulsif et génial, doué de grandes intuitions, mais incapable d'en faire une présentation claire et méthodique. Il fut un pionnier, et les gens de cette sorte sont rarement des fondateurs d'école; ce rôle est dévolu le plus souvent à leurs disciples. C'est pourquoi Zhiyi, non pas Huisi, est considéré comme le fondateur de l'école *Tiantai*. Dans ce cas, nous pensons que Huisi eut l'intuition du *mofa* mais il ne s'embarrassa pas de calculs pour déterminer la durée de chacune des trois périodes de la Loi. Plutôt que d'assister impuissant au déclin de la Loi, il préféra lui redonner vigueur en dotant ses disciples d'une force nouvelle, la méditation (*chanding*). Cela est d'autant plus plausible qu'il s'inspirait du *Zuimiao shengding jing*,[154] déjà cité, dans lequel le *chanding* est présenté comme le remède le plus efficace contre la disparition de la Loi.

Ayant admis, après correction de plusieurs erreurs, que Etani Ryūkai montrait à juste titre que le *Voeu*, dans son état actuel, ne pouvait être entièrement de Huisi, nous voudrions [maintenant aborder brièvement la question du *mofa*.

D. *Huisi pouvait-il avoir conscience du déclin de la Loi?*

1. *L'influence des événements extérieurs.*

Au chapitre I, nous avons dressé un bref tableau de la situation politique de l'époque. Les révoltes successives, les retournements d'alliance, les renversements de trône, les rivalités entre généraux influents, s'accompagnaient à chaque fois de massacres, de mise en esclavage et de marasme intellectuel et économique. Le Nord de la Chine était, à travers ces bouleversements, à la

---

(153) En affirmant cela, nous nous plaçons dans la seule perspective du déclin de la Loi (*mofa*), dont le concept proprement dit n'apparaît pas dans le corpus des œuvres de Huisi. Par contre, nous retrouvons d'autres thèmes communs à la fois au "corpus" et au *Vœu*. Ainsi en est-il du rôle joué par celui qui s'est ouvert à l'esprit de *bodhi* (cf, T. 1933, vol. 46, p.687 *a*/12-19). Cette conception du *bodhisattva* se retrouve exactement dans le corpus. cf. article de Tada Kōshō 多田孝正, *Eshi no bosatsu kan* 慧思の菩薩觀, *IBGK*, vol. 23, n° 2, mars 1975, p.806-809. Par ailleurs, le *Fahua jing anle xing yi*, (T. 1926, vol. 46, p.702 *a*/24–*b*/16) reprend l'essentiel des idées du *Vœu*, à tel point que ce passage peut être considéré comme leur résumé.

(154) cf. chapitre II, p.31, note 16.

recherche de son identité. Il fallait qu'un pouvoir en majorité étranger, assimilât l'administration et la culture chinoises pour créer un nouvel équilibre. Dans ces circonstances, le bouddhisme du Nord devait tout à la fois obtenir la protection d'un pouvoir sans cesse changeant, et opérer une véritable sinisation pour n'être pas rejeté en raison de son origine étrangère. Il fallait aussi qu'il fut à l'abri de tous reproches. A en juger par le *Loyang qielan ji*, le *Wei shu shilao zhi* ou encore par le *Zizhi tongjian* 資治通鑑, la situation du bouddhisme fut parfois très précaire; ses temples furent désertés à cause des guerres; ses propres membres se laissèrent contaminer par l'appât des richesses et par la luxure. Certaines révoltes étaient liées de près ou de loin à des temples ou à des organisations bouddhiques. Or, c'était une situation identique à celle-ci qui, habilement exploitée par Kou Qianzhi 寇謙之 (mort en 448) et par Cui Hao 崔浩 (381-450), avait entraîné la suppression et la persécution du bouddhisme en 446, sous le règne de l'empereur Wu des Wei Septentrionaux (424-451).[155] Un esprit averti pouvait aisément faire le rapprochement et craindre pour l'avenir du bouddhisme. C'est, à notre avis, en songeant à cette situation générale, que Huisi déclara un jour: "La Loi de Buddha assez vite doit disparaître."

2. *Influence des textes.*

Le sentiment du déclin de la Loi ne put apparaître sous la seule pression des événements extérieurs, ou par crainte d'une persécution éventuelle dûe aux erreurs de la communauté bouddhique. Pour que ces deux éléments pussent constituer la base d'une théorie précise, relative à la disparition de la Loi, il fallait l'existence préalable de textes rendant possible une telle interprétation. Certains passages du *sūtra du Lotus*, déjà cités, fournissaient à la fois la notion de *mofa* qui allait désigner toute idée de disparition de la Loi (*famie* 法滅), et un embryon de périodisation à partir de l'expression "les cinq cents ans suivants" (*hou wubai sui* 後五百歲), si imprécise qu'elle permettait toutes les interprétations et tous les calculs.

Il semble qu'un grand nombre de moines, croyant implicitement à un certain déterminisme historique, comprirent cette notion de *mofa* dans un sens littéral: le règne de chaque buddha étant divisible en trois périodes, on doit inéluctablement passer par chacune d'entre elles. Il importait donc d'en calculer la durée. C'est ainsi que les sectes de la Terre Pure (*Jingtu* 淨土) et du Troisième Degré (*Sanjie* 三階)[156] prirent naissance et fondèrent en grande partie leurs doctrines dans cette perspective des trois périodes du règne des

---

(155) Biographie de Shizu Taiwu di 世祖太武帝 dans *Weishu*, ch. 4, pp. 69-110 (édition Zhonghua shuju, Pékin, 1974). Sur cette persécution, [cf. Ch'en Yin-k'o, "*Cui Hao yu Kou Qianzhi*" 崔浩與寇謙之, dans *Lingnan xuebao* 嶺南學報, II, 1950, pp. 111-134; Wang Yitong 王伊同, "*Cui Hao guoshu yushiyi*" 崔浩國書獄釋疑, *Qinghua xuebao*, I, 2, 1957, pp. 84-101; W. Eberhard, *Das Toba Reich Nord Chinas*, Leiden, 1949, pp. 228-239. Kenneth K. S. Ch'en, "*Buddhism in China*", Princeton 1964, pp. 147-151; Tang Yongtong, *op. cit.*, vol. 2, pp. 56-58.

(156) cf. chapitre IV, p. 156-157.

buddhas. Il convient de noter qu'elles prirent leur essor à la fin du sixième siècle.

Ces deux sectes ne furent pas les seules à véhiculer cette théorie concernant les trois périodes du règne des buddhas. Elle eut cours aussi dans l'école *Sanlun*, si l'on en juge par les écrits de Jizang 吉藏 (549-623). Dans son *Zhongguanlun shu* 中觀論疏 nous trouvons des indications particulièrement intéressantes. En effet, au premier article du *yinyuan pin* 因緣品 qui clôt le premier chapitre, on s'interroge sur la durée de la Loi du Buddha.[157] Jizang répond en citant six textes qui offrent chacun leur périodisation propre. D'après le *Jushelun* 俱舍論, la période de la Loi véritable (*zhengfa* 正法) dure 1000 ans. Pour le *Mohe moye jing* 摩訶摩耶經 on compte 500 ans pour la Loi véritable et 1000 ans pour la Loi de ressemblance (*xiangfa* 像法). Zhendi 眞諦 déclare pour sa part que la Loi subsiste 2000 ans. Le *Daji jing* 大集經 parle de 3000 ans. Le *Shanjianlu piposha* 善見律毘婆沙 donne une durée de 4000 ans. Enfin, dans le *Gu niepan jing* 古涅槃經, il est dit que la Loi véritable dure 1000 ans, la Loi de ressemblance 1000 ans et la Loi finale (*mofa*) 10.000 ans. On peut supposer que ces six textes étaient bien connus non seulement de ses interlocuteurs, mais aussi de ses contemporains, et donc vraisemblablement de Huisi.

Jizang cependant se dégage de ces théories et nous donne sa propre interprétation de l'expression "les cinq cents ans suivant" (*hou wubai sui*). Elle signifie pour lui que la Loi véritable et la Loi de ressemblance durent chacune 500 ans. Quant à l'expression "la Loi du Buddha est sur le point de disparaître" (*fofa yu mie* 佛法欲滅) rencontrée dans le *Gu niepan jing*, elle n'est autre chose, pour lui, qu'une mise en garde contre la disparition probable de la Loi du Buddha.[158] Il n'est pratiquement question chez lui que des deux premières périodes *zhengfa* et *xiangfa*. Il confirme d'ailleurs cette vision dans son *Sanlun xuanyi* 三論玄義[159]. Dans le *Dacheng xuanlun* 大乘玄論[160], commentant la périodisation de Nāgārjuna, il ne parle pas davantage du *mofa*.

En outre, dans la première partie de son *Shier men lun shu* 十二門論疏[161], il n'assigne aucune limite rigoureuse aux différentes périodes. Il y semble plutôt préoccupé, pour ce qui est du *xiangfa*, des circonstances favorables et des degrés suivant lesquels les êtres peuvent entrer pleinement dans la Voie du Buddha. D'après l'expression *shemo shuxiang* 攝末属像, employée dans son *Fahua yi shu* 法華義疏[162], on peut affirmer que pour lui le *mofa* appartient encore au *xiangfa* et ne s'en distingue pas réellement. En fait, le concept de *mofa* revêt plus chez lui un aspect doctrinal que temporel. Jizang suit en cela les perspectives du *Dacheng tongxing jing* 大乘同性經[163] où se trouvent

(157) cf. *Zhongguanlun shu*, T. 1824, vol. 42, p. 18 *a*/6-*b*/10.
(158) *ibid.* p. 18 *b*.
(159) *Sanlun xuanyi*, T. 1852, vol. 45, p. 6 et 12.
(160) *Dacheng xuanlun*, T. 1853, vol. 45, p. 72.
(161) *Shier men lun shu*, T. 1825, vol. 42, p. 179 *b*/23 sq.
(162) *Fahua yi shu*, T. 1721, vol. 34, p. 518.
(163) cf. T. 673, vol. 16, p. 640-652.

combinées pour la première fois les trois périodes, dans l'expression globale *zheng, xiang, mofa* 正 像 末 法, qui n'a pas de sens temporel dans ce contexte.

Cette acception doctrinale ne s'écarte pas non plus du sens proposé dans le *Daji jing*. Bien que ce sūtra ait surtout fourni les bases d'une périodisation systématique du règne des buddhas et de la Loi, ce serait une erreur d'en réduire le contenu à ce seul aspect. En effet, s'il divise la durée de la Loi en cinq tranches de cinq cents ans, ce n'est pas de façon arbitraire. Il calque sur celle-ci les cinq devoirs fondamentaux (*wu jiangu* 五 堅 固)[164], c'est à dire que l'on partage la durée de la Loi en cinq parties, tout comme l'on distingue cinq actes essentiels dans la conduite de tout fidèle. En mettant ainsi en parallèle la durée de la Loi et les devoirs fondamentaux du fidèle, le *Daji jing* démontre implicitement que l'existence de la Loi, dans ses trois formes principales (*zheng, xiang* et *mofa*), dépend avant tout du comportement des fidèles. S'ils la pratiquent dans toute sa vérité, elle demeurera éternellement. Malheureusement ce n'est pas le cas. C'est pourquoi au chapitre qui traite de la disparition de la Loi (*fa miejin pin* 法 滅 盡 品), une première partie explique que ce déclin allant grandissant est dû aux mauvais moines, une seconde en présente tous les épiphénomènes. L'existence de la Loi du Buddha est donc avant tout entre les mains de la communauté (*saṁgha*).[165]

Nous estimons que Huisi se plaça lui aussi dans cette perspective doctrinale. Lisant les textes à la lumière des événements, et inversement, il prit conscience des dangers courus par la Loi du Buddha. Il mit tout en œuvre pour lutter contre l'affadissement de la doctrine et le relâchement des règles. A la manière dont il recherche la délivrance des illusions et des attachements au monde, la pratique de la méditation, l'observance rigoureuse des règles, l'écoute attentive de la Loi et la charité bouddhique, on reconnaît sa volonté d'aller à contre-courant, de lutter contre le déclin de la Loi. C'est en cela qu'il peut être considéré comme l'un des premiers à avoir eu la notion de *mofa*; il eut conscience du déclin de la Loi et il voulut l'empêcher. Il ne fut pas un théoricien abstrait. On peut considérer qu'il n'entra pas dans le jeu des calculs subtils sur la durée relative de chacune des périodes de la Loi. Ces savantes constructions furent faites après lui, sous les Sui.

(164) *Wu jiangu* 五 堅 固. D'après le ch. 10 du *Daji jing*, T. 397, vol. 13, p.60 à 67, le Buddha aurait déclaré qu'après sa mort, il y aurait cinq périodes, chacune de 500 ans, qui coïncideraient à cinq devoirs ou pouvoirs fondamentaux. Ces périodes seraient: (1) salut, (2) méditation, (3) étude, (4) construction de temples et de *stūpa*, (5) dissension parmi les disciples du Buddha.

(165) En plus des ouvrages traitant du *mofa* et déjà cités, nous signalons les articles de Nakao Toshihiro 仲 尾 俊 博, *Eshi zenshi no mappō shisō* 慧 思 禪 師 の 末 法 思 想, *IBGK*, vol. 2, n° 1, septembre 1953, pp.157–158; Taniue Shōken 谷 上 昌 賢 *Mappō shisō no imi suru mono*, 末 法 思 想 の 意 味 す る も の, *IBGK*, vol. 22, n° 2, mars 1974, pp.926–929; et surtout Wakabayashi Ryūkō 若 林 隆 光, *Mappō shisō no seikaku no ichimen*, 末 法 思 想 の 性 格 の 一 面, *IBGK*, vol. 21, n° 1 décembre 1972, pp.238–241. En langue occidentale, le *Studien zur Entswicklungs geschichte des mappō-gedankens und zum mappō-tomyō-ki*, par Peter Fischer, Hambourg, 1976.

IV. Problème d'attribution du Shou pusa jie yi 授菩薩戒義.

Dans les catalogues principaux, déjà présentés, le *Shou pusa jie yi* apparaît pour la première fois en 805, dans le *Dengyō daishi shōrai daishū roku* de Saichō. Celui-ci ajoute après le titre:"prêché par Huisi le grand maître du Nanyue." (*Nanyue Si dashi shuo* 南岳思大師說).[166] Ennin mentionne le même titre par deux fois, dans le *Nihonkoku jōwa gonen nittō guhō mokuroku*[167] et dans le *Nittō shingushōgyō mokuroku*,[168] sans indiquer quel en est l'auteur. Enfin, Gennichi, dans son *Tendaishū shōsho*,[169] le cite aussi, et précise qu'il fut composé par Nanyue, c'est à dire Huisi (*Nanyue shu* 南岳述). En dehors de ces quatre catalogues, tous japonais, datant approximativement du neuvième siècle, nous ne trouvons pas de trace ancienne de cette oeuvre attribuée à Huisi. Il est d'ailleurs important de noter que Ennin, contrairement à son maître et à Gennichi, évite tout nom d'auteur.

Sept catalogues sur onze ne mentionnent pas le titre d'une part; un ouvrage identique est attribué à un autre auteur d'autre part. Nous sommes donc en présence d'un problème comparable à celui qui s'est posé pour le *Dacheng zhiguan famen*. Mais alors qu'il est encore impossible de tirer des conclusions définitives quant à l'attribution de ce dernier ouvrage, nous disposons de matériaux et de preuves suffisamment solides, grâce aux travaux de Tsuchihashi Shūkō[170] et de Sekiguchi Shindai[171], pour affirmer que le *Shou pusa jie yi* n'est pas de Huisi. Sans doute est-ce pour cette raison qu'aucun catalogue chinois n'y fait allusion.

Estimant que Sekiguchi Shindai a définitivement éclairé cette question, nous recourons essentiellement à son travail pour démontrer que le *Shou pusa jie yi* n'est pas de Huisi. Voici l'essentiel de sa démonstration.

---

(166) cf. T. 2159, vol. 55, p.1056 *c*/10.
(167) cf. T. 2165, vol. 55, p.1075 *b*/14.
(168) cf. T. 2167, vol. 55, p.1086 *c*/5.
(169) cf. T. 2178, vol. 55, p.1137 *a*/16.
    (170) Tsuchihashi Shūkō 土橋秀向 *Pelliot-bon "Shukke nin ju bosatsu-kai hō' ni tsuite.* ペリオ本「出家人受菩薩戒法」について, in *Bukkyōgaku kenkyū* 25. 26, p.93-148 (1968); *Chugoku ni okeru katsuma no hensen (Stein-bon o chūshin ni shite)* 中國における羯磨の變遷 (スタイン本を中心にして) *Tōhōgakuhō*, 35, 1965, p.439-522; *Tonkō-bon ni mirareru shūjū no bosatsu kaigi* 敦煌本にみられる種々の菩薩戒義 *Saiiki bunka kenkyū*, vol. 6, 1963, p.93-178; *Tonkō-bon ju bosatsu kaigi kō* 敦煌本受菩薩戒儀考, *IBGK* 8/1. p.33-42. 1960.
    (171) Sekiguchi Shindai 關口眞大, *Jūbosatsu kaigi "Darumahon" ni tsuite* 授菩薩戒儀「達摩本」について, *IBGK*, vol. 9, n° 2, mars 1961, pp. 465-470. *Daruma-zenshi kammon (Tonkō shutsudo) ni tsuite* 達摩禪師觀門 (燉煌出土) について *Shūkyō kenkyū*, 146, 1955; *Tonkō-bon Daruma daishi shigyōron ni tsuite* 燉煌本達摩大師四行論について *Shūkyō bunka*, 12 p.1-23, 1957; *Daruma ōshō rekkon-ron (Tonkō shutsudo) wa Gozu Hōyū no senjutsu taru wo ronzu* 達摩和尚絶觀論 (燉煌出土) は牛頭法融の撰述たるを論ず *IBGK* 5/1 p.208-211, 1957; *Shin-shiryō "Daruma zenshi ron" Tonkō shutsudo ni tsuite* 新資料「達摩禪師論」敦煌出土について *IBGK* 6/2 p.106-107, 1958; *Daruma daishi no kenkyū* 達摩大師の研究, Tōkyō, 1969, 494 pages + 28 planches.

1. *Existence d'une version dite de Bodhidharma* (*Damo ben* 達摩本).

Les discours attribués au maître Bodhidharma (Damodashi 達摩大師)[172] se retrouvent déjà sous plusieurs formes, dont celle des *Damo lun* 達摩論 conservées parmi les manuscrits de Dunhuang 敦煌[173]. Sekiguchi Shindai a souligné dans son *Daruma daishi no kenkyū* 達摩大師の研究 que le *Damo lun* n'était plus connu que de nom. En fait, on doit ajouter à ces discours un *Shou pusa jie yi* 授菩薩戒儀, qui portait la mention "par le grand maître Bodhidharma" (Damo dashi).

On connaît l'existence de ce texte par le *Futsū ju bosatsukaigi kōshaku* 普通授菩薩戒儀廣釋[174] de Annen 安然 qui vécut au 9ᵉ siècle.[175] Dans la première partie de cet ouvrage, Annen déclare qu'il existe dix ouvrages concernant les règles de *vinaya* observées par le *bodhisattva*. En voici la liste:

"Les diverses règles de *vinaya* observées par le *bodhisattva*, proposées dans

(172) Bodhidharma (en chinois Puti damo 菩提達摩). Ce personnage est en grande partie légendaire. La tradition veut qu'il ait réellement vécu de 470 environ à 534, des dates échappant à toute vérification. Toujours d'après la tradition, il serait le troisième fils du roi du Kāñcipura dans le Sud de l'Inde. Obéissant aux instructions de son maître, Prajñātāra, il serait parti en Chine en 520. L'empereur Wu des Liang l'aurait reçu en audience à Jiankang. Ses méthodes n'auraient pas été facilement acceptées par le Sud. Bodhidharma aurait alors gagné Loyang, puis se serait établi au Shaolin si 少林寺 (sur le mont Wutai 五臺 ou peut-être sur le songshan 嵩山). Parmi les nombreux ouvrages qui lui furent consacrés, nous retiendrons, de Hu Shih 胡適, *Development of Zen Buddhism in China*, (paru dans *Chinese Social and Political Science Review*, 15, 1931, pp.475-505); *Ch'an Buddhism in China: its history and methods*, (dans *Philosophy East and West*, 3, 1953, pp.3-24); *Putidamo kao* 菩提達摩考, (dans *Hu Shi wencun sanji* 胡適文存三集, Shanghai, 1930, pp.449-465). En outre, en japonais, Hayashi Taiun 林岱雲 *Bodaidaruma den no kenkyū* 菩提達摩傳の研究, dans *Shūkyō kenkyū*, 9, 3, 1932, pp.62-76. D. T. Suzuki, *Zenshū no shoso to shite no Daruma no zempō* 禪宗の初祖としての達摩の禪法, dans *Gendai Shina bukkyō kenkyū* 現代支那佛教研究, 1936, pp.196-224. H. Dumoulin, *Bodhidarma und die Anfange des Ch'an Buddhismus*, dans *Monumenta Nipponica*, 7, 1951, pp.67-83. A côté de ces ouvrages traitant plus directement de Bodhidharma, il faut en outre retenir l'ensemble des études de D. T. Suzuki: *Essays on Zen Buddhism*, London, 1927, 1933, 1934, en 3 volumes; *A manual of Zen Buddhism*, Kyōto, 1935; *Introduction to Zen Buddhism*, New-York, 1949. Ainsi que H. Dumoulin, *Zen, Geschichte und Gestalt*, Bonn, 1959 (traduit en anglais par Paul Peachey sous le titre *A history of Zen Buddhism*, New-York, 1963); J. Gernet, *Entretiens du Maître de dhyāna Chen-houei*, Publications de l'Ecole Française d'Extrême Orient, vol. 31, Paris, 1949; W. T. Chan, *The Platform Scripture*, New-York, 1963. La plus importante étude sur Bodhidharma est sans nul doute celle de Sekiguchi Shindai, intitulée *Daruma daishi no kenkyū*, citée précédemment.

(173) cf. en particulier manuscrits Pelliot 2045, 3047, 3950, 4698; Stein 342, 1073, 1565, 2500, 2851, 3919, 3950.

(174) cf. T. 2381, vol. 74, p.757-779.

(175) Annen 安然 (né en 841-mort entre 889 et 897). Annen était un moine de l'école *Tendai*. Il fut surnommé Godaiin sentoku 五大院先德, ou encore Godaiin ajari 五大院阿闍梨, Akaku daishi 阿覺大師 et Tokisawa no daishi 時澤の大師. Annen fut d'abord l'élève de Ennin, puis, à la mort de ce dernier, de Henjō 遍昭, auprès duquel il étudia les doctrines ésotériques et exotériques du *Tendai*. En 877, un mandat impérial lui enjoignit de se rendre en mission en Chine. Finalement ce projet ne fut pas réalisé. En 884, il fut nommé *dempō ajari* 傳法阿闍梨 du Genkeiji 元慶寺, mais lorsque le temple Godaiin 五大院 fut construit au Hieizan, il s'y retira pour consacrer le reste de son existence à l'étude. Son œuvre compte 115 *bu* 部 et 220 *kan* 卷. Les plus célèbres de ses ouvrages sont le *Hokurei kyōji mondō* 北嶺教時問答, le *Bodaishin giryaku mondō-shō* 菩提心義略問答抄, le *Futsū ju-bosatsu kaigi kōshaku* 普通授菩薩戒儀廣釋, le *Shittan-zō* 悉曇藏 et le *Taijū-ki* 對受記. La date et le lieu de sa mort sont incertains.

les *sūtras* et les *sāstra*, transmises par les Sages et les Saints, sont à peu près contenues dans les dix ouvrages suivants: 1) le *Fangang;* 2) le *Dichi;* 3) le *Gaochang;* 4) le *Yingluo;* 5) le *Xinzhuan;* 6) le *Zhizhi;* 7) le *Damo;* 8) le *Mingguang;* 9) le *Miaole;* 10) le *Heguo.*" 菩薩戒相, 廣出經論, 賢 聖傳授, 略有十本· 一梵網本, 二地持本, 三高昌本, 四瓔珞本, 五 新撰本, 六制旨本, 七達摩本, 八明曠本, 九妙樂本, 十和國本.[176]

On notera que la version dite de Bodhidharma figure en septième position alors que celle dite de Nanyue ne s'y trouve pas.

Par ailleurs, Annen assure qu'un certain Tanwuchan 曇無讖 mort en 433,[177] avait déjà rédigé un *Pusa jie ben* 菩薩戒本 le plus souvent désigné sous le nom de *Damo ben*. Il tire certainement cette information du *Pusa jie chifan yaoji* 菩薩戒持犯要記 de Uŏn hyo 元曉 (né en 617), dans lequel on se réfère à plusieurs textes de *vinaya*, pour juger de la gravité d'une faute. On lit dans cet ouvrage:

"Un examen minutieux des fautes graves ou légères, avec toutes leurs ramifications, en met plus de quatre-vingt-quatre mille en évidence. Si on les ramène toutes à l'essentiel, on peut s'en tenir à trois classifications différentes. [On distingue alors] soit quarante-quatre [manquements], comme le fait le *Damo jie ben*, soit quarante-huit, comme en décide le [*Xiu*] *duoluo jie ben*, soit encore deux-cent-quarante-six [fautes] légères, comme l'établit différement le *Jietuojie jing.*" 輕重罪垢中, 細論支別, 頭類乃 有八萬四千, 括擧其要, 別有三類· 或四十四, 如達摩戒本, 或四 十八, 如多羅戒本所判, 或有二百四十六輕, 如別解脫戒經所立.[178]

Le *Damojie ben* dont parle Uŏn hyo n'est peut-être qu'une autre désignation du *Pusa jie ben* de Tanwuchan. En effet, parlant des règles de *vinaya* établies par ce dernier, il les nomme le plus souvent à travers l'expression *Damo wuchan yi pusa jie ben* 達摩無讖譯菩薩戒本[179] c'est à dire "Les règles de *vinaya* du *bodhisattva* traduites par Tanwuchan le *bodhidharma*." Le titre *Damo jie ben* proviendrait ainsi d'une abréviation de cette expression, dont on n'aurait retenu que les deux premiers et les deux derniers caractères. Cette identité entre le *Damo jie ben* et le *Pusa jie ben* de Tanwuchan paraît d'autant plus probable que Annen, parlant de ce dernier, le compare souvent aux dix autres versions mentionnées plus haut.

Annen ajoute en outre que l'enseignement distinct (*biejiao* 別教) (qui propose les trois commandements cumulatifs du *bodhisattva* (*sanju jingjie* 三聚

(176) T. 2381, vol. 74, p.757 *b*/16–19.

(177) Tanwuchan 曇無讖, en sanskrit Dharmakṣema ou Dharmarakṣa (?) naquit dans l'Inde centrale en 385. Il résida à Koutcha, et arriva en 412 à Guzang 姑臧, capitale des Liang du Nord. Il y travailla de 414 à 421. Il se rendit un temps à Khotan, regagna Guzang et périt assassiné en 433, alors qu'il était en route pour l'Occident. Parmi les treize ouvrages qui portent son nom, on relève le *Dafangdeng daji jing*, cité précédemment, et un *Pusa jie ben* (cf. T. 1500, vol. 24).

(178) cf. T. 1907, vol. 45, p.918 *b*/14–18.

(179) cf. T. 2381, vol. 74, p.757 *c*/3.

淨 戒 se distingue du double véhicule et de ce qu'affirment Bodhidharma et Zhiyi, le premier parlant de huit lois victorieuses (*ba shengfa* 八 勝 法), le second de huit lois distinctes (*ba biefa* 八 別 法). Annen déclare en effet:

"L'enseignement distinct (propose) seulement trois règles pour l'accroissement de la pureté qui... n'appartiennent pas au double véhicule... Tianqin déclare qu'il y a quatre règles insignes (imposées) au *bodhisattva*... Bodhidharma parle de huit lois victorieuses; Tiantai (c.à.d. Zhiyi) parle de huit lois distinctes. Voilà pourquoi on sait qu'elles n'ont rien de commun avec le double véhicule." 別 教 獨 菩 薩 三 聚 淨 戒, ···不 共 二 乘···· 天 親 云, 菩 薩 律 儀. 有 四 殊 勝···· 達 摩 說 八 勝 法, 天 台 說 八 別 法. 故 知, 一 切 不 共 二 乘[180].

Or, le *Pusa jie ben* de Tanwuchan ne parle pas des huit lois victorieuses (*ba shengfa*) décrites dans la version de Bodhidharma. On peut donc penser que le *Damo ben* auquel Annen se réfère, est à la fois différent du *Pusa jie ben* traduit par Tanwuchan, et du *Damo jie ben* dont parle Uŏn hyo. Du reste, les six premières des dix versions évoquées par Annen correspondent exactement à ce que Zhiyi décrit dans son *Commentaire des règles de bodhisattva* (*Pusa jie yi shu* 菩 薩 戒 義 疏).

"En second, on discute du dharma-causé (c.à.d. de l'altruisme universel qui engendre pitié et commisération). Ce devoir s'impose aux moines comme aux laïcs, mais son mode d'application diffère. On peut en distinguer trois formes. [C'est ce qu'on trouve dans les textes suivants]: 1) *Fangang*; 2) *Dichi*; 3) *Gaochang*; 4) *Yingluo*; 5) *Xinzhuan*; 6) *Zhizhi*.(次 論 法 緣, 道 俗 共 用 方 法 不 同, 略 出 三 種. 一 梵 網 本, 二 地 持 本, 三 高 昌 本, 四 瓔 珞 本, 五 新 撰 本, 六 制 旨 本[181])".

A cette liste, Annen a ajouté quatre autres ouvrages, dont le *Damo ben*.

On doit donc conclure qu'il exista plusieurs textes différents, qui tous portaient l'appellation *Damo ben*. A toutes ces versions, il faut aussi ajouter celle qui est signalée par Saichō, ou celles qui sont mentionnées dans plusieurs catalogues d'ouvrages rapportés au Japon.

2. *La version dite de Nanyue (Nanyue ben 南 岳 本) comparée à celle de Bodhidharma.*

A côté de ces nombreuses versions, nous trouvons celle qui est attribuée à Huisi sous le titre actuel *Shou pusa jie yi* 授 菩 薩 戒 儀[182]. Ce texte est à mettre en rapport avec celui qui fut rapporté par Saichō et qu'il nomme *Shou pusa jie wen*. Nous pouvons noter au passage que l'édition actuelle considère l'ouvrage comme rédigé (*zhuan* 撰) par Huisi, alors que Saichō le rattachait à son enseignement oral (*shuo* 說). Ce *Shou pusa jie yi*, attribué à Huisi, a profondément influencé Saichō. Il a fait aussi l'objet de nombreuses études. Parmi elles, on retiendra plus particulièrement celles de Kuno Hōryū 久 野 芳 隆[183] de Ōno

(180) *ibid.* p.763 *b*/27 à 764 *a*/12.
(181) cf. T. 1811, vol. 40, p.568 *a*/5–8.
(182) cf. Z. 2. 10.1, p.1 *a*–5 *a*.
(183) Kuno Hōryū 久 野 芳 隆, *Ryūdōsei ni tomu Tōdai no zenshū tenseki* (*Tonkō shutsudo-bon ni*

Hōdō 大野法道[184], de Tajima Tokuin 平島德昔[185], de Taira Ryōshō 平了
照[186] et de Tsuchihashi Shūkō. Tous s'entendent pour nier que Huisi soit
l'auteur du *Shou pusa jie yi,* mais leurs vues sont fort divergentes dès qu'ils
cherchent à établir quel en est l'auteur véritable.

Si l'on cerne d'un peu plus près l'opinion de Annen, on constate qu'il établit implicitement un lien entre le *Damo ben* et le *Shou pusa jie yi* attribué à
Huisi. (Pour la commodité du raisonnement, nous appellerons celui-ci le *Nanyue
ben*). Cependant, il n'en décrit ni le contenu ni l'organisation interne. Il se
contente seulement d'opposer la conception des huit *dharma* victorieux (*ba
shengfa*) aux positions du *vinaya* du Petit Véhicule. Or, on peut penser que ces
ba shengfa correspondent à ce que décrit le *Nanyue ben:*

"Il existe huit insignes règles de *bodhisattva.* Quelles sont-elles? 1) La victoire de la voie profonde... 2) La victoire de l'ouverture de l'esprit (à la
bodhi)... 3) La victoire du champ de bonheur (c.à.d. de la bonté et de la
charité)... 4) La victoire de la vertu... 5) La victoire [sur] les fautes mi-
nimes [causées] par les sensations... 6) La victoire du sein [universel] (c.à.
d. la source spirituelle de la Sagesse et de la *bodhi* qui engendre tout)... 7)
La victoire des pouvoirs surnaturels... 8) La victoire du fruit et de la rétribution...". 菩薩戒, 有八種殊勝, 何等爲八. 一極道勝…. 二發心
勝…. 三福田勝…. 四功德勝…. 五受罪輕微勝…. 六處胎勝…. 七
神通勝…. 八果報勝…[187].

Ces huit lois victorieuses ne figurent ni dans le *Miaole ben* 妙樂本[188], ni
dans le *Mingguang ben* 明曠本[189], ni dans le *Pusa jie yi shu* de Zhiyi. Cela nous
conduit à penser que le *Damo ben* et le *Nanyue ben* correspondent sur un certain
nombre de points, puisqu'ils sont pratiquement les seuls à utiliser le concept
de *ba shengfaa.*

3. *Le Shou pusa jie yi s'apparente aux textes de l'école septentrionale du Dhyāna.*

Si l'on classe les textes porteurs de l'entête "(composé par) le grand maître

---

okeru nanzen hokushū no daihyōteki sakuhin) 流動性に富む唐代の禪宗典籍(燉煌出土本に
於ける南禪北宗の代表的作品) *Shūkyō kenkyū,* nouvelle série XIV/1, 1937; *Hokushū-zen
Tonkō-bon hakken ni yotte meiryō to nareru shinshū no shisō* 北宗禪一燉煌本發見によって明
瞭となれる神秀の思想 *Taishō daigaku gakuhō* 30-31, 1940.

(184) Ōno Hōdō 大野法道, dans *Daijō kaikyō no kenkyū* 大乘戒經の研究, Tōkyō, 1954.

(185) Tajima Tokuin 田島德音. Nous n'avons pu consulter cette étude.

(186) Taira Ryōshō 平了照, *Eshi-bon* (*ju bosatsukai bun*) *ni tsuite* 慧思本—「受菩薩戒文」
について, *Taishō daigaku kenkyū kiyō* 40, 1955, p.1-36; *Nangaku daishi no chosho no shingi* 南岳
大師の著書の眞僞, *Sanke gakuhō* nouvelle série 1, 4, 1931.

(187) Z. 210. 1, p.2 c/1-d/2.

(188) Le *Miaole ben* 妙樂本 c'est à dire la version de Zhanran 湛然 (717-782) sixième
patriarche de l'école *Tiantai* et désigné sous son titre *miaole.* Ce texte sur les règles de *vinaya*
porte un titre pratiquement identique à celui qui est attribué à Huisi: *Shou pusa jie yi* 授菩薩
戒義, éd. in Z. 2. 10.1, p.5 c-8 b.

(189) Le *Mingkuang ben* 明曠本 désigne le *Tiantai pusa jie shu* 天台菩薩戒疏 rédigé par
Mingkuang (711-782) disciple de Guanding 灌頂, lui-même disciple de Zhiyi. cf. *Tiantai pusa
jie shu* T. 812, vol. 40, p.580-602.

Bodhidharma" *Damo dashi*, on doit les ranger parmi les productions tardives
de la secte *Chan*. Toutefois, il semble que le *Shou pusa jie yi* ait été, dans ce
contexte, tardivement attribué à Bodhidharma. Dans ce cas, le terme *Damo
ben* ne désignerait pas vraiment un auteur, mais plutôt une filiation, un courant
de *vinaya*. Le terme équivaudrait à "textes de *vinaya* de l'école de Bodhidharma"
(*Damo zong de jie ben* 達摩宗的戒本).

Pour comprendre comment ce texte de *vinaya* de l'école de Bodhidharma
a pu être attribué à Huisi, il faut se rappeler que, durant un certain temps, le
terme *chan* désigna d'abord l'école de Zhiyi, avant qu'elle ne soit appelée l'école
du *Tiantai*. C'est d'ailleurs en ce sens que l'emploie Saichō.

L'actuelle école *Chan*, distincte de l'école *Tiantai*, prit son véritable essor
au neuvième siècle. Le courant qu'elle incarna alors, était auparavant connu
sous le nom de *Damo zong* 達摩宗 ou encore *Damo famen* 達摩法門. On
aurait donc confondu ces deux écoles, pourtant distinctes, aux alentours du
neuvième siècle. Certains textes de la nouvelle école *Chan* auraient été ainsi
attribués à l'ancienne, c'est à dire à l'école *Tiantai*. Or, on constate que l'école
dite de Bodhidharma, qui fut donc absorbée par la nouvelle école *Chan*, fut à
l'origine de très nombreux textes de règles de *vinaya* à l'usage du *bodhisattva*.

Si l'on examine ces textes de la secte *Damo zong*, on constate que Daoxin
道信 (580-651) écrivit un *Pusa jiefa yiben* 菩薩戒法一本.[190] Ceci est corro-
boré par le *Lengqie shi ziji* 楞伽師資記.[191] En outre, le *Dacheng wu fangbian* 大
乘五方便[192] nous apprend que Shenxiu 神秀[193] lui-même, ou en tout cas quelqu'un de la branche septentrionale du *Dhyāna*, avait mis au point un *Shou pusa
jie yi* assez élaboré. Enfin, le *Gutan jing* 古壇經,[194] découvert à Dunhuang,
nous autorise à penser qu'également Huineng 慧能 (638-713)[195] ou quelqu'un
de la branche méridionale, avait lui aussi préparé un *Shou pusa jie yi*. Dans son

(190) Le *Pusa jiefa* de Daoxin est malheureusement perdu.

(191) cf. T. 2837, vol. 85, p.1286 *c*/20.

(192) Le *Dacheng wu fangbian* 上乘五方便; cf. ms. Pelliot 2058 et 2270.

(193) Shenxiu 神秀 (605-706), fondateur de l'école septentrionale du *dhyāna*. Il enseigna
avant tout que l'on pouvait atteindre l'illumination complète par une approche graduelle.
Saichō aurait appartenu à cette école, contrairement aux autres moines japonais de son époque
qui suivaient plutôt l'école du Sud. Biographie dans *Song gaoseng zhuan* 宋高僧傳 T. 2061,
vol. 50, p.755 *c*/27-756 *b*/17.

(194) S. 5475 éd. in T. 2007, vol. 48, p. 237-245. Titre complet *Nanzong dunjiao zuishang
dacheng mohe panruo poluomi jing liuzu Huineng dashi yu Zhaozhou Dafansi shi fatan jing* 南宗頓教最
上大乘摩訶般若波羅蜜經六祖惠能大師於韶州大梵寺施法檀經 complété par Fahai
法海, disciple de Huineng 慧能; cf. Yampolsky (Philippe B.) *The platform sūtra of the 6th patriarch*, New-York, London, 1967.

(195) Huineng 慧能 (638-713) avait pour surnom Liuzu 六祖 et pour titre posthume
Dajian chanshi 大鑑禪師. Originaire de Xinzhou 新州 au Nanhai 南海, en 671 il devint le
disciple de Hongren 弘忍 (cinquième patriarche de la secte du *Dhyāna*). De 676 à 677 il résida
à Nanhai, puis au temple Baolin si 寶林寺 de Caoji 曹溪. Il mourut au temple Guoen si
國恩寺 de Xinzhou. Huineng est considéré comme le véritable successeur de Hongren. Huineng fut le fondateur de la branche méridionale du *Dhyāna*. Biographie dans *Fozutongji* 2035,
vol. 49, p.292 *a*/7-*c*/2 et *Song gaoseng zhuan* T. 2061, vol. 50, p.754 *c*/1-755 *c*/25.

catalogue de textes rapportés de Chine, Enchin 圓珍 (814-891)[196] mentionne un *Shoujie ji chan xuepai zhuandeng* 受戒及禪血脈傳等[197] en un rouleau.

De même dans les catalogues établis par Ennin, figurent un *Shou pusa jie wen*, que nous avons déjà signalé, et un *Shoujie chanhui wen* 受戒懺悔文[198] en un rouleau. Il y a tout lieu de croire que ces deux textes appartiennent à la secte *Chan*. L'un d'entre eux pourrait bien être ce que Annen appelle le *Damo (zong) ben*. On remarque en effet, qu'annotant le *Shou pusa jie yi* de Saichō, Enchin fait allusion à un moine des Tang qui aurait écrit un *Shou pusa jie wen*.

"Le *Shou pusa jie wen* du maître Xuan des grands Tang déclare: le maître de *vinaya* est comparable à celui qui entretient le brûle-parfum,[199] et qui, se prosternant, dit: "Moi, un tel, je regarde avec respect les (buddhas) des dix directions, etc...".

(大唐和上璿受菩薩戒文云，戒師即執香爐，蹁跪云，我某甲，仰啓十方云云)[200].

Le *datang heshang Xuan* 大唐和上璿 dont il est ici question, semble correspondre à Daoxuan 道璿, un maître de *vinaya* qui se rendit à Nara en 710 et y enseigna le *dhyāna* de l'école septentrionale. Il eut pour disciple, en 733, Gyōhyō 行表, lequel à son tour transmit la doctrine à Saichō. Enchin renverrait donc à la filiation suivante: Bodhidharma auquel se rattachent Shenxiu 神秀, Puji 普寂, Daoxuan 道璿, Gyōhyō, Saichō. Cette même filiation est reconnue par Saichō.

Si l'on recoupe les informations fournies par Annen et par Enchin, on peut admettre que la secte *Damo zong*, avait déjà, à partir de Daoxin, Shenxiu, Huineng et Daoxuan, établi une doctrine complète, rassemblée dans un *Shou pusa jie yi*.

4. *Les rapports étroits existant entre le Nanyue ben et le Dacheng wusheng fangbian men* 大乘無生方便門.

On peut se faire une idée de ce qu'était le *Shou pusa jie yi* de Shenxiu (et donc de l'école septentrionale), à travers le texte du *Dacheng wusheng fangbian men* 大乘無生方便門[201]. Le tableau suivant peut aider à le situer par rapport à l'école *Tiantai*. Il permet de voir quel était le comportement prôné par ce texte de *vinaya*; il correspond à peu près à six des douze conduites (*shier men*

---

(196) Sur Enchin, cf. note 67. Le catalogue auquel nous nous référons est son *Chishō daishi shōrai mokuroku* 智證大師請來目錄, T. 2173, vol. 55, p.1102 a–1108 a.

(197) cf. T. 2173, vol. 55, p.1107 b/9.

(198) cf. T. 2165, vol. 55, p.1075 b/14; T.2166, p.1077 c/14; T. 2167, p.1086 c/5; T. 2165, p.1074 b/18.

(199) Allusion à l'encens qui brûle en permanence sur les autels du Buddha. Le maître de *vinaya* doit avoir la même constance, et sa fidélité aux règles est par analogie un encens d'agréable odeur.

(200) cf. T. 2378, vol. 74, p.633 a/27-28.

(201) Le *Dacheng wusheng fangbian men* 大乘無生方便門 catéchisme sur le *Dhyāna*. Stein 2503, manuscrit daté du 26 mars 607, éd. in T. 2834, vol. 85, p.1273 b–1278 a.

jieyi 十二門戒儀)[202] recommandées par l'école *Tiantai*. Cependant, l'ordre en diffère, comme le montre le tableau; au concept des sept fautes (*qini* 七逆 ou *qizhe* 七遮)[203] irrémissibles, employé dans les textes de *vinaya* de l'école *Tiantai*, on a substitué celui des cinq déterminations (*wuneng* 無能).[204]

（大乘無生方便門）

各各蹲跪合掌、當三教令發二四弘誓願一。
衆生無邊誓願度　煩惱無邊誓願斷
法門無盡誓願學　無上佛道誓願成

次請十方諸佛一　為三和尚等一。

次請三三世諸佛菩薩等一。

次教三授三歸一。

次問三五能一。（以下、別出）

次各稱三己名懺二悔罪一云、
過去未來現在身口意業十惡罪、我今
至心懺悔。願罪除滅、永不レ起五逆
罪障重罪一。准レ前（以下中略）

汝等懺悔竟、三業清淨、如三淨琉璃一內
外明徹、堪レ受三菩薩戒一菩薩戒是待
心戒、以三佛性一為レ戒、性心瞥起、
即違三佛性一是破三菩薩戒一、護待心不レ
起、即順三佛性一是待三菩薩戒一。三說。

（十二門戒儀）
○ 第一開導
○ 第二三歸
第三請師
第四懺悔
第五發心
第六問遮
第七授戒
○ 第八證明
○ 第九現相
○ 第十說相
○ 第十一廣顯
○ 第十二觀發顯

(202) *Shier men jieyi* 十二門戒義. Ce titre désigne l'ouvrage de Zhanran, déjà cité, cf. note 188. Celui-ci est, en effet, tantôt appelé *Shou pusa jie yi*, tantôt *Shou pusa jie wen* (文), tantôt *Shier men jieyi*, ou encore *Miaole ben*. Le titre *Shier men jieyi* renvoie directement à la construction de l'ouvrage qui définit successivement le sens de 1) *Kaidao* 開道, la meilleure manière de recevoir les règles de bodhisattva pour obtenir la récompense des buddhas; 2) *Sangui* 三歸, les trois refuges: Buddha, la Loi, la communauté; 3) *Qingshi* 請師, le choix des maîtres les plus vertueux pour s'instruire des règles; 4) *Chanhui* 懺悔, le repentir sincère; 5) *Faxin* 發心, qui consiste à pratiquer la vertu, à assister les vivants pour qu'ils s'arrachent à leurs passions, à les aider à comprendre les *sūtras*, à leur permettre d'atteindre la *bodhi*; 6) *Wenzhe* 問遮, les sept obstacles à la vérité sont démasqués; 7) *Shoujie* 授戒, réception des règles pures, capables d'extirper toutes les illusions; 8) *Zhengming*, 證明, témoignage apporté à tous, afin qu'à leur tour ils connaissent l'excellence des règles de *bodhisattva;* 9) *Xianxiang* 現相, manifestation en tous les endroits, sous des formes appropriées, de la grandeur des règles de *bodhisattva;* 10) *Shuoxiang* 說相, explication des véritables règles de *bodhisattva*, par opposition aux règles trompeuses; 11) *Guangyuan* 廣願, volonté déterminée d'amener tous les êtres à la joie de l'illumination; 12) *Quanchi* 勸持, assister les fidèles dans leur observance parfaite des règles.

(203) *Qini* 七逆 ou sept fautes graves, c'est à dire: 1) faire couler le sang d'un buddha (*chu foshen xue* 出佛身血); 2) tuer son père (*sha fu* 殺父); 3) ou sa mère (*sha mu* 殺母); 4) ou un moine (*sha heshang* 殺和尚) 5) ou un maître de la Loi (*sha asheli* 殺阿闍梨); 6) détourner un moine de son véritable *karma* (*po jiemo zhuanfalun seng* 破羯磨轉法輪僧); 7) tuer un arhat (*sha shengren* 殺聖人). Cf. E. Lamotte. *Traité...*, Vol. II, p.876, note 1.

(204) Ces cinq déterminations (*wuneng* 五能) sont respectivement: renoncer à toute con-

Or ces cinq déterminations constituent à leur tour les cinq premières des dix interrogations (*shiwen* 十問)[205] du *Nanyue ben*. Le tableau comparatif entre les cinq déterminations du *Dacheng wusheng fangbian men* et les dix interrogations du *Nanyue ben* révèle à l'évidence cette même identité :

（大乘無生方便何）
次問五能一

一者、汝從二今日一至二菩提一、能捨二一切惡知識一不。
二者、親二近善知識一不。
三、能坐待二禁戒一乃至二命終一、不二犯戒一不。
四、能讀二誦大乘經一問二甚深義一不。
五、能見二苦衆生一隨レ力能救護一不、

（南　岳　本）
次問難法。

問、佛子、汝從レ今已去、能捨二離一切惡知識一否。
佛子、汝從レ今已去、常念佛、親近善知識一否。
佛子、汝從レ今已去、緣一、能不二犯戒一否。
佛子、汝從レ今已去、能讀二誦大乘經一、問二甚深義一否。
佛子、汝從レ今已去、若見二苦衆生一、能隨レ力救護、否。
佛子、汝從レ今已去、至二失命因
佛子、汝從レ今已去、於二無上菩提一、生二深信一否。
佛子、汝從レ今已去、能盡形壽隨レ力供二養三寶一否。
佛子、汝從レ今已去、能捨二諸懈怠一、發二精進一、勤二求佛道一否。
佛子、汝從レ今已去、能捨二一切所有難一捨、能捨、否。
佛子、汝從レ今已去、終五塵境二煩惱生時一、能制二伏心一否。

Devant une telle similitude, on peut se demander si les cinq déterminations (*wuneng*) ne sont pas une simplification des dix interrogations (*shiwen*), ou si elles en sont le noyau. Quoi qu'il en soit, on peut affirmer que le *Nanyue ben* s'inscrit beaucoup plus dans la lignée de l'école du *Chan* que dans celle du *Tiantai*.

naissance mauvaise (*nengshe yiqie e zhishi* 能捨一切惡知識); s'attacher à la connaissance bonne (*neng qinjin shan zhishi* 能親近善知識); demeurer fidèle jusqu'à la mort aux règles d'interdiction du *vinaya* (*neng zuochi jinjie* 能坐持禁戒); réciter les sūtras du Grand Véhicule (*neng dusong dacheng jing* 能讀誦大乘經); venir en aide, de toutes ses forces, aux êtres plongés dans la souffrance (*neng jian ku zhongsheng suili neng jiuhu* 能見苦衆生隨力能救護).

(205) cf. Z. 2. 10. 1, p.2 *c*/15 sq. Aux cinq déterminations (*wuneng*), le *Nanyue ben* ajoute : la foi profonde née d'un esprit de bodhi sans égale (*wushang puti sheng shenxin* 無上菩提生深信); le culte des Trois Joyaux (*gongyang sanbao* 供養三寶); le zèle dans la recherche de la Voie du Buddha ou de la *bodhi* (*fa qingjin jinqiu fodao* 發精進勤求佛道); le renoncement à tout ce à quoi on s'attache le plus (*nengshe yiqie suoyou nanshe nengshe* 能捨一切所有難捨能捨); le contrôle absolu de l'esprit au milieu de toutes les passions (*neng zhifu xin* 能制伏心).

Le *Nanyue ben* peut aussi être comparé au manuscrit de Dunhuang (Stein 1073)[206] qui porte pour titre: *Shou pusa jie yi*, en un rouleau. Tsuchihashi Shūkō, qui fit l'étude de ce manuscrit, a clairement démontré que cette version traitait non seulement des quatre articles de foi intangibles (*si buhuai xin* 四 不 壞信)[207], qui correspondent aux trois refuges (*sangui* 三歸)[208], mais aussi de cinq sortes de causes (*wuzhong yinyuan* 五 種 因 緣) qui ne sont autres que les cinq déterminations (*wuneng*) du *Dacheng wusheng fangbian men*. A s'en tenir aux seuls termes employés, on peut dire que le manuscrit Stein 1073 est plus proche du *Dacheng wusheng fangbian men* que du *Nanyue ben*, qui, lui, emploie une terminologie conforme aux dix interrogations (*shiwen*). Cependant, l'ensemble du *Nanyue ben* est très proche du manuscrit Stein, puisqu'à de fréquentes

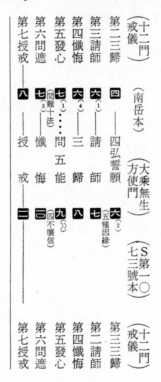

---

(206) Le manuscrit Stein 1073 comporte deux textes au recto: 1) *Shou pusa jieshu* 受菩薩 戒疏, ou commentaire des formules à lire à une cérémonie d'acceptation des règles pour obtenir la bodhéité; 2) *He pusa jie wen* (*yiben*) 和菩薩戒文 (一本), réponses à des questions par un maître de *vinaya*. Le manuscrit est daté du 4ᵉ mois de la 4ᵉ année *qianfu* 乾符肆年四 月 (mai-juin 877).

(207) *Si buhuai xin* 四不壞信 ou encore *si buhuai jing* 四不壞淨. Chacun doit croire en la pureté du Buddha, de la Loi, du *saṃgha* et des règles, ce qui correspond aux Trois Joyaux (*sanbao*) auxquels on ajoute les règles de *vinaya*.

(208) Les trois refuges (*sangui* 三 歸) désignent la foi au Buddha considéré comme le maître (*shi* 師) par excellence, la fidélité à la Loi, remède (*yao* 藥) contre toutes les illusions, l'appui trouvé dans la communauté des moines appréciés comme des amis (*you* 友) sur lesquels on peut compter dans la pratique de la Loi. A ces Trois Joyaux, on a ajouté l'observance des règles, dans les quatre articles de foi intangibles (*si buhuai xin*).

reprises les deux textes correspondent mot pour mot. Il y a donc une très grande affinité entre les deux textes. Toutefois, on peut considérer que le Stein 1073 se distingue à la fois du *Nanyue ben* et du *Dacheng wusheng fangbian men* par le fait qu'il parle de quatre articles de foi intangibles (*si buhuai xin*) au lieu de trois refuges (*sangui*). Ces quelques disparités relatives entre ces trois textes n'ôtent cependant rien à leur commune appartenance à l'école du *Dhyāna* (*Chan*).

Afin de permettre une meilleure comparaison de leur structure d'ensemble, Sekiguchi Shindai a dressé le tableau ci-contre.

Les caractères gras indiquent l'ordre respectif des termes employés dans le *Nanyue ben* et dans le Stein 1073. Comme on ne retrouve pas clairement à travers ces deux textes la division des douze conduites (*shier men jie yi*) de tendance *Tiantai*, le tableau a été construit suivant leur ordre propre. Les chiffres arabes entre parenthèses indiquent les subdivisions du *Dacheng wusheng fangbian men*. Grâce à ce tableau on s'aperçoit que l'ordre de Stein 1073 diffère essentiellement de celui du *Dacheng wusheng fangbian men*, alors que le *Nanyue ben* le recoupe point par point, ce qui confirme bien que ces deux derniers textes sont de la même lignée.

5. *Annen a écarté le Nanyue ben.*

Annen ne signale pas, nous l'avons vu, le *Nanyue ben*, dans sa liste de dix ouvrages traitant des règles de *vinaya*. Pourtant, ayant dans son *Hakke hiroku* 入家祕錄[209], comparé lui-même les catalogues rapportés par huit moines qui étaient allés en Chine, il ne peut pas ne pas avoir vu qu'un *Shou pusa jie wen* en un rouleau, fruit de l'enseignement oral du grand maître du Nanyue, figurait au catalogue de Saichō. De plus, c'est justement pour glorifier l'enseignement de Saichō, concernant les règles parfaites de *vinaya* du *bodhisattva* (*yuandun pusa jie* 圓頓菩薩戒) qu'il composa son *Futsū ju bosatsukai kōshaku*.

On peut donc en conclure que Annen a délibérément écarté le *Nanyue ben* de sa liste, et l'a remplacé par le *Damo ben*, regroupant sous ce titre les textes de la tradition du *Damo zong*, c'est à dire de l'école septentrionale du *dhyāna*. Le *Nanyue ben* étant inclus dans les textes de cette école et non pas dans ceux de l'école *Tiantai*, il n'avait pas à le citer.

Le *Shou pusa jie yi*, désigné sous le titre *Nanyue ben*, ne peut être de Huisi. Son absence dans les catalogues chinois, sa parenté très étroite avec les textes de l'école septentrionale du *dhyāna* (*Damo zong*), ainsi que son caractère singulier par rapport au corpus de l'oeuvre de Huisi, constituent autant de preuves de son inauthenticité. Il ne peut donc être classé parmi les œuvres de Huisi.

Conclusion générale.

L'analyse des sources chinoises et japonaises nous conduit à réduire l'œuvre encore subsistante de Huisi à trois ouvrages dont l'authenticité ne fait

_____

(209) On désigne souvent sous le titre *Hakke hiroku* 八家祕錄 le *Sho ajari shingon mikkyō burui sōroku* 諸阿闍梨眞言密教部類總錄, cf. T. 2176, vol. 55.

aucun doute: le *Sui ziyi sanmei*, le *Zhufa wuzheng sanmei famen* et le *Fahua jing anle xing yi*. Tous les trois forment un tout, dans lequel nous retrouvons le même cheminement de pensée, les mêmes préoccupations, les mêmes concepts. Ils sont inséparables l'un de l'autre. A côté de ces trois ouvrages, nous devons retenir le *Nanyue Si da chanshi li shiyuan wen*, en mettant toutes les réserves apportées plus haut, et en accordant à ce voeu un caractère apologétique et non discursif. Quant au *Dacheng zhiguan famen*, l'état actuel des recherches n'autorise aucune conclusion permettant de l'accepter ou de le rejeter définitivement comme une œuvre authentique de Huisi. Nous tenterons au cours de nos recherches futures de rassembler de nouvelles preuves afin d'en identifier la véritable origine et la réelle appartenance. Enfin, le *Shou pusa jie yi* n'est certainement pas de Huisi.

Avant de dégager et d'expliciter le thème central des trois œuvres authentiquement de Huisi, au chapitre V, nous devons rapidement brosser le tableau du bouddhisme aux 5e et 6e siècles. Nous y avons déjà fait allusion à plusieurs reprises. A travers cette présentation générale, nous comprendrons comment s'est formé un bouddhisme proprement chinois, l'école *Tiantai* en est l'un des meilleurs exemples, et nous percevrons mieux, par comparaison, l'originalité de Huisi.

Chapitre IV

Vers la naissance d'un bouddhisme chinois.

Les divisions de la Chine, du 3ᵉ au 6ᵉ siècles de notre ère, eurent de larges conséquences sur le développement du bouddhisme. E. Zürcher les a parfaitement dégagées dans *The buddhist conquest of China*. Nous renvoyons donc à cet ouvrage très documenté pour une connaissance détaillée des facteurs politiques et sociaux intervenus dans la conquête spirituelle de la Chine par le bouddhisme. Notre but dans ce chapitre est beaucoup plus modeste: mettre en évidence les traits les plus saillants de la doctrine bouddhique aux alentours du sixième siècle, souligner quel accueil lui réservèrent les Chinois, dégager dans quelle mesure nous en retrouvons les traces dans la pensée de Huisi. Sur les deux premiers points, nous ne prétendons pas davantage renouveler les connaissances déjà acquises, grâce aux excellents travaux contemporains réalisés en Chine par Tang Yongtong, au Japon par Ōchō Enichi et Tsukamoto Zenryū, en France par P. Demiéville et J. Gernet, pour ne citer que les plus importants. C'est à ces maîtres que nous devons l'intelligence des abondantes sources bouddhiques et profanes relatives à cette période.

Le début du cinquième siècle marqua un tournant capital dans l'histoire du bouddhisme en Chine. Jusque là ses principaux centres étaient restés fixés au nord du Yangzi, sauf rares exceptions. Cette situation provenait en grande partie des premières implantations du bouddhisme en Chine et des réalités politiques. Les premiers protectorats des Han sur l'Asie Centrale, puis les divers Etats du Nord fondés par des barbares, avaient très tôt mis cette partie du pays en contact permanent avec les marchands et les religieux étrangers venus de cette région. Les premières sources profanes à faire état du bouddhisme en Chine permettent de penser que vers l'an 2 il y avait déjà fait son apparition. Certains estiment même, à juger par des influences relevées dans la statuaire chinoise, que sa pénétration pourrait remonter au second siècle avant notre ère.

Quoi qu'il en soit, le bouddhisme semble s'être introduit à la faveur du renouveau taoïste, qu'il fût populaire ou philosophique. Durant les deux premiers siècles de notre ère, les premières manifestations cultuelles furent souvent associées à celles du taoïsme. Certains empereurs offraient en même temps des sacrifices au Vieux Jaune (Huanglao 黃老) et au Buddha, ce dernier étant perçu comme une transformation de Laozi parti chez les Barbares. Par ailleurs les textes d'abord traduits par les moines étrangers, en langage souvent confus et équivoque, relevaient surtout du Petit Véhicule. Ils portaient sur des rubriques, sur des exercices mentaux et respiratoires, qui apparentaient le *yoga* bouddhique aux disciplines du même genre cultivées par les taoïstes.

D'un autre côté l'influence grandissante des cercles taoïstes, aux formations plus ou moins secrètes organisées en petites églises fortement hiérarchisées, dont les chefs étaient des magiciens guérisseurs affiliés aux "maîtres célestes", prépara les masses populaires à admettre et soutenir la constitution d'une collectivité religieuse, autonome et indépendante de l'Etat. Ceci se vérifia avant tout dans le Sud, car les bouleversements politiques survenus dans la Chine du Nord inféodèrent l'Eglise bouddhique au pouvoir des barbares, encore qu'il faille être prudent dans une telle affirmation. En effet le besoin d'un appui était ressenti de part et d'autre: l'Etat devait compter sur la force économique et unificatrice du bouddhisme, capable de rassembler Chinois et non-Chinois, ainsi que sur les pouvoirs magiques et divinatoires de certains moines dont Fotudeng 佛圖澄 reste le meilleur exemple. De son côté l'Eglise bouddhique avait tout intérêt à s'assurer la protection des pouvoirs centraux et locaux, pour protéger ses biens et ses communautés d'une part, à paraître un élément de stabilité et de cohésion au sein d'une société désagrégée d'autre part.

La relative stabilité politique survenue au cinquième siècle, puisque la Chine du Nord était désormais sous la coupe des Wei, et le Sud sous celle des Liu-Song, favorisa l'essor du bouddhisme de part et d'autre du Yangzi. Cela contribua à la formation de deux types différents comme nous allons le voir. Tout au long du cinquième siècle on assista à une intense activité spirituelle et intellectuelle dans les milieux bouddhiques. L'arrivée de Kumārajīva à Chang'an en 402 suscita un nouvel effort d'approfondissement doctrinal, qui permit de lever définitivement toutes les ambiguïtés, volontaires ou non, entretenues dans les rapports avec le taoïsme et les milieux intellectuels qui s'y rattachaient de près ou de loin. Le bouddhisme, à sa suite, s'affirma nettement comme une religion originale et indépendante. Elle était cependant suffisamment imprégnée de sagesse chinoise, de quiétisme, et prometteuse d'une "Voie Moyenne", pour qu'un poète comme Xie Lingyun 謝靈雲 (385-433) la déclare adaptée à la mentalité chinoise. Ainsi fut créé un climat favorable à l'éclosion d'écoles bouddhiques proprement chinoises, telles que l'école *Tiantai*, ce qui n'exclut pas néanmoins la vivacité de courants plus traditionalistes et plus proches des sources indiennes en Chine du Nord.

Ce nouveau visage du bouddhisme plus indépendant, aussi plus triomphant, fut mal accepté des taoïstes et des confucianistes. Les premiers entamèrent la polémique sur l'excellence et la prééminence de leur propre religion, tandis que les seconds s'efforcèrent de démontrer que la morale et les institutions chinoises, bien supérieures à la nouvelle religion, ne sauraient en tirer un quelconque bénéfice. Ces querelles eurent une intensité variée avant le sixième siècle. Parmi les plus connues, nous noterons en 340 celle qui opposa deux factions politiques, l'une hostile de Yu Bing 庾冰, l'autre favorable de He

Chong 何充, au sujet de l'autonomie du saṁgha qui prétendait n'avoir pas à rendre hommage aux princes (*bubai wang* 不拜王) et n'être donc pas sujet à l'autorité d'un gouvernment temporel. Toujours dans le Sud, entre 402-404, lors de la domination de Huan Xuan 桓玄, la même controverse reprit; Huiyuan 慧遠 composa un court traité intitulé *Les Śramana ne vénèrent pas le prince* (*Shamen bujing wangzhe lun* 沙門不敬王者論), dans lequel il donnait la position des bouddhistes sur ce problème autant que sur d'autres points de doctrine. Dans le Nord, ce fut la persécution du bouddhisme de 446 à 454, sous le règne de l'empereur Wu des Wei du Nord. Au sixième siècle, du vivant de Huisi, comme nous le verrons, Fan Zhen 范縝 et Xun Ji 荀濟, en Chine du Sud, dénoncèrent les prétentions du bouddhisme, tandis qu'au Nord, de 574 à 577 éclatait une seconde persécution.

En présentant ci-après l'apport doctrinal de Kumārajīva, puis les deux formes du bouddhisme en Chine du Nord et du Sud, enfin les réactions chinoises face à cette religion étrangère, nous avons essentiellement retenu ce qui eut un lien avec le comportement et la pensée de Huisi. Notre étude du bouddhisme à l'époque de Huisi est donc loin d'être exhaustive.

I. L'apport de Kumārajīva.

Issu d'une famille princière de Kucha en Asie Centrale, Kumārajīva (en chinois Jiumoloshi 鳩摩慶什) (350-409?)[1] entra très tôt dans les ordres, sous l'influence de sa mère, qui, persuadée de l'avenir glorieux de son fils, l'entraîna au Cachemire pour y être formé dans ce qui était alors la citadelle du bouddhisme *Sarvāstivādin*, l'une des plus anciennes écoles hināyānistes. Ce serait trois ans après, sur leur route du retour, que Kumārajīva aurait été converti au *Mahāyāna*. A Kucha, il fut ordonné selon le rite *Sarvāstivādin* et il logea au "Nouveau monastère du Roi" (Wangxin si 王新寺) où il étudia les écritures de la *prajñāpāramitā*. Il serait sans doute resté là si Lü Guang 呂光[2], futur fondateur de l'éphémère dynastie dite des Liang Postérieurs (Hou Liang 後涼), n'avait mené avec succès la conquête de Kucha en 382, et entraîné Kumārajīva parmi les prisonniers de guerre. Selon la tradition, lors d'un banquet précédant l'expédition, Fu Jian 符堅[3] aurait dit à Lü Guang:

---

(1) Biographie dans le *Gaoseng zhuan* 3, T. 2059, vol. 50, p.330a-333a, et dans le *Chu sanzangji ji* 出三藏記集 T. 2145, vol. 55, pp.100a-102a. La biographie de Kumārajīva a été traduite et annotée par Robert Shih, dans ses *Biographies des Moines éminents, de Houeikiao*, collection Biblothèque du Muséon, vol. 54, pp.60 à 81, Louvain, 1968.

Tsukamoto Zenryū propose 350-409 comme dates vraisemblables de la vie de Kumārajīva dans *The dates of Kumārajīva and Seng-chao re-examined*, (*Silver jubilee volume of the Zinbun Kagaku Kenkyūsyo*, Kyōto, 1954, pp.568-584. M. Paul Demiéville reprend ses arguments dans *T'oung Pao* XLV, 1957, p.230.

(2) Lü Guang 呂光 (337-398), d'abord général de cavalerie au service de Fu Jian 符堅 (cf. *Jinshu* 122, 1 à 8; *Weishu* 95, 61-62), puis fondateur de l'une des seize dynasties secondaires sous les Dong Jin 東晉. Etude par R. B. Mather, *Biography of Lü Kuang*, Berkeley, 1959.

(3) Fu Jian 符堅 (351-394), maître des Qian Qin 前秦, cf. *Jinshu* 114, 1 à 3. Etude par M.C. Rogers, *The Chronicle of Fu Chien*, Berkeley, 1968, 406 p.

"Le souverain gouverne au nom du ciel; aimer le peuple comme son fils est son premier devoir. Vais-je les attaquer pour leurs territoires? Mon vrai but est de me procurer un sage. J'ai appris qu'aux pays d'Occident il y a un certain Kumārajīva, familiarisé avec les caractères de la Loi, versé dans le *yin* et le *yang*, et maître de la jeune génération. Je m'en préoccupe beaucoup. Les sages sont le trésor de la nation. Lorsque vous aurez soumis Kucha, envoyez-le moi par le relais exprès."[4]

Quoi qu'il en soit de la véracité de cette anecdote et du vrai but de l'expédition, Kumārajīva fut amené en territoire chinois dans l'espoir apparent qu'il développât une nouvelle technique apparentée à celles de "l'Ecole des Mystères" (*xuanxue* 玄 學)[5] et des "Causeries pures" (*qingtan* 清 談)[6]. En raison des événements politiques, Kumārajīva demeura jusqu'en 402 sous la coupe de Lü

(4) Traduction de Robert Shih, *op cit.* pp.69-70; cf. T. 2059, vol. 50, p.33 *b*/24-28.

(5) *Xuanxue* 玄 學. Voir notre chapitre I, p.20. Tang Yongtong consacre les ch. 5 et 6 de son *Histoire* à ce phénomène intellectuel. Voir aussi son étude *Wei Jin xuanxue lungao* 魏 晉 玄 學 論 稿, Pékin, 1957.

Le *xuanxue* apparaît vraiment avec le *Lihuo lun* 理 惑 論 (cf. *Hongming ji* 1, T. 2102, vol. 52, pp. 1*a*-7*b*). Sous les Trois Royaumes (San Guo 三 國) et sous les Jin Occidentaux 西 晉, le *xuanxue* démontre, par son apparition, que l'intérêt s'est porté à cette époque sur la métaphysique et non plus sur les sciences occultes. Il est l'apanage des lettrés et du clergé éduqué. Le *xuanxue* représente une activité intellectuelle dont l'expression verbale serait le *qingtan* 清 談. Comme l'a bien montré Etienne Balázs dans *Entre révolte nihiliste et évasion mystique* (*Etudes Asiatiques*, 1/2, 1948, pp.27-55), ce mouvement comporte un double aspect: il est à la fois une spéculation métaphysique et une révolte contre l'orthodoxie. C'est une révolte contre les conventions qui ont perdu tout leur sens. C'est en outre la quête d'un substrat permanent qui soit l'essence de l'Univers, et qui peut être qualifié par le terme "non-être fondamental" (*ben wu* 本 無). Ainsi la notion bouddhique de vacuité, *kong* 空 (c'est à dire absence de réalité substantielle et absence d'attributs), est prise au sens de *wu* 無, le Rien, qui est l'essence de l'Univers. Il s'agit dès lors de démontrer que substance *ti* 體 et fonction *yong* 用, être et non-être, bien que différents, ne forment pas une paire de contraires mutuellement exclusifs. Cette unité est le "Mystère des mystères, la porte de toutes les merveilles" (*Xuan zhi you xuan, zhong miao zhi men* 玄 之 又 玄, 衆 妙 之 門) (cf. *Daode jing* ch. 1). D'où le nom de *xuanxue*, "l'école des mystères". Ce courant représente certainement la tendance la plus abstraite et la plus idéaliste dans la pensée de la Chine médiévale.

Dans ce contexte, le Sage (*Shengren* 聖 人), ou l'Homme Parfait (*Zhiren* 至 人), était celui qui possédait le *wu* 無 en lui-même, qui s'élevait au-dessus du monde des phénomènes dans un monde supérieur. Les bouddhistes ont repris ces termes, pour les appliquer à leur doctrine et pour définir la différence existant entre le *Hinayāna* et le *Mahāyāna*. Le Buddha aurait prêché deux vérités, l'une conditionnée et conventionnelle, l'autre absolue et finale; la première comprenant les données de l'expérience commune et l'enseignement du *Hinayāna*; la seconde étant limitée au *Mahāyāna*. Le Sage, l'Homme Parfait, atteint le monde supérieur dans le *Mahāyāna*.

(6) *Qingtan* 清 談. Cf. Notre chapitre I, p.20. Les exemples de ces discussions nous sont données dans la source principale, le *Shishuo xinyu* 世 說 新 語 de Liu Yiqing 劉 義 慶 (403-444) dont Liu Xiaobiao 劉 孝 標 (462-521) nous a fourni d'abondants commentaires. Dès cette époque, les ouvrages bouddhiques à caractère philosophique sont souvent construits sous forme de dialogues entre deux interlocuteurs. Il semble que le plus représentatif des auteurs férus dans la méthode du *qingtan* ait été Zhi Dun 支 遁 (314-366), qui est cité quarante-six fois dans le *Shishuo xinyu*. On trouve sa biographie dans le *Gaoseng zhuan op. cit.* p. 348*b*-349*c*. Il aurait écrit un *Xiao yao lun* 逍 遙 論, aujourd'hui disparu, mais dont on conserve des citations dans le *Shishuo xinyu* et dans un commentaire de Cheng Xuanying 成 玄 英 au *Zhuangzi*.

Sur le *qingtan*, on trouvera des discussions générales dans les ouvrages suivants: Liu Dajie 劉 大 杰, "*Weijin sixiang lun* 魏 晉 思 想 論, Shanghai, 1939, p.167-220; Chen Yinke 陳 寅 恪, *Tao Yuanming zhi sixiang yu qingtan zhi guanxi* 陶 淵 明 之 思 想 與 清 談 之 關 係, Pékin, 1945;

Guang et de ses successeurs. Il fallut la victoire de Yao Xing 姚興 (384-417)[7] des Qin Postérieurs (Hou Qin 後秦) sur Lü Long 呂隆[8] dernier prince régnant des Liang Postérieurs, pour que Kumārajīva parvienne à Chang'an le 8 février 402. Yao Xing qui vénérait les Trois Joyaux et désirait mieux connaître la doctrine, invita Kumārajīva à traduire et publier plusieurs des textes sacrés. Il fit grouper autour du maître, et peut-être à la demande des disciples de Dao-an 道安,[9] plus de huit cents śramaṇa, parmi lesquels Sengrui 僧叡[10] et Seng-zhao 僧肇.[11] D'après sa biographie, Kumārajīva traduisit plus de trois cents rouleaux "révélant grandement la source divine et dévoilant les mystères profonds des textes."[12] Kumārajīva poursuivit cette activité très intense jusqu'à sa mort survenue à la mi-septembre en 409. Grâce à l'étendue et à la qualité de ses traductions, grâce aussi aux commentaires qu'il ajoutait aux textes, Kumārajīva aida le bouddhisme chinois à s'affranchir des théories et des méthodes des causeries pures, ainsi qu'à renoncer au Ge Yi 格義[13], une méthode

du même auteur, *Xiaoyaoyou Xiang Guo yi ji Zhi Dun yi tan yuan* 逍遙遊向郭義及支遁義探源, in *Qinghua xuebao* 清華學報, n° 12, vol. 2, avril 1937; He Changqun 賀昌群, *Weijin qingtan sixiang chulun* 魏晉清談思想初論, 2ᵉ éd., Shanghai, 1947; Hou Wailu 侯外盧, *Zhongguo sixiang tongshi* 中國思想通史, vol. 3, p.26-45, 74-94, Cf. Etienne Balazs, *Entre révolte nihiliste et évasion mystique*, in *Etudes Asiatiques*, 1948, p.27-55; Zürcher, *The Buddhist Conquest of China*, p.93-130; Tang Yongtong, *Histoire*, p.177-180; Paul Demiéville, *La pénétration du Bouddhisme dans la tradition philosophique chinoise*, *Cahiers d'Histoire mondiale*, 3, I, 1956, p.19-38.

(7) Yao Xing 姚興, biographie dans *Jinshu* 晉書, éd. *SPTK.*, k. 117, p.10, fils de Yao Chang 姚萇 qui est un Qiang 羌.

(8) Lü Long 呂隆, second successeur de Lü Guang 呂光. Il présenta son acte de capitulation en 401.

(9) Daoan 道安 (312-385), biographie dans *Chu sanzang jiji* 出三藏記集 (T. 2145 vol. 55, p.108a-109b); *Gaoseng zhuan* k. 5 (T. 2059 vol. 50, p.351b-354a): Ui Hakuju 宇井伯壽 lui consacre une étude "*Shaku Dōan kenkyū* 釋道安研究", Tōkyō, 1956. Daoan fut l'un des premiers bouddhistes à prendre vraiment conscience de l'originalité du bouddhisme par rapport au taoïsme. Il représente la première réaction du clergé chinois contre le *qingtan* et le *geyi*. Il étudia intensivement sous la direction de Fotudeng 佛國澄 les textes de la *prajñā* et les sūtras sur les exercices du *dhyāna*. Il présida à de nomdreuses traductions, établit un catalogue de toutes les traductions déjà faites, couvrant ainsi une période allant des Han à l'année 374, et intitulé *Zongli zhongjing mulu* 總理眾經目錄. Il établit aussi les règles de *vinaya* pour gouverner la conduite des moines. cf. Tang Yongtong, *Histoire*, p.187-277.

(10) Sengrui 僧叡 *Gaoseng zhuan* k.6, *op. cit.* p.364 a/14-b/22.

(11) Sengzhao 僧肇 (374-414), originaire de Guzang 姑臧, disciple de Kumārajīva. Il arrive à Chang'an en 401. Il meurt en 414. Biographie dans *Gaoseng zhuan* K. 6, *op. cit.* p.365 a-366 b. Etudié par Tang Yongtong, *Histoire*, p.278-340; en langue occidentale voir Liebenthal, *The book of Chao*, Pékin, 1948. Sous la direction de Tsukamoto Zenryū 塚本善隆 un ouvrage collectif, publié sous le titre *Jōron kenkyū* 肇論研究, Kyōto, 1955. Konami Takuichi 木南卓一, *Rikuchō shisō ni okeru sōjō no ichi* 六朝思想に於ける僧肇の位置, *Tōyō no bunka to shakai* 東洋の文化と社會, 4, 1954, p.58-81.

(12) Kumārajīva traduisit plus de trente-trois titres, soit au total plus de trois cents *juan*.

(13) *Geyi* 格義. Par cette méthode, on élucide les termes bouddhiques, surtout les catégories numériques (*shu* 數), avec l'aide de notions extraites de la philosophie traditionnelle chinoise. Cette méthode est créée pour les laïcs cultivés. Le fondateur semble être un certain Zhu Faya 竺法雅, cf. *Gaoseng zhuan op. cit.* p.363 a, disciple de Fotudeng. Dans sa biographie, on peut lire: "Zhu Faya était un homme du Hejian 河間 (actuel Hebei)... Dans sa jeunesse, il excellait dans les études profanes (*waixue* 外學), et quand il eut grandi, il fut versé dans les choses du bouddhisme; les jeunes membres des familles aisées (*yiguan duzi* 衣冠杜子) venaient tous à lui pour être informés et instruits. Comme à cette époque les disciples qui suivaient

consistant à "faire coïncider le sens" d'un terme sanskrit avec celui d'une expression chinoise déjà existante dans la philosophie traditionnelle. Cette méthode du *Ge Yi* avait certes permis au bouddhisme de se forger un vocabulaire, mais en même temps elle avait été cause de très nombreux contre-sens.

Bien que n'étant pas essentiellement un penseur, Kumārajīva transmit des idées et des textes qui lui étaient chers. Il véhicula les idées de Nāgārjuna,[14] posant ainsi les bases du *Mādhyamika* chinois, ou doctrine de la "Voie Moyenne",[15] c'est à dire du milieu entre deux extrêmes, tels que existence et non-existence, affirmation et négation. Cette doctrine de la Voie Moyenne s'appuie sur le principe que toute chose dépend de causes et de conditions dans sa production. La conclusion vient alors: ce qui est produit par des causes n'est pas produit par soi et n'existe pas en soi. Par conséquent rien ne peut prétendre

Faya étaient tous versés dans les canons, mais n'étaient pas encore au fait des principes bouddhiques. Zhu Faya, avec Kang Falang 康法朗 et d'autres, prirent les catégories numériques (*shishu* 事數) des sūtras, pour les faire coïncider avec les termes de la littérature profane, de manière à les rendre intelligibles; cela s'appelait "faire coïncider le sens" (*geyi* 格義)... Ainsi il expliquait alternativement les canons profanes et les écritures bouddhiques; avec Daoan et Fatai, il avait l'habitude d'expliquer les points douteux qu'ils avaient rassemblés, et ensemble ils étudiaient à fond l'esssentiel des sūtras." (cf.*op. cit.* p.347a et biographie de Fotudeng *ibid.* k. 9, p.387a). Voir aussi Tang Yongtong, *Histoire*, p.235 sq., et Tsukamoto Zenryū, *Shina bukkyōshi kenkyū* 支那佛教史研究, Tōkyō, 1942, p.25 sq.

En fait il s'agit surtout d'établir l'exposé des catégories numériques contenues dans les traités anciens du *dhyāna* et de l'*Abhidharma*. Ces traités étaient en vogue dans le Nord et Daoan les étudia au début de sa carrière. Constatant plus tard que la méthode déviait des principes bouddhiques, il la rejeta.

Huiyuan 慧遠 (334–416) fut aussi un fervent de cette méthode. Il était versé en littérature confucianiste et taoïste. Lors d'une discussion où les participants ne comprenaient pas, Huiyuan cita des idées de *Zhuangzi* qui appartenaient à la même catégorie, et ainsi les sceptiques purent comprendre". (cité in Feng Youlan, vol. II, p.242). cf. Zürcher, *op. cit.*, p.184. L'étude la plus complète sur Huiyuan est le *Eon kenkyū* 慧遠研究 ouvrage collectif dirigé par Kimura Eiichi 木村英一, Tōkyō, 1960.

(14) Nāgārjuna (en chinois Longshu 龍樹) (second siècle après J. C.), auteur supposé du *Traité de la Grande Vertu de Sagesse* (*Dazhidu lun* 大智度論), exposé le plus compréhensible de la doctrine *Mādhyamika* (*Śūnyavāda*), dont la traduction chinoise en cent *juan* par Kumārajīva, fut achevée en février 406. (cf. T. 1509, vol. 25). La traduction avec annotations en français en a été effectuée par E. Lamotte, *Le traité de la Grande Vertu de Sagesse de Nāgārjuna*, Louvain, 1944–1976. Sur la nature du traité et les circonstances de sa traduction, voir l'article de P. Demiéville, paru dans *Journal Asiatique* 1950, p.375–395. Sur la biographie de Nāgārjuna, voir H. Walleser, *The Life of Nāgārjuna from Tibetan and Chinese Sources, Hirth Anniversary Volume*, pp.421–455; V. WW. Karambelkar, *The Problem of Nāgārjuna* in *Journal of Indian History*, 30, I, 1952, pp.21–33. Cf. aussi E. Lamotte, *op. cit.*, Vol. III, introduction, et Hōbōgirin, (Répertoire) s.v. Ryūju. Sur l'attribution du traité à Nāgārjuna, voir Hikata Ryūshō 干潟龍祥, dans son introduction à l'édition du *Suvikrāntavikrāmi-paripṛcchā*, Fukuoka, 1958, p.52 sq. Dans ce traité attribué à Nāgārjuna, qui ne l'a certainement pas écrit, on trouve l'exposé de la doctrine *mādhyamika* et une discussion détaillée de la nature du *dharmakayā* et de la bouddhologie qui lui est rattachée. On y trouve aussi une spéculation sur le corps glorifié du *bodhisattva* (appelé aussi *dharmakayā*, *fashen* 法身, dans le *Dazhidu lun*).

(15) La Voie Moyenne (en chinois *zhong lun* 中論). La meilleure discussion sur l'école *Mādhyamika* est l'étude de R. V. Murti, *The Central Philosophy of Buddhism*, London, 1955. Il existe aussi en chinois une bonne présentation de l'école, par Daoan 道安, *Sanlunzong shilun* 三論宗史論 dans l'ouvrage *Zhongguo fojiaoshi lunji* 中國佛教史論集, Taipei, 1956, 2, pp.442–463. Sur l'introduction de la scolastique de la Voie Moyenne et les réactions chinoises, T. H. Robinson, *Early Mādhyamika in India and China*, Madison, Milwaukee et Londres, 1967, XI, 344 p.

à une réalité indépendante, à une nature. propre. Chaque chose n'est identi-
fiable que par son rapport à quelque chose d'autre.

Dans ce contexte, la notion de vide *śūnya* (en chinois *kong* 空), signifie à la
fois l'irréalité de tous les éléments de l'existence et la relativité de toute chose,
puisque tout est dépendant. Ce système de relations entre les choses est lui-
même ambigu, comme le sont aussi les mots toujours inadéquats pour traduire
la vérité. Aussi Nāgārjuna construit-il sa doctrine sur un système logique qui
pousse la négation à l'infini, pour mieux approcher la vérité et mieux affirmer
que la Vérité absolue est *śūnya*, en ce sens qu'elle se situe au-delà de toute
pensée, de toute conception, au-delà de toute particularisation. Les vivants,
évoluant dans un monde phénoménal et relatif, ne peuvent réaliser la Vérité
absolue qu'en procédant par niveaux relatifs et successifs, tout en sachant qu'à
l'aboutissement il leur faut encore négativement rejeter les vérités relatives.
Seul le Buddha, qui par son illumination a obtenu l'intuition directe de la
vérité et de ce fait est devenu l'incarnation même de la vérité, peut aider les
vivants dans l'accès à cette vérité absolue qui transcende tout.

En véhiculant les idées du *Mādhyamika,* Kumārajīva était convaincu de la
sainteté et de l'absolue véracité des écritures du *Mahāyāna.* Il mit surtout l'accent sur le *sūtra du Lotus,*[16] qu'il considérait comme le dernier sermon du Buddha avant son entrée dans le *nirvāṇa.* Privilégier le texte, c'est privilégier le
contenu. Mettre l'accent sur le *sūtra du Lotus,* c'est souligner la doctrine mahāyāniste du Buddha éternel et du salut universel. Le *sūtra du Lotus* revient à
plusieurs reprises sur ce dernier point, indiquant que la doctrine de salut du
śrāvaka et du *pratyekabuddha* sert seulement à ceux qui ne sont pas encore ré-
ceptifs à la vérité ultime. Kumārajīva interprète ce point en affirmant que le
bodhisattva, en marche vers la bodhéité, passait d'abord par l'étape des auditeurs de la loi (*śrāvaka*) puis celle des solitaires (*pratyekabuddha*)[17] et qu'il les
dépassait pour atteindre à la plénitude du *nirvāṇa.* Selon cette interprétation
l'*arhant* libéré de toute impureté et échappant de ce fait à toute renaissance,
d'après la doctrine du *Hīnayāna,* ne se distingue pas de ce que le *Mahāyāna*

---

(16) *La Lotus de la Bonne Loi,* (en chinois *Miaofa lianhua jing* 妙法連菊經). La traduction
chinoise la plus autorisée est celle de Kumārajīva achevée en 406. C'est le texte de base de
l'école *Tiantai.* C'était le sūtra le plus populaire parce qu'il contenait l'exposé le plus compréhensible de la doctrine mahāyāniste du Buddha éternel et du salut universel. Ce sūtra fut
source d'inspiration dans l'art bouddhique. Il a été traduit du chinois par L. Hurvitz sous le
titre *Scripture of the Lotus Blossom of the fine Dharma,* New-York, 1976.

(17) Ce sont les trois degrés conduisant à la *bodhi.* Le premier degré est celui du *śrāvaka*
(*shengwen* 聲聞): c'est le degré des disciples en général, qui sont à l'écoute de la Loi, qui comprennent les quatre vérités (*sidi* 四諦) et s'arrachent à l'irréalité du monde phénoménal. Le
second degré est celui du *pratyekabuddha* (*yuanjue* 緣覺), c'est à dire de celui qui, illuminé par
raisonnement sur l'énigme de la vie, se tient séparé des autres et atteint seul à l'illumination.
C'est un chemin moyen, où l'on est illuminé et où l'on comprend les douze *nidāna* (*shier yinyuan*
十二因緣), c'est à dire les douze causes ou liens dans la chaîne de l'existence. Le troisième
degré est celui du *bodhisattva* (*pusa* 菩薩). Ce degré caractérise le *Mahāyāna,* car le *bodhisattva*
y recherche le salut des autres, de tous les autres, et non seulement le sien propre, comme
c'est le cas dans les deux degrés précédents. La règle fondamentale du *bodhisattva* est le
zili lita 自利利他, la perfection personnelle doit servir à la perfection des autres. C'est en
accomplissant cette règle que l'on parvient à la *bodhi.*

appelle un *bodhisattva,* c'est à dire celui qui est parvenu à l'illumination totale pour en faire bénéficier les autres. Seule une différence de degré les sépare.

Exprimées soit dans la correspondance avec Huiyuan 慧遠 (344–416)[18] soit à propos de traductions, celle des *Enseignements de Vimalakīrti (Vimalakīr-tinirdeśa sūtra)* en particulier,[19] les idées de Kumārajīva se sont largement propagées dans les cercles bouddhiques. Par l'intermédiaire de Huiwen, son maître, Huisi hérita de cette pensée. Il renforça encore le caractère privilégié du *bodhisattva,* considérant les deux autres degrés comme pouvant être évités. C'est en reconnaissant cette paternité que les chroniqueurs de l'école *Tiantai* ont fait de Kumārajīva l'initiateur du bouddhisme chinois. A côté de cet apport doctrinal, Kumārajīva libéra le bouddhisme chinois d'un certain nombre d'ambiguïtés inhérentes à la croyance en l'existence d'une âme immortelle, allant d'incarnation en incarnation et retournant à la Source universelle. En outre il permit de distinguer après lui la notion du vide (*kong* 空), totale absence d'attributs, de celle du "rien" (*wu* 無) taoïste.

Plus d'un siècle sépare Huisi de Kumārajīva. L'influence de ce dernier eût pu se dissiper avec le temps, n'eût été la contribution importante de son disciple Sengzhao 僧肇[20] au développement du bouddhisme chinois. Sengzhao (374–414), né à Chang'an, apparemment d'une famille pauvre, dut très jeune gagner sa vie en se faisant copiste. Cela lui permit de fréquenter les classiques et les livres historiques. Il en retira une profonde expérience des textes et le sens du mot juste. Aussi sut-il choisir, le moment venu, les termes chinois les plus appropriés pour traduire en un langage clair et élégant les idées de son maître. Son style séduisant attira les lettrés qui, par ce biais, apprirent la doctrine de

---

(18) Huiyuan 慧遠 (334–416) cf. note 16. Biographie dans *Gaoseng zhuan, op. cit.* 6, p.357 *c*–361*b* et *Chu sanzangji ji* k.15, *op. cit.* p.109 *b* sq. Les fragments subsistants de son oeuvre ont été rassemblés par Yan Kejun 嚴可均 in *CCW* pp.161–162 (mais ne contient pas la correspondance avec Kumārajīva, cf. T. 1856), Sur sa vie et son enseignement, voir Tang Yongtong, *Histoire*, p.341–373; Zürcher, *op. cit.* p.204–253; Tokiiwa Daijō 常盤大定, *Shina ni okeru bukkyō to jukyō dōkyō* 支那に於ける佛教と儒教道教, Tōkyō, 1937; sur ses écrits, voir W. Liebenthal, *Shih Hui-yuan's Buddhism as set forth in his writings,* in *JAOS* 70, 1950, pp.243–259. Le traité intitulé *Shamen bujing wangzhe lun* 沙門不敬王者論 a été traduit par L. Hurvitz dans l'article *Render unto Caesar, in early chinese Buddhism,* in *Liebenthal Festschrift, Sino-Indian Studies* V, Santiniketan, 1957, p.80–114. Sur l'immortalité de l'âme, voir aussi *The immortality of the Soul in Chinese Thought, Monumenta Nipponica* 8, 1952, p.326–397; ainsi que les remarques de Tsukamoto Zenryū au *Wei shu's Treatise on Buddhism and Taoïsm,* (trad. L. Hurvitz) in *Yunkang,* vol. 16, suppl. p.33 sq.

(19) *Vimalakīrti-nirdeśa* (en chinois *Wei mo jie jing* 維摩詰經). Au quatrième siècle, ce *sūtra* fut très prisé de l'intelligentsia chinoise. On peut en donner diverses raisons: c'est un exposé de la doctrine sous forme de drame; les dialogues exposés sur une scène toujours changeante, sont utilisés pour traiter de sujets doctrinaux très variés. On y trouve de longs passages sur les pouvoirs merveilleux du Buddha et du *bodhisattva,* sur la supériorité du *Mahāyāna,* sur la nature transcendante du corps du Buddha, sur le concept de non-dualité, etc... Tout ceci est dit sur un thème de base: le pouvoir d'amour et de salut du *bodhisattva* qui, comme Vimalakīrti lui-même, subit volontairement la "maladie de l'existence" pour le bien de tous les êtres. Ce *sūtra* est regardé comme un réel compendium de la doctrine mahāyāniste. En outre la construction du texte, sous forme dramatique, satisfait aux exigences littéraires chinoises, et comble à la fois l'attente des Chinois amateurs de *qingtan* et de *xuanxue.* cf. *L'enseignement de Vimalakīrti (Vimalakīrtinirdeśa),* par E. Lamotte, Bibliothèque du Muséon, Louvain, 1962.

(20) cf. supra note 11.

Kumārajīva. Suivant l'esprit de son temps, il fut attiré par le mysticisme et la philosophie de *Lao-Zhuang* 老莊. Néanmoins cette filiation spirituelle le laissa insatisfait. Il fallut qu'il tombât sur une copie des *Enseignements de Vimalakīrti* pour trouver ce qu'il désirait. Il demeura néanmoins insatisfait : les *Enseignements de Vimalakīrti* demeuraient imprécis et il n'en existait aucun commentaire faisant autorité. Sengzhao ne put trouver dans son entourage la réponse à ses questions. Ayant appris la présence de Kumārajīva à Guzang 姑藏, dans l'actuel Gansu, il y monta vers 398 et dès lors demeura auprès de lui, participant à ses travaux et préparant des œuvres originales telles que l'*Immutabilité des choses (Wu buqian lun* 物不遷論), la *Vacuité de l'irréel (Buzhen kong lun* 不眞空論), la *Prajñā dénuée de connaissance (consciente) (Boruo wuzhi lun* 般若無知論). Ces essais ont été regroupés avec d'autres de ses écrits ; on les désigne le plus souvent sous le titre *Discours de Zhao (Zhao lun* 肇論)[21]

Dans le premier essai, Sengzhao déclare qu'au sens fondamental les choses sont immuables, puisqu'il n'existe ni repos ni mouvement. Dans le second, il élucide le concept de vide : toutes choses viennent à l'existence par la combinaison de diverses causes et périssent avec leur disparition. Cela signifie exactement que les choses tout à la fois existent et n'existent pas. C'est comme dans un tour de magie : l'homme créé par un tel tour n'existe pas en tant qu'homme réel mais simplement comme être magique. Dans le troisième essai, Sengzhao discute de la nature de la *prajñā*. Elle est définie comme une sagesse du sage, bien distincte de la connaissance ordinaire. Cette dernière s'attache à un objet, tandis que la sagesse du sage a pour objet la vérité absolue, qui ne peut en tout état de cause être objet de connaissance, puisqu'elle est vide et sans qualités phénoménales. Cette vérité absolue n'est pourtant pas isolée des événements et des choses. En effet, le sage qui possède cette sagesse a une double nature : il se situe dans le domaine de la vacuité, de la non-activité, et il est en même temps conduit à des actes concrets. La force du sage vient de ce que ces aspects sont parfaitement harmonisés. Nous avons là un des éléments importants de la Voie Moyenne.

Peu de temps après la mort de Kumārajīva et de Sengzhao, la situation militaire força leurs disciples à se disperser. Certains d'entre eux se réfugièrent dans le sud de la Chine, à la suite du sac de Chang'an, en 418, par Helian Bobo 赫連勃勃[22] Cette dispersion accentua le développement de deux types de bouddhisme. La Chine du Nord connut un bouddhisme dévot, surtout pré-

(21) *Zhaolun* 肇論 cf. T. 1858, vol. 45, p.150a-161b, cf. note 11. Traduction complète par Liebenthal, *op. cit.* Voir aussi Tsukamoto Zenryū, *The dates of Kumārajīva and Seng-chao reexamined, Silver Jubilee Volume of the Zinbun Kagaku Kenkyusho*, Kyōto University, 1954, I, p.568–584 ; voir *Jōaon kenkyū* 研究, Kyōto, 1955, ouvrage déjà cité. Ce dernier ouvrage expose l'interprétation de Nāgārjuna par Seng Zhao, et sa dette envers les néo-taoïstes. Pour une comparaison de la philosophie de Sengzhao avec celle de Huiyuan et de Daosheng, voir Itano Chōhachi 板野長八 *Eon, Sōjō no shinmeikan o ronjite Dōshō no shinsetsu ni oyobu* 慧遠僧肇の神明觀を論じて道生の新說に及ふ, *Tōyō gakuhō*, 30, n° 4, 1944.

(22) Helian Bobo 赫連勃勃, chef Xiongnu, fondateur de l'Etat Da Xia 大夏 dans le nord du Shanxi ; il était en lutte contre les armées de Yao Xing 姚興, prince des Qin Postérieurs 後秦. Helian Bobo essaya vers 418 de s'emparer de tout le bassin de la Wei.

ocupé de pratiques religieuses, tandis qu'au Sud s'intensifièrent les grands courants de scolastique. L'instabilité politique et sociale de la Chine du Nord gêna les milieux bouddhiques dont l'unique effort intellectuel fut celui des traductions. A côté, la Chine du Sud offrit aux bouddhistes un climat relativement stable ce qui favorisa leurs recherches et leurs spéculations. Il ne faut pas cependant concevoir d'une façon trop rigide ces deux types de bouddhisme. Les divisions politiques de la Chine ne purent empêcher les contacts entre la Chine du Nord et le Sud du Yangzi. Il y eut donc certains échanges entre les milieux bouddhiques du Nord et du Sud, ceux-là rappelant à leurs coreligionnaires que la Loi du Buddha est avant tout une éthique et non une philosophie. L'un des grands mérites de Huisi et de son disciple Zhiyi fut justement de rapprocher les deux courants, en soulignant que la sagesse (*hui* 慧) n'est rien sans la méditation (*ding* 定),

II. Les tendances du bouddhisme en Chine du Sud.

1. *Relations entre le bouddhisme et la Cour en Chine du Sud.*

Dans son *"Histoire"*[23] du bouddhisme au Moyen-Age chinois, Tang Yongtong, l'un des plus grands spécialistes de cette période, énumère une dizaine de caractères propres aux relations entre le bouddhisme et la Cour en Chine du Sud :

a) Observance par les laïcs et les religieux des huit règles d'abstinence (*baguan zhai* 八 關 齋).[24] Cela consistait à observer les cinq défenses faites à tout laïc bouddhiste (ne pas tuer, voler ou mentir; ne pas commettre l'adultère; s'abstenir de tout alcool). En plus il fallait(1) s'abstenir de l'usage d'ornements, de cosmétiques, de toute participation à des manifestations musicales; (2) éviter les lits confortables, réduire le sommeil et pratiquer la méditation constante des Ecritures et de la Loi; (3) maintenir un régime essentiellement végétarien et observer la régle monastique du jeûne quotidien.

b) Construction de monastères et de reliquaires en très grand nombre.[25]

c) Fabrication de statues.[26]

d) Organisation de grands rassemblements religieux, *fahui* 法 會 dans les principaux monastères et à la Cour. Lors de ces rassemblements, l'empereur lui-même lisait un texte scripturaire, dont il faisait le commentaire; il accordait

---

(23) cf. Tang Yongtong, *Histoire*, P.441-453; L. Hurvitz, *Chih-I*, col. *Mélanges chinois et bouddhiques*, vol. 12, (Bruxelles 1962), p.74-75.

(24) *Baguanzhai* 八 關 齋: il s'agit en partie des règles édictées dans le *Zhaijing* 齋 經 traduit par Zhiqian 支 謙 (dès 220, il réside à Nankin où il travaille de 223 à 253, puis il se retire dans la montagne où il meurt à soixante ans), cf. T. 87, vol. 1. A noter qu'au 5ᵉ siècle un certain Juqu Jingsheng 沮 渠 京 聲 marquis de Anyang 安 陽 et cousin de Mengsun 蒙 遜 des Liang du Nord 北 涼, traduisit un *Baguanzhai* 八 關 齋 (T. 89, vol. 1).

(25) En construisant des temples, on acquiert des mérites (*gongde* 功 德) et d'une certaine manière, on contribue au bonheur des morts. cf. Tang Yongtong, *Histoire*, p.445.

(26) cf. Tang Yongtong, *Histoire*, p.445 citant le *Fayuan zalu* 法 苑 雜 緣 et le *Yuanshiji mulu* 原 始 集 目 錄 (cf. *Chu sanzangji ji*, 12).

à cette occasion une amnistie générale (souvent accompagnée d'un changement d'ère dynastique) et conduisait la pénitence de l'assemblée.

e) "Abandon de la personne" (*sheshen* 捨身). [27] Par cet acte, le fidèle faisait
don de sa personne à un monastère, pour y servir les besoins de la communauté. C'était une sorte de mise en esclavage. Les empereurs dévots, tels que
Wu des Liang, pratiquèrent cette forme d'acte pieux. On pourrait y voir
une réplique des coutumes traditionnelles selon lesquelles l'empereur devait à
certaines périodes de l'année sacrifier au Ciel, ou encore ouvrir les saisons.
Après un ou plusieurs jours, parfois même un mois, les hauts dignitaires de la
Cour venaient supplier l'empereur de retourner à son trône; (on imagine les
problèmes que pouvaient soulever de telles absences). Après quelques refus,
l'empereur acceptait, mais il devait être racheté à prix d'or pour gagner sa
liberté. Cette coutume assura une bonne part de la fortune de l'Eglise bouddhique. C'est ainsi que l'empereur Wu des Liang pratiqua lui-même cette coutume en 528, en 546 et en 547.

f) Sous les Qi du Sud, il fut décrété que les moines devaient marquer les
signes nécessaires de la vénération extérieure à l'empereur. Ils devaient en
s'adressant à lui se présenter en donnant leur propre nom et non pas recourir
au titre "X. pauvre religieux" (*pindao* 貧道). [28]

g) Contrôle fréquent des religieux afin d'éviter tous les abus, en particulier
les ordinations fictives qui privaient l'Etat de main-d'oeuvre et aussi de revenus
fiscaux.

h) Volonté d'établir des offices cléricaux, tenus par des moines, dans le but
d'administrer le clergé. Cela équivalait à l'institution d'une hiérarchie bouddhique, contrôlée par l'empereur. Lorsque Wu des Liang voulut étendre cette
pratique, le moine Zhizang 智藏 protesta en affirmant que l'océan du *dharma*
ne pouvait être dirigé par un laïc, et que l'application rigide de lois laïques au
saṁgha serait un obstacle sérieux au progrès de la communauté monastique.

---

(27) Par la pratique du *sheshen* 捨身, on abandonne un grand nombre de biens au profit
de la communauté dans laquelle on entre. Ainsi l'empereur Wu des Liang s'est donné plusieurs fois de suite aux Trois Joyaux. Le *Fozu tongji*, k. 37, p.350*b*, rapporte: "La première
année *datong* (529), comme il y avait une grande épidémie, l'empereur institua en faveur de
son peuple un banquet bouddhique (*zhai* 齋) au palais Chongyun pour y demander la fin du
fléau. Il s'offrit en personne dans ses prières. Il se rendit de nouveau au monastère Tongtai
où il institua une grande assemblée ouverte à tous... Il prit un lit simple, de la vaisselle en
poterie et monta sur un petit char... Ses ministres le rachetèrent avec cent-mille myriades de
sapèques. Il institua pour les religieux et les laïcs, un grand banquet bouddhique de cinquante-
mille personnes" (cité par J. Gernet dans *Aspects Economiques du Bouddhisme en Chine*, p.235).
Comme le fait remarquer J. Gernet, les lettrés ne manquèrent pas de souligner l'illogisme de
ces sacrifices simulés: "D'ailleurs on ne voit pas trop comment l'acte de l'empereur Wu fut
une cession de sa personne. Il renonça à ses trésors, à ses femmes et à ses enfants: c'était là
céder ses biens, non sa personne. S'il s'était vraiment donné, le Buddha aurait dû le prendre,
ce dont on ne voit pas trace. Appeler ce qu'il fit cession de sa personne (*sheshen*) est donc
illusion mentale et abus de mots" (J. Gernet, *op. cit.* p.235).
Le sacrifice des biens symbolise quant à lui l'offrande de la personne elle-même en même
temps qu'il figure le rachat de celle-ci et de ses péchés.

(28) Tang Yongtong, *Histoire*, p.677.

i) Invitation faite à des clercs bouddhistes par des séculiers de remplir le rôle de chapelain privé, lors de leur service à l'extérieur de la Capitale.

j) Immixtion fréquente des moines et des nonnes dans les affaires politiques. En fait la distinction entre le temporel et le spirituel suivit la courbe des intérêts respectifs. Il n'en demeure pas moins vrai que les moines du Sud furent jaloux de leur indépendance. Contrairement au Nord où le pouvoir exigeait une obéissance totale à ses ordres, le Sud vit le trône temporiser devant l'esprit frondeur qui se manifestait à l'occasion.

Ces expressions publiques du sentiment religieux ne doivent pas faire oublier l'intense activité intellectuelle des milieux bouddhiques au Sud. Ceux-ci comptaient bon nombre de lettrés dans leurs rangs; cela concourut à la formation d'un bouddhisme plus dégagé des doctrines spécifiquement indiennes, si nous le comparons à celui de la Chine du Nord. Les discussions concernant deux types de vérité (l'une ordinaire, l'autre absolue), la connaissance "immaculée" du Sage par opposition à celle de l'homme du commun, aboutirent au triomphe des adeptes de la Voie Moyenne (mādhyamika) et à celui de l'école des Trois Traités (Sanlun zong 三論宗), en attendant sa quasi-absorption par l'école Tiantai.

2. La spéculation métaphysique au Sud.

Le courant métaphysique ouvert par Sengzhao demeurait trop abstrait, puisque le Rien personnifié par le Sage était inexprimable. Les bouddhistes éprouvèrent le besoin d'une approche plus concrète, leur permettant d'entrer en cette sagesse (prajñā). Leur recherche fut facilitée par la traduction du Sūtra de l'Extinction totale (Mahāparinirvāna sūtra), aux alentours de 420. L'étude de ce texte, à plus d'un égard, frisait l'hétérodoxie, en prêchant que le nirvāṇa est "éternel, plaisant, personnel, pur" (chang le wo jing 常樂我淨) et en soutenant l'innéité en tout être de Buddha. Il était en outre accompagné d'un Traité de la Verité Parfaite (Satyasiddhi, chengshi lun 成實論)[29]. Cet ouvrage, supposé avoir été écrit par un moine indien, Harivarman, au troisième siècle de notre ère, fut traduit par Kumārajīva. Il n'existe plus que dans sa version chinoise. La doctrine qu'il présente se situe à mi-chemin entre celle du Hīnayāna et du Mahāyāna: elle est souvent définie comme quasi-mahāyāniste (quan dacheng 權大乘).

Le Satyasiddhi est hīnayāniste en ce sens qu'il adhère aux textes sacrés enseignés par le Buddha lui-même et qu'il accepte le point de vue hīnayāniste concernant l'analyse de l'individu. Cependant il enseigne aussi qu'il existe deux catégories de vérité du monde ou vérité commune (sudi 俗諦) et la vérité suprême (zhendi 眞諦). D'après la vérité commune, on reconnaît l'existence phénoménale de tous les dharma et on admet que de tels dharma, amenés à

---

(29) T. 1646, vol. 32. Sur le Satyasiddhi et l'école Sanlun, voir Tang Yongtong, Histoire, p. 718-765; Yamakami Sogen, Systems of Buddhist Thought, Calcutta, 1912, p.172-209; Kasuga Reichi 春日禮智, Shina jōjitsu gakuha no ryūtai ni tsuite 支那成實學派の隆替について, Tōhō gakuhō, Kyōto, 14, 2, 1944, p.129-155; Yang Baiyi 楊白衣 Chengshizong 成實宗, dans Zhongguo fojiaoshi lunji 中國佛教史論集 2, p.714-729, Taipei, 1956.

l'existence par un lien de cause à effet, n'ont qu'une réalité temporaire, existentielle. Ils demeurent constamment changeants. La vérité suprême enseigne que tout est irréel et vide. Le soi, ou personnalité, est composé de cinq agrégats n'ayant eux-mêmes ni substance ni existence immuable. De même les *dharma* qui composent le monde extérieur n'ont pas d'existence constante; ils sont vides. Le texte enseigne alors la non-substantialité de l'individu (*pudgala-śūnyatā*) et de tous les éléments de l'existence (*sarvadharma-śūnyatā*), ce que le texte chinois résume par l'expression *wofa jie kong* 我法皆空, "le moi et les *dharma* sont vides."

Cela explique pourquoi le texte fut d'abord reconnu comme mahāyāniste par des moines tels que Fayun 法雲 (476–529),[30] Zhizang 智藏 (458–522)[31] et Sengmin 僧旻[32]. D'autres tels que Zhiyi 智顗 (531–597),[33] Jizang 吉藏 (549–623)[34] et Jingying 淨影[35] le prenaient pour hīnayāniste. Il faudra attendre Daoxuan 道宣 (596–667)[36] pour établir son appartenance au *Hīnayāna* et au *Sautrāntika* (*Jingliangbu* 經量部 c'est à dire adhésion à l'Ecriture sacrée originelle) et démontrer qu'il était marqué par la tendance *Vaibhāṣika* (*piposha* 毗婆沙) ou tendance réaliste. Daoxuan admit toutefois que le texte avait une certaine connotation mahāyāniste.

Est-ce en raison de cette semi-confusion que l'école connut une telle vogue sous les Qi du Sud et sous les Liang? Pour cette époque, on ne compte pas moins de douze commentaires sur ce texte. Sengdao 僧導[37] et Sengsong 僧嵩[38] le firent connaître tant au Nord qu'au Sud. D'innombrables conférences eurent lieu sur son sujet à travers toute la Chine. Une autre raison non moins effective de la propagation de ce texte réside dans le fait qu'il présente la Somme des idées fondamentales du bouddhisme: l'analyse des termes et des principales caractéristiques de la doctrine du Buddha est conduite dans le détail avec une grande rigueur logique. Il pouvait donc être proposé comme un catéchisme à l'usage des débutants.

3. *Le renouveau du Mādhyamika et de l'Ecole des Trois Traités, Sanlun zong* 三論宗[39].

Paradoxalement, ce fut l'étude du *Satyasiddhi* qui provoqua le renouveau

(30) Fayun 法雲 (476–529), cf. *Xu gaoseng zhuan*, p.463 *c*/12–465 *a*/19.

(31) Zhizang 智藏 (458–552) *ibid.* p.465 *c*/6–467*b*/28.

(32) Sengmin 僧旻 (474–534) *ibid.* p.461*c*–463*c*.

(33) Zhiyi 智顗 (531–597), cf. chapitre II, p.39 note 45 notice détaillée.

(34) Jizang 吉藏 (549–623), *Xu gaoseng zhuan*, p.513 *c*/19–515*a*.

(35) Jingying 淨影 *ibid.* p.676 *c* où il est question de lui dans la biographie de Daoyan 道顏.

(36) Daoxuan 道宣 (596–667), voir chapitre II.

(37) Sengdao 僧導. Biographie dans *Gaoseng zhuan* 7, p.367*b*. Il est originaire de Chang'-an. Vers la fin de sa vie, il voyagea au Sud et établit le temple Dongshan 東山寺 à Shouchun 壽春 (dans l'actuel Anhui), où il mourut à l'âge de 96 ans. Il séjourna quelques années à Jianye 建業 à l'invitation de l'empereur Xiaowu des Song 宋孝武帝 (règne de 454 à 464).

(38) Sengsong 僧嵩 fut l'instigateur de la branche dite de Pengcheng 彭城 qui propagea la doctrine du *Satyasiddhi* tant au Nord qu'au Sud, que ce soit par des conférences ou par des commentaires écrits. Nous ne possédons aucune biographie de lui; son nom est cependant cité dans le *Gaoseng zhuan* p.373 *a*/11 et 375 *a*/29.

(39) L'école *Sanlun* 三論 est ainsi nommée en raison des trois traités qui forment le coeur

du *Mādhyamika*, c'est à dire de la Voie Moyenne, dans laquelle la vacuité est la non-différence entre l'affirmation et la négation. Le nihilisme hīnayāniste de l'école *Chengshi* suscita des réactions parmi les lettrés bouddhistes et parmi les moines. Ils lui reprochaient d'obtenir la vacuité par destruction et abstraction. En effet, dans le *Satyasiddhi*, tous les objets sont d'abord réduits aux molécules, puis aux atomes ; ensuite ils sont divisés d'une façon encore plus subtile ; par ce procédé de réduction et de division, on parvient à une vacuité antithétique (*pian kong* 偏空) et non pas à une vacuité transcendantale (*budan kong* 不但空) telle que la conçoit l'école *Sanlun*.

Ce fut Senglang 僧朗[40] qui sépara nettement les deux tendances. Aucune biographie ne lui a été consacrée. Pour connaître une partie de ses activités il faut recourir d'une part à celle de son maître Fadu 法度[41] d'autre part à une brève notice de Jiangzong 江總[42] sur le Sheshan 攝山. Cette inscription révèle que Senglang était un érudit spécialement versé dans le *Mādhyamika* et qu'il vécut au temple Qixia 棲霞 sur le Sheshan durant trente ans. L'empereur Wu des Liang ayant appris sa renommée de maître des Trois Traités (*Sanlun*) désira s'instruire de la doctrine de l'école. A plusieurs reprises il tenta, mais en vain, de le persuader de s'établir dans sa capitale, Jiankang. Devant les refus répétés de Senglang, il lui envoya dix moines chargés d'étudier sous sa conduite les *Trois Traités*, c'est à dire, le *Traité de la Voie Moyenne* (*Zhonglun* 中論), le *Traité en cent vers* (*Bailun* 百論), *le Traité des douze points* (*Shiermen lun* 十二門論*). Il semble cependant que Senglang, d'après la biographie de Fadu fut autant l'élève de l'école *Huayan* 華嚴[43] que de l'école *Sanlun*.

de sa doctrine ; ce sont le *Mādyamika śāstra* (*Zhonglun* 中論) in T. 1564, vol. 30, par Nāgārjuna (Longshu 龍樹) ; le *Śata śāstra* (*Bailun* 百論), in T. 1569, vol. 30, par Āryadeva (Tipo 提婆) un disciple de Nāgārjuna ; le *Dvādaśanikāya śāstra* (*Shiermen lun* 十二門論), in T. 1568, vol. 30, par Nāgārjuna.

Le *Zhonglun* a été traduit en allemand par Max Walleser, *Die Mittlere Lehre des Nāgārjuna*, Heidelberg, 1912. Les chapitres 1 à 25 ont été traduits en anglais avec le commentaire de Candrakirti (cf. *Hōbōgirin*, vol. 5, art Chūgan), par Th. Stcherbasky, *The Conception of Buddhist Nirvāṇa*, Leningrad, 1927, etc... Le *Bailun* fut traduit en anglais par Giuseppe Tucci, *Predinnaga Buddhist texts on logic from Chinese Sources, Gaekwad's Oriental Series*, n° 49, Baroda, Oriental Institute, 1929, p.1 à è 89.

L'enseignement de l'école *Sanlun* peut être résumé sous ces trois aspects : 1) réfutation des vues erronées et élucidation des vues correctes (*poxie xianzheng* 破邪顯正) ; 2) distinction entre vérité commune et vérité supérieure (*zhensu erdi* 眞俗二諦) ; 3) voie moyenne de la négation à huit éléments (*babu zhongdao* 八不中道). Le but ainsi recherché est le Vide absolu (*bijing kong* 畢竟空), c'est à dire la vue correcte de non-acquisition (*wude* 無得) ou encore le rien inacquérable (*wusuode kong, bukede kong* 無所得空, 不可得空).

(40) Senglang 僧朗 (mort vers 615), cf. Tang Yongtong, *Histoire*, p.730–760. Il est chargé de la communauté après le mort de Fadu à Sheshan.

(41) Fadu 法度, éléments de sa biographie dans *Gaoseng zhuan* 8, T. 2060 vol. 50, p.380c.

(42) Jiangzong 江總, cf *Quan Sui wen* 全隋文 11, 9b.

(43) *Huayanzong* 華嚴宗. Cette école à pris son essor sur les bases d'une autre plus ancienne, l'école *Dilunzong* 地論宗, fondée sur le commentaire de Vasubandhu (en chinois Shiqin 世親, 420–500 AD) au *Daśabhūmika sūtra* (*Shidi jing* 十地經). Le texte fut traduit en chinois entre 508–512 par Bodhiruci (Putiliuzhi 菩提流支) et Ratnamati (Baohui 寶慧). L'école se sépara en deux branches, celle du Nord dans la ligne de Bodhiruci conduite par Daochong 道寵, celle du Sud dans la ligne de Ratnamati dirigée par Huiguang 慧光. Pour ce dernier la conscience *ālaya* (*alayeshi* 阿賴耶識) est réelle et identique à la *tathatā* (*zhenru* 眞如). C'est

L'un des plus importants personnages du *Mādhyamika*, au temps des Six Dynasties, fut Falang 法朗 (507–581).[44] Natif de Pei 沛 dans le Jiangsu, Falang avait d'abord été destiné à une carrière militaire. Or, il reçut les ordres religieux en 528. Il se rendit alors à Yangdu 楊都, au temple Daming 大明. Il y étudia plusieurs systèmes philosophiques bouddhiques et s'initia aux diverses pratiques religieuses. Désireux d'obtenir les connaissances les plus vastes sur la religion du Buddha et la meilleure formation religieuse, il serait allé au Sheshan où il aurait été le disciple de Sengquan 僧詮[45], l'un des dix moines envoyés par Wudi des Liang auprès de Senglang. En 558, il quitta la montagne sur injonction impériale et s'établit au temple Xinghuang 興皇. Il passa les dernières années de sa vie à enseigner les *Quatre Traités*, c'est à dire les *Trois Traités* augmentés du *Traité de la Grande Sagesse* (*Da zhi du lun* 大智度論).[46] Dans son effort pour assurer le renouveau du *Mādhyamika*, il attaqua violemment l'enseignement populaire du *Satyasiddhi*, affirmant qu'il était réellement hīnāyāniste et qu'il semait la confusion dans l'esprit des gens. Falang eut un très large auditoire, à juger par la liste de ses disciples et de leurs origines. Les empereurs Wu et Wen des Chen lui portèrent aussi leur intérêt. Grâce à ses efforts, l'école des Trois Traités (*Sanlunzong*) parvint à supplanter celle de la Vérité Parfaite (*Chengshizong*). Le triomphe de l'école apparut encore plus nettement sous l'impulsion de son disciple Jizang 吉藏 (549–623)[47] qui écrivit, entre autres, un *Commentaire des Trois Traités* (*Sanlun shu* 三論疏), un compendium du système *Sanlun*, intitulé *Le sens caché des Trois Traités* (*Sanlun xuanyi* 三論玄義) et un court *Traité sur la double vérité* (*Erdi zhang* 二諦章).

III. La propagande anti-bouddhiste au Sud.

Plus le bouddhisme se développait et s'affranchissait, plus se faisaient vives les réactions des milieux confucianistes. Il faut en effet remarquer que ce furent eux, et non les taoïstes, qui en Chine du Sud menèrent campagne contre lui. Cela s'explique par le fait que le confucianisme était surtout l'apanage des lettrés et de l'aristocratie, lesquels s'étaient réfugiés dans le Sud lors des invasions du Nord par les barbares. Déjà dans l'introduction nous avons évoqué quelques unes des plus vives réactions au commencement du cinquième siècle.

cette branche intellectuelle qui fut absorbée par l'école *Huayan*, dont le fondateur nominal est Du Shun 杜順 (son nom religieux est Fashun 法順). Ce dernier fut invité à la cour par l'empereur Taizong des Tang 唐太宗, qui lui conféra le titre de "Coeur impérial vénérable" (Dixin zunzhe 帝心尊者).

L'école *Huayan* et souvent regardée comme l'achèvement intellectuel du bouddhisme chinois. Elle est avant tout fondée sur la théorie de la causalité universelle du *dharmadhātu* (*fajie yuanqi* 法界緣起).

(44) Falang 法朗 (507–581), *Xu gaoseng zhuan*, p.477 *b*/1–478 *a*/20.

(45) Sengquan 僧詮 fut le maître de Falang, l'un des plus importants personnages du *Mādhyamika* sous les Six Dynasties.

(46) Voir note 14.

(47) Jizang 吉藏 (549–623), *Xu gaoseng zhuan*, p.513 *c*/19–515a.

Aussi pouvons-nous considérer que les controverses du début du sixième siècle étaient comme la partie visible d'un iceberg : elles révélaient la présence d'un bloc de mécontents dont on mesure à peine l'étendue. Ceux-ci se manifestèrent d'autant plus violemment, sous le règne de l'empereur Wu des Liang, qu'ils virent le pouvoir tomber sous la coupe des bouddhistes, l'aristocratie se lénifier et les valeurs traditionnelles oubliées. Les attaques de Fan Zhen et de Xun Ji rapidement analysées ci-dessous, nous permettent d'imaginer certains aspects du bouddhisme au début du sixième siècle.

1. *Proches antécédents.*

Au sud l'opposition au bouddhisme se manifesta sous la forme de traités. Si violentes qu'aient été les controverses entre les bouddhistes et leurs opposants, elles n'entraînèrent jamais de persécutions officielles. Cette modération des lettrés du Sud s'enracinait sans doute dans leur tradition confucéenne. Au cinquième siècle déjà, Gu Huan 顧歡 (390-483?)[48] avait lancé des attaques de type nationaliste contre la religion. Sa thèse principale était que le bouddhisme, religion étrangère, était inférieur aux systèmes chinois et qu'il était donc tout à fait inacceptable. Reprenant dans son fameux *Traité sur les Barbares et les Chinois* (*Yi xia lun* 夷夏論)[49] des théories déjà avancées avant lui, Gu Huan prétendit faire la synthèse des deux religions en affirmant à peu près ceci : le Buddha est le Dao, et inversement ; ils se complètent.

2. *Les attaques de Fan Zhen* 范縝[50]

Bien qu'il soit difficile de préciser exactement les dates de sa naissance et de sa mort, on sait toutefois que ce lettré vécut sous la dynastie des Qi du Sud,

(48) Gu Huan 顧歡 (390-483). Biographie dans *Nanqi shu* 54 et *Nanshi* 75.

(49) *Yixialun* 夷夏論. L'ouvrage de Gu Huan apparaît en 467. Le *Fozu tongji*, T. 2035, vol. 49, p.346*b* et surtout le *Hongmingji*, T. 2102, vol. 52, p. 41*b*-48*a*, permettent d'en discerner le contenu. La thèse de Gu Huan est la suivante : le bouddhisme est une religion étrangère ; il est donc inférieur aux systèmes chinois, et de ce fait il est inacceptable. Cet antagonisme entre les religions chinoises et les religions étrangères apparaissait déjà dans le *Mouzi lihuolun* 牟子理惑論 (cf. *Hongmingji, op. cit.* p. 3*c*), ouvrage traduit et annoté par P. Pelliot : "*Meou tseu ou les doutes levés*" in *T'oung Pao,* 1920, vol. 19. La plupart des théories et des opinions concernant le *Mouzi lihuolun* ont été regroupées et examinées par Fukui Kōjun 福井康順 dans *Dōkyō no kisoteki kenkyū* 道教の基礎的研究, Tōkyō, 1952, p.332-436. Déjà avant lui, Wang Du 王度 (vers 335) et Shi Hu 石虎 (du royaume des Hou Zhao 後趙) (328-352) avaient écrit : "Buddha, étant né dans les régions de l'ouest, est un dieu étranger. Son mérite n'aide pas le peuple, et il n'est pas de ceux à qui l'Empereur et le peuple chinois doivent sacrifier... Les institutions diffèrent pour les Chinois et les Barbares, et les sphères entre les hommes et les dieux sont différentes. Ce qui est étranger diffère de ce qui est chinois, et les sacrifices sont différents dans l'étiquette des cérémonies. Quant aux vêtements et aux rites chinois, il n'est pas bon de les mélanger à d'autres". (cf. *Gaoseng zhuan op. cit.* p.358*c*, traduit par A. Wright, *HJAS* 11, 1948, p.355-356). Cf. aussi *Jinshu* 95, 22a; Maspero, *BEFEO* 10, 1910, p.223.

Cai Mo 蔡謨 (312-387) écrit de son côté : "Le Bouddhisme était la coutume des Barbares Yi et Di, et non le système des Classiques". (*Jinshu* 17, 13*b*).

Pour un plus grand développement sur Gu Huan et ses antécédents, voir l'article de Kenneth Ch'en, *Anti-buddhist propaganda during the Nan-ch'ao, HJAS*, 15, 1952, p.168-172, dont la présente étude s'inspire largement.

(50) Fan Zhen 范縝. Biographie daus le *Liangshu* 48, 5*b*-13*a*, le *Nanshi* 57, 18*b*-20*a*. cf.

puis des Liang. Il fut en relations avec Xiao Ziliang 蕭子良[51] prince de
Jingling 竟陵 qui mourut en 494, et avec l'empereur Wu des Liang. Il fit
partie des lettrés qui entouraient le prince de Jingling. Plus tard il fut préfet
de Yidu 宜部 (dans l'actuel Hubei) où il publia un décret abolissant les sacrifices dans certains temples, car il ne croyait pas aux esprits. Il fut aussi préfet
de Jin'an 晉安 (dans l'actuel Fujian). On sait en outre que vers 505 il fut exilé
quelques années à Canton, et qu'à son retour à la Capitale il occupa le poste
de vice-président du département du grand secrétariat impérial *zhongshulang*
中書郎. A quelle époque lança-t-il ses attaques contre la doctrine de la rétribution des actes et de la réincarnation, et contre celle de l'indestructibilité de
l'âme? Une chose est certaine: l'empereur Wu des Liang intervint lui-même
et demanda à tous ses ministres la réfutation des thèses de Fan Zhen.

Fan Zhen s'insurgeait contre les faveurs dont la Cour entourait le bouddhisme.

"Le Buddha porte atteinte au gouvernement, et les śramana corrompent
les 'coutumes... Les gens épuisent leur fortune pour suivre les moines et
se ruinent pour flatter le Buddha."[52]

Il estimait en outre que les bouddhistes ["trompent le peuple par leurs discours vagues et obscurs, l'effrayant en lui présentant les tourments de l'enfer Avīci, le séduisant par leurs paroles vides, et le berçant d'illusions
(en lui faisant miroiter) les joies du ciel Tuṣita. Alors les gens ont abandonné la robe des lettrés pour revêtir le vêtement croisé des moines, délaissé
les instruments de sacrifice pour le bol à aumônes. Finalement ils ont
abandonné les leurs et ont mis un terme à leur lignée."[53]]

De tels dérèglements ne pouvaient être tolérés. Il fallait empêcher le développement du bouddhisme. La meilleure façon d'y parvenir consistait à en
attaquer les fondements. Voilà pourquoi Fan Zhen en fit une critique plus
radicale que celle de Gu Huan.

Il attaqua d'abord la doctrine du *karma*. Pour lui, le processus de la vie et
de la mort suit un cours naturel; point n'est besoin de recourir à une quelconque loi du *karma*. Quand le prince de Jingling lui demanda alors comment
il expliquait l'existence de riches et de pauvres, d'une haute et d'une basse
société, il répondit:

Kenneth Ch'en, art. cit. Ce traité de Fan Zhen fut traduit par Stefan Balaźs, *Der Philosoph
Fan Dschen und sein Traktät gegen den Buddhismus, Sinica*, VII, 1932, pp.220-234. Le traité
souleva une telle discussion que le *Hongmingji* k. 10 (*op. cit.* p.60*b*-68*c*) lui est entièrement consacré.

(51) Xiao Ziliang 蕭子良. Biographie dans le *Nanqi shu* 40, 1*b*-11*a*. Second fils de Wudi
des Qi, il mourut à l'âge de trente-quatre ans. Il fut l'un des grands protecteurs du Bouddhisme, le patron de nombreux moines, et il dirigea d'innombrables jeûnes religieux. Il composa et écrivit des traités bouddhiques. Sous son influence, le Bouddhisme connut un grand
essor sous la dynastie du Sud. cf. Ogasawara Senshū 小笠原宣秀, dans *Nansei bukkyō to
Shuku Shiryō* 南齊佛教と蕭子良, *Shina bukkyō shigaku* 3,2, 1939, p.63-76.

(52) *Liangshu* 48, 9*a*. Trad. par K. Ch'en art. cit. p.181.

(53) *Liangshu* 48, 9*b*, Trad. *ibid*.

"Les vies humaines sont comme les fleurs qui fleurissent sur un même arbre. Elles sont soufflées par le vent et tombent de l'arbre. Les unes effleurent paravents et rideaux et tombent sur les couvertures et les nattes. Les autres sont arrêtées par les palissades et les murs, et tombent sur le fumier. Celles qui tombent sur les couvertures et les nattes deviennent Votre Excellence; celles qui tombent sur le fumier deviennent votre humble serviteur. Le haut et le bas suivent des voies différentes, mais en tout cela où intervient le *karma*."?[54]

Pour démontrer l'illogisme de l'indestructibilité de l'âme, Fan Zhen composa le *Traité de la Destruction de l'âme (Shenmie lun* 神 滅 論*)*.[55] Sa thèse était la suivante:

"L'âme est identique au corps; le corps identique à l'âme. Si le corps existe, l'âme existe; si le corps disparaît, l'âme disparaît. Le corps est la substance de l'âme; l'âme est la fonction du corps. Quand on parle du corps, on entend sa substance; quand on parle de l'âme, on entend sa fonction. Les deux ne peuvent être séparés l'un de l'autre. L'âme est à la substance ce que le tranchant est au couteau; le corps est à la fonction ce que le couteau est au tranchant. Le terme "tranchant" ne désigne pas le couteau; le terme "couteau" ne désigne pas le tranchant. Et pourtant, ôtez le tranchant, il n'y a plus de couteau; ôtez le couteau, il n'y a plus de tranchant. On n'a jamais entendu dire que le tranchant ait jamais subsisté après la disparition du couteau! Comment le corps pourrait-il disparaître et l'âme subsister encore?."[56]

Si brillante que fut l'analogie utilisée par Fan Zhen, elle fut aussitôt attaquée et réfutée par Xiao Chen 蕭 琛.[57] Ce dernier fit remarquer que la perte du tranchant ne signifiait en rien la disparition du couteau. Ce sont là deux choses non-concomitantes. Il en est de même pour l'âme et pour le corps.[58] Xiao Chen compléta son argumentation par l'évocation du rêve. Au cours du rêve, le corps est comme insensibilisé et ne ressent aucune sensation externe. L'âme semble partie ailleurs alors que le corps est demeuré là et n'est pas mort.[59] Un autre lettré, Cao Siwen 曹 思 文[60], se référa à la tradition confucéenne pour répondre aux attaques de Fan Zhen. Il fit remarquer qu'avec de tels arguments, Fan Zhen mettait directement en cause le *Livre de la Piété Filiale (Xiao jing* 孝 經*)* qui, pour sa part, exhorte les enfants à conserver et honorer dignement le culte de leurs ancêtres.

---

(54) *Nanshi* 57 20a; *Liangshu* 48, 5ab. Trad. *ibid.*

(55) Le traité se trouve dans le *Liangshu* 48, 5b–10a; *Hongming ji* 9, cf. T. vol. 52, p.55a–57b; *Nanshi* 57, 20ab, cf aussi, note 50, étude d'Etienne Balazs.

(56) *Nanshi* 57, 20a; *Liangshu* 48, 5a–6a; *Hongming ji* 9, cf. T. vol. 52, p.55ab .

(57) Xiao Chen 蕭 琛.

(58) cf. T. vol. 52, p.55b.

(59) *ibid.*

(60) *ibid.*, p.58b.

3. *Les critiques de Xun Ji* 荀济[61]

Homme d'une grande culture, Xun Ji voulait réformer les moeurs et les coutumes de son époque. Il lui manqua pourtant le poste officiel qui lui eût permis de pratiquer ces changements. En effet l'empereur Wu des Liang observa une grande méfiance à son endroit et le tint à l'écart de toute fonction officielle. A la vue des statues et des temples érigés, des dépenses exorbitantes engagées dans le culte du Buddha et devant le dévouement quasi exclusif de l'empereur à toutes les pratiques du bouddhisme, Xun Ji laissa éclater sa rancoeur. Il composa une *Discussion du Bouddhisme* (*Lun Fojiao biao* 論佛教表).[62] Ce pamphlet était si virulent qu'il souleva la colère de l'empereur Wu des Liang. Risquant la mort, Xun Ji s'enfuit chez les Wei Orientaux. Il y fut exécuté en 547, pour avoir comploté avec plusieurs autres personnes contre Gao Cheng 高澄[63] le fils de Gao Huan.

Xun Ji commence son libelle par une relecture de l'histoire. Il attribue au bouddhisme, religion étrangère, la cause de tous les désordres qui ont gagné la Chine depuis la chute des Han.

"Depuis que la noblesse a fui à l'est du Yangzi, la religion barbare a prospéré sur le sol chinois, entraînant la division dans les relations affectives entre le père et le fils, la perversion dans le véritable comportement du prince et de son ministre, l'oubli de l'harmonie entre le mari et sa femme, la fin de la confiance entre amis. Depuis plus de trois cents ans c'est le désordre entre les mers."[64]

Rien d'étonnant à ce que le bouddhisme batte en brèche tous les concepts confucéens de piété filiale, de bon gouvernement, quand on sait que le Buddha lui-même manqua à toutes ces valeurs. Ce rejeton de barbares chassés de Chine ignorait la loyauté, la piété et l'honnêteté. Son nom même indique qu'il était le plus violent et le plus pervers d'entre eux.[65] En naissant de sa mère, par le côté, ce qui entraîna sa mort, Śākyamuni démontra dès le départ son manque de piété filiale. En grandissant, il s'opposa ouvertement à son père. Quand Vidūḍabha, (Liuli 瑠璃) massacra les Śākyas, ses frères de race, il ne leur vint pas en aide.[66] Tout incapable de sauver les êtres de son vivant, comment le Buddha oserait-il prétendre les sauver après sa mort?

---

(61) Xun Ji 荀济. Courte biographie dans *Beishi* 83, 10ab; *Guang hongmingji*, T. 2103, vol. 52, p.128c; *Quan HouWei wen* 51, 12a.

(62) *Lun Fojiao biao* 論佛教表. *Guang hongmingji, op. cit.* p.128c-131b; *Quan HouWei wen* 51, 12a-14b.

(63) *Guang hongmingji, op. cit.* p.182c; *Quan HouWei wen* 51, 12a; *Beiqi shu* 3, 1a; *Weishu* 18, 18a.

(64) *Guang hongmingji, op. cit.* p.128c; *Quan HouWei wen* 51, 12a.

(65) Comme le fait remarquer K. Ch'en, dans l'article cité, Xun Ji fait du caractère *Fo* 佛 l'équivalent de 拂 ou 戾, qui tous deux signifient s'opposer à, aller contre. Cet usage est déjà avéré dans le *Li ji* 禮記, livre 1, par. 30: 獻鳥者佛其首, où 佛 signifie 戾, tourner le dos.

(66) Allusion au massacre des Śākyas par Vidūḍabha, rapporté dans le *Chuyao jing* 出曜經, T. 212, vol. 4, p.624 bc, et le *Sifenlu*, 四分律 T. 1428, vol.22, p.860bc. Cf. note 87 de l'article de K. Ch'en.

Après ce préambule, Xun Ji porte cinq accusations capitales, relevant toutes la fausseté et le contre-témoignage des bouddhistes :

(1) Le bouddhisme méprise les valeurs essentielles des Chinois.

"Aujourd'hui moines et nonnes ne cultivent pas la terre. Ils ne se marient pas. Ils coupent leurs fonctions procréatrices. Ils sont arrogants envers leur prince et méprisants envers leurs parents. Ils font peu de cas des cérémonies et portent préjudice à la culture nationale. C'est la première pratique anormale."[67]

(2) Les bouddhistes sont des parasites.

"Il est naturel que tout homme, ou femme, capable d'engendrer des enfants puisse se marier et enfanter. La voie barbare s'oppose à cela. Pour la plupart, ils font des images du Buddha en argile ou en bois, et vivent avant tout d'aumônes. N'y a-t-il pas là un très grand entêtement? C'est la seconde pratique anormale".[68]

(3) Que sert d'être illuminé, si l'on ne peut rectifier la conduite de ses fidèles?

"Le barbare hypocrite prétend faussement être le grand illuminé. Or, sa cohorte de moines commet l'adultère et l'infanticide. Moines et nonnes agissent ainsi. Ils écrasent les fourmis pour dresser leurs statues du Buddha. Ils gaspillent biens et forces pour ériger des temples compliqués. Si Śākyamuni est capable de contrôler de telles activités, et qu'il tolère en fait l'adultère et l'infanticide, son amour et sa compassion ne sont que mensonges. Si lui, le grand illuminé, peut seulement remarquer de tels abus sans pouvoir empêcher les gens de les commettre, alors il n'est d'aucun secours, et le monde ne peut être illuminé. C'est la troisième pratique anormale".[69]

(4) Les bouddhistes sont des parjures.

"L'enseignement barbare est mesquin, misérable; il court après les richesses. Il entraîne les trois passions (kleśa) et porte partout atteinte aux vivants. On n'a jamais vu les bouddhistes cultiver les six vertus (pāramitā) ou glorifier les Trois Joyaux. C'est la quatrième pratique anormale".[70]

(5) En dénaturant leur religion, les bouddhistes font courir un très grand danger au pays.

"L'enseignement légué par le Buddha demande à ses disciples de ne pas cultiver les champs, de n'amasser ni richesses ni céréales. Il leur faut men-

(67) *Guang hongmingji*, p. 129 *b*/29 sq
(68) *ibid.*, p. 129 *c*/4 sq.
(69) *ibid.*, p. 129 *c*/13 sq.
(70) *ibid.*, p. 129 *c*/25 sq.

dier leur nourriture et leur vêtement, observer les (douze) règles d'ascétisme (*dhūta*). Or, il n'en est rien. Plusieurs centaines de milliers de moines n'envisagent plus de mener la vie d'ermite. Ceux qui suivent la religion et ne cultivent pas les champs sont si nombreux que le pays court à la famine et à l'indigence. Est-il bien nécessaire de léguer une religion et de fonder un enseignement qui doit rester lettre morte? De toute façon la religion n'est pas raisonnable. C'est la cinquième pratique anormale".[71]

Non contents d'outrager les valeurs culturelles et religieuses, les bouddhistes entendent miner l'autorité impériale. Ils abrègent la durée des dynasties. Xun Ji n'en veut pour preuve que la fin malheureuse des Song et des Qi, pourtant prodigues en largesses à l'égard du bouddhisme. Une telle accusation est extrêmement lourde, si l'on sait que tout homme qui tentait de porter ombrage à l'empereur ou d'usurper son pouvoir, était inexorablement voué à la mort. Xun Ji énonce alors en dix points comment les bouddhistes ont, à la dérobée, pillé les classiques et usurpé les privilèges impériaux.

"(1) Ils construisent de vastes habitations, imitant illégalement le style des demeures impériales.
(2) Ils édifient de formidables constructions qu'ils décorent de figures étrangères, considérées comme l'égal du culte ancestral au temple impérial.
(3) Ils traduisent intensivement leurs paroles séditieuses, et encouragent leur large diffusion, manifestant ainsi leur irrespect envers les mandats impériaux.
(4) Ils perçoivent et reçoivent de l'argent en vendant les fruits creux des Cinq Bienfaits (*wu fu* 五福), usurpant ainsi le privilège impérial de récompenser les vertus.
(5) Ils lèvent des contributions à l'avance dans le but d'une rédemption, afin que le peuple échappe aux fausses calamités des six fins de l'enfer. Par cette conduite, ils s'arrogent le droit du souverain d'imposer peines et punitions.
(6) Ils prétendent faire partie des Trois Joyaux, feignent de se conformer aux quatre règles de conduite (*siyi* 四依). Avec dédain, ils font peu de cas du souverain. Telle est leur méthode pour s'arroger le pouvoir.
(7) Ils dressent de nombreux temples et statues, et multiplient les moines et les nonnes avec leurs ordinations. Ils posent par là les bases de leur tyrannie.
(8) Ils fixent les trois mois de jeûnes, (*sanchang* 三長), convoquent les grandes assemblées des quatre catégories (*si da fahui* 四大法會) de fidèles adhérents. Ils mettent en place un nouveau calendrier, secrètement s'approprient une main-d'oeuvre et ont à leur disposition des renforts militaires.
(9) Ils fabriquent de la musique pour séduire ignorants et subordonnés; ils procurent des amusements bouffons pour attirer à leur rassemblement ceux

(71) *ibid.*, p.130 *a*/20.

qui habitent loin. Ils font valoir la paix et la joie du Buddha et critiquent les fatigues et les souffrances du domaine royal. Voilà une transformation de nos coutumes et de nos moeurs, une levée de taxes.

(10) Ils font des conférences et tiennent des rassemblements, où ils changent et modifient leurs plans déviés; où ils s'accordent avec les donateurs et réfutent leurs critiques. Ceci ressemble à la stratégie secrète soulignée dans le *Liu tao* 六韜 de Lü Shang 呂尚.

Aucune de ces dix pratiques ne devrait être autorisée. Dès qu'en sont perceptibles les premiers signes, ceux-ci justifient une exécution immédiate".[72]

Ayant donc démontré comment les bouddhistes tentent d'instaurer un Etat dans l'Etat, en copiant puis supplantant l'organisation impériale, Xun Ji continue à décrire les imitations illicites: étendards, baldaquins, fêtes, mélodies, officiants des cérémonies... tout est sujet à imitation de la cour. Xun Ji donne a la fin une rétrospective des Song et des Qi:

"Les deux dynasties Song et Qi respectèrent le Buddha, honorèrent les moines, changèrent leurs coutumes nationales, convertirent leurs temples. Or, le Buddha était un esprit malin et les moines étaient sournois. Leur dessein était fourbe; ils pratiquaient l'avortement et tuaient leurs enfants; ils se livraient à une promiscuité obscène, et semaient la confusion dans les enseignements. Par suite ils entraînèrent l'écrasement et la destruction des Song et des Qi. Aujourd'hui temples et statues des Song et des Qi sont visibles. Si votre Majesté suit les exemples précédents, inutile de dire que les changements des Song et des Qi se répéteront inévitablement. Maintenant moines et nonnes sont paresseusement assis en méditation durant l'été et ne tuent même pas une fourmi, disant qu'ils respectent la vie de tout vivant. D'un côté, ils méprisent leurs gouvernants et leurs parents; d'un autre, ils sont abusivement bienveillants envers les insectes. Ils pratiquent l'avortement et tuent leurs enfants, mais ils gardent vivants moustiques et taons! Le *Livre des Mutations* présente trois relations majeures et six relations mineures comme lien entre prince et ministre, mari et femme, père et fils. Aujourd'hui Śākyamuni enseigne au prince à ne pas se comporter en prince, au ministre en ministre, et ainsi de suite jusqu'au fils. Les relations sont en pleine confusion".[73]

Si on analyse l'ensemble des attaques lancées par ces lettrés contre le bouddhisme, on constate qu'elles répondent à deux préoccupations essentielles: l'une d'ordre socio-économique, l'autre d'ordre doctrinal. Dans le premier cas, le bouddhisme est considéré sinon comme étant anti-naturel, du moins comme allant à l'encontre du cours naturel des choses: il interdit la procréation mais pratique l'adultère et l'infanticide, tandis que par une sorte de compensation, il ne cesse de façonner des statues et porte un respect maladif à la vie des in-

(72) *ibid.*, p.130 *c*/7 sq.·
(73) *ibid.*, p.131 *b*/2–9.

sectes. Il dénigre ainsi les bases mêmes de toute société, en particulier de la cellule initiale, la famille. Par ailleurs les bouddhistes sont des improductifs; ils vivent en parasites. Non contents de vivre aux dépens des autres, ils sont d'une indicible cupidité: avec astuce, ils entraînent les gens à gaspiller leur fortune au culte du Buddha, pour mieux s'approprier eux-mêmes ces richesses. Ils appauvrissent les gens et minent l'économie du pays, en le privant de main-d'oeuvre, en réduisant ses ressources. Enfin, au niveau politique, le bouddhisme s'arroge tous les privilèges impériaux. Coupable pour ses atteintes à la stabilité politique et économique du pays, le bouddhisme l'est encore et surtout parce qu'il se prétend supérieur à l'ordre moral chinois: le bouddhisme est tout simplement une éthique inutile parce qu'inefficace et inférieure à l'éthique chinoise, confucéenne en particulier. De plus, les bouddhistes possèdent un art consommé de la dissimulation, de la tromperie, de la complication. Ils rendent abstrus ce qui est simple, lointain ce qui est proche.

Comment se fait-il que de telles accusations n'aient pas déchaîné un courant plus hostile au bouddhisme? Est-ce leur côté intolérant qui les rendit suspectes? Est-ce leur non-fondé? Est-ce la peur de s'attirer les foudres du pouvoir gagné à la cause étrangère? Une sorte de statu-quo semble s'être établi au Sud; les adversaires du bouddhisme ne jouissaient pas d'appuis assez puissants à la Cour, pour engager une lutte plus grande; de leur côté, les bouddhistes sentirent le danger et s'attachèrent à siniser leur religion. En effet on peut difficilement croire que ces accusations fussent dénuées de fondement. Le réflexe quelque peu nationaliste de ces lettrés fut certainement provoqué par les abus d'une partie des moines et des nonnes. Les bouddhistes intègres le reconnaissaient eux-mêmes; nous en voulons pour preuve indirecte les éloges à l'adresse de Huisi,[74] qui semble avoir exigé de ses disciples une discipline ferme et austère. A les lire on peut penser que Huisi fut la réfutation vivante de ces accusations, la condamnation de tous les abus et de toutes les déviations commises par ses frères en religion.

IV. Les tendances du bouddhisme au Nord de la Chine.

1. *Différences entre le bouddhisme du Nord et celui du Sud.*

Déjà sous les Tang, le moine Sengqing 僧清[75] remarquait explicitement la différence existant entre le bouddhisme pratiqué au Nord et au Sud. Daoxuan la releva lui-même en ces termes dans la biographie de Huisi:

"Depuis que le bouddhisme du Jiangdong 江東 accentua ces différences, le *dhyāna* quant à lui ne valut presque plus rien. Huisi regrettant cela et étant venu au Sud, ensemble développa la méditation et la sagesse."[76]

Il y aurait donc eu un penchant du Sud pour l'exégèse canonique et la

---

(74) *Xu gaoseng zhuan* 17, T. 2060, vol. 50, p.564 *a*/4–14.
(75) Shegqing 僧清 cité par Tang Yongtong, *Histoire*, p.487.
(76) *Xu gaoseng zhuan, op. cit.* p.563 *c*/29 sq.

recherche intellectuelle, tandis que le Nord aurait été plus attiré par la contemplation. Tang Yongtong l'explique par le caractère, la situation militaire et les types de contacts que les bouddhistes du Sud et du Nord pouvaient avoir respectivement avec les religieux étrangers.[77]

Avec beaucoup de détails, Ōchō Enichi propose plusieurs causes aux penchants des gens du Sud pour l'exégèse canonique.[78]

(1) Ils ne se sont pas encore totalement arrachés à l'esprit des "causeries pures" (qingtan).

(2) Jusqu'aux Liang, il y eut au Sud peu de contacts avec les missionnaires étrangers. Le clergé du Sud tirait du Canon les textes qui l'attiraient le plus et se laissait aller à toutes sortes d'exposés à leur propos. Quand Paramārtha, arrivé à Canton en 546, fut présenté à l'empereur Wu des Liang en 548, il fut accueilli avec assez peu d'enthousiasme, en raison des relations tendues entre l'empire des Liang et celui des Qi du Nord d'une part, de l'assurance des clercs du Sud qui se sentaient assez forts pour se débrouiller seuls, d'autre part.

(3) Le clergé du Sud éprouvait en outre le besoin de systématiser la vaste littérature bouddhique, de manière à intégrer tout le Canon dans un système cohérent, où seraient réduites les contradictions internes. Il pratiquait plus l'exposé général d'une écriture particulière que l'explication de texte.

Cette tendance, nous dit Ōchō, eut une double influence: elle aiguisa l'esprit pour le raisonnement philosophique, au risque de l'entraîner à argumenter pour argumenter. Par ailleurs elle entraîna les gens du Sud à pratiquer la méthode du ke wen 科文. Celle-ci consistait à faire le résumé de chaque chapitre d'un texte, en quelques mots clairs et bien choisis, et à montrer sa relation à l'ensemble de l'ouvrage. Zhu Daosheng 竺道生[79] fut le pionnier de cette méthode. Toutefois, on en arriva à un résumé si succinct que l'idée centrale en était obscurcie.

Toujours d'après Ōchō, le penchant des gens du Nord pour la contemplation, serait dû aux causes suivantes:

(1) Le bouddhisme était une force unificatrice au Nord entre les Chinois

(77) cf. l'analyse de Tang Yongtong, Histoire, p.487 à 545.
(78) Ōchō Enichi 横超慧日, Chūgoku bukkyō no kenkyū 中國佛教の研究, Kyōto, 1958, p. 256–289. Résumé dans L. Hurvitz, Chih-I, p.81. Voir aussi Ōchō, Chūgoku nambokuchō jidai no bukkyō gakufū 中國南北朝時代の佛教學風, Nihon bukkyō gakkai nempō 17, 1952, p.1 à 26.
(79) Zhu Daosheng 竺道生 (mort en 434). Biographie dans Gaoseng zhuan, op. cit. p.366 b/24, et Chu sanzangji ji, op. cit. p.110 c/13. Sur Daosheng, on trouvera d'excellentes études par: Ōchō Enichi, in Jiku Dōshō ssn hokekyōsho no kenkyū 竺道生撰法華經疏の研究, Ōtani daigaku kenkyū nempō 大谷大學研究年報, série n° 5, p.169–272, 1952. Yabuki Keiki, Tongoji no shushōsha jiku Dōshō to sono kyōgi 頓悟義の主唱者竺道生とその教義 Bukkyōgaku no sho-mondai 佛教學の諸問題. Buttan nisengohyakunen kinen gakukai 佛誕二千五百年記年學會, Tōkyō, 1935, pp.785–796. Itano Chōhachi, Dōshō no tongosetsu seiritsu no jijō 道生の頓悟説成立の事情, Tōhō gakuhō, Tōkyō, vol. 7, déc. 1936, pp.125–186. Du même auteur, Dōshō no busshōron (toku ni sono rekishisei ni tsuite) 道生の佛生論一特にその歴史性について, Shina bukkyō shigaku 支那佛教史學, vol. 2, n° 2, mai 1948, pp.1-26.

et les non Chinois, mais il avait à prendre une forme très simple, de manière à être compris par tous, en particulier par les tenants du pouvoir.

(2) Les Nordistes furent en contact quasi permanent avec les missionnaires étrangers pour qui la contemplation était une part intégrale et indispensable du bouddhisme. Buddhabhadra, l'un de ces moines étrangers, chassé de Chang'-an en 409, à la suite de conflits avec les moines de l'école "officielle" de Kumārajīva, et établi à Lushan en 410, puis à Jiankang de 412 à 429, enseigna avec insistance les méthodes du *dhyāna*, réservées avant tout au clergé boud-dhique. Il est toutefois difficile de mesurer l'importance de son influence sur Huiyuan et ses disciples. Même Kumārajīva, qui fut à l'origine des recherches philosophiques des milieux bouddhistes en Chine, traduisit plusieurs sūtras consacrés au *dhyāna*, le *Sūtra du samādhi du recueillement* (*Zuochan sanmei jing* 坐禪三昧經)[80] et les *Explications principales des méthodes de dhyāna* (*Chanfa yaojie* 禪法要解)[81] entre autres.

(3) Sous les Wei du Nord, on traduisit beaucoup d'ouvrages de Vasuban-dhu (5ᵉ siècle). Ces textes hīnayānistes de l'école *Sarvāstivādin* mettaient moins l'accent sur la subtilité des doctrines que sur la carrière du *bodhisattva*. Ils reconnaissaient trois chemins de salut: celui des Disciples ou Auditeurs de la Loi (*śrāvaka*) qui atteignent le *nirvāṇa* par l'état d'*arhat*; celui des Solitaires (*pratyekabuddha*) qui atteignent d'eux-mêmes la pleine illumination mais ne proclament pas la vérité au monde; celui des Buddha Suprêmes qui gagnent l'Illumination parfaite et enseignent les *Dharma* aux autres. Chaque individu, par son passé, son caractère, son tempérament, appartient à l'un de ces trois groupes, et il doit utiliser les moyens qui conviennent à son idiosyncrasie.

Avec ces ouvrages, on traduisit plusieurs commentaires scripturaires im-portants, qui laissaient peu de place à l'imagination.

Cette tendance du Nord favorisa l'honnêteté religieuse, mais développa l'ignorance individuelle. L'aspect pratique et la dévotion du bouddhisme du Nord conduisirent à la frénésie pour les bonnes actions, ce qui par voie de con-séquence suscita la méfiance du pouvoir, lorsque celles-ci menaient à de graves conséquences pour l'Etat. C'est en partie dans ce contexte qu'il faut interpréter la prohibition du bouddhisme de 574 à 577, sous les Zhou du Nord.

2. *La ferveur religieuse au Nord.*

Nous ne pouvons ici qu'évoquer rapidement certaines formes de cette ferveur religieuse au Nord. Entre 470 et 476, commencèrent à se former les Familles du *Saṃgha*, à la demande de Tanyao 曇曜[82]. En 469, dans un mémoire

---

(80) T. 614, vol. 15.

(81) T. 616, vol. 15.

(82) cf. Tsukamoto Zenryū, *Shina bukkyōshi kenkyū (Hokugi-hen)* 支那佛教史研究—北魏編, Tōkyō, 1942: le chapitre traitant de Tanyao a été traduit en anglais par Galen E. Sargent, *T'an-yao and his time*, dans *Monumenta Serica* 16, 1957, p.363-396. Biographie de Tanyao, dans *Xu gaoseng zhuan, op. cit.* p.427 c/21 sq. Sur les familles du *Saṃgha*, voir art. de Tsukamoto Zenryū, *Hokugi no sogiko butsutoko* 北魏の僧祇戶佛圖戶, dans *Tōyōshi kenkyū* II, 3, 1937.

vraisemblablement adressé à l'empereur Xianzu 顯祖 (466–471) on apprend que Tanyao lui fit une requête:

"Le Directeur des *śramana*, Tanyao, présenta une adresse à l'empereur dans laquelle il demandait que les familles de Pingqi 平齊郡 et les autres populations qui pourraient fournir chaque année 60 *hou* de grain aux Bureaux du Saṁgha devinssent Familles du Saṁgha (*sengqi hu* 僧祇戶) et le Millet du Saṁgha (*sengqi xu* 僧祇粟). Ce grain serait distribué aux affamés les années de disette. Il demandait de plus que les grands criminels et les esclaves de l'Etat fussent considérés comme Familles du Buddha et chargés de l'entretien des monastères (du "balayage et de l'arrosage"), outre la culture des champs et l'engrangement des récoltes auxquels on les emploierait (également). L'empereur Gaozong (Wencheng di 452–465) donna son accord à ces deux requêtes et, par la suite, ces deux institutions ainsi que celle des Familles de monastères (*sihu* 寺戶) se répandirent partout dans les préfectures et les garnisons".[83]

Il est certain que cette organisation en soi méritante pouvait donner cours à certains abus, que ce soit détournement de fonds, trop grande autorité des Bureaux du Saṁgha (*sengcao* 僧曹) par rapport aux fonctionnaires locaux, contrôle excessif des familles au service de la communauté et du Buddha. Les bouleversements du sixième siècle réduisirent quelque peu son efficience.

L'enthousiasme bouddhique, où la foi était mêlée de vanité et d'orgueil familial, conduisit à rivaliser dans la dépense, et dans la ruine, pour construire des temples magnifiques. Un décret de 472 fait état de trop grande profusion de dons et critique cette conduite peu éclairée:

"Les gens du territoire de la capitale et ceux des provinces se consacrent à la pratique des œuvres pieuses et dressent *stūpa* et monastères, élevés, magnifiques, capables de glorifier la doctrine suprême du Buddha. Cependant, des gens sans esprit mettent leur orgueil à se surpasser les uns les autres. Pauvres et riches rivalisent à qui épuisera [le plus complètement] ses richesses. Ils ne cherchent qu'à faire plus haut et plus vaste".[84]

Yang Xuanzhi 楊衒之[85] dans son *Mémoire sur les monastères bouddhiques de Luoyang* (*Luoyang qielan ji* 洛陽伽藍記) va même plus loin dans sa description de cette frénésie religieuse:

"Les princes et les ducs, toute la noblesse, faisaient don de leurs chevaux... aussi aisément qu'on retire sa chaussure. Les simples particuliers et les

(83) cf. *Shilaozhi* 釋老志 6a (*Weishu* k. 114); cf. *Fozu tongji* j. 38, p.355a. Trad. J. Gernet, *op. cit.* p.96.

(84) *Shilaozhi* 6b (cf. J. Gernet, *op. cit.*, p.227)

(85) Yang Xuanzhi 楊衒之, auteur du *Luoyang qielan ji* 洛陽伽藍記 (publié vers 547), souligne le débordement religieux de l'époque du début du sixième siècle. Il écrit ainsi: "Les Wei aimèrent le Bouddhisme à partir de Xianzu (règne de 466 à 470), mais quand vint l'impératrice Hu (au pouvoir de 516 à 528), ce fut du débordement" (p.999b).

familles riches sacrifiaient leurs biens et leurs richesses comme on laisse sur un chemin la trace de ses pas".[86]

La ferveur religieuse se manifesta aussi à travers la sculpture et l'érection de statues. Les plus beaux exemples nous sont fournis par les grottes de Yungang 雲岡 et de Longmen 龍門. Tsukamoto Zenryū[87] est arrivé à de très intéressantes conclusions dans son étude des inscriptions qui accompagnent souvent ces sculptures. Il constate qu'au sixième siècle, on sculpta 246 statues ou images, dont 65 pour la seule période de 520 à 530, période de relative prospérité. Poursuivant son analyse, il peut affirmer que parmi ces statues érigées entre 500 et 540, 43 représentaient Śākyamuni, 35 Maitreya, 8 Amitābha, 22 Avalokiteśvara. Ceci permet de se représenter visuellement la foi de l'époque : (1) Śākyamuni et Maitreya sont alors les plus vénérés; (2) le *Mahāyāna* prédomine auprès du peuple; (3) le bouddhisme se sinise à en juger par les inscriptions qui souhaitent le bien-être et la longévité de l'empereur, qui indiquent un plus grand lien avec la famille et les ancêtres; (4) le bouddhisme atteint une large couche de la population, à en juger par le nombre de statues et d'inscriptions, et par celui des moines et des nonnes. En outre, le contenu des inscriptions révèle les mobiles qui ont conduit à la création de ces statues : (1) acquisition de mérites permettant de renaître au ciel Tuṣita de Maitreya, ou dans la Terre Pure d'Amitābha; (2) obtention de la *bodhi;* (3) remerciement adressé au Buddha pour la réalisation de certains voeux; (4) demande pour obtenir des bienfaits matériels, tels que la santé, une situation, la longévité, etc... : (5) remerciement pour une guérison; (6) prière pour le succès d'une campagne militaire.[88]

3. *Trois mouvements types de la pensée religieuse au Nord.*

a) *Le Dhyāna (chan 禪).*

Tang Yongtong[89] énumère quatre éléments du *dhyāna* qui apparaissent dans la pratique religieuse : contrôle de la respiration, contemplation de l'impureté du monde et de la chair, contemplation du Buddha, et enfin une forme de contemplation dans laquelle celui qui contemple devient capable de nombreux pouvoirs. Le *Chan* se serait développé pour diverses raisons : (1) les facultés extraordinaires, que la contemplation bouddhique semble apporter avec elle, sont choses ardemment désirées par les hommes; (2) la contemplation bouddhique diminue les passions et dissout les attachements au monde, un but recherché par tous les religieux; (3) dans un état de *samādhi,* on peut voir un ou plusieurs buddhas, et en recevant des instructions directes, résoudre ses propres doutes; (4) le *dhyāna* est le complément indispensable de l'approche

---

(86) *Luoyang qielan ji*, p.999a (cité par J. Gernet, *op. cit*, p.226).
(87) cf. Tsukamoto Zenryū, "*Shina Bukkyōshi kenkyū*", p.355–609; cf. aussi E. Chavannes, *Mission Archéologique dans la Chine Septentrionale*, Paris, 1909–1915; cf. Mizuno Seiichi 水野清 — et Nagahiro Toshio 長廣敏雄, *Ryūmon sekkutsu no kenkyū* 龍門石窟 の 研究, Tōkyō, 1941.
(88) Etudié dans K. Ch'en, "*Buddhism in China*", p.175–176.
(89) Voir Tang Yongtong, *Histoire*, p.766–798.

intellectuelle dans l'illumination complète. Dans cette perspective, Huisi posera les bases d'une foi complète, alliant à la fois l'approche contemplative et intellectuelle.

b) *Ecole de la Terre Pure* (*Jingtu* 淨土).

Pour ce mouvement, le monde est présidé alors par le buddha Amitābha.[90] L'un des textes essentiels de cette tendance, le *Sūtra de la Terre pure de la Sukhāvatī* (*Sukhāvatīvyūha*),[91] énumère quarante-huit vœux faits par le bodhisattva Dharmākara.[92] L'un de ces vœux, le 18ᵉ, va jusqu'à la renonciation à la *bodhi*,

(90) cf. art. du *Hôbôgirin*, fasc. 1, p. 24. En chinois Amitābha porte plusieurs noms. Il est appelé Amituo 阿彌陀, l'Incommensurable (*wuliang* 無量) la Lumière Incommensurable (*wuliangguang* 無量光) ou encore la Longévité Incommensurable (*wuliangshou* 無量壽). Il est le Buddha de l'Ouest. Il est inconnu du bouddhisme ancien. La naissance du culte d'Amitābha est sans doute l'un des problèmes les plus obscurs de l'histoire du Grand Véhicule. "Le Paradis occidental de Sukhāvatī où Amitābha règne, et où ses fidèles s'acheminent vers le *Nirvāṇa* sans sortir de l'extase et de la béatitude, n'était d'abord qu'un des multiples terrains de Buddha, vers lesquels les croyants pouvaient orienter leurs destinations posthumes" (cf. *Hôbôgirin*). Son culte va de pair avec le culte d'une autre divinité non moins mystérieuse, Avalokiteśvara. Ce culte remonterait au début du 3ᵉ siècle. On y ferait vœu de renaître dans son royaume, devant une statue ou un portrait. Ce fait est attesté dans le *Fayuan zhulin* 法苑珠林 (T. 2122, ch. 42, p.616 *b*/15). On possède un exemple de cette pratique dans la biographie de Zhidun: "Quiconque dans ce pays de Jin, dans ce monde de plaisirs sensuels, sert le Buddha et observe correctement les commandements, qui récite l'Ecriture d'Amitābha, et qui fait le vœu de renaître dans le pays de Sukhāvatī sans jamais abandonner ce désir sincère, à la fin de sa vie, quand son âme s'en ira, sera miraculeusement transporté là. Il possèdera le Buddha et sera illuminé en son esprit, et alors il réalisera la Voie. Moi, Dun, né en ces temps retardés, j'espère suivre les traces restantes (de la doctrine), et je n'ose pas attendre que mon esprit soit lié à ce pays spirituel. Alors j'ai une peinture faite par un artisan, et je la dresse comme une manifestion du (pouvoir) divin; respectueusement je regarde le noble aspect (de ce Buddha), de manière à me mettre en sa présence à lui que (j'adore comme) le Ciel". *Guang hongming ji* 15, p.196 *c*/9 sq. Pour la même coutume, voir Huiyuan et ses disciples *Gaoseng zhuan* 6, p.358 *b*/12 sq. et *Chu sanzangji ji* 15, p.109 *c*/ 16 sq.

(91) Le *Sukhāvatīvyūha* (*Wuliangshou jing* 無量壽經) avec ses nombreuses versions chinoises, cf. 360 à 364, vol. 12. La secte *Jingtu* s'appuie cependant sur deux autres versions, le *Guan wuliangshou jing* 觀無量壽經 (T. 365) et le *Amituo jing* 阿彌陀經 (T. 366). Ce dernier texte fut traduit entre 220-252 par Zhiqian 支謙, ce qui laisse supposer que le culte d'Amitābha se développa peu à peu. Pour une étude de la secte *Jingtu* et du culte d'Amitābha, voir Mochizuki Shinkō 望月信亨, *Shina jōdo kyōri shi* 支那淨土教理史, Kyōto, 1942, et Tang Yongtong, *Histoire*, p.798-807.

(92) Dharmakāra (en chinois Damajieluo 達摩羯羅). Dans le *Sukhāvatīvyūha*, il est conté comment du temps du Buddha Lokeśvararāja cinquante-troisième buddha après Dīpaṃkara, un roi conçut l'esprit d'Eveil pour avoir écouté les prédications de ce Buddha, abandonna son trône et se fit moine sous le nom de Dharmākara. Sur la prière de ce moine, le Buddha Lokeśvararāja lui exposa le bien et le mal des dieux et des hommes, et les mérites et démérites des différents royaumes dans deux-cent-dix-millions de Terrains de Buddha, qu'il lui fit voir. Le moine passa cinq périodes à réfléchir et s'approprier les pratiques par lesquelles on peut orner un Terrain de Buddha; puis il se présenta devant le même Buddha, et émit quarante-huit vœux, dont le principal est le dix-huitième, formulé comme suit dans T. 360: "A supposer que j'obtienne de devenir Buddha, si des êtres des dix directions, croyant en moi et m'aimant de tout leur esprit, désirent naître en mon royaume dans la mesure de dix pensées, et qu'ils n'y naissent point, je ne recevrai pas l'Eveil correct et complet; exception étant faite seulement pour ceux qui se rendent coupables des Cinq Péchés de Damnation immédiate et de la calomnie contre la Loi correcte". Puis il accumula les pratiques jusqùà ce que ses voeux fussent réalisés et qu'il devînt le Buddha parfait Amitābha en son Paradis occidental, où il règne depuis dix périodes accomplies. (cf. *Hôbôgirin* I, p.26). Sur Amitābha, voir Yabuki Keiki 矢吹慶輝, *Amidabutsu*

si quelqu'un invoquant son nom avec sincérité à l'heure de la mort ne pouvait être accueilli par lui et ses suivants, dans le Paradis de la Sukhāvatī. Depuis que Dharmākara est devenu le buddha Amitābha, disent les croyants, il est évident que les quarante-huit voeux ont été remplis et que chacun, à l'heure de sa mort, peut invoquer son nom et obtenir le ferme espoir de renaître dans la Sukhāvatī, un monde libre de toute souillure et de toute tentation. Il est ainsi possible de parvenir à la *bodhi* avec une certaine facilité. La pratique principale devient l'invocation du Buddha (*nian Fo* 念佛). En fait cette expression ne signifie pas forcément l'invocation du Buddha; elle indique aussi la simple contemplation du Buddha, une sorte de recueillement.

Cette foi se fonde sur la conviction que le monde est entré dans une période de décadence, caractéristique de la fin de toute ère cosmique. Le règne de chaque Buddha est en effet supposé divisible en trois périodes, l'une dans laquelle la Loi prospère à la fois dans la lettre et l'esprit (période de la Loi correcte *saddharma, zhengfa* 正法), l'autre dans laquelle elle garde sa forme extérieure mais manque de contenu (période de la Loi de ressemblance *xiangfa* 像法), la troisième où la forme elle-même disparaît (période du déclin de la Loi ou Loi finale *mofa* 末法). Beaucoup, dans la Chine du Nord, croyaient que la phase finale de totale dégénérescence était arrivée et que, dans de telles circonstances, la seule méthode pour atteindre le salut, était de reposer entièrement sur Amitābha, c'est à dire croire en lui de tout son coeur et l'invoquer.

c) *La secte du Troisième Degré* (*Sanjie* 三階)

Ce mouvement est avant tout intéressant comme phénomène religieux, car il périclita très vite. Son fondateur, Xinxing 信行 (540-594)[93] était un fervent d'ascétisme et un écrivain prolixe. Il fut le premier à créer un mouvement autour de la notion de déclin de la Loi (*mofa*).[94] Les premiers penseurs considéraient la fin de la période de la Loi correcte (*zhengfa*) comme période finale; leurs successeurs la déplacèrent dans celle de la Loi de ressemblance *xiangfa*; ce ne fut qu'après, que certains furent intéressés par le calcul de la durée du *mofa*. Ces calculs étaient avant tout utilisés pour appuyer des conclusions a priori. Xinxing en fait ne se livra à aucun calcul mais, considérant son temps, il en conclut au déclin de l'Eglise bouddhique chinoise.

4. *Le culte de Maitreya.*[95]

A côté de ces trois mouvements, et influençant la statuaire chinoise comme nous l'avons évoqué précédemment, se développa de plus en plus le culte de

no kenkyū 阿彌陀佛の研究, Tōkyō, 1937. Le *Sukhāvativyūha* a été traduit en anglais dans col. *Sacred Books of the East*, vol. 49.

(93) Xinxing 信行 (540-594), cf. *Xu gaoseng zhuan* 16, *op. cit.* p.559c-561b. Voir l'ouvrage fondamental de Yabuki Keiki, *Sangaikyō no kenkyū* 三階教之研究, Tōkyō, 1927.

(94) En plus des ouvrages déjà cités, voir Takao Giken 高雄義堅 *Mappō shisō to Zui Tō shoka no taido* 末法思想と隋唐諸家の態度 dans son *Chūgoku bukkyō shiron* 中國佛教史論, p.54-96. Voir aussi Yuki Reimon *Shina bukkyō no okeru mappō shisō no kōki* 支那佛教に於ける未法思想の興記, *Tōhō gakuhō*, 6, 1936, p.205-216.

(95) Vers 370 AD. à Xiangyang 襄陽, Daoan 道安 rassemble un certain nombre de ses

Maitreya. Sous les Wei du Nord, de nombreux sūtras étaient en circulation, décrivant Maitreya comme le futur Buddha. Son culte dut beaucoup à l'influence de Daoan 道安 (312-385)[96] l'un des moines les plus influents de la Chine du Nord. On croyait en Maitreya comme *bodhisattva,* attendant dans le ciel Tuṣita de renaître sur terre en tant que prochain buddha. Le croyant aspirait à renaître dans ce ciel pour rencontrer face à face Maitreya. Comme on croyait aussi en Maitreya, le futur buddha sur terre, on désirait renaître sur terre au moment où il descendrait, de manière à recueillir son enseignement direct, et bénéficier de la paix, de la sécurité et de la prospérité qui devaient marquer sa venue. Certains espéraient même que cette descente aurait lieu sous les Wei, cette dynastie devant servir à Maitreya pour pacifier et unifier le monde.

V. La persécution du Bouddhisme sous les Zhou du Nord.

1. *Climat général de l'époque.*[97]

Il semble bien qu'aucun élément prédominant n'ait pu en lui-même rassembler une force suffisante pour déclencher cette persécution. On pourrait presque la qualifier d'accès d'humeur survenant dans les rapports du bouddhisme et de l'Etat, en raison d'une suspicion et d'ambiguïtés successives.

Il existait en effet une ambiguïté dans les rapports du bouddhisme et de l'Etat. La situation historique a entraîné les bouddhistes à un comportement quelque peu contraire à leurs règles. Pris dans des guerres incessantes, les bouddhistes durent s'attacher aux princes régnants, de manière à pouvoir propager plus efficacement leur religion. En dépendant plus étroitement du pouvoir et de son soutien, les bouddhistes se compromettaient et ne pouvaient plus prétendre transcender la société ou n'avoir aucun lien avec les affaires de ce monde. Ils devenaient sujets aux règles ordinaires de la société. Or s'ils acceptaient d'être protégés et aidés, ils ne pouvaient renoncer

---

disciples devant une image de Maitreya et fait le vœu de renaître dans le ciel Tuṣita (cf. *Gaoseng zhuan* 6, p.358 *c*/21). Cf. Tang Yongtong, *Histoire,* p.217-218. Une abondante littérature a été consacrée à Maitreya, cf. E. Lamotte, *Traité le la Grande Vertu de Sagesse de Nāgārjuna,* Louvain, 1944 et 1949, p.4 note 3.

Maitreya était regardé comme le patron des exégètes, l'inspirateur des lettrés bouddhistes, et plusieurs histoires sont racontées sur de fameux *ācārya* soumettant leurs problèmes doctrinaux à son jugement. Cf. P. Demiéville, *La Yogācārabhūmi de Saṅgharakṣa,* in *BEFEO* 33, 1954, p.339-436. Sur la protection de la loi, cf. Sylvain Lévi et Ed. Chavannes, *Les Seize Arhat protecteurs de la Loi, JAS,* 1916, II, p.205-275 et P. Demiéville, in *BEFEO* 44, 1954, p.373 sq. P. Demiéville donne plusieurs exemples qui montrent que le *samādhi* était considéré comme le moyen de parvenir au ciel Tuṣita.

(96) Daoan 道安 (312-385). Biographie dans *Gaoseng zhuan* 5, p.351 *c*/4. cf. Tang Yongtong, *Histoire,* p.187-228.

(97) Voir Tang Yongtong, *ibid.,* p.487-546; Tsukamoto Zenryū, *Shina bukkyōshi kenkyū* 支 那佛教史研究, 1942; Yamazaki Hiroshi 山崎宏, *Shina chūsei bukkyō no tenkai* 支那中世佛 教の展開, 1942. cf. aussi K. Ch'en *Anti-buddhist Persecution under the Pei-ch'ao, HJAS* 17, juin 1954, p.261-273.

aux règles essentielles qui devaient régir la conduite de tout bouddhiste. A cette ambiguïté interne s'ajouta l'équivoque née du rapport entre un système confucéen et un système bouddhique. Celui-là ne pouvait tolérer une Eglise indépendante, libre de tout respect dû à l'empereur. Les bouddhistes de leur côté évitaient toute sujétion. Il en résulta ainsi une source de malentendus.

Ceci fut aggravé par la suspicion du pouvoir à l'égard du bouddhisme. Les nouvelles dynasties savaient ce qu'il en coûtait de sang, de renversements d'alliances dans l'établissement d'un nouveau trône. Elles étaient donc jalouses de leur autorité et prêtes à punir sévèrement toute tentative d'opposition. Les Zhou du Nord ne pouvaient oublier qu'au début du siècle, dix insurrections conduites par des moines ou par des convertis avaient secoué l'empire des Wei. Il leur fallait donc contrôler étroitement les activités des bouddhistes. Ils y étaient d'autant plus enclins qu'une rumeur circulait promettant leur fin prochaine. Les "robes noires" en devaient être les artisans.[98] On ne peut toutefois accorder un trop grand crédit à cette prophétie et à ses incidences sur le comportement de l'empereur. S'il avait dû supprimer tout ce qui de près ou de loin évoquait le noir, il eût été contraint d'éliminer de nombreuses personnes, tant parmi les gens du peuple que parmi les fonctionnaires; or, les annales historiques ne font pas mention de telles exécutions.

Faut-il admettre que les chefs non Chinois provoquèrent la réaction impériale? Dans leur volonté d'assimiler toute la culture chinoise, ont-ils décidé d'attaquer la religion étrangère, synonyme d'atteinte aux valeurs confucéennes? Néanmoins il leur fallait compter avec l'attitude de l'empereur. Wudi des Zhou se montra en effet un monarque sobre et pieux au début de son règne. Sa piété bouddhique ne faisait pas de doute, si l'on en croit le *Traité des rectifications* (*Bianzheng lun* 辨正論)[99] qui lui attribue la construction des temples Ningguo 寧國, Yongning 永寧 et Huichang 會昌. Il veilla à l'ordination de dix-huit-cents moines et nonnes, et fit copier de multiples textes bouddhiques. Le *Xu gaoseng zhuan* 續高僧傳[100] nous révèle qu'il appointa le moine Tanchong 曇崇[101] au poste de Précepteur national (*Zhouguo sanzang* 周國三藏), et lui offrit plusieurs titres civils. *Les Mémoires généraux sur le Buddha et les patriarches* (*Fozu tongji* 佛祖統紀)[102] assurent que l'empereur Wu des Zhou décréta en 563 la compilation de tout le Canon bouddhique. Le revirement de l'empereur pourrait donc s'expliquer par une série de malentendus, de suspicions, et par le fait qu'on lui fit miroiter les avantages d'une religion qui engloberait les autres et installerait le monde dans une paix universelle sous la conduite du nouveau Tathāgata, l'empereur lui-même.

---

(98) *Guang hongmingji* 6, *op. cit.* p.124a; *Beiqi shu* 10, 10ab. Sur les révoltes dirigées par des fidèles bouddhistes, cf. K. Ch'en, art. cit., p.270-271; Tsukamoto, *op. cit.*, p.247-285; Tang Yongtong, *op. cit.*, p.518-520.

(99) *Bianzhenglun* 辯正論, cf. T. vol. 52, p.508b.

(100) *Xu gaoseng zhuan* 17, *op. cit.*, p.568ac.

(101) Biographie de Tanchong 曇崇, cf. *supra*.

(102) *Fozu tongji* 38, T. vol. 49, p.358ac.

2. Les vrais initiateurs?

L'histoire bouddhique dénonce les deux responsables directs de la suppression du bouddhisme entre 574 et 577. Leurs noms sont constamment associés : le bouddhiste renégat Wei Yuansong 衛元嵩 et le taoïste Zhang Bin 張賓.[103] Pour les historiographes bouddhistes, ce dernier serait le vrai responsable. Il est bien difficile de vérifier leurs affirmations, puisqu'on ne sait rien de lui. Par contre nous disposons de trois sources pour dresser le portrait de Wei Yuansong. Originaire du Sichuan, Wei Yuansong fut dès sa jeunesse attiré par les sciences occultes, puis par le bouddhisme. Entré en religion, il eut pour maître un être excentrique qui lui enseigna le chemin de la gloire : feindre d'être simple d'esprit et se mettre à chanter et à prophétiser, dès que l'on est en contact avec quelqu'un ou quelque chose. La méthode nous paraît moins étrange si l'on considère que de nos jours certains milieux chinois gardent beaucoup d'égards pour ce genre de personnes. Toujours est-il que Wei Yuansong se retrouva un jour à Chang'an. Etait-ce pour y rejoindre son maître? Pour y satisfaire ses ambitions personnelles et jouer un rôle officiel? Quels furent les vrais mobiles et les vraies circonstances de cette montée à la capitale? Une chose est certaine : en 567, il présenta à l'empereur un mémoire dirigé contre le bouddhisme.

3. Le mémoire de Wei Yuansong.

Ce mémoire retrouve en partie le style des attaques lancées par Gu Huan, Fan Zhen ou Xun Ji au Sud. Pour Wei Yuansong comme pour les précédents, le bouddhisme cause la chute des dynasties qui prétendent le soutenir et provoque la souffrance du peuple asservi à la construction des temples et pagodes. Cependant conscient des penchants favorables de l'empereur à l'égard du bouddhisme, Wei Yuansong n'en demande pas la suppression brutale; il suggère la laïcisation de la religion, et l'utilisation de ses valeurs. Ainsi serait créé un Etat où le prince serait le Tathāgata, et les meilleurs sujets les piliers de l'ordre. Wei Yuansong résout donc le problème des rapports du bouddhisme avec le gouvernement. Son mémoire se présente ainsi :

"Dans la civilisation de Yao et de Shun, il n'y avait pas de bouddhisme pour gouverner le pays, et pourtant il jouissait de la paix. Au temps des Qi et des Liang, il y eut temples et monastères pour convertir le peuple, mais celui-ci n'étant pas fixé [dans l'ordre véritable], ne fut pas en accord avec la Voie. Si l'on dit que la corruption du peuple n'est pas le fait des temples et des monastères, comment le gouvernement du pays [reviendrait-il] au bouddhisme, [qui doit] enseigner l'esprit des gens à suivre la Voie. Si le peuple suit la Voie, la nation est en paix; si la Voie nourrit le peuple, le gouvernement est établi. Les Qi et les Liang rivalisant d'images et de doctrines, élevèrent des [tours] à neuf étages qui joignirent les nuages. Yao et Shun, prenant soin des masses, entassèrent la terre par degrés, sans

_____

(103) *Xu gaoseng zhuan* 25, T. vol. 50, p.657b à 665a. *Guang hongmingji* 7, *op. cit.*, p.131c–132b; *Chenshu* 47 (biographie de Wei Yuansong sous le titre consacré à Chu Gai 褚該).

[jamais] s'écarter du sol. Les Qi et les Liang ont tant contribué [à la construction] des temples et des monastères, que leurs dynasties furent de courte durée. Chez Yao et Shun, où trouver une contribution au bouddhisme? Leur règne fut de longue durée. Toutefois être utile au peuple et profiter au pays, rejoint l'esprit du Buddha, pour autant que son esprit a pour base la grande compassion. Le peuple était heureux et en paix, on lui imposait peu de corvées. Quand la dynastie régnante révéra la glaise et le bois, on l'asservit à la construction des statues et des temples; ce fut au préjudice des humains, à l'avantage des [statues] sans vie.

La grande dynastie des Zhou commence le mandat céleste, pour le perpétuer et unifier l'univers dans un seul esprit. Elle règle la double clarté du soleil et de la lune. Elle nourrit les quatre grandes classes, comme la terre généreuse. Elle protège les dix-mille êtres, comme le ciel profond. En vérité on retrouve à nouveau [l'âge d'or] des Trois Empereurs! On proclame que le peuple a maintenant rencontré l'empereur idéal. On se félicite que les masses soient parvenues à une bonne époque. Comment ne pas soupirer après l'exemple supérieur de Yao et de Shun, et ne pas abandonner la loi inférieure des Qi et des Liang?

Song propose que soit établie une grande Eglise embrassant tout, qui incluerait les dix-mille êtres des autres mers. Il ne préconise pas l'établissement d'une étroite et partiale institution chargée seulement de la garde des Ecritures. Dans cette Eglise étendue à tout, il n'y aura plus de différence entre moines et laïcs. On ne distinguera pas entre les proches et les éloignés [dans les relations humaines]. L'amour enrichira les masses. On n'aura pas d'esprit partisan pour des doctrines. Les villes deviendront temples et pagodes. Le prince des Zhou sera le Tathāgata. Les villes et les cités seront les monastères des moines. Le mari et la femme en harmonie formeront la sainte congrégation. Le peuple s'adonnera à la culture des vers à soie pour augmenter les revenus de l'Etat et répondre ainsi à sa bienveillance.

Que les gens vertueux soient les officiels de l'ordre, et les anciens respectés comme des "abbés". Que ceux qui sont bienveillants et sages servent comme administrateurs et les stratèges comme maîtres de la Loi. Les dix actes méritoires doivent être pratiqués pour soumettre ceux qui ne sont pas encore soumis. La destruction de l'avarice doit être manifestée pour détruire le désir du vol et du larcin. On donnera à ceux qui sont nus et ont froid. On nourrira les orphelins. On trouvera un conjoint aux veufs et aux veuves. On aura compassion pour le vieillard malade; on évitera tout dénument. On récompensera les familles loyales et filiales. On châtiera les criminels et les rebelles. On fera avancer les personnes pures et simples. On rétrogradera les fonctionnaires flatteurs.

Alors dans tout le pays, il n'y aura plus de cris lancés contre l'injustice comme ceux qui furent dirigés contre [les anciens] Zhou. Partout il y aura des chants faisant l'éloge de l'empereur des Zhou. Les oiseaux et les poissons reposeront en paix dans leurs nids et leurs trous, tandis que les vivants dans l'eau et sur la terre atteindront une longue vie...''[104]

4. Vers la suppression du bouddhisme, de 574 à 577.

Ce factum ne fut suivi d'aucune réaction officielle et immédiate. Cependant un fait semble bien indiquer que Wei Yuansong trouva un écho favorable à ses idées, puisque l'empereur le garda auprès de lui et ne tarda pas à lui conférer le titre de duc de Shu 蜀. Cette protection impériale donnait au renégat une notoriété dans la capitale et le loisir de se livrer à l'étude des sciences occultes, en compagnie de Zhang Bin. Comment son mémoire souleva-t-il d'âpres débats entre taoïstes et bouddhistes? Nous nous proposons de poursuivre une étude précise sur ce point. Contentons-nous ici de signaler que dès 568, l'année même où Huisi quitta le Dasushan pour le Nanyue, taoïstes et bouddhistes s'affrontaient en présence de l'empereur et de nombreux moines. La polémique était centrée autour du *Sūtra de la conversion des barbares par Laozi* (*Laozi huahu jing* 老子化胡經).[105] Finalement en 573, l'empereur décréta la prééminence du confucianisme sur le taoïsme et le bouddhisme successivement. Cette dernière place accordée au bouddhisme serait dûe aux machinations de Wei Yuansong et de Zhang Bin.

Les bouddhistes contestèrent cet ordre de préférence. Alors l'empereur décida la suppression du bouddhisme et du taoïsme.[106] Cette double prohibition peut paraître surprenante. En fait au cours des débats fort animés, les bouddhistes avaient clairement démontré toutes les falsifications taoïstes. Ils avaient souligné que leurs adversaires avaient volé ou copié leurs propres sūtras, spolié le peuple, pratiqué la magie pour abuser les masses. Par ailleurs le décret de 574 révèle que l'empereur était gagné aux théories de Wei Yuansong, car il reprit les idées et les propres termes de son mémoire. Il en tira les conséquences logiques et concrètes, puisqu'il ordonna la réduction à l'état laïc de tous les moines et nonnes, la confiscation des trésors des monastères et leur distribution aux ministres, princes et ducs. En 577 la proscription s'étendit au reste du Nord de la Chine, quand les Qi du Nord tombèrent sous les coups des Zhou. Cette décision brutale mérite une longue étude que nous nous proposons de conduire ultérieurement. Ce revirement dans l'attitude impériale est dû à de nombreuses causes obscures. Est-ce un accès d'humeur? Est-ce le souci de montrer aux Chinois que le trône était vraiment sinisé? Est-ce le besoin en capitaux et en hommes pour poursuivre une guerre coûteuse, qui entraîna cette intransigeance?

---

(104) *Guang hongmingji* 7, *op. cit.* p.132a/1-26.

(105) Titre complet *Laozi huahu jing* 老子化胡經, T. 2139, vol. 44. De très nombreuses études ont été faites sur ce sujet. Nous renvoyons à l'ouvrage de Zürcher.

(106) Sur la persécution, voir *Guang hongmingji, op. cit.*, p.125 *b*/19-*c*/10; puis 125 *c*/27 à 126 *b*/12. Voir art. de Yu Jiaxi 余嘉錫 *Beizhou huifo zhumouzhe Wei Yuansong* 北周毀佛主謀者衛元嵩, dans *Furen xuezhi* 輔仁學誌 2, 2, 1931, p.1 à 25. Voir aussi Tsukamoto Zenryū, "*Hokushū no haibutsu ni tsuite* 北周の廢佛に就いて, *Tōhō gakuhō*, 16, 1948, p.29-101; 18, 1950, p.78-111. Du même auteur, *Hokushū no shūkyō haiki seisaku no hokai* 北周の宗教廢毀正策の崩壞, *Bukkyō shigaku* 佛教史學 I, 1949, p.3-31.

5. *La prophétie de Huisi.*

Huisi avait-il annoncé la suppression du bouddhisme sous les Zhou du Nord? Le *Fozu tongji* l'affirme, alors que le *Xu gaoseng zhuan* retranscrit en termes plus généraux les paroles de cette prophétie. D'après ce dernier texte, Huisi aurait annoncé, au plus tôt vers 552, au plus tard vers 556:

"Le Grand Saint, en ce monde, ne put éviter les rumeurs [malveillantes]. A plus forte raison, moi qui n'ai aucun mérite, comment pourrais-je échapper aux reproches? Le temps est venu où je dois les subir; ce sont les conséquences de mes actes antérieurs. Tout ceci ne vise que moi. Or, la Loi du Buddha assez vite doit disparaître. Dans quelle direction convient-il d'aller pour éviter ce désastre?."[107]

Pour le *Fozu tongji*, qui date du treizième siècle, il ne fait pas de doute que Huisi faisait directement allusion à la suppression du bouddhisme par les Zhou. Zhipan 志 盤 l'auteur de ces annales, suit la version de Daoxuan, mais au lieu de la phrase "la Loi de Buddha assez vite doit disparaître," il déclare explicitement: "le trône des Qi renversé, la Loi du Buddha pour un temps (sombrera) dans la nuit."[108] Et Zhipan d'ajouter aussitôt cette note: "les derniers des Qi renversés par les Zhou, Wudi des Zhou supprima tout à la fois Bouddhisme et Taoïsme".[109] Du reste Zhipan situe cette révélation de Huisi entre 556 et 568, lors de son séjour au Dasushan.

Il est, bien sûr, intéressant de connaître comment Zhipan, sept siècles plus tard, opéra une relecture de l'histoire, mais nous estimons que la version de Daoxuan est plus authentique. Nous en donnons une raison simple: aucun homme avisé, et si téméraire fût-il, n'eût osé annoncer la fin d'une dynastie encore au sommet de sa puissance. Il y avait en outre suffisamment de suspicion à l'égard du bouddhisme pour qu'aucun de ses membres ne s'aventure ouvertement à accréditer la rumeur d'un renversement dynastique par l'entremise des bouddhistes.

Pour nous, Huisi se situait dans une perspective beaucoup plus large. Etablissant un parallèle entre la malveillance qui l'accablait et la situation du bouddhisme, il craignait plus pour ce dernier que pour lui-même. En adepte, semble-t-il, de la théorie qui divisait le règne de chaque buddha en trois périodes, Huisi considérait son époque comme le début de l'ère *mofa* 末 法, où les formes extérieures de la religion disparaissent.

Dans ce contexte, Huisi a-t-il réellement pressenti la suppression du bouddhisme par les Zhou? Peut-on interpréter l'annonce de la disparition de la Loi, à la lumière de la phrase qui suit: "Dans quelle direction convient-il d'aller pour éviter ce désastre?."[110] Il s'agit là d'une interrogation portant sur un comportement concret. La réponse venue du ciel, nous dit-on, ne l'est pas moins: "Si vous désirez pratiquer la méditation, allez vers Wudang Nanyue,

(107) *Xu gaoseng zhuan, op. cit.* p.563 *a*/19-21.
(108) *Fozu tongji* 6, *op. cit.* p.179 *c*/9-11.
(109) *ibid.,* p.179 *c*/11-12.
(110) *Xu gaoseng zhuan* 17, *op. cit.* p.563 *a*/21.

la montagne où vous entrerez dans la Voie."[111] L'important était donc de trouver, dans une période difficile, un refuge où pratiquer la méditation et parvenir à la plénitude de la Voie.

Fort de sa croyance, et au vu des bouleversements qui agitaient son pays, Huisi a pu craindre pour l'avenir immédiat du bouddhisme. Cela signifie-t-il qu'il ait lui-même prévu le renversement des Qi et par conséquent l'extension de la persécution à toute la Chine du Nord, comme le prétend Zhipan? Nous n'en sommes pas convaincu. Constatant plutôt quels dangers faisaient courir au bouddhisme les rivalités très dures entre les sectateurs d'une même religion, et l'instabilité politique et sociale du pays, il les dénonça tout en indiquant une voie de salut. On ne peut donc prétendre qu'il ait prédit explicitement la suppression du bouddhisme par l'empereur Wu des Zhou, durant les quatre dernières années de sa vie. Par contre, on est certain qu'il fut conscient d'avoir à instruire ses disciples des trois *samādhi* et de travailler ainsi au renouveau de la Loi à travers et au-delà de la période *mofa*.

(111) *ibid.*, p.563 *a*/21-23.

Chapitre V

La pensée de Huisi: ses liens avec les autres écoles.

Ayant établi l'authenticité des oeuvres de Huisi, puis brossé un rapide tableau du bouddhisme en Chine, à son époque, nous pouvons désormais analyser le contenu de sa pensée. Il apparaît très nettement que toute son œuvre s'articule autour du thème de la contemplation (*chanding* 禪定). Ce n'est sans doute pas un hasard si l'école *Tiantai*, née de l'enseignement de Huisi, sous l'impulsion première de son disciple Zhiyi, fut d'abord appelée l'école du *dhyāna* (Chanzong 禪宗), qu'il ne faut pas confondre avec celle du même nom qui prit son plein essor au neuvième siècle. Cependant, nous ne pouvons réduire la pensée de Huisi à ce thème unique. En effet, le maître du Nanyue eut le mérite de ne jamais séparer la contemplation de la recherche intellectuelle, qu'il nomme sagesse (*hui* 慧). Cette harmonie entre le rôle joué par la contemplation et celui de la sagesse fut très vite considérée comme l'apport principal de l'enseignement de Huisi au bouddhisme chinois. Déjà Daoxuan, au septième siècle, le mettait en relief. N'écrit-il pas dans sa biographie de Huisi:

"Depuis que le bouddhisme du Jiangdong avait proliféré en une multitude d'écoles, le *dhyāna* quant à lui ne valait presque plus rien. Or, Huisi regrettait cela. Venu du Nord, il mit l'accent tout à la fois sur la méditation et sur la sagesse. De jour il discutait du sens de la doctrine; de nuit il réfléchissait. Il n'est aucune de ses paroles qui n'ait été très profonde. Il témoignait ainsi qu'il faut développer la sagesse en s'appuyant sur la méditation; et cette phrase n'est pas vaine. Dans les écoles de *dhyāna* du Nord et du Sud, il est peu de maîtres qui n'aient reçu son héritage."[1]

Daoxuan définit bien le rôle imparti à la méditation et à la sagesse dans la pensée de Huisi. Il souligne aussi l'importance et la nouveauté de cet enseignement dans le bouddhisme du sixième siècle. Après avoir déterminé la

(1) *Xu gaoseng zhuan*, T. 2060, vol. 50, p.563 *c*/29-564 *a*/4. Huisi affirme explicitement que la contemplation est première par rapport à la sagesse, mais ne l'exclut pas, cf. T. 1923, p.627 *c*/14 sq.

place de la contemplation chez Huisi, nous identifierons le système philosophique auquel il se rattachait, puis nous soulignerons l'originalité de l'une et
de l'autre par rapport au bouddhisme de son époque.

I. Thème central de l'œuvre de Huisi: le chanding 禪定.

Il est difficile de trouver un équivalent français satisfaisant à l'expression
chanding 禪定. Elle désigne tout l'univers de la contemplation. Le *chanding* est
tout à la fois fois méditation, concentration, abstraction, atteinte de l'ultime
au-delà de toute émotion et de toute pensée. Nous le traduirons par "contemplation", dans la mesure où celle-ci est un véritable dépassement de toutes les
formes discursives, une authentique libération de soi-même pour aider les
autres à découvrir en eux une vérité qui échappe à toute conceptualisation.
Ce terme de contemplation a en outre le mérite d'évoquer en même temps la
"voie purgative" et la "voie illuminative." La première permet de se dégager
de toute attache sensible, intellectuelle et même spirituelle, pour se rendre
disponible et ouvert à l'illumination profonde qui éclaire tout. La seconde renvoie à la réalité pour en éclairer toutes les potentialités. En définissant ainsi la
contemplation (*chanding*) nous ne faisons que transcrire la pensée même de
Huisi, exprimée à travers le corpus de son œuvre, c'est à dire dans les trois
traités conservés au travers des siècles: *le Samādhi de la conscience libre* (*Sui ziyi
sanmei* 隨自意三昧, que par la suite nous désignerons sous le titre abrégé
Conscience libre); *l'Accès à l'authentique samādhi de tous les dharmas* (*Zhufa wuzheng
sanmei famen* 諸法無諍三昧法門, que nous appellerons l'*Authentique samādhi*)
et enfin *la Signification de l'activité sereine et plaisante selon le sūtra du Lotus* (*Fahua
jing anle xing yi* 法華經安樂行義, que nous nommerons *Activité sereine et
plaisante*).

On pourra certes objecter que ces trois textes ne constituent qu'une infime
partie de l'œuvre de Huisi. Nous ne savons rien des doctrines proposées par
les *Mystères des traités bouddhiques* (*Shilun xuan* 釋論玄), rien non plus du rôle
du *dhyāna*, développé dans l'*Essentiel de la méditation* [*présentée*] *graduellement*
(*Cidi chan yao* 次第禪要), ou dans l'*Introduction à la triple connaissance et à la
triple contemplation* (*San zhiguan men* 三智觀門), puisque ces trois ouvrages
sont perdus et que nous ne possédons aucun moyen pour identifier les citations
qui en seraient faites dans d'autres traités bouddhiques. L'*Introduction aux
quarante-deux caractères, Sishier zi men* 四十二字門 est elle aussi perdue. Toutefois, les citations qui en sont faites explicitement dans d'autres traités, de
Zhiyi, de Zhanran et dans plusieurs commentaires japonais, permettent d'en
reconstituer une partie. C'est à ce travail que s'est d'ailleurs livré Satō Tetsuei.[2]

___

(2) *Nangaku Eshi no "Yonjūni jimon" ni tsuite* 南岳慧思の「四十二字門」について *IBGK*,
vol. 16, n° 2 (32), 1968, p.40–47; ainsi que *"Yonjūni jimon-ryaku-shō" no hombun narabi ni kaisetsu
Nangaku Eshi kenkyū ni okeru bunken kachi ni tsuite* 「四十字門略鈔」の本文並びに解説—
南岳慧思研究における文獻價値について, article paru dans les *Mélanges Fukui Kōjun,
Tōyōbunka ronshū*, 東洋文化論集, Tōkyō, 1969, p.501–530.

Grâce à cette reconstitution, on constate que les concepts et la doctrine, contenus dans cette *Introduction aux quarante-deux caractères,* sont identiques à ceux des trois œuvres du corpus.

S'il en est ainsi, on peut supposer que le *Shilun xuan,* le *Cidi chan yao* et le *San zhiguan men,* trois ouvrages traitant de la contemplation, à juger par leurs titres, ne contrediraient pas la doctrine des trois textes authentiques parvenus jusqu'à nous. On doit simplement regretter leur disparition, puisqu'elle nous ôte un champ d'investigation plus large. Mais cela ne nous interdit pas de considérer que nous possédons réellement l'essentiel de la pensée de Huisi, et que, par conséquent, la contemplation en est l'ossature principale. Par ailleurs, Daoxuan confirme explicitement cette opinion, puisqu'il place la biographie de Huisi dans la partie intitulée "pratique du *dhyāna*" (*xichan pian* 習禪偏). Il convient donc de déterminer plus à fond le rôle joué par la contemplation dans la pensée de Huisi et d'en suivre le développement.

A. *Evolution de la notion de contemplation* (*chanding*)

L'analyse de la *Conscience libre,* de l'*Authentique samādhi* et de l'*Activité sereine et plaisante* révèle que Huisi n'eut pas une pensée figée en ce qui concerne le rôle et la place de la contemplation dans l'approche de la véritable nature des choses. Dans les deux premiers textes, il propose une méthode graduelle et progressive pour parvenir à l'Eveil. Dans le troisième, on accède à celui-ci de façon soudaine. Huisi passe donc d'une méthode graduelle (désignée par les termes *jianwu* 漸悟 et *cidi* 次第) à une méthode dite de l'Eveil soudain (*dunwu* 頓悟).

Dans le second chapitre de la *Conscience libre,* intitulé *Du maintien majestueux* (*zhu weiyi pin* 住威儀品), Huisi considère que l'appréhension de la véritable nature des choses (*shixiang* 實相) s'obtient progressivement, à la suite de dépassements successifs. En d'autres termes, il faut avoir contrôlé son souffle (*xi* 息), puis son esprit (*xin* 心) et enfin son corps (*shen* 身), pour parvenir à la vision de la véritable nature des choses. A travers ces trois termes, Huisi désigne en fait les cinq *skandha* (*wuyun* 五蘊, appelés aussi *wuyin* 五陰) ou agrégats, qui composent la nature de tout être humain. Huisi résume ainsi sa position :

"A ses débuts, le *bodhisattva* examine ce corps dont la forme est un *dharma* vide. Du premier au dernier, les six aspects [de la perception] sont semblables aux nuées; le souffle en son expiration comme en son inspiration est semblable au vent; le corps en sa forme irréelle et trompeuse est semblable à un mirage. Comment peut-on connaître la véritable nature du souffle? Il faut d'abord examiner les trois natures, puis les fausses notions. Quelles sont ces trois natures? La première est la nature de l'esprit, la seconde la nature de la forme, la troisième la nature du souffle. On distingue en outre trois autres natures: la nature de l'esprit, la nature de la vue, la nature de l'intellect. Examinons d'abord les trois premières. Si l'on commence par la nature de l'esprit, celle-ci est trop profonde et subtile pour être connue. Si l'on commence par la nature de la forme, celle-ci est trop grossière et simple pour être expliquée. Il faut donc commencer par l'examen du souffle. "3

Huisi examine alors le souffle, puis l'esprit et le corps, suivant une méthode graduelle. Il reprend le même schéma dans l'*Authentique samādhi.*

"Lorsqu'on veut examiner le corps en son impureté, il faut d'abord commencer par l'examen du souffle en son inspiration et en son expiration: on ne constate aucune production et aucune extinction. Ensuite on examine l'esprit et ses manifestations. Si l'on examinait d'abord la forme, celle-ci serait trop grossière et tournée vers elle-même pour être expliquée facilement; on ne peut considérer comme léger ce qui est profond et lourd. Si l'on examinait d'abord l'esprit, celui-ci serait trop subtil pour être discerné facilement; l'esprit est vide et sans substance. Les causes dont il se réclame, sont de fausses notions, sans aucune réalité. [Par contre] lorsqu'on se place au niveau du souffle, il est facile de comprendre ce qui est léger et vide. Ainsi on considère d'abord l'origine de l'inspiration: elle n'a ni provenance ni origine. Quel lieu atteint-elle? Elle n'a ni lieu où retourner ni lieu vers lequel se diriger; on n'en perçoit pas l'extinction; elle ne possède aucun lieu propre. L'inspiration égale le vide. On poursuit ensuite par l'examen de l'expiration. D'où vient-elle? Toute recherche et tout examen montrent qu'elle n'a pas d'origine. Parvenue en quel point disparaît-elle? On ne distingue ni son chemin ni sa disparition. Il n'y a donc ni inspiration ni expiration.

Quand on examine en outre les apparences de ce qui se situe entre les deux, quelles sont-elles? Elles sont comme le vent léger de l'espace; elles n'ont aucune apparence. Le souffle n'a pas de substance. Les notions de production et d'extinction proviennent de l'esprit. [A cause de] ces fausses notions, le souffle égale le mouvement; sans fausses notions, pas de production. En quel lieu se situe l'esprit, à la suite d'un tel examen? Si par ailleurs on examine le corps dans son [aspect] intérieur, on ne voit pas l'esprit. Si on l'examine dans son [aspect] extérieur, on ne voit pas davantage les manifestations de l'esprit. Quand on examine ce qui se situe entre les deux, on ne perçoit aucune apparence. On tient alors ce raisonnement: l'esprit et le souffle égalent le vide. Et ce corps actuel qui est mien, d'où vient-il? Quand on l'examine ainsi, il n'a pas d'origine. Et pourtant, à cause des désirs trompeurs, les fausses notions surgissent. On examine encore l'esprit avec ses fausses notions: il est fondamentalement vide et en repos; il n'a ni production ni extinction. On sait alors que l'incarnation de ce corps est irréelle. De la première à la dernière, les six divisions de la forme sont comme une ombre vide, comme une nuée vide. L'inspiration et l'expiration sont comme une brise légère dans l'espace. Quand on examine ainsi l'ombre d'une nuée et la brise légère, [on constate] qu'elles sont vides et en repos. Tout est donc impermanent et permanent, sans production

(3) *Dainihon zokuzōkyō* (Z), 2. 3. 4, p.346 *c*/12-17.

et sans extinction, sans manifestations et sans apparences, sans noms et sans symboles, sans naissance ni mort, sans extinction totale".[4]

Dans ces deux textes, la démarche donc est identique: la vision approfondie de la véritable nature des *dharma* s'obtient progressivement. Pour l'acquérir il faut commencer par un contrôle physique et mental du souffle, passer ensuite à l'examen systématique de l'esprit et découvrir enfin que le corps est vide et échappe ainsi à toute détermination.

Les raisons alléguées par Huisi pour justifier l'ordre de cette méthode, demeurent rigoureusement les mêmes; il est beaucoup plus facile de concevoir la vacuité de toutes choses en partant de l'immatérialité du souffle. Ayant fait l'expérience de cette vacuité, on peut alors facilement comprendre que l'esprit échappe lui aussi à toute localisation; qu'il est de ce fait en repos. Après avoir pris conscience de la vacuité de l'esprit, on est naturellement conduit à accepter celle des formes sensibles, puisque le lien entre celles-ci et l'esprit, par l'entremise des six perceptions (*liuru* 六 入, que Huisi appelle ici *liufen se* 六 分 色), est lui-même empreint de cette vacuité universelle. Si Huisi en était resté à cette seule méthode progressive, on aurait pu dire qu'il se contentait de reprendre les idées déjà exprimées dans le *Chan biyao fa jing* 禪 秘 要 法 經[5] et dans le *Zuochan sanmei jing* 坐 禪 三 昧 經[6], introduits en Chine par Kumārajīva. Or, il va plus loin. Dans l'*Activité sereine et plaisante* il préconise une méthode plus directe, dite de l'Eveil soudain (*dunwu*). L'*Activité sereine et plaisante* commence en effet par ces mots:

"Le *sūtra du Lotus de la Loi* est le *dharma* de l'éveil soudain dans le Grand Véhicule, le *dharma* de l'accomplissement rapide de la Voie de Buddha, sans l'aide d'un maître, le *dharma* de l'éveil indépendant, un *dharma* difficile à croire pour tous les âges. Tout *bodhisattva*, qui commence à étudier [la véritable Voie de Buddha], qui est à la recherche du Grand Véhicule, et qui, surpassant tous les autres *bodhisattva*, désire accomplir rapidement la Voie de Buddha, doit observer les règles [de *vinaya*], supporter l'insulte, progresser avec intelligence, cultiver avec zèle le *dhyāna*, et d'un esprit déterminé étudier avec ardeur le *samādhi du Lotus de la Loi*. Considérant tous les êtres vivants, [il doit] les penser tous comme étant des buddhas, joindre les mains et les honorer, comme s'il vénérait l'Honoré du monde. Considérant tous les vivants, [il doit] aussi les penser tous comme étant de grands *bodhisattva* [possédant] une excellente connaissance".[7]

Un peu plus loin, le texte se fait plus explicite encore:

"Les quatre [sortes] d'activité sereine, sans attribut, profondément et merveilleusement, illustrent la contemplation.
Le *bodhisattva* examine les six sens, leurs sensations:

(4) cf. T. n° 1923, vol. 46, p.633 *a*/9–*b*/1.
(5) cf. T. 613, vol. 15.
(6) cf. T. 614, vol. 15.
(7) cf. T. 1926, vol. 46, p.697 *c*/17–22.

tous les *dharma* sont originellement purs;
la nature des vivants est sans impureté,
sans origine et sans pureté.
Il ne pratique pas une activité de mutuelle dépendance;
naturellement, il smpasse tous les saints;
sans maître, intuitivement, il est illuminé;
il ne recourt à aucune activité graduelle.
Sa compréhension est commune à celle de tous les buddhas;
il appréhende parfaitement la nature profonde,
les six pouvoirs surnaturels sans égaux,
l'activité pure et sereine". [8]

Ces deux passages de l'*Activité sereine et plaisante* montrent à l'évidence quelle est, selon Huisi, la méthode idéale: celle qui permet, par un Eveil soudain, la perception de la véritable nature des *dharma*. Cependant, Huisi fait montre de réalisme: l'instant privilégié où tout s'illumine demeure imprévisible. Comme la "nuit de feu" pascalienne, il ne survient qu'après avoir été désiré et préparé. C'est pourquoi il existe une apparente contradiction au sein de ces deux passages: d'un côté Huisi affirme que le subitisme l'emporte sur le gradualisme, de l'autre il inclut dans la première méthode, dite de l'Eveil soudain, le recours au *samādhi du Lotus* (*Fahua sanmei* 法華三昧) qui implique en soi la notion de découverte graduelle de la vérité.

En fait, il n'y a pas antinomie. L'Eveil soudain demeure l'idéal; pour y parvenir la meilleure préparation consiste dans la pratique du *samādhi du Lotus*. Ceci revient à dire que l'intuition personnelle de la Vérité est absolument nécessaire, si l'on veut prétendre à l'illumination parfaite, mais, étant donnée la pesanteur humaine, on est contraint de recourir à des moyens intermédiaires qui s'apparentent aux méthodes graduelles. D'autre part, Huisi reconnaît que la méthode de l'Eveil soudain demeure le privilège des meilleurs, bien qu'elle reste théoriquement à la portée de tous. Voici comment il s'en explique:

"De toutes les fleurs terrestres, peu nombreuses sont celles qui produisent un fruit par fleur. Celles qui tombent sans en produire sont légion; autant parler de fleurs sauvages improductives. [Tout comme] la majorité des fleurs ne produisent qu'un seul fruit, celui qui s'ouvre à l'esprit d'auditeur (*shengwen xin* 聲聞心) ne peut que produire un fruit d'auditeur; celui qui s'ouvre à l'esprit de solitaire cherchant l'illumination pour lui seul (*yuanjue xin* 緣覺心) ne peut que produire un fruit de solitaire. [Ces deux catégories de fruits] ne peuvent être appelées fruit de *bodhisattva*. Par ailleurs, le *bodhisattva* aux facultés obtuses (*dungen pusa* 鈍根菩薩) observe une conduite de mutuelle dépendance (*xiu duizhi xing* 修對治行) pénètre graduellement dans la Voie et franchit ainsi la première étape. Celle-ci ne peut être appelée l'étape du nuage du *dharma* (*fayun di* 法雲地).

(8) *ibid.* p.698 *a*/22-28.

[Avec cette progression] par étapes distinctes, pratique et expérience de la vérité ne surviennent pas dans un même temps (*fei yishi* 非 一 時). Voilà pourquoi on ne peut désigner [toutes ces étapes] à travers l'image d'une fleur produisant de multiples fruits. Le *bodhisattva du Lotus* (*fahua pusa* 法 華 菩 薩) n'est en rien comparable à tout cela. Dans un seul esprit (*yixin* 一 心), une seule étude (*yixue* 一 學), il réalise tous les fruits. Dans un même temps (*yishi*), il les parfait; il ne les achève pas progressivement. En cela il est comparable à la fleur du Lotus: une fleur engendre de multiples fruits; en un même temps il y a plénitude. Tel est le but de tous les vivants dans l'Unique Véhicule (*yicheng* 一 乘).

Voilà pourquoi le *sūtra du Nirvāṇa* (*Niepan jing*) affirme: "il existe des *bo-dhisattva* qui possèdent une bonne connaissance, en progressant étape par étape",[9] tandis que le *sūtra de la Viśeṣacintābrahmaparipṛechā* (*Siyi jing* 思 益 經) déclare: "il existe des *bodhisattva* qui ne progressent pas étape par étape."[10] Progresser étape par étape est le propre du double véhicule, celui qui [regroupe] les auditeurs (*śrāvaka*) et les *bodhisattva* aux facultés obtuses, qui [poursuivent] progressivement leur pratique et leur étude, selon une méthode appropriée. Ne pas progresser étape par étape est le propre du *bodhisattva* aux facultés aiguës, qui abandonne directement la méthode appropriée et ne suit pas les pratiques progressives. Si l'on éprouve le *samādhi du Lotus* (*fahua sanmei*), on réalise pleinement tous les fruits."[11]

De toute évidence, Huisi établit une classification entre les différents modes d'appréhension de la vérité. La méthode graduelle est trop limitée pour qu'il s'en satisfasse, mais par ailleurs, celle de l'Eveil soudain est difficile à mettre en pratique. Pour faciliter sa réussite, il en fait ressortir les aspects essentiels. La méthode de l'Eveil soudain doit, selon lui, parvenir à une activité sereine et plaisante (*anle xing* 安 樂 行), c'est à dire qu'elle doit rendre l'esprit immobile au milieu de tous les *dharma*, l'arracher aux flux des sensations externes, et faire que tout dans le comportement du *bodhisattva* soit bénéfique à la fois aux autres et à lui-même. Or cette activité sereine et plaisante peut appartenir à deux catégories différentes, l'une avec attributs (*youxiang xing* 有 相 行), l'autre sans attributs (*wuxiang xing* 無 相 行).

L'activité avec attributs désigne toute activité qui doit s'appuyer sur les différents types de *samādhi*, sur la mémorisation du texte et sur la lettre du *sūtra du Lotus*, pour parvenir à la purification totale de ses vues, pour obtenir la sapience absolue et pure des buddhas.[12] L'activité sans attributs (*wuxiang xing*) lui est bien supérieure. Huisi la définit ainsi:

"La contemplation (*chanding*) au sein de l'activité sereine et plaisante ne repose pas sur la cessation du désir; elle ne demeure ni dans le matériel ni

---

(9) Le texte actuel, édité dans T. 374–375, vol. 12 ne contient pas explicitement ce passage.
(10) Cette citation ne correspond pas au texte édité dans T. 585 à 587. vol. 15.
(11) *ibid*. p.698 *c*/3–17.
(12) ibid. p.700 *b*/1–14.

dans l'immatériel. Une telle pratique de la contemplation est l'apanage du *bodhisattva*. Parce qu'une telle activité ne comporte aucune représentation mentale, elle est appelée activité sans attributs."[13]

L'idéal est donc pour Huisi de parvenir par une illumination soudaine (*dun-jue* 頓 覺) à l'immobilité de l'esprit, c'est à dire: non seulement l'arracher aux flux des pensées erronées et des sensations externes, mais aussi le fixer dans un état où il n'y ait plus ni pensée ni représentation mentale (*wuxinxiang* 無 心 想). Un tel état échappe à toute détermination. Huisi emploie, pour le décrire, des expressions comme *yixin* 一 心, *yixue* 一 學, *yishi* 一 時, *yinian* 一 念 qui révèlent le caractère unique et insaisissable de cette expérience de la vacuité des *dharma*, sans toutefois sombrer dans un idéalisme absolu, puisqu'il y a toujours une certaine réalité qui sous-tend cette vacuité.

Si l'on compare l'*Activité sereine et plaisante* aux deux textes précédents, on s'aperçoit que ce traité laisse de côté toute appréhension du souffle et du corps, pour s'intéresser uniquement à l'esprit (*xin*). Cette évolution dans la pensée de Huisi à propos de la pratique de la contemplation, ne signifie pas qu'il y ait rupture entre la démarche propre à la *Conscience libre* et à l'*Authentique samādhi* et celle de l'*Activité sereine et plaisante*. Celle-ci est, au contraire, l'aboutissement normal des deux premières. Dans la *Conscience libre*, Huisi accorde une égale valeur aux méthodes permettant de découvrir la véritable nature des *dharma*. Tout au plus suggère-t-il que chacune de ces pratiques ou méthodes s'appliquent à des domaines différents. Dans l'*Authentique samādhi* sa position gagne en netteté. Il déclare en effet:

"Le *bodhisattva* demeure dans le degré de méditation [appliquée à] l'esprit. Parmi les pouvoirs surnaturels sans limite, le *samādhi* [en accord] avec les désirs profonds, les trente-sept conditions conduisant à la *bodhi*, c'est le degré de méditation [appliquée à] l'esprit qui est fondamental. Voilà pourquoi il est premier."[14]

Quelques lignes plus loin, Huisi insiste longuement sur la prééminence de l'esprit. Même s'il maintient l'ordre établi dans la *Conscience libre* (examen du souffle et de ses manifestations, examen de l'esprit et de ses représentations mentales, examen du corps et de ses sensations), il n'en accorde pas moins une importance primordiale à l'examen de l'esprit. C'est dans la mesure où l'on atteint la nature immuable de l'esprit (*xinxing* 心 性), que l'on peut prétendre obtenir tous les pouvoirs surnaturels sans limite et venir 'en aide à tous les êtres. Enfin, dans l'*Activité sereine et plaisante*, comme nous l'avons vu, Huisi s'attache presque exclusivement à la contemplation de l'esprit et de sa nature.

Cette évolution chez Huisi nous fait penser que la *Conscience libre* fut élaborée avant les deux autres textes; l'*Authentique samādhi* constituerait une étape intermédiaire avant la rédaction de l'*Activité sereine et plaisante*. Ainsi le subitisme l'emporterait sur le gradualisme. Cette orientation va d'ailleurs de pair

(13) *ibid.* p.700 *a*/26–29.
(14) T. 1923, p.637 *b*/5–7.

avec les vues subjectivistes de Huisi, c'est à dire avec sa conception de l'illumination qui doit être obtenue sans l'aide d'aucun maître.

B. *Le but poursuivi dans la contemplation.*

Si Huisi recherche la meilleure méthode pour appréhender la véritable nature des choses, ce n'est pas pour faire un exercice de pure scolastique. S'il fait de l'esprit et des représentations mentales le centre de tout, ce n'est pas pour sombrer dans un idéalisme abstrait. A travers cette recherche, il vise l'obtention de ce qu'il appelle le "grand consentement" (*daren* 大 忍). Il convient de souligner les liens qui rattachent la contemplation de la nature immuable de l'esprit à ce grand consentement.

Au point de départ, Huisi démontre que l'esprit échappe à toute détermination. Il ne se situe ni à l'intérieur, ni à l'extérieur, ni entre ces deux termes. Il se dérobe à toute désignation, à toute apparence. Il n'est produit par aucune cause et en même temps il n'existe pas en dehors d'une cause. Il est vacuité parfaite, en ce sens qu'il est au-delà de tout. Cependant on n'en perçoit pas toujours aussi clairement la nature immuable et immobile. Le plus souvent on s'arrête en chemin et l'on confond l'appréhension des catégories mentales (*xinshu* 心 數) avec celle de la véritable nature de l'esprit. Or ce sont deux choses différentes que Huisi distingue ainsi :

"Le fidèle à ses débuts dans la recherche de la Voie, examine les catégories mentales et la nature de l'esprit.
L'examen des catégories mentales appartient à la méthode appropriée; la quête de la nature de l'esprit est sagesse."[15]

En d'autres termes, l'examen des catégories mentales s'impose naturellement à l'homme du commun, mais ce n'est qu'une étape liminaire avant la découverte de la vacuité de la nature de l'esprit. Cet examen des catégories mentales (*xinshu*) permet d'en révéler l'aspect changeant et factice. Elles sont étroitement liées aux actes et aux sensations de l'être humain et, de ce fait, elles vont de pair avec les actes bons ou mauvais accompagnés de leur rétribution. Huisi fit lui-même l'expérience de cette liaison étroite entre catégories mentales et rétribution.

"Ma maladie actuelle provient entièrement de mes actes, lesquels viennent de l'esprit. En elle-même, elle n'a aucune réalité objective. En regardant inversement la source de l'esprit, [je n'y] trouve pas d'actions. La personne est telle l'ombre d'un nuage : sa forme [apparente] existe, son corps est vide [de toute réalité]. Dans une telle vue de soi, les pensées confuses sont détruites. L'esprit en soi est clair et pur. Ce qui est souffrance est dissipé."[16]

Il importe donc de réaliser que l'esprit est fondamentalement vide, qu'il

(15) T. 1923, p.637 *b*/15–16.
(16) T. 2060, p.563 *a*/6–10.

échappe à toute détermination, qu'il est parfaitement immobile. Si l'on s'arrête à l'examen des catégories mentales, on demeure toujours dans le champ des notions temporaires, factices et changeantes; on est encore soumis aux conditions de ses actes et de leurs conséquences. Or, c'est justement ce qui sépare l'homme du commun du *bodhisattva*. Le premier tente d'appréhender la réalité fondamentale de toutes choses en procédant par exclusion, par négation et par voie de cause à effet. Il n'arrive pas vraiment à se dégager d'une conception étroite de la vacuité, conçue comme une entité excluant tout caractère temporaire. Le *bodhisattva*, lui, conçoit rapidement que la nature de l'esprit est immuable, et qu'elle est au-delà de toutes catégories. Une telle connaissance est en fait appelée la connaissance de tous les *dharma* sous tous leurs aspects (*yiqie zhongzhi* 一切種智). C'est une connaissance médiante qui éclaire la Voie Moyenne (*zhongdao* 中道), c'est à dire qu'elle n'affirme ni l'existence ni la non-existence, ni la différenciation ni la non-différenciation. Ayant acquis cette connaissance non mondaine, synthétique et unique, soit par le moyen du recueillement (*samādhi*) soit par l'illumination soudaine (*dunwu*) selon son degré propre, le *bodhisattva* peut briser radicalement les passions et leurs penchants. Il obtient alors les grands pouvoirs surnaturels, que Huisi considère comme les signes visibles du grand consentement (*daren* 大忍).

Dans l'*Activité sereine et plaisante*, Huisi définit clairement la place et le sens de ce grand consentement (*daren*). Après avoir montré qu'il existait deux types d'activité, l'une ayant des attributs et des caractéristiques (*youxiang xing* 有相行), ce qui la rend inférieure à l'autre qui est sans attributs (*wuxiang xing* 無相行), c'est-à-dire sans aucune représentation mentale, il développe sa pensée et définit par quels moyens le *bodhisattva* parvient à maintenir son esprit immobile au milieu de tous les *dharma* et comment il ne subit pas les atteintes des sensations externes. Il peut alors agir pour le profit d'autrui et pour le sien. Pour parvenir à une telle activité sereine et plaisante (*anle xing* 安樂行), le *bodhisattva* doit posséder une sagesse formée de trois sortes de consentement :

—le consentement aux êtres (*zhongsheng ren* 衆生忍)
—le consentement à la nature des *dharma* (*faxing ren* 法性忍)
—le consentement du pouvoir surnaturel à l'océan des domaines des *dharma* (*fajie hai shentong ren* 法界海神通忍) appelé aussi grand consentement (*daren*).[17]

Huisi montre ensuite comment ces trois sortes de consentement se différencient l'un de l'autre :

"Les deux premiers désignent le consentement [capable] de détruire ignorance et passions (*po wuming fannao ren* 破無明煩惱忍) ou encore le consentement à l'action sainte (*shengxing ren* 聖行忍). L'action sainte signifie que ce consentement s'exprime dans l'action des saints, et que les gens du commun capables d'une telle pratique, atteignent la sainteté. Telle est l'action sainte. [Le troisième], le grand consentement, comprend les cinq

(17) T. 1926, p.700 *b*/20–21.

pouvoirs surnaturels, le sixième, et les quatre pouvoirs magiques d'ubiquité ; il donne au *bodhisattva* de voir face à face tous les buddhas de toutes les directions, tous les *deva* et *rāja,* de leur parler en vis-à-vis, et, en un instant, de percevoir tout ce qui est commun et saint. Tel est le grand consentement.

Avec les pouvoirs surnaturels, l'esprit est immobile. La voie sainte accomplie se nomme consentement saint. Ces trois consentements sont, en fait, l'activité sereine et plaisante de vraie sapience, libre de tout attachement (*zhenghui lizhu anle xing* 正慧離著安樂行)".[18]

Si l'on rapproche le texte de l'*Activité sereine et plaisante* de celui de l'*Authentique samādhi,* on constate que les quatre degrés de conscience (*sinian chu* 四念處)[19] dont la discussion occupe toute la seconde partie de ce dernier ouvrage, correspondent aux deux premiers consentements. Ils permettent de comprendre que le corps et ses sensations, bien que produits par un esprit un instant égaré, sont fondamentalement dans un état de quiétude et de vacuité (*kongji* 空寂) et qu'ils sont par nature immobiles (*budong* 不動). Toutefois, l'examen de l'impureté du corps (*shennian chu* 身念處), des souffrances nées des sensations (*shounian chu* 受念處), de l'immobilité de l'esprit (*xin bijing budong* 心畢竟不動) qui ne peut être localisé en un endroit plutôt qu'en un autre (*wuzhu xiang* 無住相) (ce qui correspond au *xinnian chu* 心念處) et enfin de la vacuité de tous les *dharma* bons ou mauvais (*fanian chu* 法念處), un tel examen donc est encore du niveau des auditeurs du double véhicule. Ce n'est pas encore la voie du *bodhisattva* aux facultés aiguës.[20]

A juger par l'*Activité sereine et plaisante,* Huisi admet que dans la pratique le *bodhisattva* passe par une étape intermédiaire, avant de parvenir vraiment au grand consentement. En effet, le consentement aux *dharma* (*faren* 法忍) est une activité que le *bodhisattva* partage avec les auditeurs (*shengwen* 聲聞) comme avec les solitaires (*yuanjue* 綠覺). La triple définition qu'il donne du consentement aux *dharma* le montre clairement.

"Le consentement aux *dharma* possède trois sens : 1) La pratique personnelle de l'action sainte. On considère que tous les *dharma* tous ensemble sont dans une quiétude de vacuité. Ils n'ont ni production ni destruction, ni impermanence ni permanence. Un tel examen de ce que l'on appelle les *dharma* correspond à l'observation des sens de la vue qui sont vides, des sens de l'ouïe, de l'odorat, du goût, du toucher, de l'intellect qui sont également vides ; à l'observation des sensations visuelles qui sont vides, des sensations auditives, olfactives, gustatives, tactiles et mentales qui toutes sont également vides ; à l'observation de la perception visuelle qui est vide, des perceptions auditive, olfactive, gustative, tactile et mentale qui sont vides. Il n'existe ni moi, ni autre, ni êtres, ni création, ni action, ni sensation. La rétribution du bien et du mal est comme une fleur imaginaire. Toutes

(18) *ibid.* p.700 *b*/22-28.
(19) *ibid.* p.701 *a*/2 –*b*/5.
(20) *ibid.* p.701 *a*/23-29.

les grandes catégories, que ce soit les cinq agrégats (*wuyin* ou *skandha*), les dix-huit domaines (*shiba jie* 十八界 ou *dhātu*) ou les douze entrées (*shier ru* 十二入 ou *ṣaḍāyatana*), ne sont que des catégories vides. Trois, six, dix-huit ne sont que désignations sans nom. Il n'y a ni passé, ni futur, ni présent. La nature des *dharma*, de l'origine à maintenant, est dans une quiétude de vacuité. Au sein de tous les *dharma*, l'esprit est immobile. Ceci s'appelle le consentement aux *dharma* pratiqué par le *bodhisattva*.

2) Ayant lui-même réalisé le consentement aux *dharma*, le *bodhisattva* l'enseigne de la même façon aux êtres, [les aidant] à examiner les racines du haut, du milieu et du bas, avec leur différenciation, suivant la méthode appropriée. Il les amène à se fixer dans le Grand Véhicule, dans lequel les auditeurs, les solitaires, et au-dessus, les *bodhisattva*, chacun selon leurs pratiques et leurs examens respectifs, sont rassemblés dans une même unité. Il n'y a plus de différence entre le sensible, la pensée et l'action sainte. Les deux véhicules, l'homme du commun et le saint, de l'origine à maintenant, sont identiques au corps de la Loi, identiques au Buddha.

3) Le *bodhisattva mahāsattva*, au moyen de la connaissance souveraine, examine les êtres. Par des actions appropriées, il les contrôle. Tantôt il se manifeste comme observant les règles par une pratique très attentive, tantôt il les brise de façon indigne, pour accomplir son vœu originel. Il se manifeste dans un corps soumis aux six conditions d'existence, afin de subjuguer les êtres. Telle est la pratique du consentement aux *dharma* par le *bodhisattva*, [qui suit] la méthode appropriée, afin de convertir les êtres".[21]

Si proche de l'idéal que soit ce consentement, il demeure encore insuffisant aux yeux de Huisi. Il lui manque les pouvoirs surnaturels, l'instantanéité et la détermination de sauver tous les êtres. Or, ce sont ces trois caractéristiques qui font toute l'originalité et la difficulté du grand consentement. Huisi en montre toute l'excellence à la fin de l'*Activité sereine et plaisante*:

"Le grand consentement (*daren* 大忍) est désigné comme le consentement aux pouvoirs surnaturels. Qu'appelle-t-on consentement aux pouvoirs surnaturels? Quand au début naît en lui l'esprit de *bodhi*, le *bodhisattva* fait le vœu de sauver tous les êtres des dix directions. Il pratique avec zèle les six perfections (*liudu fa* 六度法): le don (*shi* 施), l'observance des régles (*jie* 戒), la patience sous l'injure (*renru* 忍辱), le progrès avec zèle (*qingjin* 精進), la contemplation (*chanding* 禪定), les degrés religieux des trois véhicules (*sancheng daopin* 三乘道品) et la sapience parfaite (*yiqie zhihui* 一切智慧). Il obtient d'éprouver le *nirvāṇa*. Ayant toutefois pénétré profondément dans la vérité ultime (*shiji* 實際), en haut il ne voit plus les buddhas, en bas il ne voit plus les êtres. Alors il a cette pensée:

—"A l'origine, moi, j'avais fait le vœu de sauver tous les êtres. Maintenant,

(21) *ibid.* p. 702 *a*/9-24.

je n'en vois plus aucun. Ne vais-je pas manquer au vœu que je fis par le passé?"

Tandis qu'il pense ainsi, tous les buddhas présents dans l'univers et dans les dix directions, manifestent leur corps sensible; d'une seule voix ils louent en ces termes le *bodhisattva*:

—"Oh vertueux! vertueux! Le grand homme vertueux se souvient de son vœu et n'abandonne pas les êtres. Nous-mêmes, tous les buddhas, alors que nous débutions dans l'étude de la Voie, nous avions fait le grand vœu de sauver partout les vivants. Nous étudions la Voie d'un cœur ardent, et éprouvions le *nirvāṇa*. Mais, pénétrant profondément dans la réalité ultime, nous n'avons plus vu les êtres. Nous souvenant de notre premier vœu, nous eûmes un esprit de repentir et nous avons tenu aux êtres. C'est alors que nous sont apparus tous les buddhas des dix directions, qui, d'une seule voix, firent notre éloge. Comme toi, nous nous sommes rappelé notre premier vœu et nous n'avons pas abandonné les êtres.."

Le *bodhisattva* entend les buddhas des dix directions prononcer de telles paroles. Son esprit se réjouit grandement et il obtient le grand pouvoir surnaturel [et mystique] de s'asseoir dans l'espace, de voir entièrement tous les buddhas des dix directions, de remplir la sapience de tous les buddhas; il obtient en un instant de pensée de connaître l'esprit de tous les buddhas ainsi que les différentes qualités mentales des êtres; il obtient de pouvoir en un instant de pensée les examiner pleinement, et d'être déterminé à sauver tous les êtres en un même instant.

Parce que l'esprit est élargi, cela s'appelle le grand consentement; parce que le *bodhisattva* remplit la loi de tous les buddhas et de tous les grands hommes, cela s'appelle le grand consentement. Pour sauver tous les êtres, par son corps sensible et par la sapience, suivant les diverses opportunités, le *bodhisattva* se manifeste à travers tous les corps en un instant de pensée; en un même instant il prêche à tous la Loi; en un seul son, il est capable de produire les sons imperceptibles. Les êtres innombrables en un même temps réalisent la *bodhi*. Cela s'appelle le consentement aux pouvoirs surnaturels."[22]

Ces quelques extraits tirés du corpus de Huisi suffisent à révéler l'évolution de sa pensée. La contemplation de la véritable nature des *dharma* doit tendre à l'illumination soudaine, afin que le *bodhisattva* puisse jouir d'une parfaite liberté, obtenir la *bodhi* le plus rapidement possible, et posséder les pouvoirs surnaturels, signes eux-mêmes du grand consentement. Celui-ci est entièrement tourné vers le salut des êtres. Si Huisi aspire si fortement à la *bodhi* et en montre toute la grandeur, ce n'est pas par égoïsme, mais tout au contraire pour venir en aide aux autres. Tel est vraiment le centre de sa pensée et de sa vie.

(22) *ibid.* p.702 *a*/24–*b*/15.

Ce sont justement les mêmes aspirations que nous retrouvons dans son grand *Vœu*, le *Nanyue yuanwen*. Certes, ce texte de circonstance ne nous est-il pas parvenu dans sa forme primitive, mais pour l'essentiel il est le reflet fidèle des théories pratiques de Huisi. C'est pourquoi nous avons jugé nécessaire de le traduire en son entier au chapitre VI. Il nous permet de mesurer à quel point Huisi sut allier contemplation et action au service des autres.

II. La sagesse (hui 慧) selon Huisi.

Pour préserver la plus grande clarté dans cet exposé de la pensée de Huisi, nous sommes obligés de séparer artificiellement le thème de la contemplation de celui de la sagesse. En fait, ils se recoupent continuellement. Il est donc difficile d'étudier l'un ou l'autre texte, sans donner aussitôt l'impression de se répéter. Nous avons essayé d'éviter cet écueil, même si parfois nous avons dû réutiliser certains passages déjà cités. Après avoir décrit les principales sources d'inspiration de la pensée de Huisi, nous définirons son idéal religieux, puis nous en délimiterons les bases philosophiques. Ce cheminement nous aidera à cerner l'originalité de Huisi par rapport aux autres maîtres bouddhiques contemporains.

A. *Les principales sources d'inspiration de Huisi.*

Il n'est pas un écrit de Huisi qui ne fasse constamment allusion au sūtra de la *Perfection de Sapience* (*Prajñāpāramitā sūtra, Mohe banruo poluomi jing* 摩訶般若 波羅蜜經 T. 223, vol. 8) et à celui du *Lotus* (*Saddharmapuṇḍarika sūtra, Miaofa lianhua jing* 沙法連華經 T. 262, vol. 9). Dans son *Vœu*, il promet de les écrire en caractères d'or, afin de prouver sa bonne foi et l'orthodoxie de sa doctrine, puisque, nous dit-il, il s'en inspire directement. Nous pouvons le vérifier. Un bref aperçu de ces deux sūtras nous permet de voir comment il en assimila le contenu.

1. *Le sūtra de la Perfection de Sapience* (*T. 223, vol. 8*).

Bien que le titre renvoie à un texte bien précis, on ne peut cependant pas le dissocier de toute la littérature de sagesse qui porte constamment le nom de *prajñāpāramita,* ou perfection de sapience. En effet, il y eut une abondante floraison de textes sur la sagesse et la Voie Moyenne (*mādhyamika*), introduits ou même composés en Chine dès les premiers siècles de notre ère. On peut considérer qu'ils forment un tout, mais généralement on les désigne par le plus représentatif d'entre eux, le sūtra de la *Perfection de Sapience,* auquel on joint en priorité, le *Traité de la grande vertu de sagesse* (*Dazhidu lun* 大智度論 T. 1509, vol. 25), attribué à Nāgārjuna et traduit par Kumārajīva. Ces textes ont profondément marqué les premiers siècles d'implantation du bouddhisme en Chine, et contribué au triomphe des théories mahāyānistes.

L'une des raisons du succès de ce sūtra fut une ambiguïté, inhérente, à l'époque, aux termes *kong* 空 et *wu* 無 qui désignent avant tout la vacuité absolue de toutes choses, c'est à dire l'absence de toute aséité, puisque tout provient de causes extérieures à soi et ne possède en soi-même ni la raison ni le principe de sa propre existence. Or au début de l'implantation du bouddhisme en Chine, ces deux termes furent principalement interprétés dans un sens taoïste : ils désignaient, croyait-on, l'invisible, le vide en qui réside l'efficacité véritable. En fait, le sūtra prêchait tout autre chose.

D'après le sūtra de la *Perfection de Sapience*, le monde est composé d'un flot incessant de *dharma*, ou faits ultimes de la réalité, divisibles en deux catégories : les dharmas inconditionnés, tels le *nirvāṇa* ou encore l'espace, et les *dharma* conditionnés. Les premiers sont considérés comme permanents, tandis que les seconds sont impermanents, parce qu'ils sont causés par d'autres. Ces derniers appartiennent essentiellement au monde des sens, des formes, et à l'univers sans forme, c'est à dire principalement à celui de la pensée. Or, on est obligé de constater que la nature de ces *dharma* est fondamentalement vide (*śūnya, kong*), car elle n'a aucune existence en elle-même et par elle-même. Elle est simplement le résultat de causes antérieures. Dès lors, toute affirmation d'une existence indépendante et réelle, c'est à dire échappant à ce système de la relativité, ne peut être qu'une vue erronée. Savoir que tout est vide, c'est cela la vraie sagesse.

L'attitude de l'illuminé consiste donc à n'affirmer en aucune manière l'existence d'un moi, d'un soi, en un mot de toute entité séparée. Par extension, on peut dire qu'il n'existe aucune dualité entre le sujet et l'objet, entre l'affirmation et la négation, entre la continuité de l'existence (*saṃsāra*) et le *nirvāṇa*.

Avec cette vision du monde, où tout est réduit à des *dharma* impersonnels, le sūtra en propose une autre, plus sereine et apparemment en contradiction logique avec la première. C'est la théorie du *bodhisattva,* que nous pourrions traduire par l'Illimité. Le sūtra de la *Perfection de Sapience* met en contraste la carrière mahāyāniste d'un *bodhisattva* avec celle, hīnayāniste, d'un auditeur (*śrāvaka*) qui vise à l'état d'arhat, et d'un solitaire (*pratyekabuddha*) qui acquiert une illumination plus complète mais ne prêche pas la doctrine à autrui. Ainsi s'exprime le sūtra :

"Comment s'exercent les personnes appartenant au Véhicule des auditeurs et des solitaires? Elles se disent : nous voulons dompter un seul soi, c'est un seul soi que nous voulons mener au *nirvāṇa*. Alors elles entreprennent des exercices qui produisent des racines saines en vue de se dompter soi-même, de se pacifier soi-même, de se nirvaniser soi-même. Assurément l'illimité ne doit pas ʾs'entraîner comme cela. Il doit entreprendre des exercices pour produire des racines saines avec cette idée: je veux mettre mon soi dans le Fait-d'être-Tel (= *nirvāṇa*) et, en vue d'aider le monde entier, je veux aussi mettre tous les êtres dans le Fait-d'être-Tel, je veux conduire au *nirvāṇa* le monde incommensurable des êtres."[23]

---

(23) Cette traduction est celle de Edward Conze, *Le Bouddhisme dans son essence et son développement*, réimpression Paris 1971, p.146.

L'être idéal est donc le *bodhisattva* à la compassion universelle. Il possède non seulement la sagesse mais aussi une très grande compassion. Il est non seulement celui qui se délivre, mais aussi celui qui est habile à trouver les moyens de produire et de faire mûrir chez les autres les germes latents de l'illumination.

"Faiseurs de ce qui est difficile sont les *bodhisattva,* les grands êtres qui ont entrepris de gagner l'Illumination suprême. Ils ne veulent pas atteindre leur propre *nirvāṇa* privé. Au contraire, ils ont parcouru le monde haute-ment douloureux de l'existence, et pourtant, désireux de gagner l'Illumi-nation suprême, ils ne tremblent pas devant la-naissance-et-la-mort. Ils se sont mis en marche pour le bénéfice du monde, pour le bonheur du monde, par pitié pour le monde. Ils ont pris cette décision: nous voulons devenir un abri pour le monde, un refuge pour le monde, le lieu de repos du monde, le confort final du monde, les îles du monde, les lumières du monde, les guides du monde, les moyens de salut du monde".[24]

Alors que la méditation sur les *dharma* dissout les autres et soi-même en un conglomérat de *dharma* impersonnels instantanés, la conception de l'Illimité réintroduit la relation personnelle et une certaine notion des individus. On n'éprouve pas de compassion pour un *dharma* abstrait. La grandeur du *bodhi-sattva* tient à son aptitude à combiner ces deux comportements contradictoires que sont la sagesse corrosive et la compassion bienveillante.

2. *Le sūtra du Lotus (T. 262, vol. 9).*

Le *sūtra du Lotus,* dont le titre est le plus souvent rendu par *sūtra du Lotus de la Loi merveilleuse* ou encore *sūtra du Lotus de la Bonne Loi,* fut traduit avec plus ou moins de bonheur dès le début du troisième siècle. Mais la version à laquelle se réfère Huisi, est celle que Kumārajīva établit magistralement au début du cinquième siècle.

Dans une première partie, le sūtra révèle le véritable et éternel buddha en la personne de Śākyamuni, venu sur terre pour le salut du genre humain. Le buddha est sorti de sa contemplation pour prêcher que la compréhension des *dharma* est hors de ceux qui n'ont pas la foi en lui. Son but est de découvrir les méthodes par lesquelles les êtres peuvent être illuminés. En effet, bien que la vérité soit une, les moyens pour l'obtenir sont variés, car les êtres à convertir sont de caractère, d'inclination et de tempérament différents. On distingue, ainsi trois voies de salut: celle des auditeurs qui prennent plaisir à l'écoute des discours du Buddha, celle des solitaires qui sont inclinés vers la retraite et la méditation, celle des illimités qui recherchent l'illumination pour eux et pour les autres. Le buddha Śākyamuni assure ses fidèles de leur destinée future: ils deviendront tous buddha et *bodhisattva* dans le futur. Leur récompense dépend des racines bonnes ou mauvaises plantées dans le passé. La première partie se termine par une description des devoirs du *bodhisattva* qui doit vénérer le *sūtra*

(24) *ibid.* p.147-148.

du Lotus à travers des cérémonies, des récitations et la prédication de sa vérité aux autres.

A partir du chapitre quinze, le sūtra décrit la personnalité éternelle et véritable du Buddha. Le Buddha est illuminé pour l'éternité (et ceci depuis toujours). Tous les êtres portent en eux cette nature pure et éternelle du Buddha. Śākyamuni n'était que la manifestation corporelle en ce monde du Buddha éternel. Le véritable Tathāgata (celui qui a trouvé la Vérité), personnification de la vérité cosmique, ne naquit ni ne mourut jamais. Il existe d'éternité en éternité. Les fidèles ont en commun avec le Buddha cette vie éternelle et ils sont assurés d'un futur éternel. Ce sūtra propose donc une sorte d'évangile de salut universel. Le Buddha possède un pouvoir de salut comparable à la pluie, qui est uniforme en son essence, mais permet à toutes sortes de plantes de grandir et de se développer.

Le *sūtra du Lotus* met aussi l'accent sur le fait que le *bodhisattva* retarde son entrée dans le *nirvāṇa* pour aider les autres. Le *bodhisattva* Avalokiteśvara en fournit l'exemple le plus fameux. En outre, le sūtra insiste sur son propre caractère privilégié : il est en lui-même l'évangile du Véhicule Unique (*yicheng* 一乘).

3. *Place de ces deux sūtras dans la pensée de Huisi.*

Nous trouvons assez peu de citations directes tirées du texte de ces deux sūtras dans l'œuvre de Huisi, mais leur présence est omniprésente. Nous y retrouvons toute la logique de la vacuité, de la non-dualité entre affirmation et négation. Huisi répète sans cesse que la nature fondamentale des êtres est pure, qu'elle est identique à celle du buddha. Il affirme sans aucune équivoque possible que le *sūtra du Lotus* est l'unique véhicule du salut. Par dessus tout, il mise sur le *bodhisattva* qui seul peut prétendre obtenir la vérité absolue et sauver tous les êtres, comme nous allons le voir plus complètement que dans la première partie de ce chapitre.

Par ailleurs, ce n'est sans doute pas par hasard si son disciple Zhiyi fit de l'enseignement de ces deux sūtras les deux étapes ultimes dans la prédication de la vérité à tous les fidèles. Zhiyi classe l'enseignement du buddha (méthode appelée *panjiao* 判 教), en cinq périodes, chacune servant de base à la suivante, considérée comme plus complète et définitive. Or il place la période d'enseignement de la *Perfection de Sapience* et celle du *Lotus* respectivement en quatrième et cinquième positions. L'insistance mise par son maître sur leur contenu et leur enseignement eut certainement une influence décisive dans l'établissement de cette classification.

Rappelons en outre que les diverses biographies de Huisi, oubliant qu'il avait étudié de nombreux autres sūtras, ont insisté sur son attachement exclusif au *sūtra du Lotus*. Au chapitre II, nous avons fait remarquer que l'importance donnée à ce sūtra dans la vie de Huisi, avait un caractère apologétique. En insistant sur l'attachement de Huisi au *sūtra du Lotus,* les biographes ont voulu prouver indirectement que la division de l'enseignement du Buddha proposée par l'école *Tiantai* était elle aussi exemplaire.

B. *L'idéal religieux de Huisi: le bodhisattva aux facultés aiguës* (*ligen pusa* 利根菩薩).

1. *La place du bodhisattva, l'Illimité.*

Dans l'*Activité sereine et plaisante,* la pensée de Huisi sur la place et le rôle du *bodhisattva* a atteint sa pleine maturité. Tout au début de cette oeuvre, Huisi a résumé l'essentiel de sa pensée sur ce point. Nous avons déjà traduit ce passage p. 169; nous répétons ici ce qui a trait directement à la conduite du *bodhisattva,* de manière à le mettre en parallèle avec le début de la *Conscience libre.*

"Le *sūtra du Lotus de la merveilleuse Loi* est la voie d'accès à l'Eveil soudain du Grand Véhicule, pour l'accomplissement rapide de la Voie du Buddha, sans l'aide d'un maître, par son propre entendement. C'est là une loi difficile à croire pour tous les âges.

Tout *bodhisattva* qui [suit] la nouvelle étude, qui désire poursuivre [la doctrine] du Grand Véhicule, et qui, surpassant tous les [autres] *bodhisattva,* veut accomplir rapidement la Voie du Buddha, doit observer les règles, supporter l'humiliation, progresser avec intelligence, cultiver avec zèle la méditation, et d'un esprit déterminé étudier avec ardeur le recueillement (*samādhi*) du Lotus. Regardant tous les vivants, il doit les considérer tous comme [autant de] buddhas, joindre les mains et les honorer, comme s'il vénérait l'Honoré du monde. Regardant tous les vivants, [il doit] aussi les considérer tous comme possesseurs de l'excellente connaissance des *bodhisattva*".[25]

La *Conscience libre* offre une semblable vision du bodhisattva:

"Tous les *bodhisattva* qui ont nouvellement fait naître en eux un esprit de *bodhi,* désirent étudier les six perfections (*liu poluomi* 六波羅蜜), cultiver toutes les formes de contemplation (*chanding* 禪定), pratiquer les trente-sept conditions [conduisant à la *bodhi*].[26] S'ils désirent prêcher la Loi, convertir les vivants, s'exercer à la grande compassion, faire naître en eux les six pouvoirs surnaturels; s'ils désirent rapidement entrer dans le degré des *bodhisattva,* acquérir la sagesse des buddhas, ils doivent en premier avoir au complet le *samādhi* de représentation des buddhas (*Nianfo sanmei* 念佛三昧), le *samādhi* de la vision des buddhas (*Panzhou sanmei* 般舟三昧) et étudier également le *samādhi du Lotus de la merveilleuse Loi* (*Miaofa lianhua*

---

(25) T. 1926, p.697 *c*/18–22.

(26) Les 37 conditions conduisant à la *bodhi* (*sanshiqi dao pin* 三十七道品) sont composées des quatre états de mémoire ou sujets de réflexion (*si nianchu* 四念處), des quatre exercices corrects (*si zhengdong* 四正動), des quatre étapes vers l'obtention des pouvoirs surnaturels (*si ruyi zu* 四如意足), des cinq facultés spirituelles (*wu gen* 五根), de leurs cinq pouvoirs (*wu li* 五力), des sept degrés d'illumination (*qi juezhi* 七覺支) et enfin des huit voies correctes (*bazhengdao* 八正道).

sanmei 沙法蓮華三昧). Voilà ce que tous les *bodhisattva,* au tout début, ont le devoir d'étudier d'abord..."[27]

Ces deux extraits d'oeuvres différentes concordent entièrement. Le véritable bodhisattva, selon Huisi, est celui qui se place délibérément dans la grande perspective du *sūtra du Lotus* et pratique avant tout le *samādhi* du Lotus. L'un et l'autre représentent l'achèvement parfait de la doctrine mahāyāniste. Ils favorisent l'illumination soudaine par laquelle la véritable nature de tous les *dharma* est perçue. En outre, Huisi reprend à son compte cette vérité fondamentale dans le *sūtra du Lotus,* que tous les êtres doivent être considérés comme des buddhas. On le voit, sa doctrine est parfaitement conforme à celle du *sūtra du Lotus,* décrite précédemment.

2. *Le Véhicule Unique du bodhisattva est-il différent des deux autres?*

L'idéal religieux est donc, pour Huisi, représenté par le *bodhisattva du Lotus* (*fahua pusa* 法華菩薩), qu'il appelle aussi l'Illimité aux facultés aiguës (*ligen pusa* 利根菩薩). Il ne rejette pourtant pas l'existence des deux autres catégories d'êtres de sagesse; il en souligne cependant les limites. Si l'on s'en tient aux affirmations de l'*Activité sereine et plaisante,*[28] dont nous donnons un court extrait, le *bodhisattva du Lotus* n'est en rien comparable aux auditeurs et aux solitaires.

"Dans un seul esprit (*yixin* 一心), en une seule étude (*yixue* 一學) il conduit tous les fruits à maturité. En un instant (*yishi* 一時) il les produit tous, [sans recourir] à une quelconque pénétration graduelle (*fei cidi ru* 非次第入). En cela il est identique à la fleur du Lotus: une fleur produit plusieurs fruits; en un seul instant, il y a plénitude."

Or, les auditeurs et les solitaires sont obligés de recourir à une activité graduelle (*cidi xing* 次第行) pour produire à chaque fois un seul fruit correspondant à leur propre état. Ils ne peuvent parvenir à la vraie sagesse et à l'illumination, qu'en pratiquant une méthode de différenciation entre le bien et le mal, entre les diverses catégories mentales et sensorielles. Ils sont obligés de rompre le flux des passions. Ce sont là autant d'attitudes qui ne sont pas partagées par l'Illimité aux facultés aiguës, qui réalise directement la *bodhi* sans passer par un tel processus.

Dans l'*Authentique samādhi,* pourtant composé avant l'*Activité sereine et plaisante,* Huisi montre qu'il a dépassé ces distinctions des êtres de sagesse en trois véhicules distincts. Après avoir admis qu'on puisse concevoir quatre degrés de sagesse: un degré inférieur propre aux auditeurs, un degré moyen propre aux solitaires, un degré très supérieur propre aux illimités, et enfin un degré souverain qui correspond à l'Eveil soudain du Tathāgata,[29] il déclare que ce

(27) Z. 2.3.4, p.344 *c*/3-9.
(28) T. 1926, p.698 *b*/17-*c*/17.
(29) T. 1923, p.628 *c*/8-11.

ne sont là que distinctions temporaires. La division en trois véhicules n'est qu'un moyen pratique pour rendre compte de la richesse de la sagesse des buddhas. En fait, il ne peut y avoir qu'une seule connaissance, celle du buddha. Dès lors, on doit considérer comme abolie la distinction en trois véhicules. Il n'y a qu'un Véhicule Unique (*yicheng* 一乘). Ce Véhicule Unique est équivalemment celui du Lotus, celui de la vérité de tous les vivants (*yicheng zhongsheng zhi yi* 一乘衆生之義)[30], pour reprendre l'expression utilisée dans l'*Activité sereine et plaisante*.

3. *Le bodhisattva aux facultés aiguës pratique l'activité sans attributs pour parvenir à la sagesse parfaite et à l'illumination.*

L'idéal du Véhicule Unique dans lequel se dissolvent toutes distinctions, ne distrait pas Huisi de la réalité. Il sait que concrètement les êtres se trouvent à des niveaux différents de sagesse. Il est donc obligé de dispenser son enseignement en faisant apparaître par contraste la véritable activité du *bodhisattva*, qui se place dans le Véhicule Unique. Dans leur activité, les auditeurs et les solitaires, qui font implicitement partie de ce Véhicule Unique, doivent de leur côté recourir à des moyens appropriés, pour entrer dans la sagesse du buddha. C'est dans ce but que Huisi distingue deux sortes d'activité, l'une avec attributs, l'autre sans attributs. Nous y avons fait brièvement allusion dans la première partie de ce chapitre,[31] réservant ici un plus long développement. Huisi s'explique clairement sur ces deux types d'activité.

"Il y a deux catégories d'activités.
Pourquoi parler d'activité sans attributs (*wuxiang xing* 無相行)? L'activité sans attributs, c'est l'activité sereine et plaisante. Au milieu de tous les *dharma*, les particularités mentales (*xinxiang* 心相) [telles que] calme et extinction, n'ont plus cours. D'où la désignation activité sans attributs. [L'esprit] est dans un état constant de parfaite méditation. Que l'on marche, que l'on soit assis ou couché, que l'on boive ou que l'on mange, que l'on discoure ou que l'on parle, on inspire le respect parce que l'esprit est fixé constamment dans la méditation.
Les autres formes de méditation sont classées selon trois sphères graduelles. [La première comprend] (1) la sphère des désirs, (2) la progression inachevée. [La seconde correspond à] (3) la première étape de méditation, (4) à la seconde, (5) à la troisième, (6) à la quatrième. [La troisième sphère s'étend à]: (7) la [pensée] immatérielle, (8) à la connaissance [sans limite], (9) à la [sérénité] au sein de l'immatériel, (10) à l'étape du non-penser, (11) à l'étape du non-non-penser, soit en tout et graduellement onze degrés différents et non identiques. Elles distinguent donc les choses conditionnées (*youfa* 有法) des choses non-conditionnées (*wufa* 無法). Ceci est en fait le propre de l'activité sainte de l'esprit confus de l'*Abhidharma*.

(30) T. 1926, p.698 *c*/12.
(31) cf. *supra* p.171.

Il en est tout autrement de la méditation parfaite au sein de l'activité sereine et plaisante. De quelle manière? Celle-ci ne repose pas sur la cessation du désir. Elle ne demeure ni dans le matériel, ni dans l'immatériel. La pratique d'une telle méditation est l'apanage du *bodhisattva*. Cette activité est fondamentalement libre de toute pensée de l'esprit. C'est ce que l'on appelle l'activité sans attributs. [Qu'est-ce que l'activité avec attributs (*youxiang xing* 有相行] ? Elle est décrite dans l'encouragement de Samantabhadra, [au chapitre 28 du *sūtra du Lotus*]. Celui qui récite le *sūtra du Lotus* avec l'énergie d'un cœur distrait ne cultive pas la méditation, n'entre pas dans le *samādhi*. Qu'il soit assis, debout ou marchant, il faut que d'un seul esprit il mémorise le texte et la lettre du *Lotus*. Qu'avec énergie, il [s'interdise] de se coucher, comme s'il devait se sauver. On désigne ainsi l'activité avec attributs [reposant sur] le texte et la lettre. Une telle pratique ne doit avoir aucun égard pour la vie physique. Si cette pratique est parfaitement réalisée, alors le fidèle voit lui apparaître le corps diapré de diamants de Samantabhadra, chevauchant l'éléphant à six défenses et lui touchant les yeux de son *vajra,* pour effacer les fautes qui l'éloignaient de la Voie. La racine de son oeil ainsi purifiée, il obtient de voir Śākyamuni, les sept buddhas et tous les buddhas des trois mondes dans les dix directions. Il leur confesse ses fautes et devant eux il se prosterne avec respect. Puis, se tenant dans une attitude de vénération, il reçoit d'eux les trois *dhāraṇī* (*sanzhong tuoluoni* 三 種 陀 羅 尼): (1) la *dhāraṇī* de contrôle absolu (*zongchi* 總 持) de la vue physique et spirituelle, [qui correspond à] la sagesse de la Voie possédée par le *bodhisattva* (*pusa daohui* 菩 薩 道 慧); (2) la *dhāraṇī* aux cent, mille, dix-mille et cent-mille charmes, qui réalise [à la fois] la sagesse de la Voie sous tous ses aspects possédée par le *bodhisattva* (*pusa daozhong hui* 菩 薩 道 種 慧) et la pureté de la vue de tous les *dharma*; (3) la *dhāraṇī* de méthode appropriée de prédication (*fayin fangbian* 法 音 方 便), qui réalise la sagesse de tous les *dharma* sous tous leurs aspects possédée par le *bodhisattva* (*pusa yiqie zhonghui* 菩 薩 一 切 種 慧) et la pureté de la vue du buddha. C'est alors qu'il réalisera pleinement la Loi du buddha [sans aller au-delà de] trois incarnations, soit qu'il y parvienne par la pratique d'une seule incarnation, soit lors d'une seconde incarnation, ou alors, avec le maximum de retard, au cours d'une troisième incarnation. S'il se soucie de sa propre vie, convoite les quatre viatiques [d'un moine] il ne peut honnêtement pratiquer la Loi, ni échapper aux *kalpa*. Voilà ce que désigne l'activité avec attributs."[32]

4. *La sagesse est donc seconde par rapport à la contemplation.*

Ce court passage de l'*Activité sereine et plaisante* fait apparaître deux points fondamentaux: d'une part on peut avoir deux activités différentes, tout en se réclamant du *sūtra du Lotus*; d'autre part, la méditation est supérieure à la sagesse. Une fois de plus Huisi met en parallèle deux voies de sagesse, qui

(32) T. 1926, p.700 *a/18–b/15.*

peuvent chacune conduire le sujet à l'illumination, mais il en est une qui a sa préférence: c'est la voie de la contemplation. Par elle le fidèle entre dans le *samādhi* du non-mouvement (*budong sanmei* 不 動 三 昧)[33] c'est à dire que son esprit est sans pensée, sans catégories mentales, dans un vide absolu qui transcende toute pensée et tout ignorance.[34] Le *bodhisattva*, qui se trouve ainsi dans un état souverain de contemplation (*zizai chanding* 自 在 禪 定), éprouve que tout est vide et non-vide, que l'esprit lui-même ne se trouve nulle part,[35] que la sagesse vient de nulle part,[36] car elle ne vient ni des sens ni de la connaissance en général. En adoptant une telle position, Huisi ne nie pas l'existence des autres méthodes. Il en souligne seulement le caractère relatif et le danger, puisqu'elles risquent d'induire le fidèle en erreur, en lui faisant croire que l'existence est bonne ou mauvaise, ou encore, qu'elle est frappée par la prédestination. Il veut placer le fidèle en présence de la sagesse absolue, transcendantale, c'est à dire au-delà de toutes catégories, de toutes méthodes.

5. *Sagesse et contemplation orientent le bodhisattva vers le salut de tous les êtres.*

En privilégiant la méditation, activité sans attributs, libre de toute pensée de l'esprit, Huisi indique le moyen infaillible pour acquérir la libération de tous les attachements et pour posséder la sagesse qui transcende toutes distinctions et différenciations. Cependant, pas plus que la sagesse, la méditation n'est une fin en elle-même pour le *bodhisattva du Lotus*. Il ne sert à rien de saisir la véritable nature des *dharma*, de maintenir l'esprit immobile au milieu d'eux, de ne subir aucune pression des sensations externes, si l'on ne peut, par la méditation, obtenir tous les pouvoirs magiques et surnaturels (*zhu dashentong* 諸 大 神 通), eux-mêmes signes du grand consentement (*daren* 大 忍), lequel signifie que l'on est entièrement préoccupé du salut des autres.[37] Si le *bodhisattva* doit parvenir à la sagesse, se libérer de toutes attaches, c'est avant tout pour venir en aide aux autres. On peut donc dire que pour Huisi, conformément à l'idéal du sūtra de la *Perfection de Sapience*, méditation, sagesse et libération des autres sont indissociables. C'est pourquoi, chaque fois que Huisi parle de l'une, il inclut aussitôt les deux autres. Cela se vérifie à travers toute son œuvre. C'est pour cette raison que celle-ci ne peut être séparée du *Vœu* présenté en détail au chapitre suivant.

III. Originalité de la pensée de Huisi.

L'étude de la contemplation et de la sagesse chez Huisi nous permet de constater que son œuvre propose essentiellement une éthique de salut pour soi et pour les autres. Cette éthique trouve son plein accomplissement en la per-

(33) Z. 2.3.4, p.346 *c*/5–7.
(34) *ibid.* p.345 *a*/4–11.
(35) *ibid.* p.346 *d*/9–12.
(36) *ibid.* p.348 *b*/6–9.
(37) cf. aussi *ibid.* p.344 *d*/6–9.

sonne de tout *bodhisattva* qui met en pratique la doctrine du *sūtra du Lotus*. Cependant, l'originalité de Huisi ne peut se réduire à cela. Dans la conclusion générale, nous verrons l'importance de ses vues nouvelles. Nous voudrions ici mettre en évidence ce qui n'apparaît pas à première vue dans son œuvre et qui pourtant va constituer les bases philosophiques de l'école *Tiantai*, l'écartant ainsi des théories de l'école des Trois Traités (*Sanlunzong*) et de l'école *Faxiang*.

1. *Les bases de la connaissance.*

Dans l'introduction de l'*Authentique samādhi*, Huisi déclare que tout vient de la contemplation (*yiqie jie cong chan sheng* 一切皆從禪生)[38] et que la connaissance et la sagesse lui sont subordonnées. Il n'en recourt pas moins à un système de connaissance bien défini, qui sera reconnu sous le nom de triple connaissance (*sanzhi* 三 智), et qui correspond aussi à la triple vérité (*sandi* 三 諦) de l'école *Tiantai*.[39]

La première de ces trois connaissances est la "connaissance de la Voie" (*daozhi* 道 智). Par elle on acquiert de façon générale l'enseignement du Buddha et on parvient à un contrôle absolu des sens et de leurs sensations, sources de représentations intellectuelles. La seconde est la "connaissance des catégories de la Voie" (*daozhong zhi* 道種智). Par ce moyen, le sujet peut discerner la vérité à travers l'univers des noms. La troisième est la "connaissance de toutes les choses sous tous leurs aspects" (*yiqie zhong zhi* 一切種智). C'est le plus haut niveau de connaissance, que Huisi appelle équivalemment la vue du Buddha (*foyan* 佛眼). Elle transcende toute affirmation ou négation ; elle n'affirme ni l'existence des choses ni leur non-existence ; ni la différenciation (*fenbie* 分別) ni la non-différenciation (*wufenbie* 無分別). C'est donc la connaissance par excellence de la Voie Moyenne. A chacun de ces trois degrés correspond un même degré de sagesse, que Huisi désigne par le même terme, soit dans l'ordre : *daohui* 道慧, *daozhong hui* 道種慧 et *yiqie zhong hui* 一切種慧.

Huisi définit plus en détail la connaissance ultime, c'est à dire la connaissance de toutes les choses sous tous leurs aspects (*yiqie zhong zhi*). Il en discerne onze niveaux. Ce sont : la connaissance des *dharma* (*fazhi* 法智) et du monde (*shizhi* 世智) ; la connaissance intuitive de l'esprit et des pensées de tous les êtres (*taxin zhi* 他心智) ; la connaissance de toutes les formes d'existences antérieures pour soi et pour les autres (*suming zhi* 宿命智) ; la connaissance de la souffrance (*kuzhi* 苦智), celle de l'accumulation des *karma* (*jizhi* 集智) et de l'extinction (*miezhi* 滅智) ; la connaissance de la Voie (*daozhi* 道智) à ne pas confondre avec la première des trois connaissances évoquées plus haut. Cette connaissance de la Voie doit ici s'interpréter dans le sens d'une ouverture, d'une naissance dans le sujet d'un véritable esprit de *bodhi*. Le neuvième aspect n'est autre que la connaissance complète (*jinzhi* 盡智) qui aboutit à

(38) T. 1923, p.627 *c*/14.
(39) Ce système est explicitement présenté dans *l'Authentique samādhi*, T. 1923, p.628 *a*/1 sq ; dans *l'Activité sereine et plaisante*, T. 1926, p.700 *b*/9-12.

l'identité entre l'absolu et les phénomènes. Nous trouvons ensuite la connaissance de la non-production des *dharma* (*wusheng zhi* 無生智) ; elle permet
d'échapper complètement aux illusions entraînées par la production des *dharma*
sous l'action des douze formes de causalité (*shier yinyuan* 十二因緣). Enfin, la
onzième est la connaissance de la réalité telle qu'elle est (*rushi zhi* 如實智).
Huisi divise encore la neuvième (*jinzhi*) et la dixième connaissance (*wusheng zhi*)
en neuf degrés chacune. Il obtient donc à nouveau dix-huit degrés de connaissance (*shiba zhi* 十八智) qu'il appelle aussi dix-huit activités mentales (*shiba
xin* 十八心).[40]

Ces nombreuses divisions et subdivisions ne doivent pas laisser imaginer
que l'univers de la connaissance nous échappe. Avant d'en donner tout le
détail, Huisi a pris soin de préciser que cette énumération des termes multiples
devait simplement servir à aider les vivants,[41] car fondamentalement il n'existe
qu'un seul corps de la Loi et du Buddha (*yishen* 一身), un seul esprit (*yixin*
一心) capable de connaître et de rendre compte de tout, une seule et unique
connaissance et sagesse (*yizhihui* 一智慧). Toutes ces distinctions sont en fait
abolies dans la connaissance supérieure qui appréhende la véritable nature des
choses sous tous leurs aspects. Cette connaissance est à la portée de tous
puisqu'ils portent en eux la nature du buddha (*foxing* 佛性).

2. *Affirmation de la triple vérité* (*sandi* 三諦).

Ce système de triple connaissance rend possible l'accès à la véritable nature
(*shixiang* 實相) des choses. Ce terme revient sans cesse dans l'œuvre de Huisi.
La véritable nature des choses, le fait qu'elles ont une nature, une réalité qui
est ce qu'elle est (*rushi* 如實) ne peut être réalisé qu'à travers les phénomènes.
Cette véritable nature est en quelque sorte un noumenon inséparable des phénomènes. De même que la nature du buddha est identiquement la nature de
tous les vivants (qui sont ainsi tous appelés à la *bodhi*), de même il y a identité
entre les particularités des choses, leurs caractéristiques, leurs aspects ou formes
extérieures (*xiang* 相) et leur nature fondamentale (*xing* 性).

Pour affirmer cela, l'école des Trois Traités (*Sanlun*) recourait à une
méthode négative, à un système de vérité antithétique (*duipianzheng* 對偏正)
pour aboutir finalement à une vacuité partielle (*piankong* 偏空) considérée comme la véritable nature de toutes choses. L'école *Sanlun* utilisait en particulier
quatre paires de négations pour déterminer une vérité qui se trouve au milieu,
c'est à dire qui rejette les deux extrêmes. Ces quatre paires de négations sont
les suivantes :

> Rien ne naît et rien ne disparaît (*busheng yi bumie* 不生亦不滅)
>
> Rien n'est permanent et rien n'est impermanent (*buchang yi
> buduan* 不常亦不斷)

(40) T. 1923, p.628 *a*/1-8.
(41) *ibid.* p.627 *c*/6-7.

Rien n'est un et rien n'est double (*buyi yi buyi* 不一亦不異)

Rien ne vient et rien ne s'en va (*bulai yi buqu* 不來亦不去)

Ce système de vérité antithétique qui oppose finalement le vrai au faux conduit à une voie moyenne de la double vérité (*erdi zhongdao* 二諦中道).

Or, cette méthode est insuffisante. Il faut la dépasser en y introduisant un troisième terme qui ne soit pas exclusif des deux autres. Il serait vain de chercher un discours logique, élaboré, dans l'œuvre de Huisi. Elle n'est pas un traité de la connaissance et pourtant elle utilise un système nouveau dont l'originalité sera surtout mise en relief par Zhiyi. Dans plusieurs passages,[42] Huisi montre implicitement qu'il a dépassé la logique négative de l'école *Sanlun*. Huisi suit toujours un raisonnement à trois temps. C'est ainsi que, parlant de la nature de l'esprit il reprend le même système de négation pour l'appliquer à la nature de l'esprit :[43] la nature de l'esprit n'a ni naissance, ni extinction, ni ignorance ; elle n'est ni vide, ni temporaire, ni permanente, ni impermanente ; elle n'a aucun aspect extérieur. La nature de l'esprit (*xinxing* 心性) n'est autre que l'esprit pur par nature (*zixing qingjing xin* 自性清淨心), ce qui est identique au *nirvāṇa*. Evoquant la sagesse, il affirme que cette sagesse est en elle-même ce qu'elle est (*rushi* 如是),[44] elle ne s'obtient pas par un examen (*guan* 觀) ni en-dehors d'un examen, ni non plus tout à la fois au-dedans et en-dehors, et pas davantage en-dehors de tout cela. Cela revient à dire que la vérité échappe à toute différenciation et qu'elle a besoin de chacun des termes du raisonnement pour être posée. Pour Huisi la vérité ne se situe ni dans les extrêmes ni dans le milieu si ceux-ci sont conçus comme excluant les deux autres. La vérité se situe en chacun des termes, dans la mesure où il implique les deux autres. C'est ce que Zhiyi définira clairement par le terme *yuanrong sandi* 圓融三諦 c'est-à-dire la triple vérité parfaitement harmonieuse.

Selon cette vérité objective, la réalité fondamentale de toutes choses, leur véritable nature, doit être perçue dans sa vacuité (*kongdi* 空諦), dans son état temporaire (*jiadi* 假諦) et dans son état intermédiaire (*zhongdi* 中諦). Ces trois aspects de la réalité sont identiques l'un à l'autre et ne peuvent être appréhendés séparément ou graduellement. Toute chose est vide parce que produite par des causes, et de ce fait elle possède en même temps une existence temporaire. Le fait qu'elle soit à la fois vide et temporaire constitue en soi sa vérité moyenne. Chacun de ces trois termes inclut les deux autres. Le tout est dans la partie, la partie dans le tout. Nous avons donc une vérité globale, positive.

Cette définition de la vérité était déjà en germe dans le *Mādhyamika sāstra* (*Zhonglun* 中論) et dans le commentaire de Nāgārjuna au *Mahāprajñāpāramitā*

---

(42) Z. 2. 3. 4, p.346 *d*/7 sq; *ibid.* p.347 *b*/6–10; *ibid.* p.348 *b*/11 sq; T. 1923, p.628*a*; *ibid.* p.637 *b*/9 sq.

(43) Z. 2. 3. 4, p.345 *a*/2–12.

(44) *ibid.* p.348 *b*/11 sq.

śāstra (*Da banruo poluomiduo jing* 大般若波羅蜜多經[45]). Huisi eut le mérite de l'utiliser à travers toute son œuvre, à la suite de son maître Huiwen, et il transmit cet enseignement à son disciple Zhiyi. Cette triple vérité donne alors à la vacuité un sens nouveau: elle est une vacuité transcendantale, en laquelle toutes les oppositions sont synthétisées, ce que Huisi désigne sous le terme *diyi yi kong* 第一義空, ou encore *zhongdao diyi yi kong* 中道第一義空, ou vacuité de vacuité (*kong kong* 空空) ou grande vacuité (*dakong* 大空).[46]

3. *Approche psychologique de la vacuité de toutes choses.*

Après avoir fait ressortir la différence séparant la doctrine de la connaissance chez Huisi de celle de l'école *Sanlun*, nous voudrions évoquer brièvement certaines de ses affinités avec le système du *Shelun* 攝論 repris par l'école *Faxiang* 法相[47]. En effet, Huisi ne s'est pas seulement livré à une démonstration logique de la vacuité universelle de toute chose. Il eut aussi recours à des preuves psychologiques et dans ce cas, ses conceptions ont une parenté avec celles de l'école *Faxiang*. Celle-ci considère que notre vision du monde est une création illusoire de notre esprit qui tend à tout objectiver, en concevant toute chose comme un objet extérieur à lui-même. Pour expliquer que le monde extérieur est une création de notre esprit, l'école *Faxiang* a élaboré une théorie psychologique de la connaissance. Elle analyse notre vie mentale qu'elle divise en huit facultés. Ce sont tout d'abord les cinq perceptions sensorielles, c'est à dire, la vue, l'ouïe, l'odorat, le goût et les sens tactiles. Il y a en outre un centre de conscience (*yishi* 意識), une septième faculté qui prend conscience de la dualité entre le sujet et l'objet (*weina shi* 末那識) et enfin à la base de toutes ces facultés et de la connaissance sensorielle, une "conscience du tréfonds" (*ālaya-vijñāna, alayeshi* 阿賴耶識) dans laquelle le vrai et le faux s'unissent (*zhenwang hehe shi* 眞妄和合識). Lorsque cette dernière est devenue aussi pure que la *Tathatā*, on l'appelle la conscience sans souillure, immaculée (*wugou shi* 無垢識).

Cette conscience du tréfonds est sans cesse imprégnée par les impressions venues de l'ensemble de nos perceptions et de nos expériences. Elle devient une sorte de réservoir où viennent se déposer les résidus de nos actes et de nos connaissances antérieures. Ceux-ci sont analogues à des germes —des potentialités— prêts à fructifier à leur tour en de nouveaux actes de connaissances créateurs d'objets illusoires au niveau de la conscience. Ce sont ces germes qui expliquent la continuité et la régularité de nos impressions sensorielles. C'est sous leur influence que notre esprit crée des vérités imaginaires se rapportant à tous les objets, à tous les êtres, à tous les états mentaux.

Nous avons cité plus haut, p. 173 une réflexion de Huisi qui attribuait tous

---

(45) Ceci a été développé par Takakusu Junjirō dans *The essentials of buddhist philosophy*, Honolulu, éd. 1956, p. 128 sq.

(46) *ibid.* p. 346 *a*/15-18.

(47) On trouvera une excellente présentation de cette école dans l'ouvrage déjà cité de Takakusu Junjirō, p. 80-95.

ses actes et sa maladie aux égarements de son esprit, qui pourtant est fondamentalement pur. Par ailleurs, l'esprit est chez lui le moteur de toute connaissance. Dans l'*Activité sereine et plaisante*,[48] il analyse la connaissance sensorielle. On peut dire que souvent son approche de la connaissance ressemble à celle du *Shelun* et plus tard du *Faxiang*. S'il considère l'esprit comme le centre de tout, il ne tombe cependant pas dans l'idéalisme absolu de l'école *Faxiang*. Il demeure fidèle au contraire à une phénoménologie de l'esprit. Nous reviendrons sur ce point dans notre prochaine étude du corpus de Huisi. Si nous l'évoquons ici, c'est pour montrer que Huisi eut, semble-t-il, recours aux multiples doctrines de l'époque et qu'il en intégra dans son oeuvre les éléments non contradictoires. En outre, cette parenté avec les théories du *Shelun*, et par voie de conséquence du traité de l'*Eveil de la Foi (Dacheng qixinlun)* déjà cité lors de la discussion du *Dacheng zhiguan famen*, nous fournit une piste sérieuse pour l'identification de cette œuvre.

Nous pourrions conclure ce chapitre, consacré à la pensée de Huisi, en reconnaissant qu'il opéra une sorte de synthèse des doctrines de son époque. Nous retrouvons chez lui les doctrines de sagesse du *sūtra de la Perfection de Sapience* et des divers écrits qui lui sont rattachés. Il reprend, en les dépassant, les théories des écoles *Sanlun* et *Faxiang*. En outre, il accorde une place privilégiée au *dhyāna* et à la contemplation. Il évite ainsi tout intellectualisme, puisque la vérité se situe au-delà de toutes nos catégories mentales, et qu'elle se laisse rencontrer lorsque l'esprit est enfin parvenu à un état de vacuité absolue et de non-mouvement. Comme ses contemporains, il est un adepte de toutes les formes de *samādhi*, mais celui du *Lotus* a sa faveur particulière. Enfin, comme nous l'avons vu au chapitre III, il semble avoir été l'un des premiers à se préoccuper de la dégénérescence de la Loi. Ajoutons à tout cela, son culte pour Maitreya, un aspect que nous développons au chapitre suivant. En un mot, nous retrouvons chez lui les grandes préoccupations philosophiques et religieuses de son temps.

(48) T. 1926, p.699 *c*/19–700 *a*/9; p.700 *c*/1 sq.

Chapitre VI

Le Vœu prononcé par Huisi
le grand maître de dhyāna du Nanyue

I. Présentation générale du Vœu

A. *Bref rappel des questions soulevées par le Vœu dans sa version actuelle.*

Dans les chapitres précédents nous avons plusieurs fois évoqué le contenu du *Vœu* de Huisi et son lien avec les autres œuvres. Sans répéter ce qui a été dit, rappelons toutefois que c'est un texte de circonstance, destiné à justifier la conduite de Huisi et l'orthodoxie de sa pensée. En outre, il peut être considéré comme l'accomplissement logique de son idéal religieux. Nous avons, en effet, démontré, aux chapitres III et V, que pour Huisi la méditation devait nécessairement conduire à l'obtention des pouvoirs surnaturels, signes du grand consentement (*daren*) et moyens efficaces pour amener tous les vivants à la conversion. Or, c'est bien dans cette perspective globale que se situe le *Vœu*. Il nous découvre donc la face concrète d'une œuvre qui à maints égards pourrait sembler purement théorique.

Nous pouvons diviser le *Vœu* en sept parties d'inégales longueurs :

1) 786 *b*/24 – 787 *a*/4 : Étapes de la vie du Buddha ; division de la Loi en trois périodes.
2) 787 *a*/4 – *c*/25 : Biographie partielle de Huisi ; motifs du Vœu.
3) 787 *c*/25 – 789 *c*/7 : Liens unissant le Vœu aux sūtras et à la venue de Maitreya.
4) 789 *c*/7 – 790 *c*/7 : Action salvatrice de Huisi quand il sera devenu buddha sous le règne de Maitreya.
5) 790 *c*/8 – 791 *c*/10 : Réalité du Vœu et chant d'espoir.
6) 791 *c*/11 – 792 *a*/23 : Nécessité d'une conversion personnelle et de l'aide des divinités.
7) 792 *a*/24 – *b*/6 : Réflexion générale sur le comportement des disciples.

Nous avons toutefois souligné, tant au chapitre I qu'au chapitre III, les problèmes que pose le *Vœu* dans sa composition actuelle.

La première partie, nous l'avons dit, ne semble pas devoir être attribuée directement à Huisi. Il est certes vraisemblable qu'il eut conscience du déclin de la Loi, puisqu'il fit lui-même l'expérience amère des divisions doctrinales et constata le relâchement des moines oublieux de la discipline bouddhique. Cependant, nous ne pensons pas qu'il se soit livré lui-même à des calculs précis sur la durée de chacune des trois périodes supposées de la Loi. Par ailleurs, cette première partie non seulement n'a aucun lien avec l'œuvre reconnue de Huisi, mais encore elle échappe au déroulement logique du *Vœu* lui-même. En effet, dans la suite du *Vœu*, Huisi n'emploie qu'une seule fois la notion de Loi contrefaite (*xiangfa*) et de Loi finale ou Loi en déclin (*mofa*). Tout au plus parle-t-il de monde mauvais (*eshi* 惡世) ou de moines mauvais (*e biqiu* 惡比丘). L'expression "Loi correcte" (*zhengfa*) quant à elle, ne se rencontre que quatre fois, et dans ces quatre cas, elle ne doit pas être interprétée au sens restrictif d'une période déterminée.

Nous avons aussi apporté certaines réserves à propos de la biographie partielle de Huisi. Il est probable qu'elle a été ajoutée elle aussi afin d'expliciter dans quelles circonstances Huisi avait été conduit à faire ce vœu d'écrire en caractères d'or les sūtras du *Lotus* et de la *Perfection de Sapience*. On a peut-être, pour l'écrire, eu recours à la biographie de Huisi rédigée par son disciple Zhiyi. Celle-ci étant malheureusement perdue, il est impossible de vérifier la justesse de cette hypothèse. Enfin, nous avons fait remarquer que la quatrième partie du *Vœu* offre une totale similitude entre la personne de Huisi, devenu buddha dans le bon *kalpa* à venir, et celle de Maitreya. Est-ce là une forme d'exaltation mystique de Huisi? Ou au contraire devons-nous y voir une certaine déification du maître sous la plume d'un disciple? Ajoutons à cela que nous avons décelé dans le *Vœu* certains passages qui rappellent étrangement les doctrines taoïstes sur le cinabre intérieur et extérieur.

Ces quelques anomalies ne permettent pas néanmoins de refuser l'attribution du *Vœu* à Huisi. Déjà nous avons cité plusieurs passages du *Samādhi de la conscience libre,* de l'*Authentique samādhi* et de l'*Activité sereine et plaisante,* qui révèlent des aspirations religieuses parfaitement identiques à celles du *Vœu*. L'analyse thématique du *Vœu* vient encore confirmer cette communauté de pensée.

Nous avons en effet recherché quelle était la fréquence des termes les plus utilisés dans ce *Vœu*. Nous avons pu constater que non seulement certains revenaient plus de vingt fois dans ce texte relativement court, mais qu'ils s'ordonnaient encore autour de trois axes principaux, à savoir:

1. L'attente de Maitreya, le buddha du bon *kalpa* à venir, qui prêchera le *sūtra de la Perfection de Sapience.*

2. La conversion personnelle de Huisi, préliminaire à l'obtention de la *bodhi* et de tous les pouvoirs magiques ou surnaturels.

3. Le salut des autres.

Ces trois aspects sont à rattacher directement à l'idéal religieux de Huisi: le *bodhisattva* aux facultés aiguës (*ligen pusa*) est animé par un grand consentement (*daren*) à tous les êtres et il met tout en oeuvre pour les conduire à l'illumination parfaite. Examinons plus en détail chacun de ces trois points.

B. *Analyse des principaux thèmes.*

1. *L'attente de Maitreya, le buddha du bon kalpa à venir, qui prêchera le sūtra de la Perfection de Sapience.*

Le *Vœu* révèle que Huisi aspirait de tout son être à la venue de Maitreya,[1] dans le bon *kalpa* à venir.[2] Lors de sa manifestation, accompagnée d'un rayonnement intense,[3] de tremblements de terre,[4] de sons et parfums merveilleux,[5] Maitreya dévoilera la grandeur du *sūtra de la Perfection de Sapience (Prajñāpāramitā sūtra)*[6] et révèlera à tous les hommes le rôle joué par Huisi dans sa propagation et sa glorification. Ainsi peut se résumer le premier thème.

Il est parfaitement conforme à la tradition et au culte de Maitreya, comme nous pouvons le vérifier au moyen d'un bref rappel des textes les plus connus à l'époque de Huisi.

La littérature bouddhique a consacré des oeuvres entières à la venue de Maitreya, sorte de Messie oriental. Certaines d'entre elles voient en lui l'un des seize disciples de Bāvari, un ascète brahmanique du Dekhan, converti par le Buddha; elles hésitent néanmoins sur son origine septentrionale ou méridionale. Mais toutes admettent que suivant une prédiction du buddha Sākyamuni, "lorsque la vie des hommes aura une durée de 80.000 ans, le Seigneur Maitreya naîtra dans ce monde, saint et parfaitement illuminé"[7] et qu'il sera le buddha du futur, dont "le corps a la couleur de l'or, les trente-deux marques et les quatre-vingts sous-marques."[8]

D'après le *Zengyi ahan jing* 增壹阿含經 (*Ekottarāāgama*),[9] repris par d'autres textes consacrés à Maitreya, tels que le *Mile xiasheng jing* 彌勒下生經[10] (attribué à Dharmarakṣa qui travailla en Chine entre 265 et 313), le *Mile laishi jing* 彌勒來時經[11] (traduit par un auteur anonyme sous les Jin Orien-

(1) Le nom de Maitreya apparaît vingt fois dans le texte du *Vœu* proprement dit: cf. T. 1933, vol. 46, p.787 *c*/26, 29; p.788 *a*/13, 15; *b*/2, 20, 24; p.789 *b*/4, 6, 8, 11, 15, 18; *c*/22; p. 790 *c*/29; p.791 *b*/24; *c*/4, 18; p.792 *a*/11, 16.

(2) Le bon *kalpa* à venir (*weilai xianjie* 未來賢劫), expression employée neuf fois: p.788 *a*/12; p.789 *b*/3; *c*/23; p.790 *c*/22; p.791 *a*/2, 4; *b*/24, 25; p.792 *a*/11.

(3) *Chu da guangming* 出大光明, cf. p.788 *a*/25; *b*/7, 10, 14; p.790 *a*/18; *b*/20; p.791 *a*/18; p.792 *a*/13.

(4) Le texte évoque soit les six sortes de tremblements de terre *liuzhong zhendong* 六種震動 p.787 *c*/27; p.788 *a*/16, 24; p.790 *b*/27; soit le tremblement de l'univers *dadi zhendong* 大地 震動 p.797 *c*/28; 788 *a*/17, 24; *b*/9, 14; p.792 *a*/13.

(5) Les sons et parfums merveilleux sont le symbole du bonheur du corps et de l'esprit et signe d'illumination, cf. p.788 *a*/16; *b*/12, 14.

(6) On retrouve vingt fois le titre du sūtra de la *Perfection de Sapience* (*Prajñāpāramitā*), p.788 *a*/3, 8, 10, 13, 23; *b*/1, 19; *c*/2, 6; p.789 *a*/16; *c*/8, 10; p.790 *b*/13, 26; *c*/8, 19, 21; p.792 *a*/7, 11.

(7) T. 125, vol. 2, p.788 *b*/1.

(8) T. 183, vol. 3, p.457 *c*.

(9) T. 125, vol. 2, p.787 *c*/789 *b*.

(10) T. 453, vol. 14.

(11) T. 457, vol. 14.

taux, entre 317 et 420), le *Mile dacheng fo jing* 彌勒大成佛經[12] (traduit par Kumārajīva en 402), le *Mile xiasheng cheng fo jing* 彌勒下生成佛經[13] (dont la traduction est attribuée [?] à Kumārajīva), Śākyamuni aurait lancé sa prédiction lors d'une grande assemblée, sans préciser quel était le disciple ainsi prédestiné. Selon d'autres sources, cette prophétie serait à rattacher au don de la tunique en fils d'or que Mahāprajāpatī Gautamī, la tante de Śākyamuni, venait d'offrir au *saṃgha*. Śākyamuni aurait donné cette tunique au *bodhisattva* Maitreya qui aurait alors formé le voeu d'être le buddha du futur car il souhaitait sauver tous les êtres. On retrouve les éléments essentiels de ce récit dans le *Apidamo dapiposha lun* 阿毘達磨大毘婆沙論[14]

En possession de la tunique, Maitreya devient l'invaincu. De lui dépend l'âge d'or de l'humanité. Evénements merveilleux et conversions en masse marqueront sa venue en ce monde. Par sa grâce divine, prévenante et efficace, il sauvera tous les êtres, qui renaîtront dans le monde des dieux ou des hommes, pourvu qu'ils invoquent son nom, sans qu'il leur soit nécessaire d'acquérir des mérites. Tous ceux qui reconnaîtront son pouvoir et manifesteront un désir ardent de son royaume, renaîtront dans son ciel Tuṣita, d'accès relativement facile, si on le compare à la Terre Pure (*Jingtu* 淨土, *Sukhāvati*) d'Amitābha. L'ère messianique de Maitreya est donc considérée comme "le bon *kalpa* à venir" (*weilai xianjie* 木來賢劫). Ce sera une période de paix universelle, comme nous l'avons déjà évoqué au chapitre IV.

On ne peut toutefois réduire le rôle de Maitreya à celui d'un simple sauveur, plein de compassion pour les vivants. Très tôt, il fut aussi reconnu protecteur du canon bouddhique. C'est ainsi que dans le *Śāriputraparipṛcchā* (*Shelifu wen jing* 舍利弗問經)[15] il est dit que, lors de la persécution de Puṣyamitra, Maitreya s'empara des textes bouddhiques menacés par l'incendie, les emporta au ciel Tuṣita et, le danger écarté, les fit ramener parmi les hommes. Il n'est donc pas étonnant de voir le culte de Maitreya rattaché à celui des sūtras les plus étudiés du quatrième au sixième siècle. C'est ainsi que Dao'an 道安 (312–385) dont le nom est surtout rattaché au bouddhisme de Xiangyang 襄陽, fut, semble-t-il, l'un des premiers à établir un lien direct entre Maitreya et le sūtra de *la Perfection de Sapience*, Maitreya étant considéré comme l'inspirateur et le patron des exégètes, capable de résoudre leurs problèmes de scolastique.[16]

Le *Voeu* se conforme intégralement à ces traditions. Mais, s'il évoque lui aussi par neuf fois le "bon *kalpa* à venir" (*weilai xianjie*) dans lequel Maitreya sauvera tous les vivants et apparaîtra dans son corps de gloire, marqué de l'éclat de l'or, des trente-deux signes de buddha et des quatre-vingts carac-

(12) T. 456, vol. 14.

(13) T. 454, vol. 14

(14) T. 1545, vol. 27, p.893 *c*–894 *b*.

(15) T. 1465, vol.24, p.800 *a*–*b*.

(16) cf. Zürcher, *op. cit.* p.194–195; P. Demiéville, *La Yogācārabhumi de Saṅgharakṣa*, in *Bulletin de l'Ecole Française d'Extrême-Orient*, 44, 1954, p.339–436, surtout p. 376 sq; E. Lamotte, *Histoire du bouddhisme indien* (*des origines à l'ère Śāka*), Bibliothèque du Muséon, vol. 43, Louvain, 1958, rééd. 1967, p.775–788.

téristiques particulières,[17] son but n'est pas de décrire le merveilleux de cette apparition et l'âge d'or ainsi offert à l'humanité. Certes Huisi subit-il l'influence de son époque qui voua un très grand culte à Maitreya; certes écrit-il que par la force de son vœu, tous les êtres obtiendront ce qu'ils ne possédaient pas encore, le bonheur du corps et de l'esprit, quand ils observeront les tremblements de terre, verront une grande clarté s'étendre partout, respireront des parfums merveilleux et entendront les sons les plus variés, autant de signes prodigieux accompagnant la venue de Maitreya. Mais tout cela reste secondaire, car Huisi n'a qu'un seul but: auprès des hommes, prendre ce buddha à témoin que lui-même est demeuré fidèle, jusque dans la lettre, au sūtra de la *Perfection de Sapience*. Huisi affirme implicitement que Maitreya, le patron des exégètes, le défenseur de la Loi, l'a directement inspiré dans son enseignement. En conséquence, celui-ci ne peut être hérétique. Pour mieux affirmer sa certitude d'être en harmonie complète avec la doctrine contenue dans le sūtra et défendue par Maitreya, Huisi scande son *Vœu* par ce refrain, qui revient vingt-cinq fois:

"S'il n'en est pas ainsi,
que je n'obtienne pas l'illumination!"

Il entend démontrer a contrario la pureté de ses sentiments et l'authenticité de sa doctrine. Il met quiconque au défi de prouver le contraire.

Dans ce *Vœu* nous devons toutefois relever une anomalie. A aucun moment il n'est fait allusion au ciel Tuṣita de Maitreya. Nous n'y trouvons pas la transcription usuelle Doushuaitian 兜率天 pour Tuṣita. Par contre, on y emploie une fois le terme de "Terre du buddha" *Fotu* 佛土[18] et quatre fois celui de "Terre Pure" *Jingtu* 淨土[19]. Or, la Terre Pure désigne le paradis d'Amitābha, dont nous avons parlé au chapitre IV.[20] Pourtant à aucun moment le nom d'Amitābha n'apparaît dans le *Vœu*. Nous savons seulement, par sa biographie, que Huisi lui voua un culte commun avec celui de Maitreya.[21] Il ne semble pas cependant que Huisi ait confondu ces deux terres de Buddha. En fait, Huisi imite dans son *Vœu*, certains des quarante-huit voeux du *bodhisattva* Dharmākara, devenu, grâce à leur réalisation, le buddha Amitābha.[22] Il substitue naturellement au ciel Tuṣita la représentation de la Terre Pure, alors qu'il parle de Maitreya.

(17) Ces caractéristiques sont mêmes attribuées au corps glorieux de Huisi cf. T. 1933, p. 788 *b*/6–7. Lors de sa venue, Maitreya communiquera ces différentes marques de sainteté à tous les êtres, cf. 789 *c*/29; 790 *a*/1; 790 *a*/18.

(18) *ibid.* p.789 *c*/24.

(19) *ibid.* p.789 *a*/12; p.791 *a*/17; *b*/15.

(20) cf. p. 190 sq.

(21) *Xu gaoseng zhuan*, T. 2060, vol.50, p.562 *c*/21 sq. Daoxuan écrit à ce propos:

"Il rêva que Maitreya et Amitābha lui prêchaient la Loi pour qu'il s'ouvrît à l'illumination. Alors, il fabriqua deux statues auxquelles il rendit un culte commun".

Toutefois, il semble que Huisi eut un attachement plus grand pour Maitreya. En effet, à la suite de ce passage, Daoxuan fait allusion à un rêve dans lequel Huisi se vit participant à l'assemblée de Maitreya.

(22) Le *Sukhāvativyūha* fut traduit plusieurs fois en chinois. La traduction la plus ancienne

2. La conversion personnelle de Huisi.

Huisi fait voeu d'entrer dans la montagne[23] pour se repentir de toutes ses fautes,[24] obtenir un esprit de *bodhi,* c'est à dire être fermement résolu à atteindre l'illumination,[25] acquérir la sagesse et la connaissance des choses sous tous leurs aspects,[26] pratiquer la méditation et toutes les formes de *samādhi,*[27] avant tout, pour entrer en possession de tous les pouvoirs magiques et surnaturels.[28] Ce thème des pouvoirs surnaturels apparaît quarante-neuf fois. Essayons d'en mesurer l'importance dans la pensée de Huisi.

Là encore, le *Vœu* suit la tradition. Dans le *Mahāyāna,* en effet, les maîtres de la Loi confessent leurs fautes devant Maitreya, le buddha de lumière et le consolateur. Auprès de lui, ils puisent la force nécessaire pour s'arracher au doute et au découragement. Un passage de la biographie partielle de Huisi exprime clairement cette nécessité d'une conversion personnelle:

"Tous les vivants ont perdu la Voie correcte; à jamais ils n'ont la résolution d'atteindre la *bodhi.* Moi, pour tous les vivants et pour ma propre personne, je recherche la libération; c'est pourquoi, manifestant un esprit de *bodhi,* je fais ce grand vœu. Je désire rechercher tous les pouvoirs surnaturels du Tathāgata. Si je n'en fais pas moi-même l'expérience, comment pour-

---

serait celle de Zhiloujiachan 支婁迦讖, un moine d'origine scythe arrivé à Luoyang en 167 où il travailla jusqu'en 186 (cf. T. 361, vol. 12); viendrait ensuite celle de Samghavarman (Kang Sengkai 康僧鎧) vers 252 (cf. T. 360; ce texte fut traduit par F. Max Müller et Bunyiu Nanjio, en appendice à *Description of Sukhāvatī, the land of bliss,* Oxford, 1883, 100 pages). Entre 220 et 253, à Nankin, le scythe Zhiqian 支謙 le traduisit à son tour (cf. T. 362). Kumārajīva en fit aussi une traduction (cf. T. 366; cette version a été traduite par Imaizouni et Yamata, cf. *Annales du musée Guimet* II, Paris, 1881). Enfin, une autre version fut traduite à Nankin, par Kālayaśas, vers 430 (cf. T. 365). Il y eut encore d'autres traductions postérieures. Le texte du *Vœu* imite les 48 vœux de Dharmaraksa, dans le *Wuliangshou jing* 無量壽經, T. 360, vol. 12, p.267 *c*/17–269 *b*/6. Le *Vœu* reprend non seulement les thèmes de ces vœux mais aussi l'expression *she wo defo* 設我得佛 et *ruo buerzhe buqu zhengjue* 若不爾者不取正覺. Huisi apporte une seule variante: au lieu de *zheng* il emploie *miao* 妙.

(23) Entrer dans la montagne *rushan* 入山, une expression répétée neuf fois, cf. T. 1933, vol. 46, p.788 *c*/15; p.789 *a*/4, 20; *c*/3; p.791 *c*/1, 11, 15, 22; p.792 *a*/9. Elle désigne certes une démarche physique (Huisi passa effectivement la majeure partie de sa vie dans la montagne); cependant, son véritable sens est celui de la retraite spirituelle, dans laquelle le moine désire se purifier de toutes ses fautes, pratiquer l'ascèse et parvenir à l'illumination.

(24) *Chanhui* 懺悔 cf. p.788 *c*/15; p.789 *a*/20; *b*/21, 28; p.791 *c*/1, 11.

(25) Huisi aspire de tout son être à la *bodhi* pour lui-même et pour les autres. Aussi l'expression *fa puti xin* revient-elle fréquemment dans le texte, cf. p.788 *a*/27; 789 *a*/8; *c*/21, 27; 790 *a*/26; *b*/2, 3, 7, 18; *c*/7; p.791 *b*/14, 23, 27.

(26) cf. p.788 *b*/17; 791 *a*/1; 792 *a*/26. Huisi utilise soit le terme *yiqie zhongzhi* 一切種智, soit celui de *yiqie zhi* 一切智, ou encore *zhongzhi* p.789 *a*/29; 792 *a*/26.

(27) cf. p.789 *a*/20; 790 *b*/14; *c*/24; 791 *a*/12; *c*/6, 14.

(28) Les expressions employées sont nombreuses: *wei shenli* 威神力 p.788 *a*/15; *shentongli* 神通力 p.788 *a*/20; 791 *a*/3; *b*/26; *c*/2; p.792 *a*/12, 27; *shenzu bianhua* 神足變化 p.788 *c*/13; 789 *b*/2, 10, 13, 15, 17; p.790 *c*/5; p.791 *c*/22; *wu tongshen xian* 五通神仙 p. 788 *c*/17; p.789 *a*/21, 22; *b*/1; *c*/4, 11; p.790 *a*/5; *b*/14; *c*/24; p.791 *a*/28; *c*/5; p.792 *a*/10; *liu shentong* 六通 p.788 *c*/17; p.789 *a*/22; p.790 *a*/1; *c*/5; p.791 *c*/6; *zizai* p.788 *c*/26; p.789 *a*/18; *b*/11; p.790 *a*/4, 18; p.791 *a*/3; *ruyi tong* 如意通 p.791 *a*/11. Il faut y ajouter l'expression *changshou xian* 長壽仙 p.789 *b*/1, 3; p.791 *c*/5, 12, 18; p.792 *a*/9, 10, 18, 21, qui garde une tonalité taoïste et qui dans ce contexte désigne, non seulement la longévité des immortels (et donc en soi l'un des pouvoirs surnaturels), mais aussi toute la puissance magique qui l'accompagne.

rais-je sauver les humains? Ayant d'abord étudié la Voie, je l'éprouverai
en ma personne, puis je pourrai la mettre en pratique. Je rechercherai
personnellement le fruit de la Voie pour sauver la multitude des vivants
des dix directions; pour briser tous les maux de tous les vivants des dix
directions; pour faire que la multitude des vivants des dix directions se
plie aux doctrines de la Loi; pour que soit comblé le désir de la Voie et de
la *bodhi* inscrit au coeur de l'immense multitude des vivants des dix directions. Je poursuivrai la Voie inégalable avec la résolution qui triomphe de
tous les obstacles."[29]

Ce passage est à mettre en parallèle avec le suivant:

"... A cause de mes actes dans trois existences
antérieures, je suis sans force;
je n'ai pas de volonté souveraine.
Je ne puis dans les dix directions,
en un même instant apparaître,
ni contrôler mon corps et mon esprit,
ni sauver les êtres.
Je me retire aujourd'hui dans la montagne,
pour me repentir et cultiver le *dhyāna*,
pour étudier l'art des ermites doués des cinq pouvoirs
et poursuivre la Voie inégalable.
Je souhaite devenir un immortel
doué des cinq pouvoirs surnaturels;
ensuite j'étudierai
le sixième pouvoir surnaturel..."[30]

Ces deux extraits du *Vœu* situent et explicitent le sens de la conversion personnelle. Huisi désire faire lui-même l'expérience de la Voie, c'est à dire goûter
parfaitement la doctrine du sūtra de la *Perfection de Sapience* et celle du *Lotus
de la merveilleuse Loi.* Mais il déplore son impuissance, dûe à des fautes antérieures, et l'incapacité dans laquelle il se trouve de prêcher en tous lieux et
à tous les êtres la Loi véritable. Vers la fin de son *Vœu,* il s'exclame:

"Celui qui prétend pacifier les [autres] vivants doit d'abord se pacifier
lui-même. Etant soi-même entravé, peut-on ôter les entraves d'autrui?"[31]

Il est donc contraint à entrer dans la montagne, ce qui implique en soi la
pratique de l'ascèse et de la méditation. Par la première, il apprend à libérer
son corps des sensations trompeuses. Par la seconde, il affranchit son esprit
non seulement des vues erronées mais aussi de tout attachement à telle pensée
plutôt qu'à telle autre. Car il importe d'être parfaitement maître de soi-même,
de posséder une volonté souveraine (*zizai* 自在). Le terme sanscrit, *iśvara,*

(29) cf. p.787 *a*/12-19.
(30) cf. p.789 *a*/16 sq.
(31) cf. 791 *c*/16.

que traduit celui de *zizai*, signifie régner, ou encore être maître et seigneur.

Cette volonté souveraine constitue l'essence de tous les pouvoirs surnaturels. L'expression chinoise, *zizai*, est en elle-même trop riche pour que son sens soit épuisé dans l'expression "volonté souveraine." Cette traduction évite cependant certaines ambiguïtés; aussi l'avons-nous préférée à d'autres. A un niveau supérieur et spirituel, elle implique à la fois connaissance et non-connaissance, sagesse transcendant toutes les catégories de pensée, indépendance à l'égard de toutes choses, liberté envers soi-même et les autres. Sur un plan pratique, elle est la capacité propre à tout *bodhisattva* d'échapper aux contingences de ce monde et de se jouer des éléments qui forment l'univers matériel (cf. terre, eau, feu, air, ce que l'on appelle les quatre grands éléments *sida* 四大). Le *bodhisattva*, "l'illimité," peut s'affranchir de toutes les limites imposées par son corps, par l'espace et par le temps. Il jouit en même temps de pouvoirs magiques et surnaturels.

Rares sont les textes bouddhiques qui n'emploient ce terme, celui de pouvoir surnaturel (*shentong* 神通), ou encore de force (ou efficacité) des pouvoirs surnaturels (*shentong li* 神通力). Huisi les utilise fréquemment avec les quatre suivants: cinq pouvoirs surnaturels (*wu shentong* 五神通), six pouvoirs surnaturels (*liu shentong* 六神通), pouvoir d'agir selon son désir (*ruyitong* 如意通), tous les pouvoirs surnaturels (*zhu shentong* 諸神通). La diversité de ce vocabulaire en révèle l'étendue. Chacune de ces expressions correspond en fait à un aspect particulier, à une application déterminée de la volonté souveraine (*zizai*).

Quand Huisi parle de cinq pouvoirs surnaturels (*wu shentong*), il exprime son désir d'obtenir le *tianyan tong* 天眼通, le *tianer tong* 天耳通, le *taxin tong* 他心通, le *suming tong* 宿命通, et le *ruyi tong* 如意通. Le premier désigne la capacité de voir toutes les choses et tous les êtres, dans le monde des apparences ou dans celui du désir, qu'ils soient proches ou éloignés, infiniment grands ou infiniment petits. Le second (*tianer tong*) est lié à l'ouïe: l'oreille perçoit tous les sons, quelle que soit leur qualité ou leur intensité. Le troisième (*taxin tong*) est de l'ordre de la cognition: c'est le pouvoir de connaître toutes les pensées des êtres, qu'elles soient présentes, passées ou futures. Le quatrième (*suming tong*) permet d'obtenir une parfaite intelligence de sa propre existence antérieure. Enfin, le cinquième (*ruyi tong*) offre la possibilité de voler dans l'espace, de passer les murailles, de transformer par exemple la pierre en or, le feu en eau. Comme on le voit, pouvoirs magiques et pouvoirs surnaturels ou spirituels sont également requis pour sauver les êtres.

Dans le passage cité plus haut, Huisi établit un ordre de valeur entre ces cinq pouvoirs surnaturels et le sixième. Il souhaite "devenir un immortel doué des cinq pouvoirs; ensuite il étudiera le sixième pouvoir surnaturel." Il découvre ainsi sa véritable orientation: il désire acquérir les six sortes de sagesse (*liuzhong zhihui* 六種智慧), et surtout la connaissance surnaturelle grâce à laquelle le *nirvāṇa* est largement offert à tous les êtres. Le sixième pouvoir surnaturel dépend avant tout de la méditation (*dhyāna*) et des diverses formes de *samādhi*. Par ce moyen, le *bodhisattva* peut, soit en un seul corps visible en tous les points de l'univers, soit en plusieurs corps apparaissant simultanément en chacun de ces endroits, prêcher la Loi aux vivants, les faire accéder à la vision béatifique de tous les buddhas. Le sixième pouvoir surnaturel équivaut à une sagesse absolue dont le rayonnement et la diffusion seraient sans limite et s'accompagneraient de toutes sortes de mirabilia.

Huisi parle aussi de tous les pouvoirs surnaturels du *Tathāgata*. D'une certaine manière, il affirme qu'aucune limite ne peut être mise aux pouvoirs du *Tathāgata* et du *bodhisattva*. L'expression évoque aussi les dix pouvoirs (*shizhong shentong* 十種神通). Aux cinq premiers définis plus haut, s'ajoutent le pouvoir de se manifester en un seul corps à tous les mondes des dix directions, celui de s'adresser à eux en un seul instant de pensée, celui de faire éclater devant eux la majesté de tous les buddhas, celui d'opérer toutes sortes de métamorphoses pour sauver tous les êtres et enfin celui de la connaissance parfaite ou omniscience du buddha.

Mais, ne l'oublions pas, Huisi ne recherche aucun de ces pouvoirs pour satisfaire sa volonté de puissance ou pour rivaliser avec les immortels. Son seul but est de sauver tous les êtres. En cela le *Vœu* illustre directement la doctrine de l'*Activité sereine et plaisante*. Au chapitre V, nous avons mis en évidence la place du "grand consentement" (*daren*) dans la pensée de Huisi. Or, ce qu'il en dit concorde avec les aspirations de ce *Vœu*. Il suffit pour s'en convaincre de rappeler ce passage :

> "...Le *bodhisattva* obtient le grand pouvoir surnaturel de s'asseoir dans l'espace, de voir entièrement tous les buddhas des dix directions, de remplir la sapience de tous les buddhas. Il obtient en un instant de pensée de connaître l'esprit de tous les budhas, ainsi que les différentes qualités mentales des vivants. Il peut en un instant de pensée les examiner pleinement et être déterminé à sauver tous les êtres en un même instant. Parce que son esprit est élargi, cela s'appelle le grand consentement; parce que le *bodhisattva* remplit la Loi de tous les buddhas et de tous les grands hommes, cela s'appelle le grand consentement. Pour sauver tous les êtres, par son corps sensible et par la sapience, suivant diverses opportunités, le *bodhisattva* se manifeste à travers tous les corps en un instant de pensée ... Cela s'appelle le consentement aux pouvoirs surnaturels."[32]

Cette courte citation tirée de l'*Activité sereine et plaisante*, laisse deviner l'étroite parenté qui existe entre elle et le *Vœu*. Huisi a un authentique esprit de *bodhisattva*; il veut se convertir pour mieux sauver les autres.

3. *Le salut des autres êtres.*

Tout est orienté vers le salut des autres. Huisi désire sauver les vivants, les convertir afin qu'ils restent fermement attachés à la Loi, qu'ils s'exercent aux six perfections (*liudu* 六度) et obtiennent la *bodhi*. Il veut les voir naître dans la terre des buddhas ou dans la Terre Pure.

---

(32) cf. T. 1926, vol. 46, p.702 *b*/8–16.

La démarche de Huisi est identique à celle des arhats. Il aspire à la vie prolongée des immortels, de manière à devenir le protecteur de la Loi et tout particulièrement du *sūtra du Lotus* et de la *Perfection de Sapience*. Il jette des malédictions contre ceux qui oseraient profaner ces deux textes sacrés et le coffret précieux les contenant. Pourtant il ne veut pas la mort du pécheur. Au contraire, il s'apprête à rester en ce monde, au-delà de multiples *kalpa,* pour aller aux mondes des esprits affamés, au monde animal, à celui des prisonniers de tous genres, aux condamnés à mort, aux malades, en un mot à tous ceux qui sont victimes d'un mauvais *karma* dans les six *gāti* ou mauvaises destinées, pour les arracher à leur sort, les convertir et faire qu'ils entrent dans le monde des buddhas. Et ils seront sauvés par la seule invocation de son nom.

Par ailleurs, Huisi se dispose à utiliser toutes sortes de moyens appropriés pour charmer ou contraindre les esprits les plus déterminés au mal et les plus opposés aux doctrines de sagesse. Le comportement préconisé est semblable à celui dont parle l'*Activité sereine et plaisante,*

> "Le *bodhisattva* qui pratique la règle de la grande patience sous l'injure, tantôt observe la compassion, a des mots doux et ne tire pas vengeance des coups et des offenses reçues; tantôt il a des paroles dures, il frappe les êtres et va jusqu'à sacrifier leur vie. Ces deux formes de patience ont pour but de protéger la Loi véritable, de subjuguer tous les vivants. C'est la patience absolue, qui n'est pas à la portée du débutant."[33]

Un peu plus loin, p. 702 *a*/22, Huisi n'hésite pas à dire qu'il faut soit observer avec fidélité toutes les règles, soit les enfreindre, si cela doit entraîner les vivants à la conversion. Ici encore la doctrine du *Vœu* ne s'écarte pas de celle des autres œuvres de Huisi.

Les êtres ainsi sauvés par des moyens appropriés, pourront entrer dans la Terre Pure, dans la terre des Buddhas, ou plus simplement dans la terre de Huisi, car ce dernier partant du postulat qu'il deviendra buddha, s'identifie à Maitreya et comme lui, s'apprête à offrir à tous les êtres un véritable âge d'or, une paix universelle. Dans son monde il ne sera plus nécessaire de s'inquiéter de la nourriture, il n'y aura plus de mal ou de laideur; tous les êtres inférieurs, y compris les femmes, y renaîtront hommes ou divinités célestes; chacun sera revêtu des propriétés physiques des buddhas: un corps à la couleur de l'or, marqué des trente-deux signes et des quatre-vingts caractéristiques. Chacun possèdera les six pouvoirs surnaturels. L'éclat de ce monde sera tel qu'il n'y aura plus ni soleil ni lune. Nous avons donc une transposition complète du paradis de Maitreya.

C. *Réactions de Huisi face aux persécutions.*

Aux chapitres II et III nous avons abordé le problème de ces persécutions. Nous avons d'une part rejeté l'interprétation tendancieuse de certains biographes qui ont voulu voir des moines taoïstes dans les maîtres aux discours

---

(33) *ibid.* p.702 *a*/3 sq.

mauvais (*elun shi* 惡論師).[34] Nous avons aussi admis que Huisi avait très certainement eu conscience du péril couru par la religion du Buddha, en raison des divisions de ses fidèles et des attaques venues de l'extérieur. Nous ne reviendrons pas sur ces différents points. Nous voudrions ici analyser plus directement les différents passages du *Vœu* qui nous renseignent sur la forme de ces persécutions.

La première eut lieu en 548, la seconde en 553, la troisième trois ans plus tard en 556 et enfin la quatrième en 557, soit quatre persécutions en dix ans. Le texte ne nous fournit aucune information sur leur époque exacte. Par contre, il nous renseigne implicitement sur l'évolution psychologique de Huisi devant ces attaques répétées. La première[35] survint alors que Huisi se trouvait aux limites de la province de Yan 兗,[36] c'est-à-dire au sud du Fleuve Jaune, non loin de Jinan 濟南. Il s'apprêtait à traverser ce fleuve pour aller plus au nord s'instruire auprès d'autres maîtres de *dhyāna*. Son désir était, en effet, d'étudier le *Mahāyāna* auprès du plus grand nombre de maîtres vivant dans le pays des Qi. Victime d'un empoisonnement (le texte ne nous livre pas le nom des auteurs), Huisi dut renoncer à son projet. Au lieu de poursuivre son chemin en direction du nord, il redescendit plus au sud, au Xinzhou 信州,[37] dans la région de Pengcheng 彭城,[38] puisque cette expérience malheureuse l'avait convaincu de l'orgueil et de l'étroitesse d'esprit de ces supposés docteurs de la Loi. On peut ici regretter que le texte ne soit pas plus précis, car il serait

(34) Pour Urai Kimitoshi 浦井公敏 les adversaires de Huisi devaient être partisans du *Tattvasiddhi*; cf. son article *Nangaku Eshi no hōnan ni tsuite* 南岳慧思の法難について dans *Wada hakushi koki kinen Tōyōshi ronsō*, 1961, p.187–196.
On trouve deux expressions pour désigner les moines qui s'opposèrent à Huisi: *e biqiu* 惡比丘 p.787*a*/21 et *elun shi* 惡論師, p.787*b*/8-21-25-28. Hormis la biographie partielle de Huisi, le texte ne contient pas ces deux expressions; il emploie seulement le terme très général de *eren* 惡人, dont l'usage désigne toutes les catégories d'êtres qui d'une façon ou d'une autre, implicitement ou explicitement, s'opposent à la Loi du Buddha ou refusent de se convertir. Quoi qu'il en soit, ces deux termes, les "moines mauvais" et les "maîtres aux discours mauvais", se rapportent exclusivement aux bouddhistes qui, ne partageant pas les conceptions doctrinales de Huisi, mirent tout en œuvre pour l'empêcher de propager sa doctrine jugée hérétique. Il ne s'agit donc pas de taoïstes.
(35) T. 1933, vol. 46, p.787 *a*/19-25.
(36) La préfecture de Yan se trouvait à l'ouest de l'actuelle province du Shandong, dans la region de Jinan 濟南, donc juste au sud du cours inférieur du Fleuve Jaune. En conséquence, l'expression Henan 河南, p.787 *a*/21, désigne le sud du Fleuve Jaune. Si l'on tient compte de la première affirmation, en *a*/18, qui révèle la volonté de Huisi de s'instruire auprès de tous les grands maîtres bouddhistes du pays des Qi, le membre de phrase, en *a*/23, indiquant son intention de traverser le fleuve, désigne lui aussi le Fleuve Jaune. Huisi s'apprêtait donc à monter plus au Nord pour consulter certains maîtres. Victimes de leurs persécutions, il se réfugia au Xinzhou 信州 et, de ce fait, il ne traversa pas le fleuve.
(37) Xinzhou 信州 ne figure pas parmi les préfectures dont la liste nous est fournie par le *Weishu*. Par ailleurs, ce ne peut être, logiquement et chronologiquement, la province du Xinzhou établie sous les Tang dans l'actuel Jiangxi, non loin de Shangrao 上饒. Il s'agit au contraire de la région de Pengcheng 彭城, située vers l'actuelle ville de Xuzhou 徐州 dans le Jiangsu septentrional. C'est dans cette région que se trouvait le grand centre bouddhique de Yunlongshan 雲龍山.
(38) *ibid.* p.787 *b*/8-14.

très intéressant de déterminer en quel mois de l'année 548 Huisi se trouvait dans la province de Yan. C'est en effet cette année là, vers le mois de juin que commença la révolte de Hou Jing.

Lors de cette première persécution, Huisi se heurta à des moines mauvais, en désaccord avec son interprétation de la Loi. A son insu, il absorba une drogue empoisonnée qui entraîna chez lui une sorte de gangrène généralisée. Pourtant il survécut. Le texte ne dit rien de plus. La guérison semble tout à fait fortuite, car Huisi ne fit aucun vœu susceptible de lui assurer le secours des buddhas. Dans les trois autres cas, il en va tout autrement.

La seconde persécution[38] eut lieu dans la région de Wuchang 武昌 (dans l'actuelle province du Hubei). Alors que Huisi prêchait la doctrine du Grand Véhicule, à l'invitation du gouverneur de la préfecture de Ying 郢[39], il entra en controverse avec d'autres maîtres aux discours mauvais. Ceux-ci placèrent du poison dans ses aliments et sa boisson. Trois personnes finirent les restes de son repas et moururent dans la journée. Huisi se débattit entre la vie et la mort durant sept jours. Près de mourir, il se mit dans les dispositions proposées à tout fidèle : d'un cœur confiant et repentant, les mains jointes, il se tourna vers les buddhas des dix directions, confessa ses fautes puis récita le sūtra de la *Perfection de Sapience*. Il eut aussi cette pensée :

"Si je n'ai pas un esprit et une sagesse altruiste, que je ne puisse prêcher la Loi."

A ces mots, il échappa à la mort et le poison devint sans effet.

Ainsi donc Huisi eut recours à l'invocation des buddhas et il fut sauvé tant par sa foi en la doctrine de la *Perfection de Sapience* que par son désir d'obtenir le troisième des cinq pouvoirs surnaturels, le *taxin zhi* 他心智[39bis], qui implique à la fois le sens d'autrui et la connaissance de toutes les pensées des autres, qu'elles soient actuelles, passées ou futures. Huisi prouvait ainsi la pureté de ses intentions et son parfait altruisme.

Après cela, Huisi eut encore à souffrir de nombreuses vicissitudes sur lesquelles le texte ne s'attarde pas, ce qui laisse supposer qu'il rappelle uniquement les plus importantes. Alors que Huisi faisait une série de prêches sur le *Mahāyāna* dans le temple Guanyi, non loin de Guangzhou 光州,[40] de nombreux maîtres aux discours mauvais furent jaloux de sa renommée et vinrent troubler les assemblées de prédication.[41] Ils cherchèrent à le tuer et à ruiner son interprétation de la *Perfection de Sapience*. Huisi eut alors une attitude

---

(39) La province de Ying 郢 s'étendait de part et d'autre du confluent de la Han et du Yangzi. La ville de Ying se trouvait juste au confluent, à l'emplacement de l'actuelle Wuhan 武漢. Quant aux montagnes du Xingzhou il s'agit vraisemblablement du Dabieshan, 大別 山 une chaîne montagneuse située à l'est de la province.

(39bis) Sur ce 3e supersavoir (para-citta-prajñā) cf. E. Lamotte, Traité..., Vol. IV, p. 1809-1832.

(40) Le Guangzhou 光州 était situé à l'extrême sud des actuelles limites des provinces du Henan et du Hubei, dans la région de Dingcheng 定城, appelée aussi Nanying 南郢, à la frontière de ce qui était alors le Nanyuzhou 南豫州.

(41) *ibid.* p.787 *b*/14-22.

parfaitement altruiste et pour la première fois il jura de faire en caractères d'or le grand sūtra de la *Prajñā* et tous les sūtras du Grand Véhicule. Il fit aussi le vœu d'apparaître en un corps infini aux nations des dix directions pour leur prêcher ces sūtras et faire que tous les maîtres aux discours mauvais obtiennent un esprit de foi et se convertissent à jamais.

Il y a donc une très grande évolution psychologique chez Huisi. Dans les deux premiers cas, il se retranchait dans un certain individualisme. Il voulait se protéger et faire triompher ses propres idées. En outre, nous percevions assez mal quelle pouvait être la position de ses adversaires. Désormais, nous pouvons dire qu'ils s'opposaient aux doctrines du Grand Véhicule et tout particulièrement aux interprétations données du sūtra de la *Perfection de Sapience*. En d'autres termes, ces moines refusaient les théories de la Voie Moyenne dont nous avons parlé aux chapitres IV et V. Il convient de remarquer en outre que Huisi fit d'abord vœu de copier tous les sūtras du Grand Véhicule et non seulement celui de la *Perfection de Sapience*. Rappelons ici que la copie des sūtras avait un caractère religieux: elle permettait d'acquérir des mérites et la réalisation d'un vœu de salut pour soi ou pour les autres.

La quatrième persécution[42] eut lieu dans la préfecture de Nanding 南定[43] (à la limite des actuelles provinces du Henan, du Anhui et du Hubei) dans des circonstances identiques à la précédente. Les maîtres aux discours mauvais usèrent de tous les moyens pour empêcher Huisi de prêcher. Finalement ils tentèrent de le faire mourir de faim, et durant cinquante jours les disciples de Huisi durent mendier pour lui et le nourrir. Suivant les règles bouddhiques, tout moine doit lui-même quêter sa nourriture et se contenter de l'aumône reçue. En la circonstance, Huisi dut enfreindre cette loi et dépendre de ses disciples. Il répéta alors, en le développant, son vœu de faire une copie en caractères d'or du sūtra de la *Prajñāpāramitā*. Il n'est plus question des autres sūtras du Grand Véhicule. Dans ce vœu, Huisi décrit plus amplement le coffret qui devra contenir le sūtra et les différents accessoires de culte permettant d'honorer ce texte sacré. Puis il adopta l'attitude des *bodhisattva*: sans se soucier du nombre de *kalpa* qui devraient le séparer personnellement de la *bodhi,* il se manifesterait dans tous les mondes, dans les six destinées, et selon des méthodes appropriées, pour aider tous les vivants à se convertir, c'est à dire à accepter la doctrine de la *Prajñāpāramitā*. Ayant fait ce vœu, il vit ses adversaires se disperser. Puis, pour la première fois, il annonça ouvertement à la foule son désir de copier ce sūtra.

Nous étions parti d'une expérience individuelle et nous découvrons ici des perspectives beaucoup plus vastes, puisque Huisi, mûri aux travers des difficultés, a obtenu la grande compassion des *bodhisattva*. Il a acquis ce gand consentement (*daren*) dont nous avons longuement parlé au chapitre précédent. Un très grand changement spirituel s'est donc opéré en lui au cours de ces

---

(42) *ibid.* p. 787 *b*/26–*c*/11.

(43) Nanding 南定 se trouvait dans le Yingzhou, à mi-chemin entre Dingcheng et Xiyang 西陽, et au sud-est de Beijiang 北江 (ou Yiyang 義陽).

dix années. Soulignons une fois encore que de toute évidence, sur la foi du texte, il fut en conflit de doctrines avec d'autres bouddhistes et non pas avec des taoïstes, contrairement à ce qu'affirment les biographies tardives.

D. *La traduction du Vœu.*

Cette traduction est celle du texte édité dans T. 1933, vol. 46, p. 786 b–792 b. Cette édition s'appuie sur deux manuscrits datant l'un de 1675, l'autre de 1676, et parfaitement identiques, puisqu'ils n'ont entre eux que quatre variantes de caractères non significatives. Ce sont, en fait, quatre fautes d'écriture de caractères.

Pour une meilleure intelligence du texte, nous avons introduit dans notre traduction des titres et des sous-titres, qui indiquent le sens de chaque passage. En outre, nous avons tenté de respecter la présentation du texte, dans lequel alternent passages en prose et en *gāthā,* ceux-ci étant soit de quatre caractères, soit de cinq, ou même sept. L'emploi varié de ces structures littéraires sert, en fait, de support aux différentes parties du texte. L'introduction et la biographie partielle[44] sont rédigées en une forme narrative et dans une prose assez rythmée. La troisième partie,[45] consacrée au pouvoir merveilleux attaché à cette copie du sūtra, et aux sept voeux successifs de Huisi, est écrite en *gāthā* de quatre caractères, dans un style très léger et imagé. Une parenthèse de 31 *gāthā*[46] rompt le rythme général. Ces *gāthā* sont formés de sept caractères, dans un style plus abstrait et, semble-t-il, plus archaïque et très proche de celui des autres œuvres de Huisi. La quatrième partie se présente en prose rythmée et décrit les grands vœux du *bodhisattva.*[47] Elle est rythmée par le refrain "S'il n'en est pas ainsi, que je n'obtienne pas l'illumination!" et se compose de dix-neuf vœux consacrés à l'une ou l'autre catégorie d'êtres ou simplement au mode de salut et à la glorification du sūtra. La cinquième partie[48] commence par des malédictions lancées contre tous ceux qui oseraient profaner la copie du sūtra et son précieux coffret. Puis, en *gāthā* de cinq caractères, nous avons une sorte de chant dans lequel sont repris un à un les grands thèmes du *Vœu.* La sixième partie débute, comme la précédente, par un texte en prose, dans un style abstrait et plus lourd, énonçant les motifs pour lesquels Huisi se réfugie dans la montagne et désire la vie prolongée des immortels. La suite,[49] en *gāthā* de sept caractères, poursuit sur ce thème et fait appel au panthéon bouddhique. Enfin, la dernière partie du *Vœu,* en prose à nouveau, est une réflexion un peu désabusée sur le degré de confiance que l'on peut accorder aux disciples.

(44) *ibid.* p.786 *b*/24–787 *c*/25.
(45) *ibid.* p.787 *c*/26–788 *c*/27.
(46) *ibid.* p.788 *c*/28–789 *a*/15.
(47) *ibid.* p.789 *a*/16–790 *c*/7.
(48) *ibid.* p.790 *c*/8–791 *c*/11.
(49) *ibid.* p.791 *c*/18–792 *a*/23.

La traduction complète du *Vœu*, que nous donnons ci-après, a gardé volontairement les lourdeurs et les répétitions de l'original chinois, de manière
à bien mettre en évidence le fait que nous sommes en présence d'un texte de
circonstance empreint d'exaltation mystique et de passion.

LE VŒU PRONONCE PAR HUISI LE GRAND
MAITRE DE DHYANA DU NANYUE

I. Introduction.

1. *Les étapes de la vie du Buddha.*

(786 *b*/24) Ainsi l'ai-je entendu dire. Dans la partie du sūtra de la naissance,[50] intitulée "le Buddha Śākyamuni, dans le *samādhi* de miséricorde, examine les êtres vivants", il est dit:

> "Le Buddha dès le septième jour du septième mois de l'année *guichou*, entra
> dans le sein maternel. Parvenu au huitième jour du quatrième mois de
> l'année *jiayin*, il vint au monde. En l'année *renshen*, à dix-neuf ans [à la
> chinoise], le huitième jour du deuxième mois, il quitta sa famille. En
> l'année *guiwei*, à trente ans, le huitième jour du douzième mois, il obtint
> d'entrer pleinement dans la Voie. En l'année *guiyou*, à quatre-vingts ans,
> le quinzième jour du second mois, il entra dans le *nirvāṇa*."

2. *Les trois périodes de la Loi.*

(786 *c*/4) La Loi correcte (*zhengfa* 正法), de l'année *jiaxu* à l'année *guisi*,
remplit cinq cents ans, puis s'arrêta. La Loi contrefaite (*xiangfa* 象法), de
l'année *jiawu* à l'année *guiyou*, remplit mille ans, puis s'arrêta. La Loi en déclin
(*mofa* 末法), de l'année *jiaxu* à l'année *guichou*, remplira dix-mille ans, puis
s'arrêtera.[51] Neuf mille huit cents ans après l'entrée dans l'ère de la Loi en
déclin, le bodhisattva "Lumière de lune"[52] apparaîtra en Chine enseignant
[la Loi correcte] et sauvera universellement les vivants. Cinquante deux ans

---

(50) Le *Benqijing* 本起經 est un titre abrégé pour *Fo wubai dizi zishuo benqi jing* 佛五百
弟子自說本起經, un texte traduit par Dharmarakṣa (Zhufahu 竺法護) établi à Changan
de 265 à 313 (cf. T. 199, vol. 4, p.190-202). Mais, contrairement à ce qu'affirme le début de
notre texte, ce sūtra ne possède nullement une partie intitulée *Shijiamouni fo beimen sanmei guan
zhongsheng* 釋迦牟尼佛悲門三昧觀衆生. Celle-ci ne se trouve pas davantage dans le *Zhong
benqi jing* 中本起經, traduit par Tanguo 曇果 et Kangmengxiang 康孟詳 en 207 à Luoyang
(cf. T. 196. vol. 4, p.147-163). De toute évidence, nous sommes en présence d'un sūtra apocryphe, puisque les dates de la vie du Buddha sont calculées suivant l'ordre cyclique chinois.

(51) Sur ces calculs, et la discussion de cette division de la Loi en trois périodes, voir ch.
III, p.113 sq.

(52) Le *bodhisattva* "Lumière de lune" 月光菩薩, le *bodhisttva* Śandraprabha, était honoré

après son entrée dans le *nirvāṇa*, le *Sūtra du Samādhi efficace*[53] et le *Sūtra du Samādhi des [buddhas] présents*[54] disparaîtront les premiers. Les autres sūtras sombreront l'un après l'autre. Le *sūtra de la Terre Pure de la Sukhāvatī*,[55] le dernier, survivra cent ans. Il sauvera universellement les vivants, après quoi il s'éteindra. On arrivera alors à un monde radicalement mauvais.

3. Le but du vœu.

(786 *c*/11) Moi, aujourd'hui je fais le vœu de maintenir la Loi pour qu'elle ne puisse disparaître. J'enseignerai et sauverai les vivants jusqu'à la venue de Maitreya. De l'entrée du Buddha dans le *nirvāṇa*, en l'année *guiyou*, au début du bon *kalpa* à venir, quand Maitreya deviendra Buddha, il y aura cinq mille six cent millions d'années. Or moi, c'est juste au début de l'ère de la Loi en déclin que je fais ce grand vœu. Quelles que soient les souffrances à endurer, durant ces cinq mille six cent millions d'années, je veux à coup sûr acquérir tous les mérites de la Voie du Buddha, pour parvenir à la vision de Maitreya. Suivant les engagements [pris dans] ce vœu, il n'est pas de moyens que je ne pratiquerai par lesquels on peut entrer dans la Voie. Très tôt j'ai cultivé la méditation; très jeune je me suis familiarisé avec les grands sūtras. Durant cette période, les difficultés et les expériences furent nombreuses. J'en ai résumé les origines et j'en ai joint [le texte] à ce vœu, suivi de la copie des deux sūtras écrits en caractères d'or.

4. Salut au panthéon bouddhique.

(786 *c*/19)

Je salue et je prends refuge dans les buddhas des dix directions!

Je salue et je prends refuge dans les douze sūtras!

Je salue et je prends refuge dans tous les grands *bodhisattva*, dans les hommes vertueux, les saints et les moines des quarante-deux terres![56]

---

comme un porteur de *vajra*, se tenant à gauche du Maître de médecine Yaoshi 藥師, souvent représenté à gauche du buddha Śākyamuni et protecteur de l'Est.

(53) Le *Shoulangyan jing* 首楞嚴經 (*Śūraṃgama sūtra* cf. T. 945, vol. 19) est un des ouvrages bouddhiques apocryphes les plus répandus en Chine. Des études effectuées par Mochizuki Shinkō dans son *Jōdokyō no kigen oyobi hattatsu* 浄土教の起源及發達, Tōkyō, 1930, il ressort que ce sūtra peut être considéré comme l'un des chefs-d'oeuvre où s'est exprimée, sous les Tang, la pensée philosophique chinoise. Le texte fait de nombreux emprunts à des sources chinoises qui existaient au début du VIIIᵉ siècle (cf. A. de Staël-Holstein, in *Harvard Journal of Oriental Studies*, I, 1, 136–146; cf. aussi l'excellente étude de P. Demiéville, dans le *Concile de Lhasa*, Paris, 1952, p.43 à 52 en particulier). Le fait que ce sūtra datant vraisemblablement du VIIIᵉ siècle, soit cité dans cette introduction au *Vœu*, prouve que celle-ci fut ajoutée tardivement au texte primitif, à moins qu'il ne s'agisse vraiment du *Śūraṃgama-samādhi-sūtra* (cf. T. 642, vol. 15; traduit par E. Lamotte, *La concentration de la Marche héroïque*, MCB XIII, Bruxelles, 1965).

(54) Le *Banzhou sanmei jing* 般舟三昧經 (*Bhadrapāla-sūtra*, cf. T. 417 et 418) traduit par Zhiloujiachan 支婁迦讖 entre 167 et 186 à Luoyang, est rapproché du *Da fangdeng daji jing* 大方等大集經 déjà cité au ch. III, lors de la discussion sur l'authenticité du Vœu.

(55) cf. *supra* p.196 et note.

(56) Nous pensons que c'est là une évocation des moines qui se trouvent dans les divers degrés d'illumination, dont nous avons traité rapidement au ch. II, note 10 p.29.

Je salue et je prends refuge dans tous les *pratyekabuddha*, dans les *śrāvaka* et dans ceux qui ont étudié comme en ceux qui n'ont pas étudié!

Je salue le roi Brahma, le roi Indra, les quatre rois, les *deva*, les *nāga*, les êtres des huit classes, les divinités de bien dans le ciel, les généraux protecteurs de la Loi.

5. *La confession des fautes et l'espoir secret de voir Maitreya.*

(786 *c*/24) [Moi] Huisi, je pense en moi-même: "Elle existe cette sagesse divine depuis le non-commencement, mais je n'ai pas planté de pures racines de bien. C'est pourquoi je suis constamment égaré par mes vues passionnées. L'ignorance qui me recouvre, suscite en moi de vaines illusions. La vie et la mort chaque jour s'accroissent; la roue de la souffrance tourne toujours, sans un seul instant de répit. Dans leur va-et-vient, les cinq [catégories de] destinées[57] troublent les six connaissances[58] qui transmigrent dans les six directions [de réincarnation]. Je ne suis pas venu au monde à l'heure où Śākyamuni vécut en ce monde. Je n'aurai pas la chance de participer aux trois assemblées de Maitreya.[59] Je demeure entre le passé et le futur [empêtré que je suis] dans des difficultés sans nombre. Je dépends de la faible force d'une racine de bien, semée dans une vie antérieure. Dans la période finale de Śākyamuni, j'obtins d'être incarné dans un homme de bien. J'aspire à recevoir ce qui a été proclamé de la sainte Loi.

6. *Rappel des trois périodes de la Loi.*

(787 *a*/1) Śākyamuni, prêchant la Loi, a vécu quatre-vingts ans et plus, conduisant tous les vivants vers le salut, jusqu'au jour où, disparaissant, il entra en *nirvāṇa*. Après son entrée en *nirvāṇa*, la Loi correcte demeura en ce monde juste cinq-cents ans. La Loi correcte ayant disparu, la Loi contrefaite demeura en ce monde juste mille ans. La Loi contrefaite ayant disparu, la Loi en déclin demeurera en ce monde exactement dix-mille ans.

---

(57) *Wudao* 五道 (ou cinq *gati*). Ce sont les cinq directions de réincarnation, appelées aussi *wuqu* 五趣 et plus souvent *liuqu* 六趣. On distingue ainsi la réincarnation dans les enfers (*diyu qu* 地獄趣), la réincarnation parmi les *preta*, trépassés pénitents (*egui qu* 餓鬼趣), la réincarnation dans le monde animal (*xusheng qu* 畜生趣), la réincarnation parmi les génies belliqueux (*asura, axiuluo qu* 阿修羅趣), la réincarnation parmi les humains (*renqu* 人趣), la réincarnation parmi les êtres célestes (*deva, tianqu* 天趣). Dans le corps du *Vœu*, Huisi exprime sa volonté d'aller dans chacune de ces destinées, afin d'aider les êtres à se convertir pour parvenir à l'illumination totale.

(58) *Liushi* 六識, les six connaissances; on désigne ainsi la connaissance née des sens et de leurs sensations: la vue, l'ouïe, l'odorat, le goût, le toucher et l'intelligence. La connaissance est troublée par les influences mauvaises nées des différentes voies de réincarnation qui éloignent le fidèle de la véritable illumination.

(59) *Sanhui* 三會. D'après le *Mile da chengfo jing* 彌勒大成佛經 T. 456, vol. 14, traduit par Kumārajīva, grâce à l'intervention de Maitreya, les catégories d'êtres obtiennent d'être libérées de leurs illusions, d'entrer dans le degré de connaissance des arhats, de parvenir à une foi parfaite, de comprendre et pratiquer pleinement la sagesse du buddha, et enfin, de réaliser la *bodhi*.

II. Biographie partielle de Huisi.[60]

1. Expérience de la fugacité de l'existence.

(787 a/4) Moi, Huisi,[61] je suis né en la quatre-vingt-deuxième année de l'ère de la Loi en déclin, une année *yiwei*, le onzième jour du onzième mois [31 décembre 515], au royaume des grands Wei, dans la préfecture de Nanyu, commanderie de Wujin, sous-préfecture de Ruyang.[62] A l'âge de quinze ans, je suis entré en religion et je cultivai la Voie. Je récitai le *sūtra du Lotus* et tous ceux du Grand Véhicule. Pratiquant l'ascèse avec courage, j'atteignis l'âge de vingt ans, [et durant tout ce temps] je compris l'impermanence de ce monde. Les vivants sont morts en grand nombre. A chaque fois je pensais en moi-même : ce corps est impermanent, la souffrance est vaine, [la notion d'] individu n'existe pas, il n'y a pas de volonté souveraine.[63] Naissance, disparition, échec, corruption, autant de souffrances qui ne cessent.[64] Quelle ne doit pas être notre crainte! Les lois du monde sont comparables [à la fugacité] des nuages : on ne peut se fier à leur réalité. Celui qu'entrave les liens de ses désirs est aussi brûlé par le grand feu de ses passions. Si l'on y renonce, on arrive alors à la grande joie du non-agir du *nirvāṇa*.[65]

2. Les vivants ont perdu la Voie correcte.

(787 a/12) Tous les vivants ont perdu la Voie correcte ; à jamais ils n'ont pas la résolution [d'atteindre la *bodhi*]. Moi, pour tous les vivants et pour ma propre personne, je recherche la libération ; c'est pourquoi, manifestant un esprit de *bodhi*, je fais ce grand vœu. Je désire rechercher tous les pouvoirs surnaturels du Tathāgata. Si je n'en fais pas moi-même l'expérience, comment pourrais-je sauver les humains? Ayant d'abord étudié [la Voie] je l'éprouverai en ma personne, puis je pourrai la mettre en pratique. Je rechercherai personnellement le fruit de la Voie pour sauver la multitude des vivants des dix

---

(60) Dans un article intitulé *Nanyue da shi li shiyuan wen wenba* 南岳大師立誓願文文跋, in *Chen Yinke xiansheng wenshi lunji* 陳寅恪先生文史論集, vol. 1, p.267–272, Chen Yinke démontre que l'exactitude historique et géographique des noms de lieux cités dans cette biographie est une preuve de son authenticité. Le texte n'a pas pu être rédigé tardivement. Il est soit l'œuvre de Huisi, soit celle d'un disciple direct et proche du maître, instruit par lui de tous les détails concernant son activité antérieure à 559. Cette biographie a été ajoutée au Vœu proprement dit, comme l'atteste le texte lui-même p.786 c/16 : J'ai résumé mes expériences passées et j'en ai joint le texte à ce vœu''.

(61) Le texte emploie tantôt la première personne. tantôt la troisième (marquée par l'utilisation de Si 思 c'est à dire Huisi 慧思). C'est là un usage féquent. Pour la commodité de la traduction, nous avons maintenu partout la première personne.

(62) cf. ch. II, p.25 note 2.

(63) Nous traduisons *zizai* 自在 par "volonté souveraine". Sur l'explication de ce terme cf. *supra* p.198 sq.

(64) Allusion voilée aux troubles de l'époque, autant que reprise classique des thèmes de la corruption de ce monde.

(65) La grande joie du non-agir réalisée dans le *nirvāṇa* (*wuwei niepan dale* 無爲涅槃大樂): voilà une formulation qui sans trahir la philosophie bouddhique ne s'en apparente pas moins aux conceptions taoïstes du non-agir.

directions; pour briser tous les maux de tous les vivants des dix directions;
pour faire que la multitude des vivants des dix directions se plie aux doctrines
de la Loi; pour que soit comblé le désir de la Voie et de la *bodhi* [inscrit au
cœur] de l'immense multitude des vivants des dix directions. Je poursuivrai
la Voie inégalable avec la résolution [qui triomphe de tous les obstacles].

3. *A la recherche de maîtres de la Loi. Premières persécutions.*

(787 *a*/19) Je voyageai à la recherche de nombreux grands maîtres de
dhyāna du pays des Qi pour étudier le *Mahāyāna*. J'ai vécu continuellement
dans la forêt sauvage, m'adonnant à la méditation [scandée par] la marche[66]
et cultivant la contemplation. A l'âge de trente-quatre ans [548], au sud du
fleuve, à la limite de la province de Yan, j'ai discuté du sens de la Loi. A cause
de cela je me suis heurté à des moines mauvais qui me firent absorber une
drogue empoisonnée. Tout mon corps tomba en putréfaction : mes cinq viscères
se décomposèrent aussi. J'étais sur le point de mourir, mais il me fut donné
de vivre encore. Mon premier désir avait été de traverser le fleuve[67] pour
voyager [à la recherche de] nombreux maîtres de *dhyāna*. [Or,] à mi-chemin,
j'étais tombé sous le coup de ce poison pernicieux : je rejetai leurs discours,
sachant qu'ils s'opposaient à la Voie. Malgré mon peu de vie, je retournai au
Xinzhou, sans avoir traversé le fleuve.

4. *Prédication de la Loi dans diverses provinces.*

(787 *a*/25) Je pensais constamment me retirer dans une montagne profonde.
Alors que j'étais sur le point de partir, le gouverneur du Xinzhou et tous ses
fonctionnaires me retinrent de toute force, pour que j'organise des banquets
maigres et que j'y prêche le *Mahāyāna*. Durant trois ans d'affilée, je ne pus me
reposer. Le préfet de Xuchang,[68] dans la préfecture de Liang, vint à nouveau
m'inviter. Le gouverneur du Xinzhou tint à me faire ses adieux avant mon
départ. Sur le point de me rendre à la commanderie de Ye, je pris ma
décision : je ne désirais pas me rendre au Nord.[69] Intérieurement j'aspirais à

---

(66) Le terme *jingxing* 經行, traduit ici "m'adonnant à la méditation scandée par la
marche", décrit en effet une forme particulière de contemplation. Le plus souvent le moine
définit une aire de méditation autour de laquelle il déambule en méditant. Cette pratique n'est
pas sans rappeler celle du cloître. En général, la marche est scandée par la répétition d'une
phrase d'un sūtra ou la mémorisation d'un passage plus important.

(67) Huisi avait l'intention de traverser le Fleuve Jaune pour se mettre à l'école des maîtres de *dhyāna* de la Chine du Nord. cf. p.151 sq. et ch. IV, p.201 sq. où nous faisons une brève
présentation des tendances du bouddhisme à cette époque.

(68) Au centre de l'actuelle province du Henan, au sud-ouest de Kaifeng 開封. Deux
cités, l'une au nord de Kaifeng, non loin du Fleuve Jaune et en territoire contrôlé par les
Wei, l'autre à l'est, en territoire des Liang, portaient le même nom de Liang 梁. D'après le
contexte, nous pensons qu'il s'agit de la première, car elle se trouvait sur le chemin de Ye, qui
se trouvait au nord du Fleuve Jaune.

(69) Il semble que Huisi ait été plus ou moins contraint de se rendre au Nord. Il faut sans

aller vers le Sud. Je quittai la foule, traversai le fleuve en direction du sud de la Huai et je m'arrêtai dans la montagne. De vingt à trente-huit ans, je demeurai continuellement au sud du fleuve où j'étudiai le Grand Véhicule. Je rendis visite aux grands maîtres de *dhyāna* et leur témoignai mon respect. Je parcourus de nombreuses provinces, séjournant en de nombreux endroits.

5. *Huisi n'obtempère pas à un décret impérial et se réfugie au sud de la Huai.*

(787 *b*/3) C'est alors qu'un décret impérial ordonna à tous les maîtres de *dhyāna* de monter à la Cour pour y célébrer des cultes.[70] Je m'estimai moi-même stupide et sans vertu. Je ne voulus pas accéder au décret; [je jugeai] préférable de fuir. Je traversai la Huai, allai vers le Sud et pénétrai dans la montagne. J'étais parvenu à l'âge de trente-neuf ans [553]. C'était la cent-vingtième année de l'ère de la Loi en déclin. Au sud de la Huai, le gouverneur de la préfecture de Ying, Liu Huaibao,[71] m'accompagna dans les montagnes du Yingzhou, m'invitant à exposer le sens du *Mahāyāna*. A cette occasion, il y eut controverse sur son interprétation.

6. *Nouvelle persécution.*

(787 *b*/8) C'est pourquoi plusieurs maîtres de la Loi se fâchèrent et furent pris d'une grande colère. Il y eut cinq maîtres aux discours mauvais qui placèrent un poison [à base d'oxydes purs] dans les aliments et la boisson, de manière à ce que je les prenne. Ce qu'il en restait, trois personnes le mangèrent, et dans la journée elles moururent. Quant à moi, j'étais à bout de forces. Je fus arrêté sept jours, ma vie ne tenant qu'à un fil. Arrivé au bord de la mort, d'un seul cœur, les mains jointes, et tourné vers les buddhas des dix directions, je confessai mes fautes, récitai le *sūtra de la Prajñāpārmitā* et proférai ces paroles:

"Si je n'ai pas un esprit et une sagesse altruistes, que je ne puisse prêcher la Loi."

Tandis que je pensais ainsi, [les effets] du poison furent à l'instant éliminés. A nouveau je fus guéri. Par la suite, nombreuses et diverses furent les vicissitudes.

7. *Troisième persécution. Huisi fait vœu d'écrire deux sūtras en caractères d'or.*

(787 *b*/14) Quand j'eus quarante ans [554], c'était la cent-vingt-et-unième année de l'ère de la Loi en déclin. Dans Guangzhou, au temple Kaiyue, Bazili

---

doute rapprocher ce passage du suivant, où il nous est dit que Huisi refusa d'obtempérer au décret impérial enjoignant aux maîtres de *dhyāna* de se rendre à la Cour de Ye.

(70) Nous avouons n'avoir pu déterminer à quel décret impérial précis il est ici fait allusion.

(71) Liu Huaibao 劉懷寶. Ce gouverneur n'apparaît pas dans l'histoire des Wei. Nous n'avons pu l'identifier.

et les cinq-cents familles,[72] avec le gouverneur de la province, me demandèrent de donner une série de cours sur le *sūtra de la grande Prajñāpāramitā*. A l'âge de quarante-et-un ans [555], en la cent-vingt-deuxième année de l'ère de la Loi en déclin, aux environs de Guangzhou, dans le Dasushan, je fis une série d'exposés sur le *Mahāyāna*. A l'âge de quarante-deux ans [556], en la cent-vingt-troisième année de l'ère de la Loi en déclin, dans le temple Guanyi du côté ouest de Guangzhou, je fis à nouveau une série de prêches sur le sens du *Mahāyāna*. A cette occasion, il y eut de nombreux maîtres aux discours mauvais, qui, pleins de jalousie, rivalisèrent pour semer le trouble. Ils voulaient tous me tuer et ruiner mon interprétation de la *Prajñāpāramitā*.

(787 *b*/22) En cet instant naquit en moi une grande compassion. En pensant à ces maîtres aux discours mauvais, je fis un vœu, exprimé en ces termes:

"Je jure de faire en caractères d'or le grand *sūtra de la Prajñā* et tous [les sūtras] du Grand Véhicule. Un reliquaire de pierres précieuses contiendra les rouleaux de sūtras. Je voudrais apparaître dans un Corps infini aux nations des dix directions, leur prêcher ces sūtras, faire que tous les maîtres aux discours mauvais obtiennent un esprit de foi et s'y fixent sans plus s'en détourner."

8. *Quatrième persécution. Renouvellement du Vœu.*

(787 *b*/26) Parvenu à l'âge de quarante-trois ans [557], en la cent-vingt-quatrième année de l'ère de la Loi en déclin, dans la préfecture de Nanding, le gouverneur me pria de faire une série d'exposés sur le Grand Véhicule. A cette occasion, nombreux furent les maîtres aux discours mauvais qui furent plus méchants les uns que les autres, qui semèrent de grands désordres [dans les assemblées de prédication] et qui, de nouveau, par toutes sortes de moyens odieux, arrêtèrent les donateurs, leur interdisant de m'envoyer de la nourriture. Pendant cinquante jours, je ne pus que dépêcher des disciples qui mendiaient pour nous sauver la vie. Alors je fis ce vœu:

"Pour ceux-ci qui me font du mal, ainsi que pour tous les vivants, je jure de faire en caractères d'or un exemplaire du grand *sūtra de la Prajñāpāramitā*. Avec des pierres précieuses et les sept joyaux, je ferai un coffret pour contenir les rouleaux du sūtra. Avec toutes sortes de joyaux, je dresserai un socle. Je tendrai un baldaquin garni des sept joyaux, de guirlandes de perles et de colliers scintillants. [Il y aura] de l'encens, des guirlandes et toutes sortes d'accessoires de culte pour rendre hommage au *sūtra de la Prajñāpāramitā*. Puis dans les dix directions, dans les six voies [de réincarnation], je me manifesterai sous d'innombrables formes, sans compter le nombre de *kalpa* de réincarnation devant me séparer de la *bodhi*. A tous les

---

(72) Bazili, *wubai jia* 巴子立五百家. Le *Fozu tongji*, T. 2035, vol. 49. p.250 *a*/21 range Bazili parmi les disciples de Huisi. Ce nom demeure toutefois équivoque. D'autre part était-il le chef d'un groupe de cinq cents familles? Il faudrait alors lire: Bazi li wubai jia.

vivants des dix directions je prêcherai le *sūtra de la Prajñāpāramitā*. Durant tout ce temps [je me manifesterai comme] un maître de Loi à l'image de Dharmodgata,[73] ou encore je serai le disciple en quête de la Loi comme [le fut] Sadaprarudita.[74]

Dès que j'eus fait ce vœu, les moines mauvais se dispersèrent tous. Ayant prononcé ce vœu, j'instruisis aussitôt la foule en ces termes:

"Je ferai en caractères d'or le *sūtra de la grande Prajñāpāramitā*."

9. *Huisi recrute un moine qui collecte l'argent nécessaire à la copie des sūtras en caractères d'or.*

(787 *c*/11) Arrivé à l'âge de quarante-quatre ans [558], en la cent-vingt-cinquième année de l'ère de la Loi en déclin, en l'année *mouyin*, je retournai au Dasushan non loin de Guangzhou. Je proclamais en tous lieux:

"Je désire faire avec respect en caractères d'or le grand *sūtra de la Prajñā-pāramitā*. Il est indispensable de faire la partie initiale du sūtra. Qui peut la réaliser?"

Alors il y eut un moine nommé Senghe[75] qui se présenta soudain et parla en ces termes:

"Je puis faire en caractères d'or le *sūtra de la Prajñā*."

Ayant obtenu le début du sūtra, il l'exposa partout dans différentes provinces. Du gouverneur provincial et du petit peuple, des gens vêtus de blanc ou de noir, des moines et des laïcs, il obtint d'abondantes richesses. Il les prit pour acheter l'or qui devait servir à la façon du sūtra.

10. *Huisi réalise son Vœu.*

(787 *c*/17) Du quinzième jour du premier mois au onzième jour du onzième mois, j'enseignai. Dans la capitale Guangcheng, du Guangzhou du sud, sous-préfecture de Guangcheng, au temple Qiguang, je pus enfin me mettre à l'œuvre et accomplir mon vœu antérieur: faire en caractères d'or un exemplaire du grand *sūtra de la Prajñāpāramitā*, ainsi qu'un coffret de pierres précieuses qui puisse le contenir. A ce moment là je prononçai ce grand vœu:

"J'ai réalisé mon vœu de faire en caractères d'or ce grand *sūtra de la Pra-*

---

(73) Tanwujie 曇無竭(Dharmodgata). D'après la tradition ce roi était un fervent du sūtra de la *Perfection de Sapience*, et il soupirait après les leçons du Buddha. Devenu un maître de la Loi dans la "Cité de tous les Parfums" (Zhongxiang cheng 衆香城), en fait, une allusion indirecte à la Terre Pure, il enseigna la Loi à tous les vivants.

(74) Satuopolun 薩陀波崙 (Sadapralapa ou Sadaparudita) recherchait la loi du Buddha avec une telle intensité qu'il pleurait sans cesse, dit la tradition. Son nom est associé à celui de Dharmodgata, cf. *Da Zhidulun* 大智度論, ch. 97 (T. 1509, vol. 25, p.734–737). Ces deux *bodhisattva* sont devenus le type de la connaissance parfaite de la Loi et de la sincérité de la foi.

(75) Senghe 僧 合 Le nom de ce moine n'apparaît nulle part ailleurs.

jñāpāramitā, ainsi que le coffret aux sept joyaux. Par la force de ce grand
vœu, qu'aucun esprit mauvais, aucun mal, aucun cataclysme ne puisse les
endommager! Qu'à sa venue, Maitreya le Vénéré se révèle au monde;
qu'universellement à tous les vivants, il prêche le grand *sūtra de la Prajñāpāramitā.*"

III. La copie du sūtra en caractères d'or, signe efficace de salut.

1. *Sa place dans le salut universel.*

(787 *c*/26) Grâce à mon vœu,
que la majesté des lettres d'or,
en présence de Maitreya,
fasse resplendir le monde.
Qu'aux six tremblements de terre,
tous les vivants perplexes
se prosternent et interrogent le Buddha :
"Quelle est la cause
du tremblement de l'univers?
Puisse le Vénéré du monde
développer son explication!"
Alors le Buddha Maitreya
demandera à tous les disciples :
"Vous tous, vous devez
d'un seul cœur joindre les mains,
écouter cette vérité, croire cette vérité."
Dans le passé il y eut un Buddha,
appelé Śākyamuni!
Il apparut en ce monde,
prêchant le *sūtra de la Prajñāpāramitā,*
sauvant largement les vivants.
Ce Buddha, Vénéré du monde,
étant entré en *nirvāṇa,*
la Loi correcte, la Loi contrefaite,
toutes deux tombèrent en désuétude.
La Loi cessa en ce monde,
on était dans la Loi en déclin.
En ce temps là le monde fut mauvais.
Les cinq souillures[76] prospérèrent à l'envie.

---

(76) Les cinq souillures (*wuzhuo* 五濁) désignent les cinq périodes de décadence au cours
desquelles le mal va augmentant. Ce sont successivement: 1) la période de décadence (*jiezhuo*
劫濁; 2) celle de la détérioration de la vue (connaissance) et la montée des égoïsmes (*jianzhuo*
見濁); 3) celle où les passions et les illusions nées du désir, de l'emportement, de l'orgueil et
du doute (*fannaozhuo* 煩惱濁); 4) il en résulte davantage d'amertume pour les vivants
(*zhongshengzhuo* 衆生濁); 5) et la vie humaine diminue graduellement jusqu'à ne plus atteindre
dix années (*mingzhuo* 命濁). La suite du texte évoque justement cette conséquence.

La vie des hommes fut abrégée;
elle n'atteignit pas cent ans.
Ils commirent les dix fautes,[77]
ils s'entretuèrent tous.
En ce temps là, le *sūtra*
de la Prajñāpāramitā se révéla au monde.
Il y eut alors un *bhikṣu*, nommé Huisi,
qui fit ce grand *sūtra*
de la Prajñāpāramitā.
En or étaient les caractères,
en béryl était le précieux coffret
qui contenait ce texte.
Il prononça son grand vœu:
"Je veux sauver les êtres en nombre illimité.
Dans le prochain bon *kalpa*,
[je désire] que Maitreya venant en ce monde
prêche le *Prajñāsūtrapitaka*
et le *Pāramitāsūtra*."

2. *Les "mirabilia" accompagnant la venue de Maitreya et la manifestation au monde du sūtra en or et du précieux coffret.*

(788 *a*/14) Par mon vœu et par la puissance spirituelle
du sūtra en or et du précieux coffret,
au moment où viendra Maitreya,
dans le monde aux sept joyaux,
qu'aux six tremblements de terre,
tous les vivants perplexes
se prosternent et interrogent le Buddha:
"Puisse le Vénéré du monde expliquer
la cause de ces tremblements de terre."
Alors le Buddha, Vénéré du monde,
annoncera à la multitude:
"Vous tous,vous devez savoir
qu'en raison de la puissance
du vœu de ce moine,
le sūtra en or et le précieux coffret
vont apparaître aujourd'hui."
La multitude demandera au Buddha:
"Nous souhaitons que le Vénéré du monde
par la force de son pouvoir surnaturel
nous donne de voir
le sūtra en or et le coffret précieux."

(77) Les dix fautes (*shie* 十惡) sont: le meurtre, le vol, l'adultère, le mensonge, la ruse, la grossièreté, l'obscénité, la convoitise, la colère et les vues perverties.

Le Buddha dira :" Vous tous,
vous devez d'un seul cœur,
vénérer le Buddha du passé,
Śākyamuni :
vous devez aussi d'un seul cœur
fixer votre esprit
sur le *sūtra de la Prajñāpāramitā.* "
Quand le Buddha dira cela,
l'univers à nouveau
sera secoué de six tremblements ;
il apparaîtra un grand rayonnement
illuminant partout les dix directions
et les mondes en nombre illimité.
Leur parfum exceptionnellement délicieux,
surpassera le santal,
des dizaines, des centaines et des milliers de fois.[78]
En le respirant les vivants
auront une pensée de *bodhi.*
Le coffret précieux de béryl
apparaîtra devant la multitude.
On pourra seulement le voir ;
personne ne pourra l'ouvrir.
Alors toute la multitude
bondira et se réjouira.
Elle s'adressera au Buddha en ces termes :

3. *L'invocation du nom de Huisi opère le salut des vivants, par la révélation du texte du sūtra de la Prajñāpāramita.*

(788 *b*/1) "Mais, ô Vénéré du monde,
comment obtenir de voir
le texte du *sūtra de la Prajñā ?* "
Le Buddha Maitreya dira :
"Celui qui a copié le sūtra
eut ce grand vœu :
"Vous tous vous devez
d'un seul cœur penser à lui
et célébrer son nom.
Alors il vous sera donné de le voir. "
Quand il prononcera ces paroles,
toute la multitude célébrera mon nom :
"Hommage soit rendu à Huisi ! "
A ce moment, aux quatre orients,

(78) Nous trouvons là le stéréotype des faits merveilleux qui accompagnent la venue de Maitreya.

du sol jaillira, remplissant l'espace,
le corps entièrement doré,
marqué des trente-deux signes [du Buddha]
d'un éclat illimité;
tout cela viendra de ce que dans le passé
un homme a copié le sūtra.
Par la puissance du Buddha,
le précieux coffret s'ouvrira de lui-même.
Il y aura un grand bruit
ébranlant tous les mondes des dix directions.
A cet instant, le sūtra en or
émettra un très grand éclat,
d'innombrables couleurs,
tout comme une grande nuée
qui s'étendrait aux dix directions
et à tous les mondes.
Toutes sortes de sons
avertiront les vivants.
De plus, il y aura des parfums merveilleux
qui réjouiront les cœurs.
Alors, les êtres,
par la force de mon vœu,
quand ils observeront le tremblement de la terre,
qu'ils verront le rayonnement,
sentiront les parfums et entendront les sons,
obtiendront ce qu'ils ne possédaient pas,
le bonheur du corps et de l'esprit.
A l'exemple du *bhikṣu*,
ils entreront dans le troisième degré du *dhyāna*.[79]
Au même instant,
ils obtiendront tous au complet
la sainte Voie des Trois Véhicules.[80]
Ils atteindront aussi
à la plénitude de toute sagesse.

Si ce vœu n'est pas rempli,
que je n'obtienne pas l'illumination!

---

(79) Allusion aux quatre sortes de *dhyāna* dont dépend la répartition des fidèles dans l'un des dix-huit cieux. La troisième région qui correspond au troisième degré du *dhyāna* se compose du ciel de pureté inférieure (*shaojing* 少淨), de celui de pureté infinie (*wuliangjing* 無量淨) et de celui de pureté universelle (*pianjing* 徧淨). Ceux qui habitent ce chiliocosme moyen (*zhongqianjie* 中千界) ne sont plus soumis aux besoins de leurs cinq organes des sens; ils possèdent seulement l'intelligence et peuvent entrer dans la grande joie du *nirvāṇa*. En évoquant ce troisième degré du *dhyāna* (*disan chan* 第三禪), Huisi les appelle donc à la pureté totale, par opposition au monde de turpitude évoqué plus haut.

(80) Désignation du véhicule des auditeurs (*shengwenjue* 聲聞覺), des solitaires (*yuanjue* 緣覺) et des *bodhisattva* (*pusa* 菩薩).

4. *Les sept vœux de Huisi.*

(1) *Que les buddhas prêchent le sūtra de la Perfection de Sapience.*

(788 *b*/18) De plus, je fais le vœu que dans
les dix directions,
tous les buddhas, vénérés du monde,
enseignent les aspects du *sūtra*
de la Prajñāpāramitā,
exactement comme au jour
de la grande assemblée de Maitreya.
Puissent dans les dix directions
tous les buddhas sans nombre
en même temps, prêcher la Loi.
Et je souhaite que ce sūtra
en un instant soit reçu de tous
et manifeste universellement devant eux
chacun des signes de bon augure.
Que la grande assemblée de tous les buddhas
sauve universellement les êtres.
Que chaque vénéré du monde,
célèbre Śākyamuni
et aussi mon nom,
comme [le fait] la multitude
à la grande assemblée de Maitreya.

S'il n'en est pas ainsi,
que je n'obtienne pas l'illumination !

(2) *Que les sūtras soient largement diffusés à tous les êtres.*

(788 *b*/26) Et je fais le vœu que vienne le jour
où les pays des dix directions
possèderont le coffret et les rouleaux des sūtras
aux titres infinis.
Qu'ils soient dans tous ces pays, proportionnés
à la taille grande ou petite des gens.
Si les gens sont de grande taille,
que le coffret et les caractères
soient de grande dimension.
Si les gens sont de petite taille,
que le coffret et les caractères
soient de petite dimension.
Quel que soit le pays,
qu'ils soient l'essence de tous ses trésors,
ce que ses habitants honorent le plus.
Que par la force de la *Prajñā,*
le coffret, les rouleaux de sūtras

et les caractères se transforment
et deviennent les trésors les plus précieux.
[Même si] les gemmes et les caractères d'or
ne sont pas éternels,
le papier sur lequel est écrit le sūtra
est fait de l'essence du diamant;
il est indestructible.[81]
Que dans un temps futur,
impossible à imaginer,
[après] un nombre de *kalpa* incalculables,
dans les mondes des dix directions,
apparaisse le Buddha
prêchant l'essentiel de la *Prajñāpāramitā*.
Et qu'à nouveau il en soit ainsi.

S'il n'en est pas ainsi,
que je n'obtienne pas l'illumination!

(3) *Que soient vénérés le Buddha, les sūtras et le moine nommé Huisi.*

(788 *c*/8) Je fais le vœu que dans le monde à venir,
dans les pays des dix directions,
tous les mondes des buddhas
vénèrent le nom du Śākya,
le *Tathāgata,*
le sūtra en or, le précieux coffret
et mon propre nom.
Pour cela, le son de la louange
s'étendra aux dix directions
à tous les mondes.
Les êtres dans leur ensemble l'entendront;
tous obtiendront d'entrer dans la Voie.
S'il est des êtres
qui ne pénètrent pas dans la Voie,
que par toutes sortes de moyens,
par les dons d'ubiquité et de transformation,
ils soient soumis
et qu'ils soient contraints d'obtenir la Voie.

S'il n'en est pas ainsi,
que je n'obtienne pas l'illumination!

(4) *Huisi fait vœu de se purifier, pour mieux convertir tous les êtres.*

(788 *c*/15) Et je fais encore le vœu

---

(81) Cette distinction entre les matériaux employés pour la copie des sūtras est quelque
peu subtile. Elle indique simplement que toute copie de sūtra doit être entourée d'un très grand
respect et que tout doit être mis en œuvre pour la garder de toute destruction.

de me retirer aujourd'hui dans la montagne,
de me repentir de tous [mes manquements]
des fautes graves faisant obstacle à la Voie;
de méditer en marchant et de cultiver la méditation.
Si j'obtiens en plénitude les cinq pouvoirs surnaturels,
les six pouvoirs universels;
si je murmure le nom du Tathāgata
et psalmodie les douze sūtras;82
si je récite la "Triple Corbeille,"83
tous les livres de doctrine externe;
si je pénètre le sens de la Loi du Buddha;
si je suis un corps sans limite,
si je vole dans l'espace,
si je traverse toute la sphère matérielle,
jusqu'au ciel où il n'y a ni pensée ni non-pensée,
si j'écoute et recueille ce que les cieux
prêchent de la Loi,
moi à mon tour,
j'exposerai à tous les cieux
ce que je comprends des sūtras bouddhiques
et je retournerai au pays du Jambudvīpa84
prêcher en large la Loi aux hommes;
j'irai encore [aux êtres] des trois destinées [mauvaises]
j'irai au monde spirituel du diamant,
prêcher la Loi que j'observe;
je parcourrai les trois-mille chiliocosmes
les pays des dix directions,
et à nouveau je ferai de même,
j'offrirai un culte à tous les buddhas;
je convertirai les êtres
qui se changeront en un instant.

---

(82) Les douze divisions du canon du Grand Véhicule (*shierbu jing* 十二部經): 1) *xiuduoluo* 修多羅 (*sūtra*); *qiye* 祇夜 (*geya*); 3) *jiatuo* 伽陀 (*gāthā*); 4) *nituona* 尼陀那 (*nidāna*); 5) *Yidimuduo* 伊帝目多 (*itivṛttaka*); 6) *sheduojia* 闍多伽 (*jātaka*); 7) *abidamo* 阿毘達摩 (*abhidharma*); 8) *abotuona* 阿波陀那 (*avadāna*); 9) *youpotishe* 優婆提舍 (*upadeśa*); 10) *youtuona* 優陀那 (*udāna*); 11) *bifolue* 毘佛略 (*vaipulya*); 12) *hejialuo* 和伽羅 (*vyākaraṇa*) On distingue ainsi: 1) le sermon du buddha; 2) les pièces en vers rythmés; 3) les chants ou poèmes libres; 4) les sūtras consacrés aux préceptes; 5) les textes narratifs; 6) les histoires des vies antérieures du buddha; 7) les miracles; 8) les paraboles; 9) les sūtras généraux; 10) les discours de circonstance; 11) les sūtras très développés sur l'enseignement du buddha; 12) les prophéties.

(83) *Sanzang* 三藏 comportent les sūtras en général, les textes des règles (ou *vinaya*) et traités sur l'enseignement du Buddha. En d'autres termes, Huisi est prêt à posséder parfaitement tout ce qui a trait à la religion du Buddha, pour sauver tous les êtres.

(84) Il y autour du Sumeru sept chaînes de montagnes et quatre continents. Le Jambudvīpa est, dans la cosmologie bouddhique, le continent méridional où se situaient les habitants de l'Inde.

S'il n'en est pas ainsi,
que je n'obtienne pas l'illumination!

[*Le passage inséré ici représente sans doute l'essentiel du Vœu; ce qui précède et ce qui suit en étant simplement le développement*].

(788 *c*/28) De magnifique santal est [fait] le reposoir
couleurs multiples et variées font sa splendeur!
Des sept joyaux merveilleux est fait le baldaquin;
tous les joyaux libèrent l'éclat de leur splendeur!
En or rouge du Continent Sud sont faits les caractères;
en béryl et en cristal est fait le coffret des sūtras!
Je vénère la Loi de tous les buddhas et m'attache à son culte.
Puis-je prêcher la Loi pour sauver tous les êtres!
Le sans avant, le sans après, le sans milieu,
en une seule pensée de l'esprit, en même temps je le pratique.
Moi, aujourd'hui j'entre dans la montagne, pour l'étudier.
Ce ne sont pas des illusions pour tromper tous les êtres.
S'il est des gens mauvais qui s'opposent à moi,
qu'en cette vie même, ils ne connaissent pas le bonheur.
Qu'ils se préparent à recevoir la rétribution de leur mal.
S'ils ne changent pas leur cœur, ils se feront du tort à eux-mêmes.
Qu'à leur mort, ils tombent en enfer, dans les chaudrons de fer fondu;
pour le dénigrement de la Loi, la rétribution s'étend sur de multiples *kalpa*.
Je souhaite que ceux-ci s'ouvrent à l'esprit de *bodhi*,
qu'ils observent les règles, pratiquent le bien, et parviennent à la *bodhi*.
Moi, pour les êtres, j'accomplirai ce vœu:
qu'à jamais demeure le trésor de la Loi du Buddha.
La jalousie des gens mauvais partout m'importune;
elle m'empêche de méditer et pratiquer la Loi.
S'il se trouve des hommes bons qui me protègent,
que tous les bons esprits célestes leur viennent en aide.
Que ceux qui protègent la Loi puissent vivre longtemps;
qu'ils renaissent dans la Terre Pure, et obtiennent la voie du Buddha
Que ceux qui cultivent la Voie, la réalisent rapidement.
Moi, sans esprit double, je fais ce vœu.
Je souhaite que tous les êtres connaissent la rétribution.

(5) *Huisi désire se purifier, obtenir la longue vie des immortels et voir Maitreya.*

(789 *a*/15) Et à nouveau je fais ce vœu:
que tous les buddhas des dix directions
soient personnellement mes témoins.
Moi, aujourd'hui, je fais ceci:
le *sūtra de la grande Prajñā,*
le *sūtra du Lotus de la Loi merveilleuse,*

soit deux exemplaires en caractères d'or,
car ce sont les sūtras du Grand Véhicule,
et je désire dans les dix directions
prêcher partout leur doctrine.
[A cause] de mes actes dans trois [existences
antérieures][85], je suis sans force;
je n'ai pas de volonté souveraine.
Je ne puis, dans les dix directions,
en un même instant apparaître,
ni contrôler mon corps et mon esprit,
ni sauver les êtres.
Je me retire aujourd'hui dans la montagne,
pour me repentir et cultiver le *dhyāna,*
pour étudier l'art des ermites doués des cinq pouvoirs,
et poursuivre la Voie inégalable.
Je souhaite d'abord devenir un immortel
doué des cinq pouvoirs surnaturels[86];
ensuite j'étudierai
le sixième pouvoir surnaturel.
Je veux observer les douze sūtras
de Śākyamuni;
des buddhas des dix directions, je garderai
le Trésor de la Loi;
de tous les *bodhisattva,* je garderai
le Trésor des *śāstra.*
Je veux discuter et prêcher sans obstacles,
dans les dix directions apparaître à tous,
rendre un culte à tous les buddhas,
dans un monde mauvais,
garder la Loi de Śākya,
afin qu'elle ne soit pas détruite.
Avec les buddhas des dix directions,
là où la Loi est sur le point de disparaître,
je souhaite qu'ensemble en ces endroits
nous la gardions pour qu'elle ne périsse point.
Je fais le vœu que cette terre
parcoure les dix étapes [de l'illumination]
parvienne à la plénitude de toute sagesse
et réalise le degré de buddha.
Pour cette raison je veux d'abord être
un immortel à longue vie.
Utilisant la force des cinq pouvoirs

(85) cf. ch. II, p.56 sq. et note correspondant.
(86) cf. *supra* p.198 sq. et note 30.

je veux étudier la voie des *bodhisattva*.
Si soi-même on n'est pas un immortel
on ne peut vivre longtemps.
C'est pour la Loi que j'imite les immortels,
non par convoitise d'une longue vie.
Ainsi je fais le vœu que personnellement,
dans un bon *kalpa* à venir,
je voie le buddha Maitreya.

S'il n'en est pas ainsi,
que je n'obtienne pas l'illumination!

(6) *Que tout son être passé, présent et futur soit transformé par les pouvoirs surnaturels.*

(789 *b*/5) D'un cœur sincère, je fais ce vœu.
Je souhaite dans l'avenir
au début du bon *kalpa*,
quand Maitreya, vénéré du monde,
ayant réalisé la Voie du buddha,
à tous les êtres prêchera
le *sūtra de la Prajñāpāramitā*,
que moi, aujourd'hui,
par la force du vœu que je fais,
malgré ma laideur,
mon insignifiance et mon obscurité,
je voie le buddha Maitreya.
Par la force du vœu que je fais,
que tout mon être soit changé,
ait une apparence sans égale,
surpasse les humains et les divinités célestes,
ait une éloquence sans limite,
se transforme par les pouvoirs surnaturels
et jouisse d'une volonté souveraine.
Que je voie le buddha Maitreya.
Que ces deux corps
en même temps voient le buddha.[87]
Que par la force du vœu que je fais,
mon corps insignifiant et laid
puisse lui aussi se transformer,
atteindre à la perfection,
jouir des pouvoirs surnaturels sans obstacles

(87) Huisi espère que son corps charnel possède lui aussi les pouvoirs de son corps de gloire. Cette distinction s'explique par la croyance en une triple incarnation, le second devant conduire à la troisième, au cours de laquelle le sujet atteint à l'illumination parfaite et entre définitivement dans le *nirvāṇa*.

et posséder pleinement les six vertus.
Qu'ayant écrit ces caractères d'or,
et par la puissance de ce vœu,
en présence de Maitreya,
ces deux corps en même temps,
passent par [de multiples] métamorphoses,
remplissent les dix directions,
prêchent en large la Loi profonde,
le *sūtra de la grande Prajñā,*
les six vertus,
les trente-sept conditions [de la *bodhi*],
et les modes des pouvoirs surnaturels;
qu'ayant sauvé les êtres,
en un instant, ils disparaissent.
Je souhaite que le buddha Maitreya,
à la multitude des êtres,
explique l'origine de mon corps actuel
et celle de mon Vœu.

S'il n'en est pas ainsi,
je jure de ne pas devenir buddha.

(7) *Nouvelle confession; nouvelle résolution de demeurer ferme dans la Loi.*

(789 *b*/20) Et à nouveau je fais ce vœu:
Moi, aujourd'hui je me prosterne.
D'un cœur sincère, je confesse mes fautes.
Depuis des *kalpa* immémoriaux
jusqu'à mon existence actuelle,
j'ai commis de nombreuses injustices,
j'ai troublé les actes d'autrui.
Voyant autrui cultiver le bien,
je lui créai des difficultés,
corrompant ses actes de bien.
N'ayant personnellement aucune connaissance,
je dépendais de mon propre naturel.
De toute l'année, je me complaisais dans l'oisiveté.
Par force, j'opprimais les autres;
je n'entendais pas raison;
je me fiais à de mauvaises vues erronées,
je servais des maîtres hérétiques.
Au sein des Trois Joyaux,
je suscitais de multiples obstacles.
Ces actes mauvais longtemps accumulés
ont leur rétribution dans mon existence actuelle.
C'est pourquoi je me prosterne,
et d'un cœur sincère je me repens.

Que tous les buddhas des dix directions,
avec tous les Saints,
avec Brahma, Indra et les quatre rois,
avec les *deva,* les *nāga* et ceux des huit classes, [88]
avec les divinités de bien, protectrices de la Loi
avec les divinités célestes et infernales,
consentent à témoigner
que mes fautes d'entrave à la Voie sont lavées.
Mon corps et mon cœur étant purs,
aujourd'hui et à jamais,
ce qu'ils feront sera heureux
et ne sera plus autant d'obstacles [à la Loi].
Je veux au fond de la montagne
méditer la Voie du Buddha.
Puis-je obtenir pleinement,
par la méditation, la libération totale,
la force des pouvoirs surnaturels,
la reconnaissance pour les bienfaits de tous les buddhas?
Je fais vœu qu'en cette existence
je ne me détournerai plus de la Sagesse.

S'il n'en est pas ainsi,
je jure de ne pas devenir buddha.

IV. Les grands vœux du bodhisattva.

a. *Pour le temps présent.*

(1) *Il s'incarnera pour venir en aide aux meilleurs et soumettre les esprits mauvais.*

(789 *c*/7) Et je fais le vœu que, dans tous les pays des dix directions, les quatre classes, moines, nonnes, pieux fidèles, hommes et femmes, et autres êtres doués de sagesse, observent et récitent le *sūtra de la grande Prajñāpāramitā*; s'ils sont dans la montagne, dans des lieux déserts, dans des endroits calmes, dans les villes ou dans les villages, que, pour toutes les multitudes d'êtres, ils diffusent son enseignement et l'expliquent. Mais il existe beaucoup d'esprits mauvais qui cherchent querelle, sèment le désordre et veulent ruiner [mon interprétation] de la *Prajñāpāramitā*. Si ceux-là peuvent, de tout leur cœur et les mains jointes, louer mon nom, alors ils obtiendront les pouvoirs surnaturels incommensurables.

Moi, à ce moment là, je m'incarnerai parmi eux. J'apparaîtrai comme l'un

---

(88) Les êtres des huit classes, communément appelés *tianlong babu* 天龍八部 comprennent outre les *deva* et les *nāga*, les *yakṣa*, les *gandharva*, les *asura*, les *garuda*, les *kiṁnara* et les *mahoraga*, soit en tout huit catégories d'êtres surnaturels, dont le *sūtra du Lotus* parle abondamment.

de leurs parents, me reconnaissant comme leur disciple. Je soumettrai tous les esprits mauvais. Je subjuguerai tous les hérétiques. Je ferai que ceux qui possèdent la sagesse obtiennent une large renommée. Je m'incarnerai alors dans les quatre classes de fidèles. Dans la montagne, dans les villages et dans tous les endroits à la fois, j'apparaîtrai pour leur servir de protecteur. Je prendrai tantôt l'aspect d'un très puissant roi des dieux, tantôt celui d'un moine. Ou encore, je serai un ermite ou bien je deviendrai roi, fonctionnaire ou ministre, pour gouverner le pays et punir tous les hommes mauvais qui enfreignent les règles. S'il en est qui, durs comme le fer, ne changent pas d'esprit, je les enverrai dans l'enfer Avīci; par tous les moyens, je les forcerai à se convertir, à se tourner vers les prédicateurs de la Loi; alors ils se prosterneront, imploreront leur pardon et deviendront leurs disciples pour les imiter. Je ferai que toutes leurs mauvaises actions soient transformées en actes heureux.

S'il n'en est pas ainsi, que je n'obtienne pas l'illumination!

(2) *Il aidera les êtres à se préparer pour la venue de Maitreya.*

(789 *c*/21) Moi, désireux de partager avec tous les êtres mon heureux *karma*, depuis mon illumination jusqu'à la venue en ce monde de celui qui doit venir, Maitreya, le Vénéré du monde, j'obtiendrai au complet les dix étapes de la *bodhi*[89]; j'entrerai dans le degré sans souillure; je serai le premier parmi les êtres prédestinés [à la *bodhi*]. Pendant ces innombrables *kalpa* qui me séparent encore de la réalisation de la Voie du buddha, les trois-mille chiliocosmes deviendront l'unique terre du buddha, celle qui surpassera les mondes glorieux et purs des dix directions, celle qui dépassera tous les mondes impurs. Grâce à la force de mon vœu, je ferai que tous les êtres, fussent-ils réunis en un seul endroit, comprennent [chacun selon son propre degré], les différentes pensées du buddha. Que les gens mauvais, une fois disciplinés, fassent naître en eux la résolution [d'atteindre] la *bodhi*. Qu'ayant eu cette résolution, ils voient l'impur et le mauvais devenirs purs. Que les sept joyaux, les fleurs et les fruits, en tout temps, soient au complet, sans qu'il y ait de différence dans les quatre saisons. Que les catégories de divinités célestes et d'hommes, qui habiteront ce pays, n'aient qu'une seule couleur dorée, possèdent les trente-deux marques [du buddha], ses quatre-vingt caractéristiques, et comme lui, les six pouvoirs surnaturels.[90] Sans la sagesse du buddha nul n'a la connaissance.

S'il n'en est pas ainsi, que je n'obtienne pas l'illumination.

---

(89) Les dix terres *shidi* 十地. Il semble que ce schéma du progrès spirituel ait été l'une des grandes préoccupations de Huisi. Ce thème fut déjà abordé et développé dans sa biographie, cf. note 10 du ch. II, p.29.

(90) Ce sont là les signes de l'ère messianique de Maitreya. Ils sont synonymes de paix universelle, puisqu'il n'y aura plus de convoitise au cœur des êtres.

b. *Pour les temps à venir.*

(1) *Que les êtres fassent vœu de naître en son pays de félicité.*

(790 *a*/3) Si j'obtiens d'être buddha,[91] que tous les êtres des dix directions fassent tous vœu de naître en mon pays.[92] Que tous obtiennent au complet la Voie de Samantabhadra.[93] Que, suivant leur désir premier, ils exercent rapidement leur volonté souveraine. Qu'ils obtiennent les trente-deux marques [du buddha], ses quatre-vingt caractéristiques, la sagesse et les pouvoirs surnaturels. Qu'ils convertissent les êtres également, sans aucune discrimination. La boisson, la nourriture, les vêtements, il suffira d'y penser pour qu'ils apparaissent; il ne sera pas nécessaire de les fabriquer.

S'il n'en est pas ainsi, que je n'obtienne pas l'illumination!

(2) *Que les êtres désirent voir sa réincarnation, pour suivre son exemple.*

(790 *a*/7) Si j'obtiens d'être buddha, que tous les êtres dans les dix directions entendent mon nom; qu'ils observent les règles avec zèle, qu'ils cultivent et pratiquent les six perfections. Qu'ayant accueilli mon vœu, ils glorifient mon nom. S'ils désirent me voir incarné qu'ils pratiquent [le *samādhi*] en sept jours et trois fois sept jours, et aussitôt ils obtiendront de me voir et tous leurs vœux de bien seront réalisés.

S'il n'en est pas ainsi, que je n'obtienne pas l'illumination!

(3) *Ceux qui meurent en état de péché seront sauvés à l'invocation de son nom.*

(790 *a*/11) Si j'obtiens d'être buddha et que dans les mondes des dix directions, il y ait des êtres qui, pour avoir commis les cinq fautes impardonnables, doivent tomber en enfer, qu'au moment de mourir ils rencontrent un homme de bonne sagesse qui leur enseigne comment glorifier mon nom; qu'ils joignent les mains, célèbrent mon nom dans une louange ininterrompue durant dix invocations. Quand ils seront sur le point de mourir, ils obtiendront de me voir, accueillant leurs âmes et les faisant renaître dans mon pays pour leur prêcher le Grand Véhicule. Ces hommes, ayant entendu la Loi, obtiendront le consentement à la non-existence [délivrée des sensations trompeuses] et à jamais ils seront fermes dans leur conversion.

S'il n'en est pas ainsi, que je n'obtienne pas l'illumination!

---

(91) Expression tirée du *Wuliangshou jing*, cf. T. 360, vol. 12, p.276 *c*/17 sq; cf. note 22 de ce chapitre. A partir d'ici, Huisi imite les vœux de Dharmākara.

(92) Huisi a un tel désir de voir l'avènement de Maitreya et d'entrer dans son paradis, qu'il s'identifie pleinement à eux. Ainsi le pays de Maitreya devient le sien.

(93) Puxian 普賢 (Samantabhadra). La Voie de Samantabhadra n'est autre que celle du *sūtra du Lotus* considéré comme la Loi fondamentale (*li* 理). Samantabhadra est avec Mañjuśrī l'assistant du Buddha. Il chevauche l'éléphant blanc. Il réside aussi dans la région est.

(4) *Que vienne un monde parfaitement pur.*

(790 *a*/17) Si j'obtiens d'être buddha, dans un monde purifié, sans les trois destinées mauvaises et sans femmes, tous les êtres seront réincarnés, avec les trente-deux marques et pourront voler à leur gré. La clarté de ce monde rayonnera partout; il n'y aura plus ni soleil ni lune. Dans le pays aux sept joyaux il n'y aura plus d'impureté.

S'il n'en est pas ainsi, que je n'obtienne pas l'illumination!

(5) *Que par son nom soient sauvés les êtres tombés dans l'enfer Avīci.*

(790 *a*/21) S'il est des êtres dans le grand enfer, qu'ayant entendu mon nom, ils obtiennent aussitôt la délivrance.

S'il n'en est pas ainsi, que je n'obtienne pas l'illumination!

(6) *Secours porté aux esprits affamés (preta).*

(790 *a*/ 23) S'il est des êtres tombés parmi les *preta* qui durant cent, mille, dix-mille *kalpa,* n'entendent pas même prononcer les mots de nourriture et de boisson; qui continuellement soient brûlés par le feu de la faim, ou qui endurent de grandes souffrances, qu'ayant entendu mon nom, ils puissent alors être rassasiés; qu'ils obtiennent le pouvoir de la mémoire correcte, abandonnent leurs corps de *preta,* renaissent parmi les humains ou les divinités (*deva*). Qu'ils fassent naître en eux un esprit de *bodhi* et ne reviennent pas sur leur conversion.

S'il n'en est pas ainsi, que je n'obtienne pas l'illumination!

(7) *Secours porté à ceux qui sont tombés dans le règne animal.*

(790 *a*/28) S'il est des êtres, qui, par suite d'actions mauvaises, sont tombés dans le monde animal et endurent toutes sortes de souffrances, qu'en entendant mon nom, toutes leurs douleurs soient à jamais éteintes. Qu'ils obtiennent aussitôt le corps droit des humains ou des divinités célestes; qu'ayant entendu la vraie Loi, ils accomplissent la sainte Voie.

S'il n'en est pas ainsi, que je n'obtienne pas l'illumination!

(8) *Salut porté à ceux qui sont en prison.*

(790*b*/2) S'il est des êtres enfermés et enchaînés dans les prisons, fouettés et meurtris, qu'ils glorifient mon nom et manifestent un esprit de *bodhi.* Alors ils obtiendront la délivrance et leurs mauvaises blessures guériront. Ayant ainsi fait naître en eux un esprit de *bodhi,* ils demeureront fermes dans leur conversion.

S'il n'en est pas ainsi, que je n'obtienne pas l'illumination!

(9) *Secours porté aux condamnés à mort.*

(790 *b*/5) S'il est des êtres empêtrés de liens, se heurtant à un sort mauvais,

en raison d'une faute ou en l'absence de toute faute, qu'au moment de subir la peine capitale, ils glorifient mon nom. Le sabre, les bâtons, la cangue et les fers tenus par les bourreaux éclateront tous en morceaux. Ils obtiendront aussitôt la délivrance. Ayant fait naître en eux un esprit de *bodhi,* ils demeureront fermes dans leur conversion.

S'il n'en est pas ainsi, que je n'obtienne pas l'illumination!

(10) *Secours porté à ceux qui souffrent de maladies.*

(790 *b*/9) Que tous les êtres innombrables des dix directions, souffrant de cent et mille maladies, entravés par leurs actes [antérieurs] et ne pouvant développer toutes leurs racines [de bien], glorifient mon nom, le gardent sans l'oublier, méditent avec une attention correcte. Alors leurs souffrances seront éteintes; toutes leurs racines [de bien] s'épanouiront et ils obtiendront aussi la paix.

S'il n'en est pas ainsi, que je n'obtienne pas l'illumination!

(11) *Secours porté aux bons moines, encore victimes de leurs fautes passées.*

(790 *b*/13) S'il est des moines vivant dans les montagnes, récitant le *sūtra de la Prajñā,* et tous les sūtras du Grand Véhicule, cultivant et étudiant la méditation ainsi que les pouvoirs surnaturels, qui, par suite d'entraves [causées par] leurs fautes antérieures, ne parviennent à aucun résultat, que par trois fois, le jour et la nuit, ils glorifient les buddhas des dix directions et récitent mon nom. Les désirs de ces gens, tout ce qu'ils peuvent rechercher, tout cela sera aussitôt comblé.

S'il n'en est pas ainsi, que je n'obtienne pas l'illumination!

(12) *Que l'univers manifeste un esprit de bodhi.*

(790 *b*/17) Si j'obtiens d'être buddha, que les mondes des dix directions, les êtres des six destinées, entendent mon nom, fassent naître en eux un suprême esprit de *bodhi,* demeurent à jamais fermes dans leur conversion.

S'il n'en est pas ainsi, que je n'obtienne pas l'illumination!

(13) *Qu'en devenant buddha, il entraîne aussi les autres.*

(790 *b*/20) Lorsque j'obtiendrai d'être buddha, qu'un rayonnement sans limite ne cesse de tout illuminer. S'il est quelqu'un des quatre catégories d'êtres, à la recherche de la Voie de buddha, qui entende mon nom, cultive et pratique [la Loi] selon mon vœu, aussitôt il obtiendra la réalisation des dix degrés [de sainteté] et il entrera dans la sagesse du Tathāgata.

S'il n'en est pas ainsi, que je n'obtienne pas l'illumination!

(14) *Que l'univers le loue et que les êtres obtiennent la bodhi.*

(790 *b*/23) Si j'obtiens d'être buddha, que les mondes des dix directions

et tous les buddhas, ensemble me louent, fassent connaître mon vœu et les mérites du Buddha. Qu'en entendant cela, les êtres obtiennent aussi d'être prédestinés [à la *bodhi*].

Si ce vœu n'est pas rempli, que je n'obtienne pas l'illumination!

(15) *Il prêchera à tous le sūtra de la Prajñāpāramitā.*

(790 *b*/26) Dans le monde à venir, quand j'obtiendrai de devenir buddha, à la multitude je prêcherai la *Prajñāpāramitā*. Les mondes des dix directions seront secoués de six tremblements. Le sūtra en or, le coffret précieux surgiront devant eux. A la multitude j'expliquerai l'origine de mon vœu. Ce sera comme dans l'assemblée de tous les buddhas, sans aucune différence.

S'il n'en est pas ainsi, que je n'obtienne pas l'illumination!

c. *Retour au temps présent.*

(790 *c*/1) Si tous les vœux que j'ai faits précédemment ont pour vrai motif la recherche de la Voie du Buddha, sans compter le nombre de *kalpa*, je cultiverai avec zèle la méthode appropriée; j'étudierai toutes les doctrines subtiles. A l'égard de tous les êtres, je concevrai une grande compassion, avec constance et sans négligence. La vertu et la sagesse seront complètes. Tous les vœux formulés plus haut, je dois les réaliser sans plus attendre.

S'il n'en est pas ainsi, que je n'obtienne pas l'illumination!

(790 *c*/5) Je fais le vœu qu'en cette vie me soit donnée la récompense des grands immortels; que j'obtienne les six pouvoirs surnaturels. Par toutes sortes de métamorphoses dans les dix directions et les six destinées, j'apparaîtrai partout dans mon corps de gloire et en même temps je prêcherai la Loi. Les êtres qui l'entendront ne reviendront plus sur leur conversion et réaliseront rapidement la *bodhi*.

S'il n'en est pas ainsi, que je n'obtienne pas l'illumination.

V. Imprécations contre les méchants et espoir mis dans la venue de Maitreya.

1. *Imprécations contre ceux qui oseraient profaner le sūtra et son coffret.*

(790 *c*/8) Conformément à ce vœu, voici le texte du sūtra en or, le coffret précieux en béryl. Pour prêcher la *Prajñā*, un baldaquin garni des sept joyaux, des clochettes et des filets d'or et d'argent, des socles et objets précieux ainsi que tous les objets de culte. S'il est des gens mauvais qui viennent dans l'intention de voler ou d'enlever ces objets précieux, que leur cœur méchant, à l'instant même, soit frappé de syncope; ou encore qu'ils perdent la raison, divaguent et d'eux-mêmes révèlent leur faute. Si une main touche à ces objets,

elle sera aussitôt brisée. Ceux qui les regarderont d'un oeil malveillant, deviendront aveugles des deux yeux. S'il en est dit du mal, il adviendra aussitôt que les gens mauvais resteront muets ou perdront leur langue. S'il en est qui viennent avec l'intention secrète de fomenter des troubles ou de dresser toutes sortes d'obstacles, que leurs deux pieds soient brisés, ou même qu'ils soient paralysés. Ou encore que ces gens renaissent dans l'enfer Avīci, poussent un cri terrible qui s'entende dans les quatre directions. Que tous les gens mauvais le constatent. Pour que la Loi demeure à jamais, que la vraie Loi soit protégée et que soient convertis tous les êtres, je fais un tel vœu. Pour moi, je n'ai pas un cœur double et pas de jalousie. Que les sages et les saints des dix directions me servent de témoins.

2. *Le Vœu est désormais formulé dans la perspective de la venue de Maitreya.*

(790 *c*/18) Je veux à nouveau proclamer le sens de ce vœu et je formule ces *gātha*.

Que me soient donnés un corps et un cœur
qui éprouvent la *Prajñāpāramitā*,
embrassent son sens infini
pour le prêcher partout à tous les êtres.
Que me soient données un corps et un cœur
qui éprouvent la *Prajñāpāramitā*
et au début du bon *kalpa* à venir
obtiennent de voir le buddha Maitreya.
Que parmi ceux qui sont prédestinés [à la *bodhi*]
mon nom soit le tout premier.
Que j'embrasse toutes [les formes] de méditation,
tous les pouvoirs surnaturels et toutes les perfections.
Que dès cette existence,
je m'exerce à tous les ascétismes.
Afin de rechercher la Voie de buddha,
je ne m'inquiète pas de ma propre vie.
Que je vive cinq-mille millions d'années,
comme la durée de ce monde,
pour la Voie, je cultiverai l'ascétisme.
Ou encore, que je vive six-mille millions d'années
et ainsi jusqu'au *kalpa* vertueux,
pour obtenir la vision du buddha Maitreya,
je possèderai au complet toutes les sagesses,
je serai le tout premier des prédestinés.
Je fais le vœu très ferme que dans le *kalpa* vertueux à venir
j'aurai au complet les six perfections,
j'aurai à mon gré les pouvoirs surnaturels,
à l'égal des buddhas des dix directions.
Je fais le vœu au début du bon *kalpa* vertueux
de prêcher la Loi et de sauver les êtres.

Que par la puissance de ce vœu,
je fasse tourner la roue de la Loi suprême.
Que ma vie s'étende sur des *kalpa* innombrables,
que je diffère mon entrée dans le *nirvāṇa*
aussi longtemps que les dix directions ne seront pas converties.
Pour les êtres, je supporterai [cette] souffrance.
Quand le monde sera très pur,
les êtres seront tous convertis;
les trois mauvaises destinées n'existeront plus
et il n'y aura plus de femmes.
Les divinités célestes et les hommes ne feront plus qu'une seule espèce;
ils auront les signes et les caractéristiques du Vénéré du monde.
(*a*/11) Tous auront au complet le pouvoir d'agir suivant leur volonté.
Leur sagesse sera comparable [à celle des buddhas].
Les êtres seront capables de voler.
Ils pratiqueront toutes les formes de méditation.
Ils égaleront les buddhas et les *bodhisattva*.
Il n'y aura plus ni double véhicule ni auditeurs.[94]
Dans les mondes des dix directions,
toutes les terres impures,
tous les êtres mauvais [éloignés de la Voie par] les trois obstacles,
sourds au renom des Trois Joyaux,
par la puissance du grand vœu,
par la bonté et par la pitié, seront convertis.
Les terres impures seront transformées en Terre Pure;
les êtres seront égalisés.[95]
Les divinités, les hommes et autres, sans distinction,
voleront et répandront de la clarté.
Les femmes deviendront toutes des hommes.
Alors cesseront les trois mauvaises voies.
(*a*/20) Les grands enfers des dix directions,
je les parcourrai tous,
convertissant tous les pécheurs,
les faisant tous naître hommes ou divinités.
Le temps venu ils seront tous l'égal des *bodhisattva*,
ils ne passeront pas par les deux catégories intermédiaires.
Les animaux et les *preta* affamés
de la même façon seront rétribués.

---

(94) Seul existera le véhicule unique (*yicheng* 一乘) celui des buddhas et par extension celui du *sūtra du Lotus*. Ce dernier parle d'ailleurs du Véhicule Unique des buddhas (*yi focheng* 一佛乘).

(95) *Zhongsheng yi qiping* 衆生亦齊平. Tous les êtres seront égalisés, c'est à dire qu'ils seront tout à la fois pacifiés, qu'ils posséderont tous au complet les caractères du buddha. Désormais, il n'y aura plus d'êtres inférieurs, c'est à dire vivant dans le règne animal, dans les enfers, ou encore dans un corps de femme. Ils seront tous hommes ou divinités et pourront recevoir l'illumination.

Parmi les mondes des dix directions,
s'il est un seul pays
où il n'en soit pas ainsi pour les vivants,
je fais le vœu de ne pas atteindre l'illumination parfaite.
Parmi les mondes des dix directions,
s'il est un pays mauvais,
dont les êtres ont tous des vues perverses,
et sont obstinément méchants,
moi, par la puissance de mon vœu,
par mes pouvoirs surnaturels, je les materai;
avec acharnement je les forcerai
à prendre refuge dans les Trois Joyaux.
(b/1) Ou encore m'associant d'abord à eux,
par une méthode appropriée, je les guiderai
de sorte que leur esprit étant charmé,
ils changeront et entreront dans la Voie du buddha.
Parmi les mondes des dix directions,
les êtres obstinément mauvais
dans les trois mauvaises voies et les huit difficultés
entendront tous mon nom.
Par la douceur, je les convertirai, ou par la force,
je leur imposerai d'entrer dans la Voie du buddha.[96]
Ou encore je suivrai d'abord leurs désirs
puis je ferai qu'ils brisent leurs illusions.
Parmi les mondes des dix directions
s'il est des conflits armés,
des nations s'entredéchirant,
des peuples frappés de famine,
soit je me ferai valeureux général
pour les soumettre et rétablir l'harmonie.
(b. 10) Les cinq céréales mûriront en abondance,
les dix-mille habitants jouiront de la paix;
soit encore, me transformant de manière appropriée,
je me ferai *deva*, *nāga* et esprit.
Par une méthode appropriée, je punirai les rois mauvais
et leurs mauvais sujets.
Je parcourrai tous les pays mauvais,
agissant conformément à mon vœu,
soumettant les incroyants qui tous
feront naître en eux un esprit de *bodhisattva*.
Parmi les mondes des dix directions, les *tathāgata* de la Terre Pure,
tous mêlés à la multitude,

---

(96) Cette méthode de conversion est en fait réservée au *bodhisattva du Lotus* aux facultés aiguës. Cf. *L'Activité sereine et plaisante*, T. 1927, vol. 46, p.702 *a*/20 sq.

glorifieront mon nom.

Tous ces buddhas vénérés du monde,

j'irai [les visiter] où ils résident,

les honorer d'un culte et les servir.

Au delà du passé, du futur, du présent,

en un seul instant de pensée,

je me manifesterai dans tous les corps de gloire,

(b/20) je tiendrai toutes les offrandes,

je servirai tous les Vénérés du monde.

Je garderai le trésor de la Loi du Buddha,

je convertirai tous les êtres,

je servirai tous les *bodhisattva,*

j'honorerai aussi les auditeurs de la Loi.

Grâce à l'efficacité des moyens appropriés,

je souhaite parvenir rapidement à la *bodhi,*

et au début du *kalpa* à venir,

voir Maitreya, le Vénéré du monde.

Je fais le voeu dans le bon *kalpa,*

de remplir les trente-sept conditions[97],

d'acquérir la puissance des grands pouvoirs surnaturels.

Au cours de plusieurs bons *kalpa,*

depuis le jour où mon esprit s'est ouvert

jusqu'à celui où j'obtiendrai la *bodhi,*

et durant le temps qui les sépare tous deux,

---

(97) *Sanshiqi pin* 三十七品. Les trente-sept conditions permettant d'atteindre la *bodhi* se composent: 1) des quatre moyens d'objectivité pour parvenir à une véritable éthique [(*sinianchu* 四念處), la contemplation du corps (*shen* 身) pour en découvrir l'impureté, celle de la sensation (*shou* 受) qui conduit à la souffrance, celle de l'esprit (*xin* 心) qui s'attache aux sensations impermanentes, celle des choses en général (*fa* 法) qui n'ont aucune nature propre]; 2) des quatre efforts droits [(*si zhengjin* 四正勤) pour mettre un terme à l'existence du mal, prévenir toute montée du mal, provoquer le bien et le développer]; 3) des quatre degrés d'acquisition des pouvoirs surnaturels [(*si ruyi zu* 四如意足): intense concentration, effort soutenu, maintien ferme du degré de sainteté et de *dhyāna* obtenu, méditation]; 4) des cinq facultés spirituelles [(*wugen* 五根): foi (*xin* 信), énergie (*qingjin* 精進), mémoire (*nian* 念), méditation (*ding* 定), sagesse (*hui* 慧); 5) des cinq pouvoirs (*wuli* 五力), identiques aux précédents, pris ici dans leur action négative, c'est à dire purgative; en même temps ces cinq pouvoirs impliquent que par la méditation on reçoit les pouvoirs surnaturels qui permettent d'adopter des méthodes appropriées, d'accomplir le voeu de *boddhisattva* et de témoigner de la grandeur de la Loi]; 6) les sept degrés d'illumination [(*qijuezhi* 七覺支), discernement du vrai et du faux (*zefa* 擇法), progrès constant (*qingjin* 精進), contentement (*xi* 喜), maintien du corps et de l'esprit dans un état de liberté (*qing'an* 輕安), pouvoir de se souvenir des divers états par lesquels on est passé dans la méditation (*nian* 念), pouvoir de méditation et de *samādhi* (*ding* 定), pouvoir de transe et d'extase (*xingshe* 行捨)]; 7) et enfin les huit voies correctes pour parvenir au *nirvāṇa* [(*ba zhengdao* 八正道); ce sont la vue correcte (*zhengjian* 正見) qui connaît les quatre Saintes vérités et ne vit pas dans l'illusion; la pensée correcte (*zhengsi* 正思); le langage correct (*zheng yu* 正語) qui évite tout ce qui est faux ou équivoque; la conduite correcte (*zheng ye* 正業) qui demeure sans cesse pure; l'existence correcte (*zhengming* 正命); le progrès constant vers l'obtention du *nirvāṇa* (*zheng qingjin* 正精進); la mémoire correcte (*zhengnian* 正念) qui garde présent le vrai et non le faux; la méditation correcte (*zhengding* 正定) qui demeure le parfait état de *samādhi*].

pour étudier la Voie, je pratiquerai l'ascèse,
j'abandonnerai toute parenté.
(c/1) Je vivrai désormais au cœur de la montagne,
je me repentirai d'avoir fait obstacle à la Voie.
Si j'obtiens la force des pouvoirs surnaturels,
je paierai en retour la bénévolence des buddhas des dix directions.
Je veux garder la Loi de Śākyamuni,
pour qu'elle demeure à jamais et ne connaisse pas de fin.
Jusqu'à ce que Maitreya vienne en ce monde,
je n'aurai de cesse de convertir les êtres.
Je fais le vœu de devenir en cette vie
un immortel doué de longévité et des cinq pouvoirs surnaturels,
de cultiver toutes les formes de méditation,
d'étudier le sixième pouvoir surnaturel,
de connaître au complet toutes les doctrines,
d'atteindre à l'illumination universelle,
à l'illumination parfaite, constante et pure,
et de sauver par elle tous les êtres.
Tous les buddhas ne sont ni bons ni mauvais.
Cependant, pour me conformer aux exigences de mon vœu,
pour adopter toutes les méthodes appropriées des buddhas,
je me manifesterai sous toutes les formes.

VI. Conversion personnelle et besoin d'assistance.

Nouvelle confession des fautes.

(791 c/11) J'entre aujourd'hui dans la montagne pour cultiver l'ascèse, pour me repentir d'avoir gravement violé les règles et de m'être opposé à la Voie. Je me repens de toutes les erreurs de mes existences, présente et passées. Pour protéger la Loi, je recherche une longue vie. Je ne désire pas renaître divinité céleste ou dans toute autre destinée. Veuillent tous les saints m'assister et m'aider à obtenir une bonne plante d'agaric et du cinabre divin. Je pourrai alors me guérir de toutes mes maladies, supprimer la faim et la soif, obtenir constamment de "méditer en marchant" et pratiquer toutes les formes de méditation. Je souhaite trouver au cœur de la montagne un endroit paisible, suffisamment d'élixir et de drogues pour remplir ce vœu. Recourant à la force du cinabre extérieur, je cultiverai le cinabre intérieur.[98] Celui qui entend pacifier les êtres doit d'abord se pacifier lui-même! Etant soi-même entravé, peut-on ôter les entraves d'autrui? Cela n'existe pas!

(791 c/18) Par la force de ce vœu à la recherche de la Voie,

(98) Ce passage, nous l'avons dit au chapitre I, p.21sq. évoque indubitablement les techniques taoïstes permettant d'acquérir l'immortalité. Dans son article dèjà cité, cf. *supra* p.209 Chen Yinke souligne que d'après le *Quan Tangwen* 全唐文, ch. 509, Zhanran 湛然 (711–782), 9ᵉ patriarche de l'école *Tiantai*, aurait écrit un *Shenxian zhuanlun* 神仙傳論, ce qui semblerait indiquer que les préoccupations de Huisi se seraient transmises à travers son école.

que je sois un immortel doué de longévité et que je voie Maitreya.

Ce n'est pas par attachement à la vie que je fais ce vœu.

Homme du commun n'ayant pas encore obtenu la Voie,

je crains de perdre cette vie, de renaître dans une

autre destinée, et de retomber dans les six conditions

qui m'empêcheraient de pratiquer la Voie.

Bien que les *dharma* soient vides dans leur substance et leurs accidents,

les actes bons ou mauvais ont forcément leur rétribution!

Je fais le vœu d'entrer dans la montagne pour étudier l'art des immortels

Ayant obtenu la force d'une longue vie, je chercherai la voie du Buddha.

Si mon vœu se réalise, j'entrerai au palais du dragon,

je garderai les *sūtras* des sept Buddhas vénérés du monde.

Les *sūtras* des buddhas du passé, du futur, du présent, je les garderai tous.

Parmi tous les mondes des dix directions,

s'il est un lieu où la Loi du Buddha risque de disparaître,

je fais le vœu d'en maintenir la lecture pour qu'elle ne disparaisse pas.

Pour tous ceux de ces pays, je prêcherai partout.

Les moines mauvais des mondes des dix directions,

et les mauvais laïcs aux vues perverses,

voyant ceux qui pratiquent la Loi, se précipitent pour les troubler.

J'apporterai mon aide pour les mater,

afin que soient en paix ceux qui prêchent la Loi,

et qu'ils soumettent les méchants et sauvent les êtres.[99]

Invocation adressée au panthéon des buddhas et des dieux.

(792 *a*/1) Je salue les buddhas du monde présent des dix directions,

les *bodhisattva,* les solitaires, les auditeurs,

Brahma, Indra et les quatre rois célestes,

les grands généraux protecteurs de la Loi, les porteurs de *vajra*

les immortels aux cinq pouvoirs surnaturels, les divinités terrestres,

les délégués [à la surveillance] des six jeûnes et les fonctionnaires infernaux,

toutes les divinités de bien protectrices de la Loi.

A présent, je me repens d'avoir fait obstacle à la Voie.

Je veux pour l'attester, rejeter tous mes égarements.

Pour rechercher la Voie, je veux au plus tôt devenir un immortel.

Je veux proclamer avec empressement la Loi de Śākyamuni,

et sur des *kalpa* innombrables témoigner ma reconnaissance aux Buddhas.

Pour protéger la Loi véritable, je fais ce voeu.

C'est pourquoi je fais en caractères d'or le *sūtra de la Prajñā.*

Pour protéger les êtres et ma propre vie,

___

(99) Toute cette partie, p.791 *c*/11–792 *a*/23, est certes rédigée sous forme de *gāthā* de sept caractères, mais le style est beaucoup plus lourd et emprunté que précédemment. Nous constatons le fait sans pouvoir vraiment tirer de conclusion quant à son authenticité et à sa date de rédaction.

je fais aussi en caractères d'or le *sūtra du Lotus*.

C'est pour le Grand Véhicule que j'entre au cœur de la montagne.

Je désire parvenir rapidement à l'état de grand immortel,

dans une longue vie parfaire les pouvoirs surnaturels,

rendre un culte à tous les Vénérés du monde des dix directions.

Dans le bon *kalpa* à venir, Maitreya

prêchera le *sūtra de la Prajñā* à la multitude.

Par la puissance surnaturelle du vœu que j'ai fait,

les sūtras en or, le coffret précieux apparaîtront,

jaillissant de la terre et se tenant dans l'espace;

au tremblement de l'univers, leur clarté rayonnera,

illuminant tous les mondes des dix directions.

Toutes sortes de sons merveilleux inciteront les gens

à louer, à vanter la Loi de Śākyamuni.

Les trois voies et les huit difficultés seront toutes écartées.

Qu'en présence de l'assemblée de Maitreya cela soit révélé.

Qu'en présence des buddhas des dix directions il en soit ainsi.

Que tous les vénérés du monde parlent de mon vœu,

dont le but est de sauver les êtres.

Je fais ce grand vœu et m'attache à sa pratique.

Je désire parvenir rapidement à l'état de grand immortel.

Pour protéger la Loi véritable, je forme ce vœu.

Veuillent les buddhas miséricordieux favoriser son prompt accomplissement.

Que tous les Buddhas vénérés du monde en témoignent.

Que Brahma, Indra et les quatre rois célestes l'attestent.

Que le soleil, la lune, les constellations et les astres,

les porteurs de *vajra* et les immortels,

les Cinq Montagnes,[100] les quatre mers et les montagnes célèbres,

et tous les grands saints rois en soient aussi témoins.

Que dans leur compassion, ils me protègent;

qu'ils fassent que ce vœu rapidement soit accompli!

VII. Appendice sur l'attitude des disciples.[101]

(792 *a*/24) Je dois constamment me rappeler ce vœu, me soustraire au processus des lois du *karma*, renoncer à la réputation, à l'appât du gain; jusqu'aux disciples mauvais, à l'intérieur comme à l'extérieur de la religion, il faut y renoncer. J'aspire seulement aux quatre pouvoirs magiques, aux huit

---

(100) Allusions aux cinq montagnes sacrées liées à la vie du Buddha et à leurs monastères respectifs en Inde.

(101) Cet appendice vient conclure de façon quelque peu surprenante l'ensemble du Vœu. Il trouverait mieux sa place après la biographie partielle, puisqu'il est une réflexion générale sur l'attitude de certains disciples qui manquent de sincérité et qui demeurent fermés aux interprétations, apparemment nouvelles, des sūtras. Il semble que ce soit une réflexion amère de Huisi sur des expériences concrètes. Il faut la rapprocher du texte de Daoxuan, cf. ch. II, p.46 sq. décrivant la fin de Huisi et son amertume devant le peu de zèle de ses disciples.

modes de volonté souveraine, aux cinq vues comme aux diverses connaissances. Pour obtenir toute la sagesse du Buddha, il convient de montrer un
grand zèle. Il faut posséder au complet la force des pouvoirs surnaturels, pour
être capable de convertir les êtres. Il faut penser aux buddhas des dix directions et aux grands maîtres à la sagesse vaste comme l'océan. En ce monde,
certains moines et laïcs, dans un grand empressement, demandent qu'on leur
explique tout ce qui concerne le culte, d'autres n'hésitent pas à vous contraindre brutalement à prêcher [la doctrine] des sūtras. Ces diverses catégories
de moines et de laïcs n'ont absolument aucune connaissance du bien; ils ont
une connaissance pervertie. Pour quelle raison? Tous sont envoyés par des
esprits mauvais. Au début ils feignent le plus grand empressement, comme si
leur cœur était bon, mais ensuite, tout soudain, ils se mettent en colère.
Bons ou mauvais, ces deux formes d'esprit ne disent rien qui vaille. Dès à
présent il ne faut plus s'y fier. Il en est de même pour ceux qui étudient la
Voie. A aucun d'entre eux on ne peut faire confiance. Ils sont remplis de
haine et simulent l'amitié. Que c'est dur! Que c'est dur! Dans tous les territoires inimaginables des rois il en est ainsi!
Discerner! Discerner! Discerner! Discerner!

Vœu prononcé par Huisi le grand maître de *dhyāna* du Nanyue.

CONCLUSION GÉNÉRALE

Au terme de cette étude, quel portrait pouvons-nous retenir de Huisi, le maître du Nanyue? Quelles lignes directrices devons-nous suivre pour entrer au coeur de son œuvre? Quelle place a-t-on accordé à Huisi dans le bouddhisme chinois?

Les textes rédigés entre les sixième et quinzième siècles sont, dans l'ensemble, des témoignages cherchant à démontrer l'exemplarité de la vie du maître du Nanyue. Rien n'échappe à cette tendance, pas même la description physique de Huisi. Celui-ci nous est dépeint comme un homme se tenant parfaitement droit, avec une démarche de boeuf ou d'éléphant, et se signalant par une protubérance crânienne. Tout ceci correspond à une imagerie type du grand homme et du saint. Le premier de ces caractères est un symbole de rectitude, de droiture morale et d'harmonie parfaite dans la conduite. Il correspond au vingtième signe distinctif du Buddha. Les autres sont des stéréotypes liés au *sūtra du Lotus*; ils rappellent les douzième, quatorzième et soixante-et-unième marques du Buddha qui possède la doctrine profonde du *Lotus*. Enfin, la protubérance crânienne, signe de sainteté et de sagesse, libre de toutes passions, maîtresse de tous les pouvoirs surnaturels, est l'attribution à Huisi, selon les textes, du premier ou du trente-deuxième attribut du Buddha.

L'histoire a elle aussi été modifiée. Certes, la précision des références calendériques et l'exactitude des noms de lieux et de préfectures (pourtant sujet à de nombreux changements au gré des dynasties) nous apportent-elles la preuve que les biographes ont, pour la plupart, respecté une certaine vérité historique, mais souvent, l'ordre des faits, leur nature et leur durée ont été arrangés pour renforcer l'intensité du cheminement spirituel de Huisi. Ainsi, son entrée dans les monts du Nanyue est fixée au vingt-deuxième jour du sixième mois (31 juillet 568) afin que se vérifie cette prophétie: "Je dois demeurer dix ans exactement sur cette montagne, puis je m'en irai au loin." Il fallait donc que Huisi mourut à la même date dix ans plus tard. Les biographes ont tous accepté cette fiction. Néanmoins ils sont demeurés proches de la réalité, puisqu'on peut être sûr que Huisi, en 568, quitta effectivement la région du Dasushan. Toutefois, le chiffre dix a dans le bouddhisme une valeur très symbolique. L'application de cette même durée au séjour de Huisi sur le Nanyue démontre implicitement qu'il avait atteint la perfection et était parvenu au terme de ses réincarnations.

Autre interprétation des biographes: Huisi apparaît comme un être atem-

porel. Or, il s'avère, comme nous l'avons démontré au chapitre I, qu'il eut
à subir lui aussi les contraintes politiques et sociales de son temps. La révolte
de Hou Jing semble par exemple avoir bouleversé sa vie aussi violemment
que les conflits permanents aux frontières des royaumes du Nord et du Sud.
Cette volonté répétée de présenter l'existence de Huisi déliée de toute entrave
historique, dévoile l'intention des auteurs: identifier Huisi aux Sages d'autrefois. Comme eux, il refuse toute dépendance risquant de l'enchaîner aux pouvoirs publics. Comme eux, il traite les grands de ce monde avec impertinence.
Son attitude envers Xiahou Xiaowei, comme son refus d'obtempérer à un
décret impérial, en constituent des exemples. Huisi nous apparaît donc comme
l'Homme Véritable, le Sage qui ne s'assemble pas avec les hommes, pour
s'égaler au ciel. Il se retire dans la montagne pour exercer comme à distance
une action salutaire et salvatrice auprès d'eux. Il devient le sage bouddhiste
doué de toutes les vertus des sages d'autrefois.

Huisi est aussi considéré comme le parangon des pratiques du Lotus. Les
biographies qui lui ont été consacrées sont entièrement orientées vers cette
démonstration. C'est ainsi que Daoxuan nous a rapporté sa vie en s'inspirant
du schéma de *samādhi* du *fangdeng*. Celui-ci se déroule suivant cette progression: obtenir par des prières efficaces de voir l'un des douze princes du rêve,
se mettre ensuite à l'école d'un maître, faire vœu de garder les règles de
discipline, confesser ses fautes, puis pratiquer le *samādhi* proprement dit, c'est
à dire contempler la vacuité de toutes choses et entrer dans les positions de la
Voie Moyenne. Or, Daoxuan adopte exactement ce plan. Le rêve aurait eu,
s'il faut l'en croire, une place très importante dans la vocation religieuse de
Huisi, dans son éveil à la doctrine du *sūtra du Lotus*. Après avoir rêvé à Maitreya, à Amitābha, à Samantabhadra, Huisi fut investi d'une sorte de mission.
Pour s'y préparer, il s'en alla recevoir l'enseignement de Huiwen, considéré
comme le premier patriarche de l'école *Tiantai*, et d'autres maîtres tels que
Jian et Zui. Sa biographie nous relate ensuite avec quelle assiduité il observa
les règles de discipline et comment au terme d'une nuit mystique, il confessa
ses fautes. C'est seulement alors, nous dit Daoxuan, qu'il obtint l'illumination
et put concevoir tout le sens du *sūtra du Lotus*, devenu pour lui l'accès unique,
le véhicule unique de la Voie Moyenne.

On décèle facilement un autre postulat dans ces diverses biographies: Huisi
possède les pouvoirs surnaturels du *bodhisattva*. Daoxuan, pourtant le plus impartial et le mieux informé, accepte lui aussi ce principe. N'affirme-t-il pas
que Huisi avait le pouvoir de devenir infiniment petit ou infiniment grand, de
se rendre léger et d'échapper ainsi aux souillures de la boue des chemins battus
par la pluie? Ne perce-t-il pas les intentions bonnes ou mauvaises d'autrui?
Sa mort n'est-elle pas entourée de tout le merveilleux qui désigne le saint, le
bodhisattva: parfums étranges, magie des couleurs, signes fastes, souplesse du
corps? N'est-elle pas la rencontre de tous les buddhas, le départ vers un ailleurs annoncé depuis longtemps? En fait, Huisi nous est présenté comme un
bodhisattva capable des huit transformations magiques, maître des six pouvoirs
surnaturels. Or, ce sont les signes visibles du grand consentement.

On aura sans doute remarqué que ces pouvoirs sont surtout attribués à

Huisi dans la dernière partie de sa vie. On aura senti aussi quel contraste garde la biographie partielle de Huisi, au départ du *Vœu*, avec l'ensemble de ce texte où les pouvoirs surnaturels sont sans cesse évoqués. A l'existence douloureuse et persécutée des premières lignes s'oppose en quelque sorte le jeu souverain du *bodhisattva* qui transcende tout. Encouragés sans doute par cet exemple les biographes, aux alentours du dixième siècle, sont, nous l'avons vu, tombés dans l'hagiographie dans laquelle ils utilisent pêle-mêle traditions populaires, bouddhiques ou taoïques. C'est ainsi que la notion des trois degrés à franchir pour parvenir au *nirvāṇa* s'est concrétisée et a donnée naissance au mythe des trois existences de Huisi. Les bases du progrès spirituel et de l'illumination totale se sont transformées en trois incarnations. Pourquoi trois? Parce que, nous dit Huisi dans l'*Activité sereine et plaisante,* celui qui possède les trois degrés de sagesse peut réaliser pleinement la loi du Buddha en moins de trois existences successives. A ceux qui douteraient de sa sainteté, puisqu'il dut attendre la troisième pour atteindre l'Eveil, les biographes répondent aussitôt: ce retard est dû au parfait altruisme de Huisi qui préféra retarder sa propre progression pour aider les autres. Là encore, la vie de Huisi est exemplaire et correspond à l'idéal du *bodhisattva*!

L'histoire personnelle de Huisi sert aussi l'histoire du bouddhisme, dans la mesure où, à travers elle, nous est démontrée la supériorité de celui-ci sur les religions populaires et sur le taoïsme. L'esprit du Dasushan croise son chemin pour lui indiquer qu'il est arrivé à l'endroit désigné par son maître. Celui du Nanyue accepte de tracer avec lui les limites de leurs aires cultuelles respectives, puis il franchit un pas de plus en se mettant à son école pour apprendre la Loi du Buddha. Les dieux tutélaires des montagnes, symbolisés par la présence des tigres et du serpent, protègent Huisi de toutes les attaques. Enfin, la mise en esclavage des taoïstes au service de la communauté, leur réincarnation plusieurs siècles après, entrent dans le dessein du maître: entraîner à la conversion, par toutes sortes de moyens et quelle que soit la durée nécessaire, ceux qui s'opposent violemment à la Loi du Buddha et à ses fidèles.

Nous sommes donc obligés d'accepter cette image de Huisi, dont l'intérêt vient justement de ce mélange de vérité historique, d'apologétique et de stéréotypes qui, comme dans le théâtre chinois, permettent d'identifier aussitôt la valeur et le rôle du personnage sans que l'auteur ait à les préciser. La biographie ainsi conçue est un genre littéraire avant d'être une relation fidèle et sèche des faits réellement survenus.

En dehors de tous ces aspects, la biographie de Huisi a le mérite de nous décrire l'activité d'un moine du sixième siècle, et ses rapports avec les fidèles. La contemplation occupe une grande part des années de Huisi, mais on ne saurait oublier la place accordée par lui à la prédication. Or, les textes sur lesquels il prêche sont le sūtra de la *Perfection de Sapience* et celui du *Lotus*, des textes considérés comme essentiels dans la doctrine du Grand Véhicule et de la Voie Moyenne. Toujours d'après Daoxuan, il en fit l'exposé systématique; il comparait sa propre interprétation à celle d'autres maîtres et modifiait son opinion lorsque cela s'avérait nécessaire. Il choisissait certains termes dont il donnait le sens de manière très méthodique (l'*Activité sereine et plaisante* est un exemple: elle est la définition complète et large du titre, dont chacun des caractères est traité séparément, une méthode très en vogue à l'époque). En citant des apologues, il expliquait avec clarté et de façon concrète comment les sens et la connaissance sont fondamentalement purs, et comment tous les êtres portent en eux de façon indélébile la nature du Buddha. Apparemment, ces prêches avaient lieu dans les temples ou sur des terrasses construites à cet effet sur leurs abords.

Contrairement aux biographies consacrées à d'autres grands moines de l'époque, nous ignorons l'importance des foules rassemblées. Les renseignements les plus précis nous sont fournis par le *Vœu* mais ils demeurent encore bien généraux. Dans l'ensemble, nous savons seulement que sa réputation "s'étendit au loin", qu'elle attira à lui "une foule chaque jour plus nombreuse" comparable à celle des affluences de marché. Un seul chiffre nous est donné par Daoxuan: en quittant le Dasushan, Huisi aurait entraîné avec lui "quarante et quelques moines." En dehors de cela, il nous parle seulement de "grand nombre de disciples" tant au Dasushan qu'au Nanyue. Il nous apprend que les gens de lettres du Sud l'avaient pour maître, que l'empereur des Chen lui rendait visite dans sa montagne. Nous aimerions connaître quelques uns des noms de ses disciples, l'importance de la communauté rassemblée autour de lui, l'identité des moines qui l'accusèrent d'hérésie et vinrent semer le trouble dans ses assemblées de prédication. Malheureusement, les textes ne nous disent rien de tout cela.

Ils nous renseignent cependant sur deux aspects du comportement religieux de Huisi: son culte pour Maitreya et l'importance qu'il attachait aux règles de *vinaya*. Dans le premier cas, il est dit qu'il le vit plusieurs fois en rêve, qu'il façonna une statue à son image et lui rendit un culte. On sait, en outre, par l'ensemble du *Vœu* que Huisi désirait ardemment la venue de Maitreya en ce monde. Néanmoins, à juger par une réflexion désabusée tirée du *Vœu*, il ne semble pas qu'il ait espéré sa manifestation sous la dynastie des Wei, ce qu'attendaient pourtant ses contemporains. Quant aux règles de discipline monastique imposées à ses disciples, nous savons seulement qu'elles exigeaient la grande ascèse. Ceux qui suivaient le maître devaient se contenter du strict nécessaire et, contrairement aux coutumes de plus en plus répandues à l'époque, s'interdire pour un usage personnel toute aumône de soie. Les dons des fidèles devaient être employés au culte exclusif du Buddha. Nous ignorons quelle était la nature exacte de ces règles car Huisi ne nous a laissé aucun traité de discipline. En effet, nous avons démontré, à la suite de Sekiguchi Shindai, que le seul ouvrage de ce genre à lui être attribué, le *Shou pusa jieyi* (*Réception des règles de bodhisattva*), ne pouvait être de lui.

Si, en définitive, nous savons peu de choses sur sa vie, nous sommes mieux informés sur sa pensée, bien que trois seulement de ses oeuvres reconnues comme authentiquement de lui soient parvenues jusqu'à nous.

Nous avons constaté au cours du chapitre III que certains catalogues et inventaires se contentaient de recopier des listes anciennes sans plus d'esprit critique ou de vérifications. Zhipan, auteur du *Fozu tongji*, est le seul, dans la seconde moitié du treizième siècle, à vérifier l'existence des textes attribués à

Huisi. Il reconnaît n'avoir eu sous les yeux que le *Dacheng zhiguan famen*, le *Fahua jing anle xing yi* et le *Nanyue Si da chanshi li shiyuan wen*. Or, seul le second de ces trois ouvrages ne pose aucun problème!

Crâce aux sources japonaises nous pouvons déterminer approximativement vers quelle époque disparurent le *San zhiguan men*, le *Cidi chan yao*, le *Shilun xuan*. Ces trois œuvres ne figurent sur aucun catalogue d'ouvrages rapportés dans les caisses des moines japonais ayant voyagé en Chine. En 804, Saichō avait essayé de se procurer tous les textes de l'école *Tiantai*. Or, il ne put obtenir ceux-ci. Ennin n'eut pas davantage de chance. Ils étaient pourtant en circulation en 664 comme l'atteste Daoxuan. On peut donc en conclure qu'ils disparurent au cours du VIIIᵉ siècle, avant la suppression du bouddhisme de 842-845. L'hypothèse paraît vraisemblable. Ce siècle qui s'ouvrit sous l'usurpation du trône des Tang par Wu Zhao 武照 (624-705; cette concubine prit le titre d'impératrice Zetian 則天 en 690 et fonda la nouvelle dynastie des Zhou 周 dont elle fut l'unique souverain), connut en 725 la proscription de la riche secte bouddhique *Sanjie jiao* 三階教, fut bouleversé par la révolte du général An Lushan 安祿山 de 755 à 763 et vit enfin la reprise effective du pouvoir par les Tang en 780. On peut supposer que la disparition de certaines communautés bouddhiques mêlées de près à ces événements entraîna celle des textes conservés dans leurs bibliothèques.

Aujourd'hui, nous ne disposons que de trois textes pour connaître la pensée de Huisi. L'analyse que nous en avons faite nous permet d'aboutir aux conclusions suivantes. L'œuvre de Huisi est essentiellement consacrée aux problèmes soulevés par la contemplation (*dhyāna*). Ceci explique certainement la raison pour laquelle l'école *Tiantai* fut d'abord appelée l'école du *dhyāna* (ou *chan* en chinois) avant qu'une autre école du même nom prenne son véritable essor au IXᵉ siècle. La pensée de Huisi évolua; elle est parvenue à maturité dans le *Fahua jing anle xing yi*. La contemplation y est définie comme une "activité sans attribut" (*wuxiang xing* 無相行).

Cette activité sans attribut implique un état permanent de méditation, en ce sens que toutes les actions de l'individu sont imprégnées par elle. Elle ne repose pas sur la cessation du désir; elle ne demeure ni dans le matériel ni dans l'immatériel. Elle est libre de toute pensée de l'esprit, de toutes catégories mentales. C'est pourquoi Huisi la définit aussi comme un état souverain de contemplation (*zizai sanmei* 自在三昧) ou comme le *samādhi* du non-mouvement (*budong sanmei* 不動三昧). En effet, la vraie contemplation est celle qui s'opère dans l'esprit rendu parfaitement immobile (*budong*), c'est à dire capable d'un détachement absolu, comparable à "l'indifférence" d'Ignace de Loyola. Celle-ci suppose la maîtrise de toutes les motivations conscientes, voire même inconscientes, pour s'ouvrir en toute liberté et disponibilité à la lumière intérieure. Nous retrouvons la même mystique chez Huisi: il faut parvenir à une harmonie interne qui ne tienne ni aux pensées ni à leur suppression, ni aux désirs ni à leur rejet, ni à la différenciation (*fenbie* 分別) ni à la non-différenciation (*wufenbie* 無分別) des choses et des concepts, de manière à recevoir l'illumination complète, l'éveil soudain (*dunwu* 頓悟). La contemplation doit en effet trouver sa pleine expression dans ce subitisme de l'éveil, c'est à dire dans l'intuition de la véritable nature de toute chose. A ce niveau, la contemplation est parfaitement une activité sereine et plaisante (*anle xing* 安樂行).

Celle-ci est l'apanage du *bodhisattva du Lotus* (*Fahua pusa* 法華菩薩), c'est à dire de celui qui incarne en lui-même la doctrine contenue dans le *sūtra du Lotus*. Huisi le désigne aussi comme le *bodhisattva* aux facultés aiguës (*ligen pusa* 利根菩薩) par opposition au *bodhisattva* aux facultés obtuses (*dungen pusa* 鈍根菩薩) qui doit recourir à des pratiques graduelles (*cidi xing* 次第行), et se livrer à une activité avec attribut (*youxiang xing* 有相行) pour parvenir à la vérité et à l'illumination. Le *bodhisattva du Lotus*, en un seul esprit (*yixin* 一心), par une étude unique (*yixue* 一學), en un même instant (*yinian* 一念) et en même temps (*yishi* 一時) saisit pleinement la vérité de toute chose et pose des actes efficaces. Le but de tous les vivants est de parvenir à cet état de *bodhisattva* qui représente le Véhicule Unique (*yicheng* 一乘), c'est à dire le niveau suprême où tout s'illumine, le lieu privilégié de l'Eveil et de la contemplation. C'est, en d'autres termes, le véhicule du *Lotus*.

Le contemplation ainsi conçue procure la sagesse (*hui* 慧) ou encore la vue de Buddha (*foyan* 佛眼). Celle-ci perçoit que la nature de l'esprit est immuable et qu'elle est au-delà de toutes catégories. Mais pour bien comprendre cela, il faut se souvenir d'un principe essentiel : la nature est identique à la forme et inversement (*xiang ji xing* 相即性). Nombreuses sont les conséquences d'un tel postulat. Il implique que la nature fondamentale d'une chose, c'est à dire sa vacuité, ne peut être dissociée de ses manifestations extérieures et trompeuses puisqu'elles sont enchaînées par les liens de la causalité. Donc, la véritable connaissance est celle qui transcende toutes les catégories mentales, en affirmant tout à la fois la vacuité (*kong* 空), le caractère factice, changeant et donc temporaire (*jia* 假) des choses, ainsi que leur appartenance simultanée à cette double vérité (*zhong* 中). Nous aboutissons donc à une triple vérité (*sandi* 三諦) qui exprime parfaitement la nature fondamentale des choses (*shixiang* 實相). Cette appréhension de la triple dimension de la nature de toute chose, ainsi envisagée sous tous ses aspects, a lieu instantanément dans la contemplation.

Mais Huisi ne veut pas que la sagesse soit peu à peu réduite à un système philosophique, susceptible de rendre compte de toute la réalité. C'est pourquoi il préfère employer un terme plus général, *daren* 大忍, que nous avons traduit par "grand consentement." Celui-ci est, d'une part la connaissance parfaite libre de tout attachement (*zhenghui lizhu anle xing* 正慧離著安樂行), d'autre part la volonté de sauver tous les êtres. Ce double aspect de la sagesse nous paraît très important. En effet, nous pensons trouver là l'originalité de la pensée de Huisi. Celui-ci opère dans le grand consentement la synthèse des doctrines de la *Perfection de Sapience* et du *sūtra du Lotus*. Il associe la théorie de la triple connaissance (*sanzhi* 三智), de la triple vue (*sanguan* 三觀) ou encore de la triple vérité (*sandi* 三諦) à l'éthique de salut suivie par le *bodhisattva*. La sagesse selon Huisi n'est pas une entité abstraite : elle est une connaissance de la véritable nature des choses et des êtres, dont la perfection suppose en soi sa diffusion aux autres. Ces deux éléments de la sagesse sont indissociables. Dès lors, on comprend mieux pourquoi les biographes ont reconnu en Huisi l'homme qui unifia contemplation (*ding* 正) et sagesse (*hui* 慧).

Huisi servit aussi de trait d'union entre le bouddhisme du Nord et du Sud de la Chine. Nous avons décrit rapidement ces deux courants: le Nord était avant tout soucieux de bonnes œuvres et porté à la méditation; le Sud, moins bouleversé intellectuellement, préférait se livrer à l'exégèse des textes, à la classification de l'enseignement du buddha, au risque de sombrer dans l'intellectualisme, de réduire le bouddhisme à une simple métaphysique. En rapprochant l'une et l'autre tendance, Huisi sauva le Nord d'un trop grand piétisme et d'un quiétisme dangereux (dont nous pouvons trouver l'expression dans le culte de Maitreya et d'Amitābha); quant au Sud, il lui rappela que la religion du Buddha perdait son sens dès qu'elle devenait un simple système philosophique. On se rappellera les remarques sévères que Huisi fit sur ce sujet à Zhiyi quand il lui reprocha d'être fort dans l'interprétation des textes, mais bien faible dans la pratique de la contemplation. La leçon porta ses fruits, car Zhiyi, qui allait devenir le grand maître de l'école *Tiantai,* sut à son tour découvrir l'importance de la contemplation.

Toute étude de Huisi doit donc suivre cette ligne directrice maintes fois rappelée au cours de cette étude: en s'appuyant sur la contemplation, on développe la sagesse qui inclut la nécessité d'aider les êtres à entrer à leur tour dans un état de parfaite immobilité de l'esprit (*xin budong* 心不動).

Cette conclusion serait toutefois incomplète si nous ne soulignions pas l'importance de certains autres aspects de l'oeuvre de Huisi. Zhipan fait remarquer, par exemple, que cette intuition de la vérité et du rôle du grand consentement fut chez Huisi le fruit du *samādhi du Lotus* (*Fahua sanmei* 法華三昧). C'est grâce à lui, nous dit-il, que Huisi put dépasser les conclusions de son maître Huiwen. Au chapitre II nous avons analysé brièvement la nature de ce *samādhi*. Nous aurions pu faire de même pour d'autres types de *samādhi* dont les noms sont fréquemment évoqués dans l'œuvre de Huisi. Il parle en effet de *samādhi de la conscience libre* (*sui ziyi sanmei*, 隨自意三昧), du non-mouvement (*budong sanmei* 不動三昧), de l'éveil total (*pianjue sanmei* 遍覺三昧), de l'illumination (*zhaoming sanmei,* 照明三昧), de la contemplation du buddha (*nianfo sanmei* 念佛三昧), et d'autres encore. La variété de ces noms montre quelle importance Huisi attachait au "recueillement" (qui pourrait traduire le terme *samādhi*). Dans l'ensemble, ceux-ci correspondent à des formes précises de méditation et à des pratiques clairement définies, qui facilitent à l'adepte l'entrée dans la contemplation des buddhas, la confession de ses fautes, la prise de conscience de ses propres mérites pour ne pas désespérer, et enfin la découverte de la véritable nature des choses. Ces différents *samādhi* supposent tous des techniques de concentration, voire même de transe, et se déroulent en général sur une période de "trois fois sept jours" (*sanqiri* 三七日). Leur simple mention dans l'oeuvre de Huisi indique clairement son réalisme spirituel: l'idéal demeure l'intuition instantanée de la vérité, mais pour obtenir cette vision privilégiée, il faut s'y préparer par de fréquents exercices de *samādhi*.

Ceci nous conduit à une autre conclusion. Bien que Huisi ne se soit pas livré explicitement à la classification de l'enseignement du Buddha, ni même aux distinctions subtiles sur les différents véhicules, il est facile de déceler sa position. Nous l'avons soulignée au chapitre V. Pour Huisi, le *sūtra du Lotus* constitue l'essence de l'enseignement du Buddha. En outre, il admet l'existence des trois véhicules, celui des auditeurs (*śrāvaka*), celui des solitaires (*pratyeka-buddha*), celui des illimités (*bodhisattva*). Cette division ne vient pas de lui, mais il manifeste son originalité en affirmant qu'elle constitue une méthode pratique pour faire comprendre les divers degrés d'éveil à la Loi du Buddha. En fait, il n'y a qu'un seul véhicule, le véhicule des Buddha, autrement dit, celui du Lotus.

Ōchō Enichi a démontré, dans un article déjà cité, que nous avions là certaines des idées les plus importantes reprises par Zhiyi, dans son système du *panjiao* 判 教. Il rappelle que Huisi établit une différence dans l'approche de l'illumination suivant qu'on se situe dans le *Mahāyāna* ou dans le *Hīnayāna*. Il pousse même l'analyse du premier, puisqu'il comprend trois sortes de *bodhisattva,* l'un qui s'attache au concept de vacuité; l'autre qui est libre de tout attachement, y compris celui de la vacuité, mais qui s'appuie sur un gradualisme (*cidi* 次 第) pour atteindre à l'illumination; enfin, le troisième qui a l'intuition soudaine de la vérité.

Cette division est la base du *huafa sijiao* 化 法 四 教 proposé par Zhiyi. Celui-ci distingue quatre aspects de la prédication du Buddha, selon son contenu: 1) *sanzang jiao* 三 藏 教: les doctrines contenues dans le canon hīnayā-niste ont pour effet de parvenir à l'état de *śrāvaka* et de *pratyekabuddha* et éventuellement de *bodhisattva*; 2) *tongjiao* 通 教, la doctrine fondamentale du *Mahāyāna* vise avant tout à l'état de *bodhisattva*, et très secondairement aux deux autres considérés comme inférieurs; 3) *biejiao* 別 教, la doctrine élevée du *Mahāyāna* recherche exclusivement l'état du *bodhisattva*; 4) *yuanjiao* 圓 教, la vérité suprême de l'identité fondamentale de toute chose est réservée seulement au *bodhisattva* aux facultés aiguës dont nous avons longuement parlé. En outre, Zhiyi, à l'exemple de son maître, considère le *sūtra du Lotus* comme l'essence de la vérité du Buddha, tout en reconnaissant l'existence de certains de ses éléments dans d'autres sūtras.

Zhiyi, nous l'avons dit, a lui-même reconnu combien il devait à l'enseignement de Huisi. Il a aussi affirmé que les concepts de base de *zhi* 止 et de *guan,* 觀, c'est à dire de concentration et de contemplation, pour reprendre une traduction usitée, qui forment le thème de son œuvre la plus importante, le *Mohe zhiguan* 摩 訶 止 觀 (T. 1912 vol. 46), lui avaient été clairement définis par son maître. Sans doute est-ce pour cette raison que le *Dacheng zhiguan famen* figure dès le onzième siècle parmi les œuvres de Huisi. En s'appuyant sur le témoignage de Zhiyi, les historiens et les commentateurs chinois n'avaient, semble-t-il, aucune raison de rejeter un ouvrage qui leur était rapporté du Japon et que l'on attribuait à Huisi. Nous avons très brièvement rappelé au chapitre III comment trois grands commentaires chinois retrouvaient une inspiration et une démarche identiques à ce traité dans le *Mohe zhiguan* de Zhiyi.

Si séduisante que soit leur démonstration, nous ne pouvons souscrire sans réserve à leur opinion. S'il est vrai que Zhiyi se reconnut explicitement l'héritier spirituel de Huisi; s'il s'avère aussi que l'essentiel de l'œuvre de ce dernier est lié aux thèmes de la contemplation, nous n'en butons pas moins sur une série d'obstacles énumérés dans la seconde partie du chapitre III, le plus sérieux d'entre eux étant le suivant: le *Dacheng zhiguan famen* appartient au système philosophique du *shelun* 攝論, alors que le reste de l'oeuvre de Huisi s'apparente au *dilun* 地論. Certes pouvons-nous admettre que la pensée du maître évolua, mais rien ne nous permet, pour l'instant, de le prouver, pas même l'évolution remarquée d'un texte à l'autre, du *Sui ziyi sanmei* au *Fahua jing anle xing yi*, en passant par le *Zhufa wuzheng sanmei famen*. Celle-ci correspond à un approfondissement de sa doctrine et non pas à un changement des termes de sa réflexion. Espérons qu'un jour, à force de recherches et d'études comparatives, nous soit donnée la chance de résoudre cet important problème!

Pour l'instant nous devons seulement reconnaître que Huisi exerça une influence sur le bouddhisme chinois par l'intermédiaire de son disciple Zhiyi, en l'instruisant du rôle joué par la contemplation dans le développement de la sagesse et de celui de l'activité sereine et plaisante (*anle xing*). C'est ce lien qui a fait de lui le second patriarche de l'école *Tiantai*, le premier étant Hui-wen, dont nous savons simplement qu'il transmit à Huisi la doctrine de l'esprit unique (*yixin* 一 心) et de la triple contemplation (*sanguan* 三 觀). Cette lignée spirituelle que les adeptes du *Tiantai* rattachent à Kumārajīva, assura à Huisi une place privilégiée. Il fallait qu'il eut un disciple tel que Zhiyi pour que son enseignement soit clairement reçu et propagé. En effet, son œuvre, le plus souvent obscure et embrouillée, échappe à tout système, bien qu'elle puisse être principalement rattachée à celui du *dilun*.

Nous avons toutefois relevé certaines tendances communes aux écoles *Sanlun* et *Faxiang*: le *dilun* quant à lui donna naissance à une école du même nom absorbée dans la suite par l'école *Huayan* 華嚴. Cette parenté fait dire à certains auteurs modernes qu'il n'existe pas de différences fondamentales entre l'école *Tiantai* et l'école *Huayan*. Selon cette dernière, le Buddha, c'est à dire l'absolu inconditionné, est non seulement le principe immanent à tous les êtres, à toutes les pensées et à toutes les choses, mais, il est aussi comme un cœur de compassion qui cherche à sauver tous les êtres. Nous trouvons la même doctrine chez Huisi et dans l'école *Tiantai*. L'originalité de la secte *Huayan* vient de ce qu'elle s'intéressa non seulement aux rapports entre l'un et le multiple, mais encore à ceux des particuliers les uns avec les autres. Par ailleurs, à l'exemple du *Tiantai* qui fut fondé avant elle, elle-même devant son existence véritable à Fazang 法藏 (643-713), elle divisa les *dharma* en plusieurs catégories et essaya de concilier dans une vaste synthèse historique toutes les écoles bouddhiques.

En devenant le maître de Zhiyi, Huisi participa à la formation de l'école *Tiantai*. Celle-ci connut un commencement de déclin vers la fin du VIIe siècle, quand la nouvelle école de *dhyāna* (*chan* 禪) se développa sous l'influence de Huineng 慧能 (638-716) et de son disciple Shenhui 神會 (668-760). Mais Zhanran 湛然 (717-782) sixième patriarche du *Tiantai*, sut renouveler l'école et c'est l'un de ses disciples, Daosui 道邃, qui fut le maître de Saichō, 最澄, un moine japonais, qui implanta l'école au Japon où elle est encore très vivante.

Nous évoquons tout ceci pour mieux faire pressentir la place de Huisi dans le bouddhisme. Il contribua à la formation d'un bouddhisme authentiquement chinois, qui à son tour allait inspirer les moines japonais. Sa vision du monde, dans laquelle l'un et le multiple, le tout et les parties s'harmonisent, n'est-elle pas une expression du goût chinois de l'harmonie? Sa classification implicite des différents véhicules et des doctrines ne se rattache-t-elle pas à la tradition confucéenne qui a toujours cherché à expliquer l'évolution des événements par un certain relativisme? Sa recherche de l'illumination subite, dégagée des subtilités scolastiques des écoles indiennes et des fastidieuses démonstrations logiques ne fait-elle pas écho à l'humanisme confucéen et au naturalisme taoïste selon lesquels tout homme peut par lui-même devenir le Sage, le Saint? La vraie contribution de Huisi n'est-elle pas finalement d'avoir opéré une sorte de synthèse (on pourrait parler d'harmonie) des divers courants bouddhiques et des aspirations philosophiques et religieuses de son époque? A ce titre, il en est vraiment le représentant. Sa doctrine et sa vie ne peuvent être dissociées des recherches spirituelles et des transformations qui marquèrent le sixième siècle.

Notre étude aura eu pour but de donner à Huisi la place qui lui revient. Elle sera suivie dans un proche avenir par la traduction de ses trois œuvres. C'est déjà chose faite pour l'une d'entre elles ainsi que pour certaines parties des deux autres. Nous espérons de cette manière apporter une plus grande contribution aux recherches déjà entreprises sur le bouddhisme chinois.

A Paris le 15 Août 1978.

BIBLIOGRAPHIE

SOURCES ET TRAITES BOUDDHIQUES CHINOIS

Amituo jing, 阿彌陀經, trad. de Zhiqian 支謙 (vers 253), T. 366, vol. 12.

Apidamo dapiposha lun 阿毘達磨大毘婆沙論, par les 500 grands Arhats (?), T. 1545, vol. 27.

Banruo wuzhi lun 般若無知論, par Sengzhao 僧肇 (374-414), cf. Zhaolun 肇論.

Banzhou sanmei jing 般舟三昧經, trad. de Zhiloujiachan 支婁迦讖 (entre 167-186), T. 417 et 418, vol. 13.

Benqi jing 本起經, trad. de Dharmarkaṣa (vers 265-313), T. 199, vol. 4.

Bianzheng lun 辯正論, par Falin 法琳 (572-640), T. 2110, vol. 52.

Bailun 百論, par Āryadeva (?), T. 1569, vol. 30.

Buzhen kong lun 不眞空論, par Sengzhao 僧肇, ibid.

Chan biyao fa jing 禪祕要法經, trad. de Kumārajīva, T. 613, vol. 15.

Chanfa yaojie 禪法要解, trad. de Kumārajīva, T. 616, vol. 15.

Chengshilun 成實論, par Harivarman, T. 1646, vol. 32.

Chu sanzangji ji 出三藏記集, par Sengyou 僧祐 (mort en 518), T. 2145, vol. 55.

Chuyao jing 出曜記, trad. de Zhu Fonian 竺佛念 (vers 365), T. 212, vol. 4.

Cidi chanyao 次第禪要, par Huisi 慧思 (515-577), perdu.

Dacheng qixin lun 大乘起信論, attribué à Aśvaghoṣa (?), T. 1666-1667, vol. 32.

Dacheng rudao cidi 大乘入道次第, par Zhizhou 智周 (678-733), T. 1864, vol.45. (appelé aussi *Dacheng rudao zhang* 大乘入道章).

Dacheng tongxing jing 大乘同性經, trad. par Jñānayasas (vers 564-572), T. 673, vol. 16

Dacheng wu fangbian 大乘五方便, cf. mss. Pelliot 2058 et 2270.

Dacheng wusheng fangbian men 大乘無生方便門, cf. Stein 2503, T. 2834, vol. 85.

Dacheng xuanlun 大乘玄論, par Jizang 吉藏 (549-623), T. 1853, vol. 45.

Dacheng zhiguan famen 大乘止觀法門, attribué à Huisi 慧思 (515-577), T. 1924, vol. 46,

Dacheng zhiguan famen shiyao 大乘止觀法門釋要, par Zhixu 智旭 (1599-1655), Z. 2.3, vol. 5.

Dacheng zhiguan shuji, 大乘止觀述記, par Dixian 諦閑 (1923) édité par l'association Minguo zengxiu dazang jing hui 民國增修大藏經會, 1968.

Dacheng zhiguan zongyuan ji, 大乘止觀宗圓記, par Liaoran 了然 (1077-1141), Z. 2, 3., vol. 4 et 5.

Da fangdeng daji jing 大方等大集經, par Tanwuchan 曇無讖 (385-433?), T. 397, vol. 13.

Daming sanzang shengjiao mulu 大明三藏聖教目錄 (1527).

Daming sanzang shengjiao beizang mulu 大明三藏聖教北藏目錄 (1535).

Daqing sanzang shengjiao mulu 大清三藏聖教目錄 (1738).

Da banruo poluomiduo jing 大般若波羅密多經 (plusieurs versions), T. 220, vol. 5 à 7.

Da Tangnei dianlu 大唐內典錄, par Daoxuan 道宣 (664), T. 2149, vol. 55.

Da zhidu lun 大智度論, par Nāgārjuna (?), T. 1509, vol. 25.

Erdi yi 二諦議, par Jizang 吉藏 (549-623), T. 1854, vol. 45.

Fahua jing anle xing yi 法華經安樂行義 par Huisi 慧思 (515-577), T. 1926, vol. 46.

Fahua xuanyi 法華玄義, par Zhiyi 智顗 (538-597), T. 1716, vol. 23.

Fahua yi shu 法華義疏, par Jizang 吉藏 (549-623), T. 1721, vol. 34.

Fahua zhuanji 法華傳記, par Sengxiang 僧詳 (milieu du VIIIᵉ siècle), T. 2068, vol. 51.

Fanyi mingyi ji 翻譯名義集, par Fayun 法雲 (1088-1158), T. 2131, vol. 54.

Fayuan zhulin 法苑珠林, par Daoshi 道世 (mort en 683), T. 2122, vol. 53.

Fozu lidai tongzai 佛祖歷代通載, par Nianchang 念常 (1341), T. 2036, vol. 49.

Fozu tongji 佛祖統記, par Zhipan 志盤 (1269), T. 2035, vol. 49.

Gaoseng zhuan 高僧傳, par Huijiao 慧皎 (497-554), T. 2059, vol. 50.

Guang hongming ji 廣弘明集, par Daoxuan 道宣 (596-667), T. 2103, vol. 52.

Guan wuliang shou jing 觀無量壽經, par Kālayaśas (vers 450), T. 365, vol. 12.

Guanxin erbai wen 觀心二百問, par Jizhong 繼忠 (1012-1082), T. 1935, vol. 46.

Guanxin lun 觀心論, par Zhiyi 智顗 (538-597), T. 1920, vol. 46.

Gu niepan jing 古涅槃經, trad. de Faxian 法顯 (début du 5ᵉ siècle), T. 7, vol. 1.

Gutan jing 古檀經, compilé par Fahai 法海 (8ᵉ siècle), T. 2007, vol. 48.

He pusa jie wen 和菩薩戒文, ms. Stein 1073.

Hongzan fahua zhuan 弘贊法華傳, par Huixiang 惠詳 (667), T. 2067, vol. 51.

Huayan jing 華嚴經, trad. de Buddhabhadra (359-429), T. 278, vol. 9.

Jingde zhuan denglu 景德傳燈錄, par Daoyuan 道原 (1004), T. 2076, vol. 51.

Jiu za biyu jing 舊雜譬喩經, par Kang Senghui 康僧會 (mort en 280?), T. 206, vol. 4.

Jushe lun 俱舍論, par Vasubandhu, T. 1558, vol. 29.

Kaiyuan shijiao mulu 開元釋敎目錄, par Zhisheng 智昇 (668-740), T. 2154, vol. 55.

Laozi huahu jing 老子化胡經, apocryphe, T. 2139, vol. 44.

Lengqie jing 楞伽經, trad. de Guṇabhadra (394-468), T. 670, vol. 16.

Lidai sanbao ji 歷代三寶記, par Fei Changfang 費長房 (2ᵉ moitié du 6ᵉ siècle), T. 2034, vol. 49.

Lihuo lun 理惑論, dans *Hongming ji* 弘明集, T. 2102, vol. 52, p. 1 à 7.

Liudu jijing 六度集經, par Kang Senghui 康僧會 (mort en 280 ?), T. 152, vol. 3.

Luoyang qielan ji 洛陽伽藍記, par Yang Xuanzhi 楊衒之 (547), T. 2092, vol. 51.

Miaofa lianhua jing 妙法連華經, trad. de Kumārajīva (406), T. 262, vol. 9.

Miao shengding jing 妙勝定經, apocryphe chinois, conservé à Port-Arthur, et édité par Sekiguchi Shindai, à la fin de son *Tendai shikan no kenkyū*, p. 379-402.

Miao zhiguan 妙止觀, par Zhiyi 智顗 (538-597), T. 1911, vol. 46.

Mile dachengfo jing 彌勒大成佛經, trad. de Kumārajīva (402), T. 456, vol. 14.

Mile laishi jing 彌勒來時經, anonyme (entre 317 et 420), T. 457, vol. 14.

Mile xiasheng chengfo jing 彌勒下生成佛經, (trad. de Kumārajīva ?), T. 454, vol. 14.

Mile xiasheng jing 彌勒下生經, trad. de Dharmarkṣa (trad. 265-313), T. 453, vol. 14.

Mingshan youfang ji 名山遊訪記, par Gao Henian 高鶴年 (11ᵉ siècle), Hong-Kong, 1949.

Mohe banruo poluomi jing 摩訶般若波羅密經, trad. de Kumārajīva, T. 223, vol. 8.

Mohe moye jing 摩訶摩耶經 trad. de Tanjing 曇景 (479-502), T. 383, vol. 12.

Mohe zhiguan 摩訶止觀, par Zhiyi 智顗 (écrit en 594), T. 1911, vol. 46.

Nanyue ji 南嶽記, par Guanding 灌頂 (561-632), perdu.

Nanyue Si chanshi zhuan 南嶽思禪師傳, par Zhiyi 智顗 (538-597), perdu.

Nanyue Si da chanshi li shiyuan wen 南嶽思大禪師立誓願文, par Huisi, 慧思, T. 1933, vol. 46.

Nianfo sanmei jing 念佛三昧經, trad. de Gongdezhi 功德直 (entre 420-479), T. 414, vol. 13.

Pusa jie chifan yaoji 菩薩戒持犯要記, de Uŏn hyo 元曉 (né en 617), T. 1907, vol. 45

Pusa jiefa (*yiben*) 菩薩戒法(一本), par Daoxin 道信 (580–651), perdu.

Pusa jie yi shu 菩薩戒義疏, par Zhiyi 智顗, T. 1811, vol. 40.

Puxian guan jing 普賢觀經, trad. de Dharmamitra (356–442), T. 277, vol. 9.

Sanlun shu 三論疏, par Jizang 吉藏 (549–623).

Sanlun xuanyi 三論玄義, par Jizang 吉藏 (549–623), T. 1852, vol. 45.

San zhiguan men 三智觀門, par Huisi 慧思 (515–577), perdu.

Shamen bujing wangzhe lun 沙門不敬王者論, par Huiyuan 慧遠 in *Hong-mingji* V. 29–32 et T. 2108, vol. 52.

She dacheng lun 攝大乘論 par Asaṅga (5ᵉ siècle), T. 1595, vol. 31.

She dacheng lun shi 攝大乘論釋, par Vasubandhu (420–500), T. 1597, vol. 31.

Shelifou wen jing 舍利弗問經, auteur et traducteur non identifiés, T. 1465, vol. 24.

Shelun shu 攝論疏, par Tanqian 曇遷 (542–607), perdu.

Shengman jing 勝鬘經, trad. de Guṇabhadra (394–468), T. 353, vol. 12.

Shenseng zhuan 神僧傳, rédigé sous les Ming 明 (1417), T. 2064, vol. 50.

Shi buermen zhiyao chao 十不二門指要鈔, par Zhili 知禮 (960–1028), T. 1928, vol. 46.

Shidi jing 十地經, par Vasubandhu (420–500), T. 287, vol. 10.

Shiermen jie yi 十二門戒義, par Zhanran 湛然 (717–782), Z. 2, 10, 1.

Shiermen lun 十二門論, par Nāgārjuna, T. 1568, vol. 30.

Shiermen lun shu 十二門論疏, par Jizang 吉藏 (549–623), T. 1825, vol. 42.

Shilun xuan 釋論玄, par Huisi 慧思 (515–577), perdu.

Shiyi shu 十義書, par Zhili 知禮 (960–1028), T. 1936, vol. 46.

Shizhu piposha lun 十住毘婆沙論, par Nāgārjuna, T. 1521, vol. 26.

Shoujie chanhui wen 受戒懺悔文 T. 2165, 2166 et 2167, vol. 55.

Shoujie ji chan xuepai zhuandeng 受戒及禪血脈傳等, ?

Shoulengyan jing 首楞嚴經, apocryphe, (8ᵉ siècle), T. 945, vol. 19.

Shou pusa jie shu 受菩薩戒疏, ms. Stein 1073.

Shou pusa jie yi 授菩薩戒義 (ou encore *Miaole ben* 妙樂本) par Zhanran 湛然 (717–782), Z. 2, 10, 1.

Sifen lü 四分律, trad. de Buddhayaśas (vers 410), T. 1428, vol. 22.

Sishier zi kai yi 四十二字開義, attribué à Huisi, perdu.

Sishier zi men 四十二字門, par Huisi, perdu.

Sishier zi men yi 四十二字門義, attribué à Huisi, perdu.

Song gaoseng zhuan 宋高僧傳, par Canning 贊寧 (mort en 999), T. 2061, vol. 50.

Sui Tiantai dashi biezhuan 隋天台大師別傳, par Guanding 灌頂 (601), T. 2050, vol. 50.

Sui ziyi sanmei 隨自意三昧, par Huisi 慧思, Z. 3, 4.

Taishan ji 臺山記, attribué à Huisi, perdu.

Tiantai jiuzu zhuan 天台九祖傳, par Shiheng 士衡 (1208), T. 2069, vol. 51.

Tiantai pusa jie shu 天台菩薩戒疏 (ou encore *Mingkuang ben* 明曠本) par Mingkuang 明曠 (711-782).

Tiantai xiao zhiguan 天台小止觀, par Zhiyi 智顗 (538-597), T. 1915, vol. 46.

Tiantai zhizhe dashi fayuan wen 天台智者大師發願文, par Zhiyi 智顗 Z. 4, 1, p. 57-58.

Tiejuan ji 鐵卷記, attribué à Huisi, perdu.

Wang shifei lun 亡是非論, par Tanqian 曇遷 (542-607), perdu.

Weimojie jing 維摩詰經, trad. de Zhiqian 支謙 (mort après 253), T. 474, vol. 14.

Wu buqian lun 物不遷論, par Sengzhao 僧肇 (374-414) dans le *Zhaolun* 肇論.

Wuliang shou jing 無量壽經, en plusieurs versions, cf. T. 360 à 364, vol. 12.

Wuliang yi jing 無量義經, trad. de Dharmāgatayaśas (vers 481), T. 276, vol. 9.

Xu gaoseng zhuan 續高僧傳, par Daoxuan 道宣 (écrit en 645), T. 2060, vol. 50.

Zengyi ahan jing 增壹阿含經, trad. de Sanghadeva (en Chine de 383 à 398) T. 125, vol. 2.

Zhaolun 肇論, par Sengzhao 僧肇 (mort en 414), T. 1858, vol. 45.

Zhiguan fuxing zhuan hongjue 止觀輔行傳弘決, par Zhanran 湛然 (vers 765), T. 1912, vol. 46.

Zhong benqi jing 中本起經 trad. de Tanguo 曇果 (début du 3ᵉ siècle), T. 196, vol. 4.

Zhongguanlun shu 中觀論疏, par Jizang 吉藏 (549-623), T. 1824, vol. 42.

Zhongjing zhuan za biyu 衆經撰雜譬喻, par Daolüe 道略 (vers 405 ?), T. 208, vol. 4., ou peut-être Kumārajīva.

Zhong lun 中論, par Nāgārjuna, T. 1564, vol. 30.

Zhufa wuzheng sanmei famen 諸法無諍三昧法門, par Huisi, T. 1923, vol. 46.

Zongli zhongjing mulu 總理衆經目錄, par Dao'an 道安 (312-385), perdu.

Zuochan sanmei jing 坐禪三昧經, trad. de Kumārajīva, T. 614, vol. 15.

OUVRAGES NON BOUDDHIQUES

Lun fojiao biao 論佛教表, par Xunji 荀濟 (mort en 547), dans *Guang hong-ming ji*, T. 2103, vol. 52, p. 128-131.

Mouzi lihuo lun 牟子理惑論, dans *Hongming ji*, T. 2102, vol. 52, p. 3 sq.

Shenmie lun 神滅論, par Fanzhen 范縝 (début du VIᵉ siècle).

Yixia lun 夷夏論, par Gu Huan 雇歡 (en 467), dans *Hongming ji*, T. 2102, vol. 52, p. 41b-48a.

SOURCES ET TRAITÉS JAPONAIS MENTIONNÉS

Bodaishin giryaku mondō-shō 菩提心義略問答抄, par Annen 安然 (841-897?).

Bodaishin shū 菩提心集, par Chinkai 珍海 (mort en 1152 ou 1165?).

Bukkyō shoseki mokuroku. 佛教書籍目錄.

Chishō daishi zenshū 智證大師全集.

Chishō daishi shōrai mokuroku 智證大師請來目錄, par Enchin 圓珍 (814-891), T. 2173, vol. 55.

Daijō shikan juchū 大乘止觀頌註, par Jisan 慈山 (1637-1690), université de Ryūkoku, Otani et Risshō.

Daijō shikan kenmon 大乘止觀見聞, par Senson 泉尊 (1349).

Daijō shikan shakuyō zattō 大乘止觀釋要雜套(?) université de Taishō.

Daijō shikan shingi 大乘止觀眞僞, par Gōjitsu 豪實, au temple Mudōji 無動寺 du Hieizan.

Dainihon bukkyō zensho 大日本佛教全書.

Dainihon komonjō 大日本古文書.

Dengyō daishi shōrai daishū roku 傳教大師將來台州錄, par Saichō 最澄 (767-822), T. 2159, vol. 55.

Eshin sōzu zensho 惠心僧都全集.

Fusō ryakki 扶桑略記 (XIᵉ siècle).

Futsū ju-bodai kaigi kōshaku 普通授菩提戒儀廣釋, par Annen 安然 (841-897?).

Gengi shiki 玄義私記, par Shōshin 證貞 (mort après 1207).

Hokke bentai 法華辯體, par Genshin 源信 (942-1017), dans *Eshin sōzu zenshū* 惠心僧都全集 K 3.

Hokke ronki 法華論記, par Enchin 圓珍 (814-891).

Hokurei kyōji mondō 北嶺教時問答, par Annen 安然 (841-897 ?).

Jikaku daishi zaitō sōshin roku 慈覺大師在唐送進錄 par Ennin 圓仁 (791-863), T. 2166, vol. 55.

Jōdo shiki 淨土私記, par Chinkai 珍海 (mort en 1152 ou 1165?).

Kaimoku shō 開目鈔, par Nichiren 日蓮.

Kanjin honzon shō 觀心本尊鈔.

Kashiwara shū yōan ritsu 柏原宗要案立, par Jōshun 貞舜 (né en 1353).

Kegon gokyō shōempishō 華嚴五教章衍祕鈔, par Fujaku 普寂 (1707-1781).

Kegonshū sōsho byō immyō roku 華嚴宗章疏并因明錄 par Enchō. 圓超.

Kegon tangenki hokki shō 華嚴探玄記發揮鈔 par Fujaku 普寂.

Ketsujō ōjō shū 決定往生集, par Chinkai 珍海 (mort en 1152 ou 1165?).

Maka shikan shiki 摩訶止觀私記, par Shōshin 證眞 (mort au début du 13ᵉ siècle) in *Dainihon bukkyō zenshō.*

Nara-chō genzai issaikyō sho. 奈良朝現在一切經疏.

Nichiren shōnin ibun 日蓮聖人遺文, textes de Nichiren 日蓮 (1222-1282).

Nihonkoku jōwa gonen nittō guhō mokuroku 日本國承和五年入唐求法目錄, par Ennin 圓仁 (791-863), T. 2165, vol. 55.

Nittō guhō junrei gyōki 入唐求法巡禮行記, par Ennin 圓仁 (793-864).

Nittō shingushōgyō mokuroku 入唐新求正聖教目錄, par Ennin 圓仁 (791-863), T. 2167, vol. 55.

Ōjō yoshū 往生要集, par Genshin.

Rekidai Kōki 歷代皇紀 (XIᵉ siècle).

Risshō ankoku ron 立正安國論, par Nichiren .

Sanron gensho mongiyō 三論玄疏文義要, par Chinkai 珍海 (1091-1152), T. 2299, vol. 70.

Shichijō kenmon 七帖見聞, par Jōshun 貞舜 (1334-1422).

Shittan-zō 悉曇藏, par Annen 安然 (841-897?).

Sho ajari shingon mikkyō burui sōroku 諸阿闍梨眞言密教部類總錄 (ou encore *Hokke hiroku* 八家秘錄), par Annen 安然 (841-897?). T. 2176, vol. 55.

Shōshū shōshoroku 諸宗章疏錄 par Eichō 永超 (1014-1095), in *Dainihon bukkyō zenshō*.

Shugo kokkaishō 守護國界章, par Saichō 最澄 (767-822).

Taijū-ki 對受記, par Annen 安然 (841-897?).

Tendai sandaibu shiki 天台三大部私記, par Shōshin 證眞 (mort après 1207), in *Dainihon bukkyō zensho*.

Tendaishū shōsho 天台宗章疏 par Gennichi 玄日. (mort en 922), T. 2178, vol. 55.

Tōchū kōketsu 塔中口決, par Jōshun. 貞舜.

Tōiki dentō mokuroku 東域傳燈目錄, par Eichō 永超(1014-1095), T. 2183, vol. 55.

OUVRAGES ET ARTICLES EN CHINOIS

Chen Yinke 陳寅恪, *Chen Yinke xiansheng wenshi lunji* 陳寅恪先生文史論集, 2 vol., Hong-Kong, 1972-1973.

Chen Yinke, *Cui Hao yu Kou Qianzhi* 崔浩與寇謙之, in *Lingnan xuebao*, 嶺南學報, II, 1950.

Chen Yinke, *Tao Yuanming zhi sixiang yu qingtan zhi guanxi*, 陶淵明之思想與清談之關係, Pékin, 1945.

Chen Yinke, *Xiaoyaoyou Xiang Guo yi ji Zhidun yi tan yuan* 逍遙遊向郭義及支遁義探源, in *Qinghua xuebao*, 清華學報, nᵒ 12, vol. 2, avril 1937.

Daoan 道安, *Sanlun zong shilun*, 三論宗史論, in *Zhongguo fojiaoshi lunji*, 中國佛教史論集, Taibei, 1956.

Fan Wenlan 范文瀾, *Zhonguo tongshi jianbian* 中國通史簡編, Pékin, 1958.

Feng Youlan 馮友蘭, *Zhongguo zhexue shi* 中國哲學史, Shanghai, 1929. Trad. de Derk Bodde, *History of Chinese philosophy*, 2 vol., Princeton, 1953.

He Changqun 賀昌群, *Weijin qingtan sixiang chulun* 魏晉清談思想初論, 2ᵉ éd., Shanghai, 1947.

Hou Wailu 侯外廬 et autres, *Zhongguo sixiang tongshi* 中國思想通史, 3 vol., Pékin, 1957.

Hu Shi, 胡適, *Puti damo kao* 菩提達摩考, in *Hu Shi wencun sanji*, 胡適文存三集, Shanghai, 1930.

Li Shijie 李世傑, *Zhongguo fojiao zhexue gailun* 中國佛教哲學概論, Taibei, 1959.

Liu Dajie, 劉大杰, *Wei Jin sixiang lun* 魏晉思想論, Shanghai, 1939.

Lü Simian 呂思勉, *Liang Jin nanbeichao shi* 兩晉南北朝史, 2 vol., Shanghai, 1948.

Shengyan 聖嚴, *Dacheng zhiguan famen zhi yanjiu* 大乘止觀之研究, in *Haichaoyin* 海潮音, vol. 52 et 53, juin 1971 à février 1972.

Tang Yongtong 湯用彤, *Wei Jin xuanxue lungao* 魏晉玄學論稿, Pékin, 1957.

Tang Yongtong, *Han Wei liang Jin nanbeichao fojiao shi* 漢魏兩晉南北朝佛教史, 2 vol., Shanghai, 1938.

Tang Zhangsun 唐長孺, *Wei Jin nanbeichao shi luncong* 魏晉南北朝史論叢, Pékin, 1955.

Tang Zhangsun, *Wei Jin nanbeichao shi luncong xubian* 續編, Pékin, 1959.

Tang Zhangsun, *San zhi liu shiji Jiangnan da tudi soyou zhide fazhan* 三至六世紀江南大土地所有制的發展, Shanghai, 1957.

Wang Yitong 王伊同, *Cui Hao guoshu yushiyi* 崔浩國書獄釋疑, in *Qinghua xuebao* 清華學報, I, 2, 1957.

Wang Zhongluo 王仲犖, *Wei Jin nanbeichao Sui chu-Tang shi*, 魏晉南北朝隋初唐史, Shanghai, 1961.

Yang Baiyi 楊白衣, *Chengshizong* 成實宗, in *Zhongguo fojiaoshi lunji* 中國佛教史論集, vol. 2, Taibei, 1956.

Yu Jiaxi 余嘉錫, *Beizhou huifo zhumouzhe Wei Yuansong* 北周毀佛主謀者衞元嵩, dans *Furen xuezhi* 輔仁學誌 2, 2, 1931.

Zhou Yiliang 周一良, *On the racial origin of the Yuwen of Chou*, in *Zhongyang Yanjiuyuan lishi yuyan yanjiuso jikan* 中央研究院歷史語言研究所集刊, 1939.

Zhou Yiliang, *Wei Jin nanbeichao shi lunji* 魏晉南北朝史論集, Pékin, 1963.

OUVRAGES ET ARTICLES EN JAPONAIS

Amana Chūkai 天納中海, *Daijō shikan hōmon no shingi ni tsuite* 大乘止觀法門の眞僞について, dans la revue *Shimei Yoka* 西明餘霞, n° 26, octobre 1907.

Andō Toshio 安藤俊雄, *Nangaku Eshi no hokke shisō* 南岳慧思の法華思想, in *Yamaguchi... rombunshū*.

Andō Toshio, *Tendai gaku (kompon shisō to sono tenkai)* 天臺學—根本思想とその開展, Tōkyō, 1950.

Andō Toshio, *Tendai shisō shi* 天台思想史, Tōkyō, 1959.

Andō Toshio, *Tendai shoki no zempō* 天台初期之禪法, *Ōtani gakuhō* 36, 4, 1957.

(Collectif), *Chūgoku chūsei shi kenkyū* 中國中世史研究 université Tokai 東海, 1970.

Fukuda Gyoei 福田堯頴, *Tendaigaku gairon* 天台學概論, Tōkyō, 1954.

Fukushima Kōsai 福島光哉, *Nangaku E(shi) no zenkan* 南岳慧の禪觀, *I.B.G.K.* 14, 1, 1965.

Fukui Kōjun 福井廉順, *Dōkyō no kisoteki kenkyū* 道教の基礎的研究, Tōkyō, 1952.

Fuse Kōgaku 布施浩岳, *Nangaku daishi to tendai gaku* 南岳大師と天台學 *Shūkyō kenkyū* 宗教研究, vol. 3, n° 5, 1926.

Hamaguchi Shigekuni, 濱口重國, *Shin Kan Zui Tō shi no kenkyū* 秦漢隋唐史の研究, 2 vol., université de Tōkyō, 1966.

Hayashi Taiun, 林岱雲, *Bodaidaruma den no kenkyū* 菩提達摩傳の研究, in *Shūkyō kenkyū*, 9, 3, 1932.

Inaba Enjō 稻葉圓成, *Tendai shikyōgi shinshaku* 天台四教儀新釋, Kyōto, 1925.

Itano Chōhachi, 扳野長八, *Eon, Sōjō no shimmeikan o ronjite Dōshō no shinsetsu ni oyobu* 慧遠僧肇の神明觀を論じて道生の新説に及ぶ, *Tōyō gakuhō*, 東洋學報, vol. 30, n° 4, 1944.

Itano Chōhachi, *Dōshō no tongosetsu seiritsu no jijō*, 道生の頓悟説成立の事情, in *Tōhō gakuhō* 東方學報, vol. 7, déc., 1936.

Itano Chōhachi, *Dōshō no Busshōron (toku ni sono rekishisei ni tsuite)* 道生の佛生論—特にその歴史性について, in *Shina bukkyō shigaku* 支那佛教史學, vol. 2, n° 2, mai 1948.

Itō Giken 伊藤義堅, *Tendai izen no kyōkan ni tsuite* 天台以前の教刊に就いて, *Ryūkoku daigaku ronsō* 龍谷大學論叢,, n° 284 et 285, février et juillet 1929.

Kasuga Reichi 春日禮智, *Shina jōjitsu gakuha no ryūkai ni tsuite* 支那成實學派の隆替について, *Tōhō gakuhō*, 14, 2, 1944.

Kawakatsu Yoshio 川勝義雄, *Kōkei no ran to nanchō no kahei keizai* 侯景の亂と南朝の貨幣經濟, *Tōhō gakuhō*, 32, 1962.

Kawakatsu Yoshio, *La décadence de l'aristocratie chinoise sous les Dynasties du Sud*, *Acta Asiatica*, 21, 1971.

Kawakastsu Yoshio, *Nanchō kizoku-sei no botsuraku ni kansuru ikkōsatsu* 南朝貴族制の沒落に關する一考察, *Tōyōshi kenkyū* 東洋史研究, 20-4, 1962.

Kawakatsu Yoshio, *Chūgoku no rekishi (Gishin nambokuchō)* 中國の歴史—魏晉南北朝, vol. 3, Tōkyō, 1974.

Kimura Eiichi 木村英一 et autres, *Eon no kenkyū* 慧遠の研究, Tōkyō, 1960.

Kobayashi Taizen 小林泰善, *Nangaku Eshi risseiganmon no keisei ni kansuru mondai* 南岳慧思立誓願文の形成に關する問題, *IBGK*, 47, 1975.

Konami Takuichi 木南卓一, *Rikuchō shisō ni okeru Sōjō no ichi* 六朝思想に於ける僧肇の位置, *Tōyō no bunka*, 東洋の文化, 4, 1954.

Kuno Hōryū 久野芳隆, *Ryūdōsei ni tomu Tōdai no zenshū tenseki (Tonkō shutsudo-bon ni okeru nanzen hokushū no daihyōteki sakuhin)* 流動性に富む唐代の禪宗典籍 (燉煌出土本に於ける南禪北宗の代表的作品) in *Shūkyō kenkyū*, nouvelle série, 14, 1, 1937.

Kuno Hōryū, *Hokushū-zen (Tonkō-bon hakken ni yotte meiryō to nareru Shinshū no shisō)* 北宗禪一燉煌本發見によって明瞭となれる神秀の思想), *Taishō daigaku gakuhō*, 30, 31, 1940.

Makita Tairyō 牧田諦亮, *Gumyōshū kenkyū* 弘明集研究, 2 vol., Tōkyō, 1973 -1974.

Miyakawa Hisayuki 宮川尚志, *Rikuchōshi kenkyū (seiji shakai hen)* 六朝史研究一政治社會篇, Tōkyō, 1956

Miyakawa Hisayuki, *Rikuchō-shi kenkyū (shūkyō-hen)* 六朝史研究一宗教篇, Kyōto, 1964.

Miyakawa Hisayuki, *Rikuchō shūkyō shi* 六朝宗教史, Tōkyō, 1948, 1974.

Mizuno Seiichi 水野清一 et Nagahiro Toshio 長廣敏雄, *Ryūmon sekkutsu no kenkyū* 龍門石窟の研究, 32 vol., Tōkyō, 1941.

Mochizuki Shinkō 望月信亨, *Shina jōdo kyōri-shi* 支那淨土教理史, Kyōto, 1942.

Mochizuki Shinkō, *Daijō kishinron no kenkyū* 大乘起信論之研究, Kyōto, 1922.

Mochizuki Shinkō, *Daijō shikan hōmon* 大乘止觀法門 cf. *Bukkyō daijiten* 佛教大辭典, vol. 4, p. 3270.

Murakami Senshō 村上博精 *Daijō shikan hōmon no sakusha ni tsuite*, 大乘止觀法門の作者に就いて, *Bukkyōgaku* I, 1, 1920.

Murakami Yoshimi 村上嘉實, *Rikuchō shisōshi kenkyū* 六朝思想研究, Kyōto, 1974.

Naitō Torajirō 內藤虎次郎, *Chūgoku chūko no bunka* 中國中古の文化, 1947, rééd. 1969.

Nakao Toshihiro 仲尾俊博, *Eshi zenshi no mappō shisō* 慧思禪師の末法思想, *IBGK*, vol. 2, n° 1, septembre 1953.

Nitta Masaaki, 新田雅章, *Eshi ni okeru zenjō shisō no tenkai*, 慧思における禪定思想の展開, *IBGK*, 42, 1973.

Ōchō Enichi, 横超慧日, *Chūgoku bukkyō no kenkyū* 中國佛教の研究, Kyōto, 1958.

Ōchō Enichi, *Chūgoku nambokuchō jidai no bukkyō gakufū* 中國北朝時代の佛教學風, *Nihon bukkyō gakkai nempō*, 日本佛教學會 17, 1952.

Ōchō Enichi, *Jiku Dōshō sen hokekyōsho no kenkyū* 笠道生撰法華經疏の研究, *Ōtani daigaku kenkyū nempō*, 大谷大學研究年報, série n° 5, 1952.

Ōchō Enichi, *Nangaku Eshi no hokke zammai* 南岳慧思の法華三昧, in *Mémorial Miyamoto Shōson* 宮本正尊, *IBGK*, 7, 1954.

Ogasawara Senshū 小笠原宣秀, *Nansei bukkyō tō Shuku Shiryō*, 南齊佛教と蕭子良, in *Shina bukkyō shigaku*, 支那佛教史學, 3, 2, 1939.

Okada Masayuki 岡田正之, *Jikaku daishi no nittō kikō ni tsuite* 慈覺大師の入唐記行に就いて, in *Tōyō gakuhō*, 11, 12 et 13, 1921 à 1924.

Ōno Hōdō 大野法道, *Nangaku Eshi no gakufū*, 南岳慧思の學風, in *Bukkyō gaku zasshi* 佛教學雜誌, vol. 1, n° 3, 1920.

Ōshima Enryō 大州圓領, *Nangaku Eshi* 南岳慧思, *Tōyō daigakuron* 東洋大學論, décembre 1941.

Sakamoto Yukio 坂本幸男, *Shōki shisō to aku ni tsuite*, 性起思想と惡に就いて, *IBGK*, vol. 5 n° 2, 1957.

Satō Tetsuei, 佐藤哲英, *Tendai daishi no kenkyū* 天台大師の研究, Tōkyō, 1961.

Satō Tetsuei, *Nangaku Eshi no "Yonjūni jimon" ni tsuite* 南岳慧思の「四十二字門」について, *IBGK*, 16 n° 2, (32), 1968.

Satō Tetsuei, *"Yonjūni jimon-ryaku shō" no hombun narabini kaisetsu Nangaku Eshi kenkyū ni okeru bunken kachi ni tsuite* 「四十二字門略鈔」の本文並びに解説―南岳慧思研究における文獻價値について, in *Mélanges Fukui*, *Tōyōbunka ronshū*, 1969.

Sekiguchi Shindai 關口眞大, *Tendai shikan no kenkyū* 天台止觀の研究, Tōkyō, 1969.

Sekiguchi Shindai, *Jūbosatsu kaigi "Darumahon" ni tsuite* 授菩薩戒儀「達摩本」について, *IBGK*, vol. 9, n° 2, mars 1961.

Sekiguchi Shindai, *Daruma zenshi kanmon (Tonkō shutsudo) ni tsuite* 達摩禪師觀門(燉煌出土)について, *Shūkyō kenkyū* 146, 1955.

Sekiguchi Shindai, *Tonkō-bon Daruma daishi shigyōron ni tsuite* 燉煌本達摩大師四行論について, *Shūkyō bunka*, 12, 1957.

Sekiguchi Shindai, *Daruma oshō rekkan (Tonkō shutsudo) wa Goru Hōryū no senjutsu taru wo ronzu* 達摩和尚絕觀(燉煌出土)は牛頭法融の撰述たるを論ず, *IBGK*, 15, n° 1, 1957.

Sekiguchi Shindai, *Shin-shiryō "Daruma zenshi ron" (Tonkō shutsudo) ni tsuite* 新資料「達摩禪師論」燉煌出土について, *IBGK*, vol. 6, n° 2, 1958.

Sekiguchi Shindai, *Daruma daishi no kenkyū* 達摩大師の研究, Tōkyō, 1969.

Shimaji, Daitō 島地大等, *Genzai bukkyō meicho zenshū* 現在佛教名著全集, ch. 9, Tōkyō,

Suzuki Daisetsu 鈴木大拙 *Zenshū no shoso to shite no Daruma no zempō* 禪宗の初祖としての達摩の禪法 in *Gendai Shina bukkyō kenkyū* 現代支那佛教研究, Tōkyō, 1936.

Tada Kōshō 多田孝正, *Eshi no bosatsu-kan shiku seigan wo chūshin to shite* 慧思の菩薩觀―四弘誓願を中心として, *IBGK* 46, 2, 1975.

Taira Ryōshō 平了照, *Den Eshi-bon "Ju bosatsukai bun" ni tsuite* 傳慧思本「受菩薩戒文」について, in *Taishō daigaku kenkyū kiyō* 大正大學研究紀要, 40, 1955.

Taira Ryōshō, *Emon zenshi no mushi dokugō ni tsuite* 慧文禪師の無師獨悟 について, *Taishō daigaku gakuhō* 37, 1950.

Taira Ryōshō, *Nangaku daishi no chosho no shingi* 南岳大師の著書の眞僞, *Sanke gakuhō* 山家學報 nouvelle série 1, 4, 1931.

Taira Ryōshō, *Nangaku Eshi den ni tsuite* 南岳慧思傳について, *Sanke gakuhō*, nouvelle série n° I, 1, 1931.

Takahashi Isao 高橋勇夫, *Daijō shikan hōmon no sencho ni tsuite* 大乘止觀法門の撰者に就いて, *Bukkyō kenkyū* 佛教研究, vol. 6, n° 4, octobre à décembre 1942.

Takahashi Isao, *Daijō shikan hōmon no naiyō ni kansuru kenkyū* 大乘止觀法門の內容に關する研究 *Tōyō daigaku ronsan*, n° 2, 1942.

Takao Giken 高雄義堅, *Mappō shisō to Zui Tō shoka no taido* 末法思想と隋唐諸家の態度, in *Chūgoku bukkyō shiron* 中國佛教史論, Kyōtō, 1952.

Taniue Shōken 谷上昌賢, *Mappō shisō no imi suru mono* 末法思想の意味するもの, *IBGK*, vol. 22, n° 2, mars 1974.

Tokiwa Daijō 常盤大定, *Shina ni okeru bukkyō to jukyō dōkyō* 支那に於ける佛教と儒教道教, Tōkyō, 1937.

Tsuji Zennosuke 辻善之助, *Nihon bukkyōshi* 日本佛教史 vol. 1, Tōkyō, 1947.

Tsuchihashi Shūkō 土橋秀向, *Chūgoku ni okeru katsuma no hensen (Stein-bon o chūshin ni shite)* 中國における羯磨の變遷—スタイン本を中心にして *Tōhō gakuhō* 35, 1965.

Tsuchihashi Shūkō, *Tonkō-bon ju bosatsu kaigi kō* 燉煌本受菩薩戒儀考, *IBGK* 8, 1, 1960.

Tsuchihashi Shūkō, *Tonkō-bon ni mirareru shuju no bosatsu kaigi* 敦煌本にみられる種との菩薩戒義, *Saiiki bunka kenkyū*, vol. 6, 1963.

Tsuchihashi Shūkō, *Pelliot-bon "Shukke nin ju bosatsu-kai hō" ni tsuite* ペリオ本「出家人受菩薩戒法」について, *IBGK*, 25, 26, 1968.

Tsukamoto Zenryū 塚本善隆 *Hokugi no sōgiko butsutoko* 北魏の僧祇戶佛圖戶, in *Tōyōshi kenkyū* 東洋史研究, II, 3, 1937.

Tsukamoto Zenryū, *Hokushū no haibutsu ni tsuite* 北周の廢佛に就いて *Tōhō gakuhō*, 16, 1948; 18, 1950.

Tsukamoto Zenryū, *Hokushū no shūkyō haiki seisaku no hōkai* 北周の宗教廢毀正策の崩壞, in *Bukkyō shigaku* 佛教史學 I, 1939.

Tsukamoto Zenryū et autres, *Jōron kenkyū* 肇論研究, Kyōto, 1955.

Tsukamoto Zenryū, *Shina bukkyōshi kenkyū (Hokugi-hen)* 支那佛教史研究—北魏編, Tōkyō, 1942.

Ui Hakuju 宇井伯壽, *Shaku Dōan kenkyū* 釋道安研究, Tōkyō, 1956.

Urai Kimitoshi 浦井公敏, *Nangakū Eshi no hōnan ni tsuite* 南岳慧思の法難について in *Wada hakushi koki kinen Tōyōshi ronsō*, 1961.

Wakabayashi Ryūkō 若林隆光, *Mappō shisō no seikaku no ichimen* 末法思想の性格の一面, *IBGK*, vol. 21, n° 1, 1972.

Washizaka Shūen 鷲阪宗演, *Nangakū Eshi no zenkan* 南岳慧思の禪觀 in *Hanazono daigaku kenkyū kiyō* 花園大學研究紀要, 3, 1972.

Yamazaki Hiroshi 山崎宏, *Shina chūsei bukkyō no tenkai* 支那中世佛教の展開, Tōkyō, 1942.

Yabuki Keiki 矢吹慶輝, *Amidabutsu no kenkyū* 阿彌陀佛の研究, Tōkyō, 1937.

Yabuki Keiki, *Sangaikyō no kenkyū* 三階教之研究, Tōkyō, 1927.

Yabuki Keiki, *Tongogi no shushōsha jiku Dōshō to sono kyōgi* 頓悟義の主唱者笠道生とその教義 in *Bukkyōgaku no sho-mondai* 佛教學の諸問題, Tōkyō, 1935.

Yoshikawa Tadao 吉川忠夫, *Kōkei no ran shimatsu-ki* 侯景の亂始末記, Tōkyō, 1974.

Yuki Reimon 結城令聞 *Shina bukkyō ni okeru mappō shisō no kōki* 支那佛教に於ける末法思想の興起, *Tōhō gakuhō*, n° 6, 1936.

OUVRAGES ARTICLES EN LANGUES OCCIDENTALES

Etienne Balazs, *Der Philosoph Fan Dschen und sein Traktät gegen den Buddhismus, Sinica*, VII, 1932.

E. Balazs, *Entre révolte nihiliste et évasion mystique, Etudes asiatiques,* vol. 1, 22, 1948.

E. Balazs, *Le Traité économique du Souei-chou, T'oung Pao* 42, 3-4, Leiden, 1953. ainsi que *Le Traité juridique du Souei-chou,* Leiden, 1954.

M.E. Burnouf, *Le Lotus de la Bonne Loi,* Paris, 1852, rééd. 1973.

W. T. Chan, *The Platform Scripture,* New-York, 1963.

Edouard Chavannes, *Cinq cents contes et apologues extraits du Tripitaka chinois,* 3 vol., Paris, 1910, rééd. 1962.

E. Chavannes, *Mission archéologique dans la Chine Septentrionale,* Paris, 1909–1915.

Kenneth K.S. Ch'en, *Anti-buddhist persecution under the Pei-ch'ao, Harvard Journal of Asian Studies* 17, 1954.

Kenneth K.S. Ch'en, *Anti-buddhist propaganda during the Nan-ch'ao, Harvard Journal of Asian Studies,* 15, 1952,

Kenneth K.S. Ch'en, *Buddhism in China,* Princeton, 1964.

Edward Conze, *Le Bouddhisme dans son essence et son développement,* Paris, rééd. 1971.

A.E. Dien, *Biography of Yuwen Hu,* Berkeley, 1962.

Paul Demiéville, *La pénétration du Bouddhisme dans la tradition philosophique chinoise, Cahiers d'Histoire mondiale,* 3, I, 1956.

P. Demiéville, *La Yogācārabhūmi de Saṅgharakṣa, Bulletin de l'Ecole Française d'Extrême-Orient,* n° 44, 1954.

P. Demiéville, *Le Concile de Lhasa,* Paris, 1952.

P. Demiéville, *Sur l'authenticité du Ta tch'eng k'i sin louen, B.M.F.J.,* II, 2, 1929.

Henri. Dumoulin, *Bodhidharma und die Anfange des Ch'an Buddhismus,* in

Monumenta Nipponica, 7, 1951.

H. Dumoulin, *Zen Geschichte und Gestalt*, Bonn, 1959 (trad. en anglais par Paul Peachey sous le titre *A history of zen Buddhism*, New-York, 1963.

Wolfgang Eberhard, *Das Toba-Reich Nordchinas, eine soziologische Untersuchung*, Leiden, 1965.

W. Eberhard, *Conquerors and rulers, social forces in Mediaeval China*, Leiden, 1965.

Peter Fischer, *Studien zur Entwicklungsgeschichte des mappō-gedankens und zum mappo-tomyō-ki*, col. Gesellschaft für Natur und Völkerkunde Ostasiens, Hamburg, 1976.

Jacques Gernet, *Entretiens du Maître de dhyāna Chen-houei*, Publications de l'Ecole Française d'Extrême-Orient, vol. 31, Hanoi, 1949.

J. Gernet, *Les Aspects économiques du bouddhisme dans la société chinoise du Ve au Xe siècle*, Publications de l'Ecole Française d'Extrême-Orient, Paris, 1956.

J. Gernet, *Le monde chinois*, Paris, 1972.

Marcel Granet, *La Civilisation chinoise*, Paris, rééd. 1968.

Dayal Har, *The bodhisattva doctrine in buddhist sanskrit literature*, London, 1932.

Hōbōgirin (Dictionnaire encyclopédique du bouddhisme d'après les sources chinoises et japonaises), 5 fascicules parus, Tōkyō, 1930 à 1974.

Léon Hurvitz, *Chih-I, an Introduction to the life and ideas of a chinese buddhist monk*, Mélanges chinois et bouddhiques, vol. 12, Bruxelles, 1962.

L. Hurvitz, *Render unto Caesar, in early chinese Buddhism*, in *Liebenthal Festschrift*, 1957.

L. Hurvitz, *The immortality of the Soul in Chinese Thought*, Monumenta Nipponica 8, 1952.

L. Hurvitz et Tsukamoto Zenryū, *Wei shu's Treatise on Buddhism and Taoïsm*, in *Yunkang*, vol. 16, Kyōto university, 1956.

L. Hurvitz, *Scripture of the Lotus Blossom of the fine Dharma*, New-York, 1976.

Hu Shih 胡適, *Development of Zen Buddhism in China*, in *Chinese Social and political science review*, 15, 1931.

Hu Shih, *Ch'an buddhism in China: its history and methods*, in *Philosophy East and West*, 3, 1953.

V. WW. Karambelkar, *The problem of Nāgārjuna*, in *Journal of Indian History*, 30, I, 1952.

Etienne Lamotte, *Histoire du bouddhisme indien (des origines à l'ère Saka)*, Bibliothèque du Muséon, vol. 43, Louvain, 1958, rééd. 1967.

E. Lamotte, *L'enseignement de Vimalakīrti*, Bibliothèque du Muséon, Louvain, 1962.

E. Lamotte, *Traité de la grande vertu de Sagesse de Nāgārjuna*, Bibliothèque du Muséon, Louvain, 1944 et 1949.

Sylvain Lévi et Ed. Chavannes, *Les Seize Arhat protecteurs de la Loi*, *Journal Asiatique*, II, 1916.

Liebenthal, *Shih Hui-yuan's Buddhism as set forth in his writings*, *Journal of the American Oriental Society*, 70, 1950.

Liebenthal, *The book of Chao*, Pékin, 1948.

R.V. Murti, *The Central Philosophy of Buddhism*, London, 1955.

Max Muller et Bunyiu NANJIŌ, *Description of Sukhāvatī, the Land of bliss*, London, 1883.

R.B. Nather, *Biography of Lü Kuang*, Berkeley, 1959.

Paul Pelliot, *Meou-tseu ou les doutes levés*, in *T'oung Pao*, vol. 19, 1920.

Edwin O. Reischauer, *Ennin's diary (The record of a pilgrimage to China in search of the Law)* et *Ennin's travels in T'ang China*, New-York, 1955.

G. Renondeau, *La doctrine de Nichiren*, Paris, 1953.

T.H. Robinson, *Early Mādhyamika in India and China*, Madison, Milwaukee and London, 1967.

M.C. Rogers, *The chronicle of Fu Chien*, Berkeley, 1968.

Galen E. Sargent, *T'an-yao and his time*, in *Monumenta Serica* 16, 1957.

Robert Shih, *Biographies des Moines éminents, de Houei-kiao*, Bibliothèque du Muséon, vol. 54, Louvain, 1968.

Michel Soymié, *Sources et Sourciers en Chine*, Bulletin de la Maison Franco-japonaise, nouvelle série, Tome VII, n° 1, 1961.

Th. Stcherbasky, *The Conception of Buddhist nirvāṇa*, Leningrad, 1927.

D.T. Suzuki, *Essays on zen Buddhism*, 3 vol., London, 1927.

D.T. Suzuki, *A manual of zen Buddhism*, Kyōto, 1935.

D.T. Suzuki, *Introduction to zen Buddhism*, New-York, 1949.

Takakusu Junjirō 高楠順次郎, *The Essentials of Buddhist philosophy*, University of Hawaii, Honolulu, 3ᵉ éd., 1956.

Tsukamoto Zenryū, *The dates of Kumārajīva and Seng-chao re-examined*, in *Silver jubilee volume of the Zinbun Kagaku kenkyūsho*, Kyōto, 1954.

Giuseppe Tucci, *Predinnaga Buddhist texts on logic from chinese sources*, Gaekwad's Oriental Series, n° 49, Baroda, Oriental Institute, 1929.

Arthur Waley, *The real Tripitaka and other pieces*, London, 1952.

Max Walleser, *Die Mittlere Lehre des Nāgārjuna*, Heidelberg, 1912.

Wang Yitong, *Slaves and other comparable social groups during the Northern Dynasties*, Harvard Journal of Asiatic Studies, 16, 1953.

Alex Wayman, *Contributions regarding the thirty-two characteristics of the great person*, in *Liebenthal Festschrift*, 1957.

Yamakami Sogen, *Systems of Buddhist Thought*, Calcutta, 1912.

Philippe B. Yampolsky, *The platform sūtra of the 6th patriarch*, New-York, London, Columbia University Press, 1967.

E. Zürcher, *The Buddhist Conquest of China*, Leiden, 1959.

INDEX

NOMS DE PERSONNES OU DE LIEUX CHINOIS

EXPRESSIONS CHINOISES

NOMS DE MOINES CORÉENS

NOMS ET TERMES JAPONAIS

Tempyō 天平 86.
Tendai 天臺 71, 106, 118.
Todaiji 東大寺 88, 103.
Tokisawa no daishi 時澤の大師 118.

Yamaguchi 山口縣 80.
Yamato 大和 74.
Yuima-e 維摩會 88.

Zenriji 禪林寺 88.

NOMS ET TERMES SANSKRITS

Abhidharma 103, 134, 184, 220.
Ācārya 198.
Agra-puri 103.
Ālaya 96, 142.
Ālaya-vijñāna 190.
Amitābha 31, 47, 107, 111, 112, 155, 156, 195, 196, 240, 245.
Ānanda 82.
Arhat 153.
Āryadeva 142.
Āryavimuktisena 103.
Asaṅga 96, 98.
Asura 208, 225.
Aśvaghoṣa 82.
Avadāna 220.
Avalokiteśvara 155, 156, 181.
Avīci 226, 228, 231.

Bāvari 194.
Bcombrlag 103.
Bhadrapāla-sūtra 207.
Bhikṣu 215, 217.
Bodhiruci 96, 142.
Bodhi 30, 31, 59, 76, 111, 124, 125, 135, 137, 157, 172, 176, 177, 182, 188, 193, 197, 200, 204, 208sq.
Bodhidharma 118, 119, 120, 122, 123.
Bodhisattva 35, 41, 47–51, 56, 58, 65–67, 78, 83–85, 102, 108, 112, 113, 118–121, 135, 136, 153, 169sq., 199, 200, 204, 205, 232sq., 240, 246.
Bodhisattva Sarvasattvapriyadarśana 41.
Brahma 236, 237.
Buddhabhadra 153.

Buddhaśānta 96, 98.

Cakravartirāja 42.
Candrakīrti 142.

Dekhan 194.
Deva 107, 208, 225, 228, 233.
Dhāranī 185.
Dharma 32, 33, 36, 41, 47, 84, 85, 89sq., 121, 139, 140, 153, 167, 169, 174sq., 236.
Dharmodgata 213.
Dharmadhātu 143.
Dharmākara 111, 156, 157, 196, 227.
Dharmakāya 47, 134.
Dharmakṣema 119.
Dharmarakṣa 105, 119, 194, 197, 206.
Dharmatā 84.
Dhātu 176.
Dhūta 149.
Dhyāna 24, 30–36, 43, 86sq., 102, 122, 123, 127, 133, 134, 151, 155, 165sq., 191, 199, 202, 210, 217, 222, 243.
Dignāga 103.
Dīpaṁkara 156.

Ekottarā āgama 194.

Gandharva 225.
Garuda 225.
Gāthā 205, 220, 231.
Gāti 200.
Geya 220.
Guṇaprabha 103.

TABLE DES MATIÈRES

釋慧思。俗姓李氏。武津人也。少以弘恕慈
育知名。閭里稱言頌。逸恒間。嘗夢梵僧勸
令出俗。駭悟斯瑞。辭親入道。所投之寺
非是練[若]若。數感神僧訓令齋戒。奉持守
素梵行清慎。及稟具足。道志彌隆。迥栖
幽靜。常坐綜業。日惟一食不受別供。周旋
迎送都皆杜絕。誦法華等經三十餘卷。數年
之間千遍便滿。所止茂舍野人所焚。遂顯
屬疾。求誠乞懺。仍卽許焉。又夢梵僧數
百而來。其人不久所。患平復。又夢梵彌
勒彌陀說法開悟。發於正道也。旣遇清衆。宜更
翻[壇]所請師僧三十二人。加羯磨法具足
成就。後忽慧[思]瘧方知夢受。自斯已後勤務
更深。剋念翹專無棄昏曉。坐誦相尋用為恒
業。由此苦行得見三生所行道事。又夢彌
勒彌陀說法開悟。故造二像並同供養。又
夢隨從彌勒與諸眷屬。同會龍華。心自惟
曰。我於釋迦末法受持法華。今值慈尊感
傷悲泣豁然覺悟。轉復精進靈瑞重沓。瓶
水常滿供事嚴備。若有天童侍衛之者。因讀
妙勝定經。便爾發心修寄定也。是故神僧每
時[禪]定聚徒數百。[眾]法清肅道俗高尚。
乃往歸依從受正法。性樂苦節營僧為業。

行步身不隨心。卽自觀察。我今病者皆從
訖此兩時。未有所證。又於來夏束身長坐
始三七日發少靜觀。見一生來
善惡業相。因此驚嗟倍復勇猛。逐動八觸
發本初禪。自此禪障忽起。四肢緩弱不勝
萬行。處顧有疑焉思為釋曰。汝向所疑此
乃大品次第意耳。未是法華圓頓旨也。吾昔
夏中苦節思此。後夜一念頓發諸法。吾昔
證不勞致疑。顗卽諮受法華行法三七
想滅。心性清淨。所苦消除。又發空定心境
廓然。夏[竟]受歲慨無所獲。自傷昏沈。生為
空過深懷慚愧。放身倚壁。背未至間霍爾
開悟。法華三昧大乘法門。一念明達。十六特
勝背捨除入。便自通徹不由他悟。後往鑒
最等師。述己所證。皆蒙隨喜。研練逾前
觀增益。名行遠聞四方欽德。學徒日盛機悟
寔繁。乃以大小乘中定慧等法。敷揚引喻用
攝自他。眾雜精麁是非由起。怨嫉傷毒
所不復。異道興謀謀共不為害。乃顧徒眾
曰。大聖在世不免流言。況吾無德豈逃此
責責是宿作。時來須受。私事也。非吾
法不久應滅。當往何方以避。此難時冥空
有聲曰。若欲修定。可往武當南岳。此入
道山也。於是前往以希棲隱。初至光州。值梁
逝高齊前賢路梗塞。權止大蘇山。數年之
間歸從如市。其地陳齊邊境。兵刃所衝。佛
法云崩五眾離潰。其中英挺者。皆輕其生
重其法。忘形殉道前詣。相從跨險而到者。
填[累]來往山林。思供以事責。誨以理味。又以道
元傾覆國亂故。率徒眾。

俗福施造金字般若二十七卷金字法華。琉
璃寶函莊嚴炫曜功德傑異大發兼心。又請
講二經。卽而敘揭。隨文造盡莫非幽賾。
後命學士江陵智顗。代講金經。至一心具
萬行處顧有疑焉思為釋曰。汝向所疑此
乃大品次第意耳。未是法華圓頓旨也。吾昔
夏中苦節思此。後夜一念頓發諸法。吾昔
證不勞致疑。顗卽諮受法華行法三七
也。吾是十信鐵輪位耳。時以事驗解行高明
也。吾是十信鐵輪位耳。時以事驗解行高明
根識清淨。相同初依能知密藏。又如仁王
十善發心長別苦海。然其謙退言難見。寔
故本迹叵詳。後在大蘇。弊於烽警。山侶栖
遑不安其地。又將四十餘僧。經趣南岳
卽陳光大元年六月二十二日也。旣至告曰。
吾寄此山正當十載。過此已後必事遠遊。
又曰。吾前世時曾履此處。巡至衡陽值一
佳所。林泉竦淨見者心悅。思曰。此古寺也。
吾昔曾住。依言掘之。果獲之房殿基堰僧
用器皿。又往巖下。吾此坐禪。賊斬吾首。
起此終身也。吾此坐禪。賊斬吾首。骸
一聚。又下細尋便獲髑髏。巡遊見之。為
起勝塔。報昔恩也。故其往傳事驗如合。
契。其類非一。自陳世學。莫不歸宗。大
乘經論鎮長講悟。故使山門告集日積高名。
致有異道懷嫉密告陳主。誣思北僧受高齊
國募。掘破南岳勅使至。山。見兩虎咆憤驚
駭而退。數日更進。乃有小蜂。來螫思額。尋
有大蜂啣喫殺小者。銜首思前飛揚而去。

Pl. 2　　*Xu gao seng zhuan* (Suite)

陳主其聞。不以誠意。不久謀閏一人暴
死。二爲猘狗齧死。蜂相儆。於是驗矣。
勅承靈應。乃迎下。都止栖玄寺。甞往瓦官
遇雨。不濕履泥不污。僧正慧曼與諸學徒。
相逢於路。曰此神異人。如何至此。舉朝屬
目道俗傾仰。大都督吳明徹敬重之至。奉以
犀枕。別將夏侯孝威往寺禮勤。在道念言。
吳儀同所。奉枕者如何可見。比至思所將
行致敬。便語威曰。欲見犀枕可往視之。
又於一日忽有聲告洒掃庭宇。聖人尋至。
即如其語須臾思到威悚仰之言於道俗。
故貴賤皁素不敢延留。入船供給造別江
湑思云。寄於南岳止十年耳。年滿當移不
識其旨。及還山舍。每年陳主三信參勞供
填衆積繁盛莫加。設法倍常神異難測。或
現形小大。或寂樹藏身。或異香奇色祥瑞亂
擧臨將終時從山頂下牟山道場大集門
學連日說法。苦切呵責聞者寒心。告衆人
曰。若有十人不惜身命常修法華般舟念
佛三昧方等懺悔常坐苦行者。隨有所須
吾自供給必相利益。如無此人吾當遠去。
苦行事難竟無答者。因屏衆歛念泯然命
終。小僧靈辯見氣乃絕號叫大叫。思便
開目曰。汝是惡魔。我將欲去。衆聖皆然相
迎極多。論受生處。何意驚動妨亂吾耳。癡
人出去。因更攝心端坐至盡。威聞異香滿
於室內。頂煩身歐顏色如常。即陳太建九
年六月二十二日也。取齡十年宛同符矣。
春秋六十有四。自江東佛法弘重義門。至

於禪法。蓋蔑如也。而思慨斯南服。定慧雙
開。晝談理義夜思擇。故所發言無非致
遠。便驗因定發慧。此旨不虛。南北禪宗罕
不承緒。然而身相挺特。能自勝持。不倚不
斜。牛行象視。頂有肉髻。異相莊嚴。見者
迴心不覺傾伏。又善識人心。鑒照冥伏。納
於言過。方便誨引。行大慈悲。奉菩薩戒。至
如繪績皮革。寒則艾納用犯風霜。自佛法服章。率
加以布。惟斯南岳慈行可歸。余甞參傳
幾六百載。譯屢覩梵經討問所被法衣。今都無甍
服。縱加受法不示得波。故知若乞若得覆
綿作衣准律結科斷捨定矣約情貪附何
由縱之思於。獨斷高遠聖檢。凡所著作口
授成章。無所刪改。造四十二字門兩卷。無
諍行門兩卷。釋論玄隨自意安樂行次第禪
要三智觀門等五部各一卷。並行於世

No. 1933

■南嶽思大禪師立誓願文

我聞如是。釋迦牟尼佛悲門三昧觀衆生品
本起經中說。佛從癸丑年七月七日入胎。至
甲寅年四月八日生。至壬申年年十九。二月
八日出家。至癸未年年三十。是年臘月月八
日得成道。至癸酉年年八十。二月十五日方
便入涅槃。
正法從甲戌年至癸巳年。足滿五百歲止住。
像法從甲午年至癸酉年足滿一千歲止住。
末法從甲戌年至癸丑年足滿一萬歲止住。
入末法過九千八百年後。月光菩薩出真丹
國說法大度衆生。滿五十二年入涅槃後。首
楞嚴經般舟三昧先滅不現。餘經次第滅無
量壽經在後得住百年住。大度衆生然後滅去
至大惡世。我今誓願持令不滅。敎化衆生至
彌勒佛出。佛從癸酉年入涅槃後。至未來賢
劫初。彌勒成佛時有五十六億萬歲。我從末
法初始立大誓願。修習苦行。如是過五十六
億萬歲。必願具足佛道功德見彌勒佛。如願
中說入道之由莫不行願。早修禪業少習弘
經。中間障難事緣非一。略記本源彙發誓願
及造金字二部經典
稽首歸命十方諸佛
稽首歸命十二部經
稽首歸命諸大菩薩。四十二地諸賢聖僧
稽首梵釋四王天龍八部。
稽首釋迦四王天龍八部。冥空善神護法大
稽首歸命一切緣覺聲聞學無學衆又復
將。慧思自惟。有此神識無始已來。不種無
漏善根。是故恒爲愛見所率。無明覆蔽致令
虛妄。生死日增苦輪常轉未曾休息。往來五
道橫使六識輪迴六趣。進不值釋迦出世。後
復末蒙彌勒三會。居前後衆難之中。又藉往
昔微善根力。釋迦末世得善人身。仰承聖敎

Pl. 4

Nanyue Si da chanshi li shiyuan wen (suite)

之所宜說。釋迦牟尼說法住世八十餘年。導利眾生化緣既訖便取滅度。滅度之後正法住世逕五百歲。正法滅已像法住世逕一千歲,像法滅已末法住世逕一萬年。我慧思即是末法八十二年。太歲在乙未十一月十一日。於大魏國南豫州汝陽郡武津縣出。十五出家修道。誦法華經及諸大乘。精進苦行至年二十。見世無常眾生多死。輕自思惟。此身無常苦空無有我人不得自在。生滅敗壞眾苦不息。甚可怖畏。世法如雲有為難信。其愛著者即為煩惱大火所燒。若棄捨者則至無為涅槃大樂。一切眾生迷失正道永無出心。我為眾生及為我身求解脫故。發菩提心立大誓願。欲求如來一切神通。若不證得何能度人。先學已證然後得行。自求道果為度十方無量眾生。為斷十方一切眾生諸煩惱故。為令十方無量眾生菩提道故。為成就十方無量眾生。通達一切諸佛法故。求無上道為首楞嚴。恒居林野經行修禪。年三十四時在河南兗州界論義。遍歷齊國諸大禪師學摩訶衍。故遭值諸惡比丘以惡毒藥令慧思不食。垂死之間而更得活。初意。欲渡河遍歷諸禪師。中路之間值此惡毒困藥。厭此言說知其妨道。即持餘命遷歸信州不復渡河。心專念入深山中。欲去之間是時信州刺史。共諸州苦苦留停。建立禪齋說摩訶衍義。頻經三年未曾休息。梁州許昌而復來請。又信州刺史復欲述啟。將歸鄴郡慧思意決。不欲向北。心欲南行

即便捨眾渡。向淮南山中停住。從年二十至三十八。恒在河南習學大乘。親覲供養諸大禪師。遊行諸州非一處住。是時國勅喚國內一切禪師入臺供養。慧思自量恐無道德。不肯隨勅方便捨避。渡淮南入山至年三十九。淮南郢州刺史劉懷寶。是時為義相答。故有諸法師起大瞋恚。所有餘三十五人惡論師。共遊郢州山中。喚出講摩訶衍義。以生金藥置飲食中令慧思食。七日氣命垂盡。臨死之際一心合掌向十方佛懺悔。念般若波羅蜜作是言。不得他心智不應說法。如是念時生毒藥。即得消除還更得差。從是已後數遭非一。至年四十是末法一百二十一年。在光州開岳寺。巳子立五百家共光州刺史。請講摩訶衍般若波羅蜜經一遍。至年四十一是末法一百二十二年。在光州境大蘇山中講摩訶衍義一遍。是末法一百二十三年。在光州城西觀邑寺上。又講摩訶衍義一遍。是時多有惡論師。競來惱亂生姤忌心。欲造惡害毀壞般若波羅蜜義。我於彼時起大悲念。誓造金字摩訶般若波羅蜜經及七寶函。以大願故一切惡魔諸障難不能沮壞。願於當來彌勒世尊出興於世。普為一切無量眾生。說是般若波羅蜜時

經五十日唯遣弟子化得以濟身命。于時發願。我為是等及一切眾生。誓造金字摩訶般若波羅蜜經。我欲造金字摩訶般若波羅蜜一部。以淨瑠璃七寶作函奉盛。經卷。眾寶高座七寶帳蓋珠交露幔。華香瓔珞種種供具。供養般若波羅蜜。然後我當於十方佛作法師。若作法師亦如曇無竭。若作弟子如薩陀波崙。發此願已即便教化作如是言。我造金字摩訶般若波羅蜜經。時有一比丘名曰僧合而忽自來。作如是言。我能造金字般若既得經卽遍教化諸州。刺史及土境人民白黑道俗卽諸財寶。持買金色造作經用。從正月十五日教化至十一月十一日。於南光州光城郡光城縣齊光寺。奉造金字摩訶般若波羅蜜經一部。并造瑠璃寶函盛之。卽於爾時發大誓願。願此金字及七寶函。以大願故。一切眾生見金字般若波羅蜜時。普為一切無量眾生。說是般

以我誓願　金字威力　當令彌勒

莊嚴世界　六種震動　大眾生疑

精首問佛　有何因緣　大地震動　時彌勒佛

唯願世尊　敷演說之

Pl. 5

Sui Tiantai dashi biezhuan 隋天台智者大師別傳

T. 2050, vol. 50, p. 191a-192c

隋天台智者大師別傳

門人灌頂撰

No. 2050

大師諱智顗。字德安。俗姓陳氏。潁川人也。高宗茂績盛傳於譜史矣。暨晉世遷都。家隨南出寓居江漢。因止荊州之華容縣。父起祖學通經傳談吐絕倫。而武策運籌偏多勇決。梁湘東王蕭繹之荊州。列爲賓客。奉教入朝領軍。朱异見而歎曰。若非經國之才。孰爲英王之所重乎。孝元即位拜使持節散騎常侍益陽縣開國侯。母徐氏溫良恭儉。偏勤齋戒。夢香煙五彩輕浮。若霧縈迴在懷欲拂去之。聞人語曰。宿世因緣寄託王道。福德自至何以去之。又夢吞白鼠懷覺體重。又於截誕夜現神光煉宇。煥然兼輝降室。鄰里憶先靈瑞。呼爲王道。兼用後相復名光道。而小立二字眼有重瞳。父母藏護不欲人知。而人自知之矣。至年七歲喜往伽藍。諸僧口授普門品。初啓一遍即得。而父母遏絕不聽敷往。每存理所誦而惆悵未聞。奄忽自然通餘文句。後以經驗無所遺失。鄉閭嗟異溫故知新。其若此乎。年十五值孝元之敗。家國殄喪親屬流徙。歎榮會之難久。痛凋離之易及。於長沙像前。發弘大願。誓作沙門荷負正法爲己重任。既精誠感通。夢彼瑞像飛臨宅庭。授金色手從窗牖入三遍摩頂。由是深厭家獄思念出家不安。乃刻檀寫像披藏尋經。曉夜禮誦念念相續。當拜佛時舉身投地。忽焉如夢見極高山。臨於大海澄淨蓊鬱。更相顯映。山頂有僧招手喚上。須臾申臂至于山麓。接引令登入一伽藍。見所造像在彼殿內。夢裏悲泣而陳所願。學得三世佛法對千部論師。說之無礙不唐世間四事恩惠。爾時僧舉手指像。而復語云。汝當居此。汝當終此。既從寤巳方見己身對佛而伏夢中之淚委地成流。悲喜交懷精勤逾至。後遇二親殞喪丁艱茶毒。逮于服訖從兄求去。兄曰。天已喪我親汝重割我心。既孤更離安可忍乎。跪而對曰。昔梁荊百萬一朝僕妾。于時久役江湖。湖之心不能復處。碎磊之內欲報恩德。當謀道爲先棄榮何益。銘肌刻骨意不可移。時王琳據湘。從琳求去。琳於陳侯故舊。又嘉此志節資給法具。深助隨喜。年十八。投湘州果願寺沙門法緒而出家焉。緒授以十戒導以律儀。仍攝以北度。詣慧曠律師。兼通方等故北面事焉。後詣大賢山。誦法華經。及無量義普賢觀經。歷涉二旬三部究竟。進修方等懺。心淨行勤勝相現前。見道場廣博妙飾莊嚴。而諸經像縱橫紛雜。身在高座足躡繩床。口誦法華。手正經像。是後心神融淨爽利。常日逮受具足戒。律藏精通。先世萌動而常樂禪悅快快。江東無足可問。時有慧思禪師。武津人也。名高嵩嶺。行深伊洛。十載常誦七載方等九旬常坐一時圓證。希有能有彰別傳。昔在周室口誦法華當時解悟。翻譯將北。意期衡嶽。以希棲遁。權止光州大蘇山。先師遙餐風德如飢渴矣。其地乃是陳齊邊境兵刃所衝。而能輕於生重於法。忽夕死貴朝聞涉險而去。初獲頂拜。思昔日靈山同聽法華。宿緣所追今復來矣。即示普賢道場爲說四安樂行。於是昏曉苦到。如教研心。于時但勇於求法而貧於資供。切栢爲香栢盡然之以栗。卷簾進月沒則然之以松。息不虛黈。言不妄出。經二七日誦至藥王品諸佛同讚是眞精進是名眞法供養。到此一句身心豁然寂而入定。持因靜發照了法華。若高輝之臨幽谷。逢諸法相似

Pl. 6

Sui Tiantai dashi biezhuan (suite)

長風之游太虛。將證白師。師更開演。大張教
網法門四備。落景諸詳連環達旦。自心所悟
及從師受。四夜進功功逾百年。問一知十何
能為喩。觀悲無礙。禪門不壅。宿習開發煥若
華敷矣。思師歎曰。非爾弗證非我莫識。所
入定者法華三昧前方便也。所發持者初旋
陀羅尼也。縱令文字之師千群萬衆。尋汝
之辯不可窮矣。於說法人中最為第一。時有
慧邈禪師。行籍常倫辯迷時聽。自謂門人曰。
我所敷弘真師子吼。他之所說是野干鳴。
心眼未開誰不惑者。先師正引經文傍宗釋
節研覈考問。邈則失禮揚簷悲風斯披批可
誡。淘汰定水故砂礫易別。於是徒迷知反問
津識濟。仍於是夜夢見三層樓閣。邈立其下
己坐其上。又有一人攘臂怒目曰何忽邈耶。
何疑法耶。宜當問我。先師設難數關實主往
復。怒人辭窮理喪結舌亡言。因誡之曰。除
諸法實相餘皆戲事。誡已不復見邈及與怒
人。夕有聞者。謂為讕語。凡幾種行類相貌
相師曰。汝觀般若若不退品。
九六道。經云人若說法神助怖之。汝能晝
折慢幢。夜驅惡黨邪不干正法應爾也。思師
造金字大品經竟。自開玄義命令代講。是
以智方日月。辯類懸河。卷舒稱會有理存焉。
唯有三三昧及三觀智。用以諮審餘悉自裁。
思師手持如意臨席。讚曰。可謂法付法臣。
法王無事者也。慧曠律師亦來會坐思謂之
老僧嘗聽賢子法耳。答云。禪師所生非曠之
子。又曰。思亦無功法華力耳代講竟。思師

誡曰。吾久羨南衡。恨法無所委。汝粗得其門
甚適我願。吾解不謝汝緣當相揖。今以付囑
汝。汝可秉法進燈化物。莫作最後斷種
人也。既奉嚴訓不得扈從衡嶽。素聞金陵仁
義淵藪試往觀之。若法弘其地則不孤付囑
仍為法喜等二十七人同至陳都。然上德不
德又知音者。寡有一老僧。厭名法濟。
凱之從叔也。自稱禪學倚臥問言。有人入定
聞攝山地動。知僧詮練無常也何禪也。答曰。
邊定不深邪乘聞法。若取若設定塚無疑。濟
之則所不解當已永失。今聞所未聞。非直善
知法相亦乃懸定俗請益成蹊。大忍法師梁陳擅
德卷卷道。開善二師忍無所容。與先師觀慧縱橫
聽者傾耳。此非光疏所出。乃是觀機縱辯般若非
鈍非利。利鈍由緣豐富適時。是其利相。池
深練大鈍可意得復餘隴之。有拳使老疾而
忘疲。先達稱詠故頌盤浴道之。
延入定照天宮僧見請居佛隴。皆欲拾講智
禪綠差永恨。面而瞥曰。今身障隔不遂。稟
以希汲引僕射沛陵塞優名重。
承類懸河。卷舒稱會有理存焉。
夢其先閒之。禪師是吾宿世知。汝宜一心
事之。餃奉冥訓資敬盡節參不失時序。弗不
避泥水。若焚膏書疏則洗手燒香冠帶三禮。屏
氣開封射文伏讀句句稱諾。若非徵妙達意
洞庭。公卿餃送皆週車兔官。
拜殷重因而歎曰。吾昔夜夢逢強登。今乃
諸軟賊。毛繩截骨則懀曳尾泥開。仍謝遣門
人曰。吾閒閒射則應於絃。無明是闇也。屑
吾是馬也。心應於弦音繁如簫。長夜虛發無
所覺知。若金一人心改則應。又法門如鏡

德又知音者。寡有一老僧。厭名法濟。
請住瓦官開法華經題。勅一日停朝。事群公畢
集金紫光祿王固侍中孔煥尚書毛喜僕射周
弘正等朱輪動於衢路。玉珮喧於席間服戒香
同浣法味。小莊嚴寺慧榮負水輕誕。其日揚
眉舞扇。扇便墮地。雙構巨難難不稱揖。合
掌失曰。非禪不智今之法座乎。法歲法師爾
反也。好勝者懷愧不識而革新斯之謂歟。建
初寶瓊相逢讓路曰。少欲學禪不值名匠。
難累旬。磨鎖轉明措金乃虛。遣高足構
因渴仰果世提撢白馬驚詔定林法歲智
令奉誠法安等。眥金陵上匠德居僉首。拾指
南之位遵北面之禮。以希一句之益。先師善於將來
不惜無貲之軀。其四方衿袖萬里來者。
調御得所。停瓦官八載講大智度論。
而能露疏玄微靈恩被一切。草知我講昔浮頭
玄高雙弘定慧。厭沈麂單輪覆翼而已
逮南嶽弘定慧。陳始興與王出鎮
洞庭

弘贊法花傳卷第四

修觀第四

陳南岳禪慧思　　藍谷沙門慧詳撰

唐天台山釋智璪　　隋天台山釋智顗

釋慧思。俗姓李氏武津人也。少以慈恕知名閭里。嘗數夢梵僧勸令出俗。駿悟斯瑞辭親入道。所投之寺。非是鍊居。乃威神僧訓令齋戒。奉持守素。日惟一食。不受別供。周旋迎送都皆杜絕。年登三十。在一宏澤立志誦法花經。誦之始半。忽有澄流漂漲處處淹漬沒所坐床。及至身半。俄有遍體浮腫不堪勤迤。乃立誓而言曰。我於此經必有緣者。水當消減。疾亦當差。如其無緣。水有重益。即於爾夜水遂減耗。身疾亦愈。卽停此處十年。誦經閉目。便見釋迦彌勒來為說法。時覩遠近山陵。坦無高下。若斂念誦經。其七卷諸品行句字義。歷然覩見。後移往陶丘山。山前誦經之處。甚多林木。俗人過有侵伐。卽感癩病。祈請還差。又於一夏。行法花懺。唯行及坐。方至床。夏竟歇且。吾一夏勤苦。空無所獲。方欲放身。倚遷繩床。豁然開朗。心意明徹。證入法門。未敢自信。試讀大智度論初卷。卽便心

悟。一不遺忘。兼誦言○下之旨。如是遂讀通一百卷。並能誦記明解義味。自後誦念之暇。多講釋論及法花經。思知齊曆作告。乃記身陳國。卽入衡岳花蓋峯下。立寺行道。初見捕鳥人。掘地施援乃往告云。淺掘淺掘。傷我髑懷。入地未深。遂得白骨一具。捕人怪異請問殷勤。乃答云。我已二生。居此峯下誦法花經。捨身於此。前身骸骨。並已消亡。今生見者。乃是第二身耳。所止菴舍野人所焚遂顯癘疾。投誠歸懺。旣復草室。持經如故。其人不久所患平復。師僧三十二人。加羯磨法。具足上坐命曰。汝先受戒。律儀非勝。旣遇清衆宜更翻壇所請。同僧二像竝而供養又夢隨成就後忽驚悟方知夢受。自斯已後勤務實深。由此苦行。得見三生所行道事。又夢彌勒彌陀說法開悟。故造二像竝供養又夢隨從彌勒。與諸眷屬同會龍花○自惟曰。我於釋迦末法。受持法花。今值慈尊。感悲悲泣。豁然覺悟轉復精進。又以道念福施造金字法花瑠璃寶函。莊嚴炫曜。功德傑異。大發心心。又講此經。隨文造書莫非幽蹟。後命學士智顗。代講金經。至一心具萬行處。顗有疑焉。思為釋曰。汝向所疑此乃大品次第意未是法花圓頓旨也。吾昔夏中。苦節思此後夜一念頓發諸法。吾旣身證。不勞致疑。顗即諸受法花行法。三七境界。供填衆積。○榮盛莫加陳主三信參勞。每年。是法倍常神異難測。或現形小大。或寂爾藏身。或異香奇色。祥瑞亂舉。臨將終時。從山頂下半

山道場。大集門學。連日說法。苦切呵責聞者寒心。告衆人曰。若有十人。不惜身命。常修法花三昧方等懺悔。常坐常行者。隨有所須。吾自供給必須利益如無此人吾當遠去苦行事難竟無答者。因屏衆斂念俄然命盡威儀不亂。顏色如常。滿於室內。頂○煙身經卽陳太建九年六月二十二日也。春秋六十有四。然而身相挺特能。自勝持不倚不斜牛行象視。異相莊嚴見者迴心。不覺傾伏。故其善識人心。鑒照冥狀訥於言過方便誨引子大慈悲。奉菩薩戒。至如繪綵皮革。多由損生。故其徒屬服章。率加以布哀衲。多慈行可誌。所著四十二字門兩卷。無諍行門兩卷。釋論玄隨自意安樂行次第禪要三觀等。五部各一卷。並行於世

Pl. 8

Fahua zhuanji 法華傳記

T. 2068, vol. 51, p. 59*b*

二〇六八　法華傳記卷第三　五九　上

陳南岳衡山釋慧思④一

釋慧思。姓俗李氏。項城武津人也。見時因夢。
梵僧勸令入佛道。又夢數僧訓以齋⑧戒日惟
一食。不受別供。時見朋類。誦法華經。情深
樂重。先未曾誦。日從他借經。於空塚中。獨自
看之。無人教授。日夜悲泣。塚是非人所居。恐
畏非一。移託古城。整穴居止。晝則乞食。夜不
眠寢。向經流淚。頂禮不休。其年夏多雨。⑥雨
穴濕蒸舉身⑦浮腫。行止不能。而⑧忽心對經。
心力彌壯。忽覺清滅平服如故。夢普賢乘⑤六
牙白象來摩頂而去。法華一部。曾未識文。自
然解了所摩之處。自然隱起如肉髻。凡十年
之中誦法華聲不輟。復悟法華三昧大乘法門。
境界明了位至六根淨
中⑥

衡嶽慧思禪師武津人也。姓李氏。頂有肉髻
牛行象視。少以慈恕聞于閭里。嘗夢梵僧勸
出俗。乃辭親入道及稟具常習坐日唯一食
誦法華等經滿千遍。又閔妙勝定經夙歎禪那
功德。遂發心尋友。時慧聞禪師有徒數百
閩師始於四眾潛默。得中論親領。此即西天第十四祖龍樹大士所造。以過慧熊樹大士
乃往受
法晝夜攝心坐夏。經三七日獲宿智通。
倍加勇猛。尋有障起。四支緩弱不能行步。自念
曰。病從業。生業由心起。心源無起外境何狀。
病業與身都如雲影。
安如故夏滿猶無所得。如是觀已頓倒想滅輕
背未至問豁爾開悟。法華三昧最上乘門一
念明達研練逾久前觀轉增。名行遠聞學侶
日至。激勵無倦機感寰繁。乃以大小乘定慧
等法隨機引喻。傳習慈忍行奉菩薩三聚戒。
衣服率用布。寒則加之以艾。以北齊天保中

其他隨叩而應。以道俗所施造金字般若法
華經。時衆請師講二經。隨文辨解。復命門人
智顗代講。至一心萬行有疑請決師曰汝
所疑乃大品次第意耳。未是法華圓頓旨也。
吾昔於夏中一念發諸法見前吾既身證不
勞致疑顗諸受法華行三七日得悟。顗
下森出為陳光大元年六月二十三日大
蘇山將四十餘僧徑趣南嶽乃曰。吾寄此山
止期十載。已後必事遠遊。吾前身曾履此處。
巡至衡陽值一處林泉勝異。師曰。此古寺也。
吾昔曾居伟掘之基址猶存。又指巖下曰。吾
昔於此坐禪賊斬吾首。尋得枯骸一聚。自此化道
彌盛。陳主屈致慈旻供養目爲大禪師。將欲
順世謂門人曰。若有十人不惜身命。常修法
華般舟念佛三昧方等懺悔期于證者。隨
有所須吾自供給。如無此人吾即遠去矣。時

領徒南邁。值梁孝元之亂權止大蘇山輕生
重法者相與冒險而至填塞山林。師示衆曰。
道源不遠性海非遙。但向己求莫從他覓。覓
即不得得亦不真。偈曰

頓悟心源開寶藏　隱顯通現具真相
獨行獨坐常巍巍　百億化身無數量
縱合僞塞滿虛空　看時不見微塵相
可笑物兮無比況　口吐明珠光晃晃
常見說不思議　一語標名言下當

又偈曰
天不能蓋地不載　無去無來無障礙
無長無短無青黃　不在中間及內外
超群出衆太虛玄　指物傳心人不會

衆以苦行事難無有荅者。師乃屏衆泯然而
逝。外師雲辯號叫。師開目曰。汝是惡魔。吾
將行矣。何驚動妨亂吾邪癡人出去。言訖長
往。時異香滿室。頂暖身軟顏色如常。即太建
九年六月二十二日也。壽六十有四。凡有著
述皆口授無所刪改。撰四十二字門兩卷。
釋論玄義安樂行次第禪
要三智觀門等五部各一卷。並行於世

天台山修禪寺智者禪師智顗荊州華容人。
姓陳氏。母徐氏。始娠夢香煙五色縈饒于懷。
誕生之夕祥光燭于隣里。幼有奇相厝不受
坐。七歲入果願寺。聞僧誦法華經普門品即
誦念之。忽自憶記七卷之文。如宿習。十五
禮佛像誓志出家。於夢中見大山臨海際
峯有僧招手。復接入一伽藍云。汝當居此。
汝當終此。十八喪二親。於果願寺依僧法緒
出家。二十進具。陳天嘉元年詣光州大蘇山
慧思禪師。思一見而喜曰。昔共靈鷲同聽法
華。宿緣所追今復來矣。即示以普賢道場說四安樂行。
師入觀三七日。身心豁然定慧融會。宿通潛
發唯自明了。以所悟白思。思曰。非汝弗證非
我莫識。此乃法華三昧前方便初旋陀羅尼
也。縱令文字之師千萬不能窮汝之辯。汝可
傳燈。莫作最後斷佛種人。師既承印可。太建

元年禮辭往金陵闡化。凡說法不立文字。以
辯才故晝夜無倦。七年乙未謝遣徒衆歸天
台山佛隴峯。有定光禪師先居此峯。謂弟子
曰。不久當有善知識領徒至此。俄爾師至。光
曰。遠憶疇昔舉手招引時否。師即悟禮像之

Pl. 10　　*Tiantai jiuzu zhuan* 天台九祖傳
T. 2069, vol. 51, p. 98*c*-100*a*

三祖南嶽尊者。諱慧思。姓李氏。武津人也。少以寬慈。頂生肉髻。象視牛行。勝相莊嚴。與世自異。悟斯瑞鮮親入道。奉持守素。楚行清潔。及禀其戒。日唯一食。不受別施。迴栖幽靜。杜絕將迎。誦法華等經。所至小庵被人所焚。頂瘡痛苦。疾求誠乞懺。遶旋草室。持經遶旋。患卒復。仍夢。楚僧數百形服瓖大悟同切。請師僧。加瑜磨法。具足成就。驚嘉方知夢受。勤務更深。無棄昏曉。又夢彌勒與諸眷屬同會龍華。心自惟曰。我於釋迦末法。受持法華。今值慈尊。感傷悲泣。豁然覺悟。轉復精進。靈瑞重沓供養嚴備。若有天童侍衛。因讀妙勝定經歎歎禪功德。發心修定。時北齊慧文禪師聚徒數百。眾法清肅道俗高仰。乃往歸依從受正法。性樂苦節。嘗行慈救。冬夏供養不憚勞苦。晝夜攝心。剋事齊眾。進。靈瑞重沓切。供養嚴備。兩時未有所證。又於來夏束身長坐。繫念在前始三七日發少靜觀。見一生善惡業相。倍復勇猛遂動八觸。發本初禪障忽起四肢綏弱。不勝行步。身不隨心。即自觀察。我今病者。皆從業生。業由心起。本無外境。反見心源。業非可得。身如雲影。相有體空。

至間。霍然無惱。耶開悟。法華三昧。大乘法門。一念明達。十六特勝。背捨除入。便自通徹。不由他悟。研練功用。攝自他。機悟實際乃以大小。聞四方欽德。學徒日盛。名行遠。是非由起怨嫉熖歷代食惡殺人無雜精麁。以毒藥所不傷異道興謀謀不爲害乃顧徒屬曰大聖在世。不免流言。況吾無德。責是宿作。時至須受。此私事也。然我佛法不久應滅。當往武當南嶽。是入道山也。以齊武平之初。背領徒衆往嵩領徒往南近初至光州。值武孝元傾覆此嵩領徒衆南迸至光州。時空聲日。若欲修定可往武當南嶽。是入道山也。以齊武平之初。

國亂前路梗塞權止大蘇山。數歲之間。從化往來如市。每示衆曰。道源不遠。性海非遙。但向己求。莫從他覓。覓亦不得。得亦非真。由是供以事資。誨以理味。祇欲學者悟自本心。因以往武當南嶽。是入道山也。道俗福施。造金字般若金字法華琉璃寶函。此嵩領徒往南近初至光州。

海運他所。師復使往方廣。靈蹟慈異具如別門。一念明達。十六特勝。直捨除入。便自通徹。不由他悟。研練功用。前觀輒切。名行遠。泉其處竦淨。若有所憶。尋指嚴叢石。吾即追於此入定。賊斬吾首。來共掘之。獲聚骨。果無於此入定。賊斬吾首。來共掘之。獲聚骨。果無首。今名一生嚴者是也。復指盤石曰。此下亦吾前世曾履此處。因遊嶽頂。遲立林泉。其處竦淨。有所憶。尋指嚴叢石。吾即追於此入定。賊斬吾首。來共掘之。獲聚骨。果無首。危其巔爲二生塔。徘徊東上見石門宕陳上曰。骨。危其巔爲二生過者必增道力乃古者也。吾先亦嘗接托因。塔徘徊東上見石門宕陳上曰。此靈嚴幽戶過者必增道力乃古者也。吾先亦嘗接托因嶽。即東界石鏡。乃迎上。於是築爲衆修般若因號三生藏事驗非一。陳朝碩學莫不歸宗。時有異道懷嫉奏。師謂使曰。貧使先行貧道續來。師飛錫而使至京。四門俱見師入貧使同時共奏。帝驗心。於是築爲衆修般若因號三生藏事往至京。四門俱見師入貧使同時共奏。帝異引見。勅承置應。乃迎入都。止栖玄寺。

居衡嶽寺。及見師欣如舊識。以寺請師止之。時陳光大二年歲次戊子夏六月二十二日也。先是梁僧惠海至。即告滿十年畢。吾止此矣。將四十僧徑趨南嶽。吾此身不安此地。吾止此滿十年畢。將四十僧徑趨南嶽。然其讖退言難見實。本迹叵詳。後在大蘇嶺於峰上慈一人暴死。二爲劉居留。狂大。家殺狗如嚙死。僧正慧嵩晉奧諸學徒相逢於路曰。此神異人如何至此。舉朝屬目道俗傾仰。大都腎吳明徹敬重之至。奉以犀枕侯孝威往寺禮覿。在道默念吳佗同所奉犀枕。欲得一見。比至師所。將行致敬。師便語威。欲見犀枕可往視之。又於一日忽有聲告威。懷仰庭宇。聖人尋至。即如其語。須臾師到。威懷仰。

Pl. 11

Tiantai jiuzu zhuan (suite)

之。言於道俗。故貴賤皂素悉歸向之。趍歸南
嶽。不敢延留帝側以殊禮目爲大禪師人虹
供給送到江浙師曰。吾臨南嶽。止十年耳。期
滿當移。時衆不識共旨及迴山。每歲陳主三
信參勞。供施紫積。萃盛莫加。說法倍常。神
異難測。或現形大小。或寂示藏身。從山頂下。半山道場
色祥瑞亂擧臨將終時。或異香奇
大集門學連日說法。苦切呵責聞者寒心告
衆曰。若有十人不惜身命。常修法華般舟念
佛三昧方等懺悔。行是行者隨有所須。吾自
供給。必相利益。如無。吾當遠離。苦行事難。
竟無答者。因屏衆歛念。泯然命盡。小僧靈
辯見師氣絕號叫大叫。師便開目曰。汝是惡
魔。我將欲去。衆聖相迎。論受生處。何意驚
動。妨亂吾耶。癡人出去。因更攝心。諦坐至
盡。咸聞異香滿室。頂煗身軟色如生。春秋
六十有四。即陳太建九年歲次丁酉六月二
十二日也。取驗十年。宛然符合。師平日服布
素。寒則實以艾。徒屬服章皆如此。凡有著
作。口授成章。無所刪改。四十二字門兩卷。
釋論玄隨自意安樂行次第禪
要三智觀門等五部各一卷。並行于世。南山
律師贊曰。自江東佛法弘重義門。至於禪法。
蓋蔑如也。而南嶽骨者慨思南服。定慧雙開。
晝談義理。夜便思擇。故所發言無非致遠因
定發慧。此旨不虛。南北禪宗罕不承緒。然而
身相挺特能自勝持。見者心怡。不覺傾伏。善
識人心。鑒照冥機。訥於言過。方便誨引。行大
慈悲。奉菩薩戒。至如縀褫皮革。多由損生。故

共徒服章率皆以布宴則艾。衲用犯風霜。自
佛法東流。幾六百載。唯斯南嶽慈行可躅。余
嘗參傳藞。屢觀梵經。討問所被法衣。至今都
無蠶服。縱加受法。不去得成。若乞若得蠶綿
作衣。准律結科。斬捨定矣。約情貪附。何由縱
之。唯南嶽獨斷高遠。聊檢印窣封題也者也。

Pl. 12　*Fozu tongji* 佛祖統紀

T. 2035, vol. 49, p. 179*a*-180*c*

三祖南嶽尊者慧思。姓李氏。元魏南豫州武津人也。南岳顧文。自云遠在乙未十一月十一日。於魏國南豫州武津縣生。此當梁武帝天監十四年乙未歲也。兒童時。夢梵僧勸令入道。或見朋類讀法華經。樂法情深。得借本於空冢獨觀。無人教授。日夜悲泣。復以冢非人居。乃移託古城。鑿穴棲身。晝則乞食夜不事寢。對經流淚頂禮不休。久雨失蒸舉身浮腫。忍心向經。忽爾消滅。又夢普賢乘白象王摩頂而去。昔未識文。今自然解。所頂上隱起肉髻。年十五安出家受具。謝絕人事。專誦法華。日唯一食不受別請。所居菴宇為野人所焚。即嬰癘疾。來求悔過。其疾即愈。乃再作草舍。誦經如初。又夢僧曰。汝先受戒作法非勝。安能開發正道。即見四十二僧。為加羯磨圓滿戒法。又嘗夢阿彌陀彌勒同諸膝友俱會。因以加誠既蒙彌勒常傳。此表南岳當屬龍華。威獄非常倍加精進。年二十東魏孝靜元年。讀妙勝定經見讚美。歎定乃遍親禪德學。摩訶衍。授以觀心之法。晝則驅馳僧事。夜受口訣。授以觀心之旨。始三七日初發心。觀見一生善惡業相。轉復勇猛彌障忽起。則坐禪達。且。始三七日初發。觀見一生善惡業相。轉復勇猛彌障忽起。弱身不隨心。即自觀察。我今病者皆從業

生。業由。心起本無外境。反見心源業非可得。遂勤八觸發根本禪。重更勵然遍歷諸因由。是為十種。解三生行道之迹。夏竟受心歲將欲上堂。乃悟法華三昧。自是之後所未聞經不疑自解。東魏武定六年。十四在河南兗州。與眾議論為惡比丘所毒垂死復活。齊天保元年。常在河南。習學大乘。親觀諸大禪師意。游行諸郡。是歲刺史恣師郡。師意十六。游行諸郡。即會眾渡淮。時勅國內諸禪師入臺供養。師北朝當師。師以方便辭避不就。四年至郢州。為刺史開岳寺。諸惡論師以生金藥置毒食中。師命六心念般若波羅蜜毒消散。五年至光州開岳寺。巴子立五百家。共刺史請講摩訶衍。六年於光州大蘇山講摩訶衍。經。大蘇山南小蘇山北有寺名學居。齊天保中。思禪師居之。蓋以老思。而父老說。此境古有名寺。師告我。蘇三蘇論師。至大蘇山。城西觀邑寺講摩訶衍。有眾惡論師競欲加害師醫造金字般若現無量身。於十方國講說是經。令一切諸論師咸得信心住不退轉。八年至南定州。為刺史講摩訶衍。有眾惡論師競起。斷心。斷諸檀越不令送食。經五十日常遣弟子乞食須命。今送食。師造金字般若。為眾講說。於時復發願決定。誓造金字般若者。忽有難。師指壑下曰。吾一生曾此坐禪。為賊斷首。尋獲枯骨一案。今請經二生亦曾居此。令拾髑體起有比丘。名曰僧令。自言。我能造經。既得經首。即教化境內。得財買金。於光城縣齊塔以報宿修之恩。生二又至蒙密處曰。此指大石曰。吾二生亦曾居此。

光寺。造成大品般若及法華經二部盛以寶函。復自述願文一篇。以記其事。願彌勒佛時身及此經。一時出現廣化。一切云云。世間道俗殷勤請講。或強勸令講者。皆惡知識。初似好心。後卽恣怒。所有學士如惡詐親。已上文並見南岳願文。師名行遠聞學徒日盛。眾雜精粗。是非數起。乃願徒眾曰。大聖在世不免流言。況吾徒也。齊德登迸此讒。讒是宿作時來須受。此私事也。齊州將傾佛法暫晦。周武廢二教齊後復回光州。始欲修定當往何方以避此難。忽聞空聲曰。若欲修定當往武當南岳。師裴回光州時往陳將隋郡。為眾講說凡十四年。光大二年入南岳。始曰。吾寄此山正當十載。過此以後必事遊。九年。皆入南岳。至大建九年。果十年入南岳也。遊之。一見如舊識。即之是山傳師行道。師一日登祝融峯上觀會。棋揖師曰。師何來此。師曰。求檀越共此地。神揖師曰。師飛錫以定其處。師即轉一石於平地而止今存君腮塑彌勒像之福地。弟子當何所居。師即轉一石於神乞戒。師乃為說法要。一日師謂岳神曰。它日吾有難。檀越亦當有難。師指壑下曰。吾一生曾此坐禪。

Pl. 13

Fozu tongji (suite)

古寺也。吾三生嘗託居此地。因指人掘之。
果有僧用器皿及堂宇之基。即築室為菴。
說般若經〔今誐〕衆患無水。師以杖卓地。
虎因跑地泉乃涌出〔泉是也〕大建元年九仙觀
道士歐陽正則覘山有勝氣。謀於染曰。此
氣主禍衣法王。彼盛則吾法衰矣。乃整斷岳
心。釘石為鎮〔巫雲事〕埋兵器於山上。
因詭奏曰。北僧受〔齊菜〕而為之〔志三卷讖〕宣帝遣使
考驗。初度石橋有兩虎號吼。使者驚退。次
日復進。師曰。檀越前行。貧道當續至。七日
度。使者尚未至。始飛錫而往金陵。四門皆
見。兵士逤至。師坐便殿。
師乘空而入〔使者告同上〕驚悟共神一無所
問。以道士誑告上令案治之。罪當棄
市。師請曰。害人之命非貪道意。乞放遣
山。給侍僧象亦足〔小慾〕帝可之。勅有司
冶鑄像十四軀。誡道士十四名。周同共上
封以勅印令隨師還山。將行餞以殊禮稱
為大禪師思大之名蓋得於此。初勑窩栖玄
寺〔晉往瓦官精舍遇雨不濕屨泥不污僧
正慧菩薩遇諸俗欵曰。此神異人何以至此。
自是舉朝逤俗傾心歸仰。大都督吳明徹每
致道論。明徹益大驚異。師既復歸山中說
法如故。
香碩。用賄老身。師曰。欲留田當從汝願。
因名留田莊俗呼道士
所賜鐵劵悉收藏之。
勅石記其事。名曰陳朝皇帝賜南岳思大
禪師碑。代道士錢奉記。時道衆私誓曰。今世

神通宦勢皆所不如。後五百年當生汝法
中。摸滅汝教。師亦預記此諸道士告我
無因。異日著我袈裟入我伽藍。凟遵禮矣
皇宋太宗時有大臣〔今渭南〕鑿地得石函
踪跡山下程升庵之後得石記靈驗自此
而傳焉。按〔乾道初〕南嶽羅仙靈〔見讖數〕
如黃金色。有石屏刻觀鄭獨行獨坐常巍
塔。其中百二十年不壞。蓋開坐常巍
若有十人不惜身命。常修習法華三昧
方等懺悔。常坐苦行者。隨有所須吾當供
給。如無此人。吾當遠去。地不能載。無去無
來無罣碍。無長無短無青黃。不在中間
及內外。超群出衆太虛玄。指物傳心人不
會。所著述方口授門人筆成章句出四十
二門。無諍行門。大乘止觀各二卷釋論玄
義有口。思禪師。名高嵩嶽。行深伊洛。故章
安有口。思禪師。承北齊一心三觀之道傳
之天台。真為功業盛大無以尚矣。
圓證別傳見天台拓義門。則又北齊之所未知。
故荆溪亦云。文禪師但列內觀視聽而已。
見此諰可不信哉

若有十人不惜身命。常修習法華三昧
方等懺悔。常坐苦行者。隨有所須吾當供
給。如無此人。吾當遠去。地不能載。
吾耶。即端坐唱佛來迎。合掌而逝。顏色如
生異香滿室。時大建九年六月二十二日壽
六十三夏四十九。初在大蘇以法付顗師
後常代講般若。至一心萬行忽有所疑。
師曰。如汝之疑。至一心萬行忽有所疑。
前吾既身證不必有疑。就師問而證是十地
耶。曰。非也。吾一生望入銅輪十以領超太早。
損己益他。但居鐵輪耳〔即六根清淨。〕

牛行象步不俯不斜。平昔重輪。眞有肉
髻。師身相挺起持。有此瑞兆。故傳久矣。
納法攝衆。納衣在空。闇然而化。身被袈

Fozu lidai tongzai 佛祖歷代通載

T. 2036, vol. 49, p. 555*c*-556*a*

七 台宗三祖惠思禪師。姓李氏。武津人也。
少以寬慈頂生肉髻耳有重輪。象視牛行
與世自異。夢梵僧勉令出俗。辭親入道。及
稟具戒日唯一食不受別施。聞北齊惠文
聚徒衆法淸淨。乃往歸依。從受正法性樂
苦節。營僧爲業。於三七日中得宿命智。而
習漏未盡。後於定中放身倚壁。未至間
霍爾開悟法華三昧。大乘法門一念明達。
十六特勝背⑦舍徐入。便自通徹不由他悟。
示衆曰。道源不遠性海非遙。但向己求莫
從他覓。覓亦不得得亦非眞。⑧侯在大蘇弊
於烽警。山侶不遑安處。將四十餘僧徑趣
南岳。時陳光大二年六月二十三日也。至
卽告曰。吾至此滿十年耳。先是梁僧惠海
居衡嶽寺。及見師欣然讓之。時稱思大和
上。或問。何不下山敎化衆生。思答曰。三世
諸佛被我一口呑盡。有何衆生可化。嘗不
豫。因念曰。病由業生業由心起。心緣不起
外境何狀。業病與身都是雲影。作是觀已
身遂輕安。陳高祖徵至都。安置栖玄寺。甚
蒙咨揖。久之辭還南岳。師曰。寄迹玆山止
十年耳。期滿當移。時衆不識其旨。及還大
集門學連日說法。苦⑨切訶責。聞者寒心。
陳大建九年丁酉六月二十二日。咸聞異
香。師更攝心諦坐。至盡頂煖身軟顏色如
生。春秋六十有四。師奉菩薩三聚淨戒。至

如縉纊皮革。多由損生故。其服章率皆以
布。寒則艾衲用犯風霜。至於所被法衣都
無蠶服。縱皆受法不云得成。若乞若得蠶
綿作衣。准律結科斬捨定矣。約情貪附何
由縱之。唯南嶽獨斷高遵聖檢也。今之列
其派者。華裾茜服忞尙鮮麗。得無愳乎
八 己丑 宣帝項改大建字紹世。小字師利。昭烈王賝次子。文之弟也。身長八尺三寸。大有勇力善騎射。生五十一子。年五十三歲崩宣福殿。在位一十四年
九 周武天和四年。帝命名儒僧道仲述三敎
利病。①沙門道安作二敎論二十篇。以儒道
九流爲外敎。釋氏爲內敎。意謂上古朴素
墳典之誥未弘。淳風日澆丘索之文乃著。
苞綸七典統括九流。咸爲治國之謀。並是
修身之具。若派而分之。數應爲九。若總而
合之。則同屬儒宗。今乃一化之內令九流
爭川。大道之世使小成競辨。豈不上傷皇
極莫大之風。下開拘放鄙蕩之弊哉。及闡
譯內②典奏之于朝。久而無報。安勤於奉
母。凡薪水飮食皆自力營進。其徒有代之
者。安曰。吾母也。豈可勞人哉。及周武廢
敎。以安宿望欲官之。安以死拒絕。尋以大
敎堙阨號慟而卒
十 ③周武天和四年。謠言黑衣。武以猜爲心。
有道士張賓之等。譎詐罔上私構其黨。以
黑釋爲國忌。以黃老爲國祥。帝納其言信
道輕釋。親受符錄。躬服衣冠。是年己丑三
月十五日。召三敎名士文武百官二千餘
人。帝御正殿量述三敎。以道最先出於無
名之前超乎天地之表。議者紛紜弗定。至

二十日。依前集論是非更廣。帝曰。儒道二
敎此國常遵。佛敎後來。朕意不立僉議陳
理無由除削。至四月初。更依前集。雖極言
陳無得而從也。又各理伸弗克定矣。遂勅
司隸大夫甄鸞詳審二敎。至于天和五年。
鸞詳二敎上笑道論三卷。其表略曰
十一 切以佛道二敎事迹不同。出沒隱顯變
通亦異。幽微妙密未易詳度。且一件相對。
佛者以因緣爲宗。道者以自然爲義。自然
者無爲而成。因緣者積行乃證。春秋傳曰。
君所謂可而有否焉。臣獻其可以去其否。
臣亦何人。奉勅降問。敢不實答。其道德二
篇可爲儒林之宗。疑紕繆者去其兩端 請
是删定。按五千文曰。上士聞道勤而行之。
中士聞道若存若亡。下士聞道則大笑之。
不笑不名爲道。臣諫率下士見爲笑道論
三卷。合三十六條。三卷者笑其三洞之名。
三十六條者笑其道經有三十六部。戰汗
上呈心魂失守出弘明集
周武至五月十日。大集群臣。詳鸞上論。以
爲傷蠹道法不愜本圖。火焚而已。論具如
弘明集。周大夫甄鸞者寔爲識君子也。弗
知懼大敵而勇於小敵者焉。王令詳定二
敎優劣。直以正見剖析。無使④遏意在懷。
而著此論褒貶臧否。詩曰。豈弟君子求福
不回。其此之謂夫。傷哉火矣
十二 又上道安所著二敎論二十篇。帝詳審
諸以問朝宰。無有抗者。遂寢其事。其論略
曰。鍊心之術名三乘。內敎也。救形之術名

迎師入殿供養。其道士罪以欺罔欲盡誅之。
師懇帝曰。此宿冤。願陛下赦之。乃可其奏勅
彼道士給師役使。師奏辭澄山。帝餞以殊禮。
未幾道士誣師者一人暴死。一人為犬所嚙
而斃。應蜂兆矣。自是每年陳主三信參勞榮
盛莫加。而神異難測。遇雨不濕履泥不污。或
現形大小。或寂爾藏身。是年六月臨將終時。
連日說法。苦切呵責聞者寒心。至二十二日
屏衆泯然而逝。小師靈辯號慟。乃開目曰。何
驚勅吾耶。癡人出法言訖長往

神僧傳卷四終

神僧傳卷第五

慧思
釋慧思。俗姓李氏。武津人也。少以弘恕慈育
知名閭里。常夢梵僧勸令出俗。駭悟斯瑞辭
親入道。數夢梵僧勸令齋戒。唯一食不食別
供所止菴舍。野人所居。遂顯痾疾求誠
懷悔所患平復。又夢梵僧數百形服瓌異。上
座命曰。汝先受戒律儀非勝。安能開發於正
道也。既遇清衆宜更翻壇所請師僧四十二人
加羯磨法。其足成就後忽驚悟。方知夢受。復

夢彌勒。彌勒說法開悟。故造二像並同供養。
又夢隨彌勒與諸眷屬同會法華。心自惟曰。
我於釋迦末法受持法華。今值慈尊豁然開
悟。轉復精進靈瑞重沓。瓶水常滿供養嚴儼
若有天童侍衛之者。自大蘇山將四十餘僧
徑趍南岳。既至謂徒曰。吾寄此山期十載。以
後必事遠遊師曰。吾前生曾居此處領徒陟
嶺見一所林泉勝異。曰古寺也。吾昔居之。掘
地果得僧用器皿殿宇基址。又指兩石下得
遺骸。乃建塔。今三生塔是也。又於東畔盤岩
之傍建蓁。為衆講般若法。正當大岳之心。今
般若寺是也。南北學徒來者雲集師患無水。
忽見岩下澗以錫杖卓之。果得一泉。猶未周
日視霖漢作廢。師曰。三世諸佛被我一口吞
盡。更有甚麼衆生可度者。江左佛學盛稱義
門。自思南度定慧雙舉。道風既盛名稱普聞。
俄有道士生妬害心。密告陳主誣師。乃北僧
受齊國券。斷斯岳心釘石興妖。帝遂遣使追
師。使至石橋。見二虎跑憤大蛇當路。使驚乃
誓曰。我見禪師當如佛想。若起惡心任汝
所傷。虎虎蛇乃退使見師再拜以事白。未至之
前。師見一小蜂來螫。其面即為大蜂咬殺
銜至師前。師入定觀之。知是宿冤欲相惱害。
師謂使曰。使者先去貧道續來。七日後飛錫
而往四門。關更齊奏。師入帝已驚異及師朝
見帝遂下迎。復問左右。師何等見此僧何如人。乃
對云。常僧。帝曰。朕見其路寶花乘空而至。乃